FOCUS ON RUSSIAN

An Interactive Approach to Communication

Sandra F. Rosengrant
Portland State University

Elena D. Lifschitz
University of Texas at Austin

John Wiley & Sons, Inc.
New York   Chichester   Brisbane   Toronto   Singapore

ACQUISITIONS EDITOR   Carlos Davis
MARKETING MANAGER   Leslie Hines
SENIOR PRODUCTION EDITOR   Jeanine Furino
DESIGNER   Harry Nolan
MANUFACTURING COORDINATOR   Dorothy Sinclair
PHOTO EDITOR   Hilary Newman
PHOTO RESEARCHER   Ramon Rivera
SENIOR ILLUSTRATION COORDINATOR   Anna Melhorn
ILLUSTRATOR   Igor Koutsenko
COVER ILLUSTRATION   Susan Greenstein

This book was set in 11/13 Times Cyrillic by Alexander Graphics and
printed and bound by Hamilton Printing. The cover was printed by Lehigh Press.

Library of Congress Cataloging in Publication Data:

Rosengrant, Sandra F.
     Focus on Russian : an interactive approach to communication /
Sandra F. Rosengrant, Elena D. Lifschitz. — 2nd ed.
          p. cm.
     Includes index.
     ISBN 0-471-10998-3 (pbk. : alk. paper)
     1. Russian language—Textbooks for foreign speakers—English.
I. Lifschitz, Elena D.   II. Title.
PG2129.E5R65   1996
491.782′421—dc20   95-35097
                                                          CIP

Printed in the United States of America
10 9 8 7 6 5 4 3 2

Preface to the Second Edition

Focus on Russian: An Interactive Approach to Communication is a process-oriented textbook for students of Russian. It is organized on the basis of the *ACTFL Proficiency Guidelines* and is intended for use by students with intermediate-level language skills. The objective of the book is to provide the students with large amounts of thematically organized vocabulary and then to guide them through increasingly longer and more complicated higher-level functions in their reading, writing, speaking, and listening. During the first four lessons students practice description, the second five lessons concentrate on narration, and the final three lessons of the book expose students to superior-level functions such as advising, arguing, and hypothesizing. The ultimate goal of the book is to raise the linguistic skills of the students who use it to the intermediate-high/advanced threshold.

The twelve lessons of *Focus on Russian* are all organized identically. Each lesson begins with a thematically arranged **vocabulary** of approximately 200 items selected from the most commonly used words in Russian. Because of the emphasis on high-frequency words, many of the entries are review items, but at the same time the vocabulary is sufficiently broad to permit students to adopt a personalized approach to each topic.

The second section of each lesson contains **preparatory exercises** that review those grammatical structures that are most troublesome for intermediate-level speakers of Russian. The presentation of grammar is not intended to be comprehensive but rather to focus the students' attention on the kinds of problems that are likely to arise in the exercises and activities that follow.

A new feature of the second edition is a separate **listening** section in each of the twelve lessons. These sections instruct the students to listen to a prompt found on the **student listening tape** that accompanies the book. The listening prompts are simulated authentic, that is, recordings of authentic printed sources that might well be heard on radio and television. After the students have listened to the tape, they are asked to check their understanding by completing an exercise or answering a set of questions. Students for the most part will find that they can complete these tasks using their existing knowledge and a very small amount of assistance with difficult vocabulary.

The twelve lessons of the second edition of *Focus on Russian* also contain separate **reading** sections. These sections use brief contemporary texts that treat the theme of the lesson. Each text is accompanied by prereading questions, comprehension questions, and, as a rule, a postreading activity. The reading sections are intended primarily to increase reading comprehension, but they also serve as a stimulus for conversation and a model for the student's own work. Each of the twelve reading sections has also been recorded on the student listening tape. As a result, students have two opportunities to practice listening skills for each of the twelve themes in the book.

A central feature of each lesson is the **composition**. Each composition assignment is designed to elicit specific functions appropriate to the intermediate level. Students are guided through the composition first through oral prewriting assignments and then through peer evaluation, editing, and rewriting.

In the last section of each lesson, the students are given additional **activities** in which they are asked to perform tasks that combine the reading, writing, listening, and speaking tasks of the entire lesson. In these sections the vocabulary and functions of previous lessons are recycled as well.

In addition to its twelve lessons, *Focus on Russian* contains three **appendices** and **Russian-English** and **English-Russian glossaries**. **Appendix A** contains grammatical reference material: **Spelling Rules, Basic Endings of Adjectives and Nouns, Personal Pronouns, Cardinal and Ordinal Numbers**, and **Declension of Cardinal Numbers; Appendix B** contains the originals of authentic texts used in compositions and activities; and **Appendix C** contains a correction key and self-evaluation form to be used by students during the rewriting process. In the glossaries, all of the vocabulary of the twelve lessons is given in alphabetical order with complete grammatical reference information for each entry.

The *Instructor's Manual* that accompanies *Focus on Russian* contains, in addition to an answer key to the various exercises in the textbook, a discussion of the methodological considerations underlying the book, suggested strategies for approaching each lesson, a transcript of all of the listening texts, supplementary activities, sample tests and answers, and the relevant portions of the *ACTFL Proficiency Guidelines*.

We wish to thank our cheerful and hardworking partners in this endeavor: the students of Portland State University and the University of Texas. We are particularly indebted to our colleagues who have assisted in the preparation of the manuscript. Once again, we have enjoyed working on *Focus on Russian* and hope that others in turn will take pleasure in its use.

Sandra F. Rosengrant
Elena D. Lifschitz

To the Student

If you are using this book, you are probably an "intermediate" student of Russian. There are no doubt a number of things, such as talking about yourself, that you do quite well and others, such as telling about the strange thing that happened on the way to school yesterday, where your vocabulary and command of grammar are not quite adequate to the situation. The purpose of this book is to increase your vocabulary and to give you opportunities to practice using the grammatical constructions that you already know in a variety of contexts. In the first four lessons of the book, you will be practicing description; in the second five, you will be narrating; and in the last three, you will be working on more complicated tasks, such as advising, hypothesizing, and persuading.

Each lesson begins with a list of words that are related to the theme of that lesson. The lists are fairly long (approximately 200 words), but you will find that many of the entries are review items for you. The items within each list are grouped thematically. As you study, you will probably find that it is easiest for you to learn new words if you approach each small group as a unit. For reference purposes, however, the same words have been given to you in alphabetical order in the Glossaries at the end of the book.

Because vocabulary is important to you at this stage in your development, we have tried to give you new words in a form that is immediately usable. The format for each vocabulary entry is similar to that of a good Russian dictionary. All grammatical irregularities—even those that are more or less predictable, such as fill vowels in nouns or consonant mutations in verbs—are cited. If a word is given to you without additional grammatical information, you may assume that all of its forms are predictable. Verbs that are used with direct and indirect objects are not labeled as such, but other types of government have been indicated by interrogatives, for example, жáловаться *кому, на что?* Finally, each word is glossed with the meaning that best fits the theme of the lesson. If two Russian words in the same subgroup are glossed with the same English translation, you may use them as synonyms unless there is a footnote explaining differences in their usage.

The second section of each lesson is intended to prepare you for writing and speaking by focusing on those grammatical constructions that are likely to occur most frequently (and with the greatest number of errors) in the types of speech that you will be using. Again, you will no doubt find that much of the grammar discussion is review. You should also find, however, that these grammatical sections prepare you for the writing and discussion that are to follow and provide you with examples of sentence types that you will want to use in your own work.

The third section of every lesson is a listening assignment. You will be instructed to listen to a prompt on the student tape that accompanies this book. Before you listen to the prompt, you will have been told what you will be listening to and you will have had a chance to see the questions that you will be asked. When you listen to the prompt for the first time, you will probably not understand all of the words. You will, however, receive a little additional help from the textbook, and that help, together with what you already know, should permit you to answer the questions. Remember that you have the advantage of being able to listen to the tape as many times as you want!

The fourth section of each lesson is devoted to reading. The texts have been selected from contemporary prose and are intended, among other things, to show you how a native speaker would approach the kinds of tasks that you are being asked to perform. Each reading passage begins with a discussion question. During these discussions, you can recollect relevant vocabulary and begin to form ideas about what might be contained in the text that you are about to read. As you read, you will find a fair amount of unfamiliar vocabulary. Some of the more difficult words are glossed for you at the end of the passage, but many more will probably be clear to you from context alone. Try to read quickly without looking up additional words, and then test your comprehension by answering the questions that follow the passage. Many of the reading passages conclude with an activity that uses the reading passage as a model for original writing.

The reading passages of your twelve lessons have also been recorded on your listening tape. These recordings can be used in a number of ways. You might, for example, listen to the passage before reading it to give yourself a sense of what it is going to be about, or you might find that, if you listen to the passage after reading it, the intonation and pauses of the reading will contribute to your own understanding of the printed text. Some students, of course, will want to use the recorded text as a model to polish their own pronunciation and intonation.

The fifth section of each lesson is a composition assignment. In most instances, you will prepare for these compositions by discussing the assignment with your classmates in Russian. Your goal both in discussion and in writing is to cover the topic as thoroughly as possible *using the grammar and the vocabulary that you already know.* In other words, you should not treat these assignments as dictionary exercises but rather as opportunities for you to express yourself creatively within the limits of your present linguistic abilities. You may be asked to submit multiple drafts of the same composition. In this case, the first draft will probably be returned to you with grammatical errors numbered in accordance with the "Correction Key" in Appendix C. In Appendix C, you will also find a "Self-Evaluation Form," which you may wish to use to see if there is a pattern to the errors in your writing. When you correct your compositions, however, remember that the process of rewriting involves more than the correction of mechanical errors, and that you should try to strengthen your composition in other ways as well.

Finally, at the end of each lesson there are a number of activities in which you will be asked to perform tasks that combine the reading, writing, speaking, and listening functions of the entire lesson. In some of these activities, you will be asked to use the vocabulary of the lesson in a less structured format than before. In others, you may be asked to perform the function of your new lesson with the vocabulary of a previous one. In these assignments, as in all others, our objective is to help you develop a linguistic tool that is flexible and responsive under any and all circumstances. We wish you the best of luck!

Contents

1

2

3

8

9

10

Урок № 1

Щи да каша — пища наша

В булочной

Словарь

ку́хня (*р мн* **ку́хонь**)   kitchen[1]
плита́ (*мн* **пли́ты**)   stove
конфо́рка (*р мн* **конфо́рок**)
  burner
духо́вка (*р мн* **духо́вок**)   oven
холоди́льник   refrigerator

проду́кты (*р* **проду́ктов**)
  groceries
еда́ *тк ед*   food[1]
пи́ща *тк ед*   food[1]
есть (**ем, ешь, ест, еди́м, еди́те,
  едя́т; ел, е́ла; ешь**) *нес*   to eat;
  сов **съесть** and **пое́сть**[2]
пить (**пью, пьёшь; пил, пила́**) *нес*
  to drink; *сов* **вы́пить** and
  попи́ть[2]

вкус   taste
вку́сный   tasty
сла́дкий (*ср* **сла́ще**)   sweet
го́рький   bitter
ки́слый   sour
о́стрый   spicy, hot
за́пах   smell
  чу́вствовать ~ (**чу́вствую,
  чу́вствуешь**) *нес, чего?*   to
  smell[3]
па́хнуть (**па́хну, па́хнешь; пах,
  па́хла**) *нес, чем?*   to smell[3]

за́втрак   breakfast
за́втракать *нес*   to eat breakfast;
  сов **поза́втракать**
обе́д   dinner
обе́дать *нес*   to eat dinner; *сов*
  пообе́дать
у́жин   supper
у́жинать *нес*   to eat supper; *сов*
  поу́жинать
заку́ска (*р мн* **заку́сок**)   appetizer
сла́дкое (*р* **сла́дкого**)   dessert

хлеб   bread[4]

бу́лка   white bread[4]
буха́нка (*р мн* **буха́нок**)   loaf[4]
бато́н   French loaf[4]
пиро́г (*р* **пирога́**) *с чем?*   pie
пирожо́к (*р* **пирожка́**) *с чем?*
  small pie
пельме́ни (*р* **пельме́ней**)   meat
  ravioli
ка́ша   cooked cereal[5]
рис (*р2* **ри́су**)   rice
макаро́ны (*р* **макаро́н**)   macaroni,
  pasta
пече́нье   cookie
торт   cake
пиро́жное (*р* **пиро́жного**)   pastry

мя́со   meat
говя́дина   beef   *коро́ва*
бара́нина   lamb
свини́на   pork
ку́рица (*мн* **ку́ры, кур**)   chicken[6]
инде́йка (*р мн* **инде́ек**)   turkey[6]
ветчина́   ham
колбаса́ (*мн* **колба́сы**)   sausage[6]
соси́ска (*р мн* **соси́сок**)   hot dog
ры́ба   fish

молоко́   milk
кефи́р   kefir (yogurt-like drink)
ма́сло   butter   *сли́вки*
  сли́вочное ~   sweet-cream
  butter
смета́на   sour cream
сыр (*мн* **сыры́**)   cheese[6]
яйцо́ (*мн* **я́йца, яи́ц, я́йцах**)   egg

о́вощи (*р* **овоще́й**)   vegetables
помидо́р   tomato[7]
огуре́ц (*р* **огурца́**)   cucumber
гриб (*р* **гриба́**)   mushroom
сала́т   lettuce
капу́ста   cabbage
карто́фель   *м, тк ед; уменьш*
  карто́шка   potatoes[8]

морко́вь   *ж, тк ед; уменьш*
   морко́вка   carrots[8]
свёкла *тк ед*   beets
горо́шек (*р* горо́шка) *тк ед*   peas
лук *тк ед*   onions
   зелёный ~   green onions
чесно́к (*р* чеснока́)   garlic

фру́кты (*р* фру́ктов)   fruit
я́блоко (*мн* я́блоки, я́блок)
   apple
гру́ша   pear
абрико́с   apricot
пе́рсик   peach
апельси́н   orange[7]
сли́ва   plum
лимо́н   lemon
виногра́д *тк ед*   grapes
арбу́з   watermelon
ды́ня   melon

соль *ж*   salt
пе́рец (*р* пе́рца)   pepper
горчи́ца   mustard
ма́сло   oil
   расти́тельное ~   vegetable oil
у́ксус   vinegar
майоне́з   mayonnaise

са́хар (*р2* са́хару)   sugar
мёд (*р2* мёду)   honey
варе́нье   preserves
конфе́ты (*р* конфе́т)   candy

напи́ток (*р* напи́тка)   drink
чай (*р2* ча́ю)   tea
ко́фе *нескл м*   coffee
сок (*р2* со́ку)   juice
минера́льная вода́   mineral water
пи́во   beer
вино́   wine

ре́зать (ре́жу, ре́жешь) *нес*   to
   cut; *сов* наре́зать
гото́вить (гото́влю, гото́вишь)
   нес   to cook; *сов* пригото́вить

вари́ть (варю́, ва́ришь) *нес*   to
   boil (food); *сов* свари́ть[9]
жа́рить *нес*   to fry, broil; *сов*
   пожа́рить
подогрева́ть *нес*   to heat (food);
   подогре́ть *сов* (I)
печь (пеку́, печёшь, пеку́т; пёк,
   пекла́) *нес*   to bake; *сов*
   испе́чь[10]
туши́ть (тушу́, ту́шишь) *нес*   to
   stew, roast; *сов* потуши́ть[10]

накрыва́ть на стол *нес, к чему?*
   to set the table; *сов* накры́ть на
   стол (накро́ю, накро́ешь)
ска́терть *ж* (*р мн* скатерте́й)
   tablecloth
салфе́тка (*р мн* салфе́ток)
   napkin

посу́да *тк ед*   dishes
таре́лка (*р мн* таре́лок)   plate
   ме́лкая ~   dinner plate
   глубо́кая ~   soup bowl
блю́до   bowl, dish[11]
ча́шка (*р мн* ча́шек)   cup
блю́дце (*р мн* блю́дец)   saucer
стака́н   glass
бока́л   wine glass
ло́жка (*р мн* ло́жек)   spoon
   столо́вая ~   tablespoon
   ча́йная ~   teaspoon
ви́лка (*р мн* ви́лок)   fork
нож (*р* ножа́)   knife

ча́йник   teapot, kettle
кофе́йник   coffee pot
кастрю́ля   saucepan
сковорода́ (*мн* ско́вороды,
   сковоро́д, сковорода́х); *уменьш*
   сковоро́дка (*р мн* сковоро́док)
   (на)   frying pan
соло́нка (*р мн* соло́нок)   salt
   cellar, shaker
пе́речница   pepper shaker

сорт (*мн* сорта́) kind, sort[12]

ка́чество quality[12]

коли́чество quantity

килогра́мм (*р мн* килогра́ммов and килогра́мм); кило́ *с, нескл* kilogram[7]

грамм (*р мн* гра́ммов and грамм) gram[7]

литр liter

деся́ток (*р* деся́тка) ten[13]

кусо́к (*р* куска́) piece, slice

ба́нка (*р мн* ба́нок) jar, can

  стекля́нная ~ jar

  консе́рвная ~ can

буты́лка (*р мн* буты́лок) bottle

па́чка (*р мн* па́чек) pack, package

коро́бка (*р мн* коро́бок) box

стоя́ть (II) *нес* to stand; *сов* постоя́ть[14]

лежа́ть (II) *нес* to lie; *сов* полежа́ть[14]

сиде́ть (сижу́, сиди́шь) *нес* to sit; *сов* посиде́ть[14]

висе́ть (вишу́, виси́шь) *нес* to hang

ста́вить (ста́влю, ста́вишь) *нес* to stand; *сов* поста́вить

класть (кладу́, кладёшь; клал) *нес* to lay; *сов* положи́ть (положу́, поло́жишь)

сажа́ть *нес* to seat; *сов* посади́ть (посажу́, поса́дишь)

ве́шать *нес* to hang; *сов* пове́сить (пове́шу, пове́сишь)

станови́ться (становлю́сь, стано́вишься) *нес* to stand; *сов* стать (ста́ну, ста́нешь)

ложи́ться *нес* to lie down; *сов* лечь (ля́гу, ля́жешь, ля́гут; лёг, легла́; ляг)

сади́ться (сажу́сь, сади́шься) *нес* to sit down; *сов* сесть (ся́ду, ся́дешь; сел)

встава́ть (встаю́, встаёшь) *нес* to get up; *сов* встать (вста́ну, вста́нешь)

находи́ться (нахожу́сь, нахо́дишься) to be located

Vocabulary Notes

[1] The words **еда** and **пища** are very close in meaning. Of them, only **еда** may be used as a synonym for *meal*.

> Надо помыть руки перед **едой**.
> *You should wash your hands before eating.*

The word **кухня** also means *food* in the sense of *cuisine*.

> Вы любите русскую **кухню**?
> *Do you like Russian food?*

[2] The perfective verbs **съесть** and **выпить** show that the portion of food or drink has been finished. These verbs cannot be used without a direct object.

> Я **съела** суп.
> *I ate my soup.*

Я **выпил** молоко.
I drank my milk.

The verbs **поесть** and **попить** indicate completion of the action but do not necessarily mean that the portion is finished.

Я **поела** супа.
I ate some soup.

Я хочу чего-нибудь **попить**.
I'd like something to drink.

[3] If you mean to say that you sense an odor, use the expression **чувствовать запах**.

Ты **чувствуешь запах** дыма?
Do you smell smoke?

Otherwise, use the verb **пахнуть**, which means to give off an odor. This verb is typically used in impersonal constructions. Notice that the noun used to describe the odor is in the instrumental case.

На кухне **пахло** уксусом.
The kitchen smelled of vinegar.

От него **пахло** луком.
He smelled of onions.

[4] The word **хлеб** refers to *bread* in general. The word **булка** means *white bread*. **Хлеб** may be qualified by **чёрный** or simply used alone in opposition to **булка** to mean *black bread*. The words **буханка** and **батон** refer to the shapes of specific kinds of bread. **Буханка** is a loaf of black bread, and **батон** is French bread. Neither of these words is used with the word **булка**.

У нас кончился **хлеб**. Купи два **батона** и одну **буханку чёрного**.
We're out of bread. Buy two French loaves and a loaf of black bread.

Маша не любит **булку**. Она ест только **чёрный хлеб**.
Masha doesn't like white bread. She eats black bread only.

Русские очень любят **хлеб**. В магазинах продаётся много сортов и **чёрного** и **белого хлеба**.
Russians really like bread. Many kinds of black and white bread are sold in the stores.

[5] The word **каша** refers to any cooked grain, such as farina, oatmeal, or buckwheat. Cold cereal has only recently appeared in Russian markets.

Сосиски и колбасы

6 Use the plural of **курица** and **индейка** when talking about whole animals. Otherwise, use the singular.

> В клетке было пять **индеек**.
> *There were five turkeys in the cage.*

> Дайте, пожалуйста, полкило **индейки**.
> *Give me half a kilo of turkey, please.*

Use the plural of **колбаса** and **сыр** when talking about different kinds of sausages and cheeses. Otherwise, use the singular.

> В новом магазине появилось много **колбас** и **сыров**.
> *Many kinds of sausage and cheese appeared in the new store.*

> На блюде лежали бутерброд с **колбасой** и два с **сыром**.
> *There was one sausage sandwich and two with cheese on the dish.*

7 The use of a masculine genitive plural that is identical in form to the nominative singular is increasing in colloquial Russian. Thus, one hears both **помидоров** and **помидор**, **апельсинов** and **апельсин**. The genitive plurals **граммов** and **килограммов** are generally found in writing, while **грамм** and **килограмм** predominate in speech.

8 The words **картофель** and **морковь** are collective nouns that are used in the singular only. The words **картошка** and **морковка** are also collective nouns, but they may be used in the plural after numbers.

Я купил пять килограмм **картошки** и два килограмма **морковки**.
I bought five kilograms of potatoes and two kilograms of carrots.

Когда я варю овощной суп, я кладу в него пять **картошек** и шесть **морковок**.
When I make vegetable soup, I put in five potatoes and six carrots.

⁹ The verb **варить/сварить** means to cook by boiling. It is used with such items as **суп**, **картошка**, **мясо**, and **яйца**.

¹⁰ The verb **печь/испечь** is used with things that are baked in an oven: **пирог**, **хлеб**, **печенье**, **яблоки**, **картошка**. The verb **тушить/потушить** is used with things that are roasted in an oven: **индейка**, **мясо**, **курица**. **Тушить/ потушить** is also used with things that are cooked on top of the stove: **овощи**, **картошка**, **грибы**.

¹¹ **Блюдо** means *dish* in both the literal and the figurative sense.

На полке стояло красивое стеклянное **блюдо**.
A beautiful glass dish was standing on the shelf.

Моя тётя готовит вкусные кавказские **блюда**.
My aunt makes delicious Caucausian dishes.

¹² **Качество** refers to the quality of an item; **сорт** refers to its type or kind. Irregular items of clothing or dishes may be classified as **второго сорта**.

В магазине продавалось много **сортов** колбасы.
Many kinds of sausage were sold at the store.

Продукты бывают первого, второго или третьего **сорта** в зависимости от их **качества**. **Качество** влияет на **сорт**.
Food items are classified as first, second, or third class depending on their quality. Quality determines class.

Все продукты в новом супермаркете только высшего **качества**.
All the groceries in the new supermarket are only of the highest quality.

¹³ The noun **десяток** is used much as *dozen* is in English.

Я купила два **десятка** яиц.
I bought two "tens" of eggs.

¹⁴ The perfective verbs **постоять**, **полежать**, and **посидеть** are used to show action of limited duration.

Я **полежу** ещё пять минут.
I'll just lie here five more minutes.

Подготовительные упражнения

Genitive Plural of Nouns

The genitive plural of nouns is perhaps the most difficult form to learn to use consistently. The endings are for the most part, however, predictable. Masculine nouns whose nominative singular forms end with **-ж, -ш, -щ, -ч,** or **-ь** form the genitive plural by adding **-ей**. Notice in the following example that the **-ь** is dropped before adding this ending.

нож	**ножéй**
преподавáтель	**преподавáтелей**

The genitive plural ending of masculine nouns whose nominative singular forms end in *any other consonant* is **-ов/-ев**. Notice in the following example that masculine singular nouns whose nominative singular forms end with the letter **-й** drop this letter before adding **-ев**.

чáйник	**чáйников**
музéй	**музéев**

Neuter nouns whose nominative singular forms end in **-о/-ё/-е** and feminine nouns whose nominative singular forms end in **-а/-я** form the genitive plural by removing the ending from the nominative singular form of the word.

блю́до	**блюд**
гру́ша	**груш**

The following spelling conventions are observed when forming neuter and feminine genitive plurals. Neuter and feminine nouns whose nominative singular forms end in a soft consonant plus a vowel usually add a **-ь** to their genitive plural forms. This is not actually an ending, however, but a way of indicating that the final consonant of the stem remains soft after the vowel has been dropped.

ды́ня (дынь + а)	**дынь**

Neuter and feminine nouns whose nominative singular forms end with the letters **-ие** or **-ия** form their genitive plurals by dropping the final letter of the nominative singular form and adding the letter **-й**. Again, this letter is not an ending but a way of indicating that the stem of the word remains soft after the vowel has been dropped.

здá ние (зданий + о)	**здá ний**
лéкция (лекций + а)	**лéкций**

Fill vowels are often encountered in neuter and feminine genitive plurals. Fill vowels occur when the removal of the nominative singular ending results in a consonant cluster. As a rule, the fill vowel following hard consonants is **-о-**. The fill vowel **-е-** is used following soft consonants and when necessitated by a spelling rule. Although these forms may often be easily anticipated, they will be given for reference in the glossary.

заку́ска   заку́сок

Finally, all feminine nouns whose nominative singular forms end with the letter **-ь** form the genitive plural by adding **-ей**. Notice that the **-ь** is dropped before adding this ending.

ска́терть   скатерте́й

As you might expect, there are numerous exceptions to the general rules given above. One *predictable* set of exceptions affects those nouns whose plurals are formed with **-ья**. The genitive plural of such nouns ends either with **-ев** or with **-ей**. The choice of ending depends on where the stress falls in the nominative plural form. If the stress is on the stem, the genitive plural ending is **-ев**. If the stress is on the ending, the genitive plural ending is **-ей**. Notice that **-ь** is retained before the ending **-ев** but dropped before **-ей**.

бра́тья	**бра́тьев**
сту́лья	**сту́льев**
пе́рья	**пе́рьев**
друзья́	**друзе́й**
сыновья́	**сынове́й**

Since these forms are entirely predictable, they will not be provided in the glossary.

Quantifying

The Use of the Genitive

Quantifying frequently requires the use of the genitive case. The decision to use the genitive singular or the genitive plural of any given noun depends on whether the item in question can be counted or not. If it *can* be counted, as can the cigarettes in *a pack of cigarettes*, the genitive plural will be used: **пачка сигарет**. If it *cannot* be counted, as the wine in *a bottle of wine* cannot, the genitive singular will be used: **бутылка вина**.

In many instances, such as the ones cited above, the possibility of counting a particular item is the same in English and in Russian. There are times, however,

SUMMARY OF GENITIVE PLURAL ENDINGS

Gender	Nom. Sing.	Gen. Plural	Example
Masculine	**ж, ш, щ, ч**	add -**ей**	нож → *ножей*
	consonant + **ь**	drop -**ь**, add -**ей**	гусь → *гусей*
	other consonants	add -**ов**	чайник → *чайников* музей → *музеев*
Neuter	-**о**	drop -**о**	блюдо → *блюд*
	-**е** (= **й** + **о**)	drop -**о**, -**й** remains	угощение (= угощений + о) → *угощений*
Feminine	-**а**	drop -**а**	груша → *груш*
	vowel + -**я** (= **й** + **а**)	drop -**а**, -**й** remains	специя (= специй + а) → *специй*
	consonant + -**я** (= **ь** + **а**)	drop -**а**, -**ь** remains	дыня (= дынь + а) → *дынь*
	consonant + **ь**	drop -**ь**, add -**ей**	скатерть → *скатертей*

when items that are generally regarded as noncount nouns by English speakers are count nouns in Russian. For example, the words *fruit* and *candy* are noncount nouns in English, but in Russian they are count nouns and are generally used in the plural: **фрукты**, **конфеты**. The singular of these words (**фрукт**, **конфета**) is used when speaking of a single piece of fruit or candy. There are even more instances when items that are count nouns in English are noncount nouns in Russian and so are used only in the singular: **картофель**, **свёкла**, **морковь**, **горошек**, **лук**, **виноград**. These items are all labled "singular only" (*mк ед*) in the glossary.

The genitive case is used in quantifying when one speaks of a container of something.

стакан **молока**
a glass of milk

банка **свёклы**
a can of beets

Notice, however, that if you want to say *a plate of butter*, you must use **с** and the instrumental case because the plate does not actually contain the butter: **тарелка с маслом**.

The genitive case is used when speaking of specific quantities and with adverbs of quantity. It is also used alone to convey the sense of *some*.

кусок **пирога**
a piece of pie

сто грамм **масла**
100 grams of butter

десяток **яиц**
a "ten" of eggs

немного **хлеба**
a little bread

много **горчицы**
a lot of mustard

Дайте мне, пожалуйста, **хлеба**.
Give me some bread, please.

Положи мне в суп **сметаны**.
Put some sour cream in my soup.

In all of these constructions, the genitive is used to refer to some part of the whole. Many masculine nouns have a second genitive singular form ending in **-у/-ю**, which may be used optionally when the genitive is used in this partitive sense.

килограмм **сахару**
a kilogram of sugar

Хотите **чаю**?
Would you like some tea?

Nouns whose second genitive forms are commonly used have been given for reference in the glossary, but their use is declining in contemporary Russian. Note that the second genitive ending is generally not used when the genitive is used for any reason other than to express a partitive and that it is not used when the noun is modified by an adjective.

вкус **мёда**
the taste of honey

стакан **крепкого чая**
a glass of strong tea

Quantifying Words

Adverbs of quantity, such as **мно́го** (*many, a lot*), **немно́го** (*a few, some*), **ма́ло** (*few*), **ско́лько?** (*how many?*), **не́сколько** (*several, some*), **сто́лько** (*so many*), and

доста́точно (*enough*), are used with a genitive complement. Phrases formed with these adverbs may be used in nominative and accusative positions. Notice that when such a phrase is the subject of a sentence, as in the first example below, the verb accompanying it is typically neuter singular.

> На столе стояло **много** стаканов.
> *A lot of glasses were on the table.*

> Я купила **много** новых стаканов.
> *I bought a lot of new glasses.*

If a phrase of the type *a lot of glasses* is used in a case other than the nominative or the accusative, the quantifying words **много, немного, сколько, несколько,** and **столько** decline like plural adjectives and agree with the nouns they modify in gender, number, and case.

> Зимой в магазинах нет **многих** фруктов.
> *In winter the stores don't have a lot of fruit.*

> В **нескольких** бутылках ещё оставалось пиво.
> *There was still beer left in some of the bottles.*

Expressions of this type may be used in the oblique cases only when speaking of count nouns. When speaking of noncount nouns, some kind of paraphrase must be used.

> **немного** масла
> *a little butter*

> в **небольшом количестве масла**
> *in a little butter*

> **столько** сахара
> *so much sugar*

> Что нам делать с **таким количеством** сахара?
> *What are we going to do with so much sugar?*

Some quantifying words also have adjectival forms that may be used in the nominative case: **мно́гое, мно́гие, немно́гие,** and **не́которые** (*several, some*). Use these forms when speaking not of the total set of items but of some subset of items within it. The use of **из** after these forms is not required, but it is always implied.

> Я всегда смотрела, как мой друг готовит, и **многому** у него научилась.
> *I always watched my friend cook and learned a lot from him.*

У Марика появилось **много** новых знакомых. **Многие** из них тоже любят готовить, и они часто готовят вместе.
Marik has made a lot of new friends. Many of them also like to cook, and they often make things together.

Я купил **несколько** яиц, но **некоторые** из них разбились по дороге из магазина.
I bought some eggs, but several of them broke on the way from the store.

В **некоторых** магазинах не продают вина.
Wine isn't sold in some (of the) stores.

1. *Working with a partner, determine how much or how many of the items on the list each of you has. Use* **много, немного, несколько,** *or* **мало** *in your answers.*

Образец: —Ты купил салат?
—Да, я купил много салата.

сок, рис, хлеб, говядина, баранина, курица, ветчина, колбаса, сосиски, рыба, молоко, яйца, картошка, капуста, грибы, помидоры, огурцы, свёкла, морковь, горошек, груши, апельсины, персики, виноград, арбуз, соль, перец, горчица, уксус, сахар, минеральная вода, пиво, вино

2. *This list has been adapted from* «Книга о вкусной и здоровой пище». *It contains the recommended number of items to be found in a well-stocked kitchen. (Notice that the place settings are in multiples of six.) Go through the list and explain whether you personally do or do not have each of the items in question and, for those items that you do have, whether you have enough (***достаточно***) or not enough (***недостаточно, мало***) of each item.*

Образцы: У меня есть солонка.
У меня нет салфеток.
У меня достаточно тарелок.
У меня мало вилок.

Скатерти	3	Ложки, вилки, ножи	по	12
Салфетки	24	Кастрюли		4
Мелкие тарелки	12	Скбвороды		2
Глубокие тарелки	12	Солонка		1
Блюда	2	Пе́речница		1
Чашки с блюдцами	12	Чайник		1
Бокалы	24	Кофейник		1
Стаканы	18			

3. *Fill in the blanks as in the model.*

Образец: У меня было *много стаканов*, а сейчас осталось так мало. **Многие из них** разбились.

Я вчера испекла *несколько пирогов*. **Некоторые из них** получились невкусные.

У меня довольно *много друзей*. _____ любят приходить ко мне в гости, потому что я всегда стараюсь их хорошо угостить. Я всегда готовлю *несколько блюд*. _____ особенно нравятся моим американским друзьям, а _____ больше любят мои друзья, приехавшие к нам учиться из других стран. В этом году у меня появилось *много знакомых* из Москвы. _____ любят приходить ко мне, чтобы поговорить по-русски. *Несколько русских девушек* захотели научить меня готовить блюда русской кухни. _____ очень хорошо готовят. Я уже научился готовить довольно *много русских закусок*. _____ понравились всем моим друзьям. Кроме того, я выучил очень *много русских слов*, связанных с кухней. _____ мне пригодятся, когда я летом поеду в Москву.

4. *Fill in each blank with the best translation of the given English. Do not translate words in brackets.*

Сейчас в магазинах и на рынках Санкт-Петербурга продаётся _____ (*many*) разнообразных продуктов питания. _____ (*Many of them*) раньше никогда в России не продавались. _____ (*Many*) молочных продуктов появилось в магазинах города — молоко, сметана, сливочное масло, маргарин, сыры. _____ (*Many*) из этих продуктов привозят из-за границы. Появилось даже _____ (*several kinds*) сыра, которые импортируются из Голландии и Швейцарии. _____ (*Some*) из молочных продуктов — новые для российских граждан, например йогурт. _____ (*Many*) люди его очень полюбили, особенно йогурт с бананами, персиками и абрикосами. Всюду продаётся _____ (*many vegetables*) — помидоры, огурцы, салат, грибы, капуста, картофель, морковь, свёкла (свежая и в банках), лук и горошек в банках. В _____ (*some [of the] stores*) появилась брюссельская капуста, авокадо и артишоки. Можно купить _____ (*many*) готовых продуктов, которые уже сварены или поджарены, их только нужно подогреть. _____ (*Many of them*) очень вкусные. Обычно в магазинах продаётся _____ (*several kinds*) мяса (говядины, баранины, свинины), а также продаются куры и индейки. _____ (*Some*) из этих продуктов привозят из США.

Words of Placement and Position

In English, we frequently use the verb *to be* to describe the position of objects and the verb *to put* to describe how they got there. In Russian, one tends to be more specific.

где?	куда?
лежать	класть/положить
стоять	ставить/поставить
висеть	вешать/повесить

Я **положу** ножи на стол.
I'll put the knives on the table.

Я **поставила** тарелки в шкаф.
I put the plates in the cupboard.

Ножи **лежат** на столе.
The knives are on the table.

Тарелки **стоят** в шкафу.
The plates are in the cupboard.

The verb **сидеть** (*to sit*) is used to describe the position of people (and other animate beings), and the verb **сажать/посадить** (*to seat*) is used to describe placing people (or other animate beings) in a sitting position.

Гости **сидели** за столом и разговаривали.
The guests were sitting at the table talking.

Нас **посадили** в первый ряд.
They sat us in the first row.

Prepositional phrases are frequently used to describe spatial relationships. Prepositions used in this way include:

	где?	куда?	откуда?
in	в чём?	во что?	из чего?
on	на чём?	на что?	с чего?
by	у чего?	к чему?	от чего?
behind	за чем?	за что?	из-за чего?
in front of	пе́ред чем?	пе́ред чем?	
under	под чем?	подо что?	из-под чего?
over	над чем?	над чем?	
between	ме́жду чем?	ме́жду чем?	

	где?	куда?	откуда?
next to	ря́дом с *чем?*	ря́дом с *чем?*	
beside, by	во́зле *чего?*	во́зле *чего?*	
around	вокру́г *чего?*	вокру́г *чего?*	
close to	о́коло *чего?*	о́коло *чего?*	
opposite	напро́тив *чего?*	напро́тив *чего?*	

Other prepositional phrases used to describe placement and position include **в середи́не/в середи́ну** (*in the middle*) and **на краю́/ на край** (*on the edge*).

> **В середине** стола стояла тарелка с фруктами, а **на край** стола поставили вино и сыр.
> *A plate of fruit was in the middle of the table, and on the edge of the table they had placed the wine and the cheese.*

Adverbs also are used to describe spatial relationships. Some of them are similar both in form and in meaning to prepositions. You should make a practice of using the prepositions with an accompanying noun or pronoun and using the adverbs with no complement.

> **Перед** ней на столе стоял бокал красного вина.
> *In front of her on the table there stood a glass of red wine.*   [Preposition]

> Самые большие проблемы ещё **впереди**.
> *The biggest problems still lie ahead.*   [Adverb]

> Подвиньте, пожалуйста, эту тарелку **вперёд**.
> *Move that plate forward, please.*   [Adverb]

Adverbs used to describe spatial relations include:

	где?	куда?	откуда?
here	тут, здесь	сюда́	отсю́да
there	там	туда́	отту́да
everywhere	везде́, всю́ду	везде́, всю́ду	отовсю́ду
right	спра́ва	напра́во	спра́ва
left	сле́ва	нале́во	сле́ва
ahead	впереди́	вперёд	спе́реди
behind	позади́, сза́ди	наза́д	сза́ди
above	наверху́	наве́рх	све́рху
below	внизу́	вниз	сни́зу
inside	внутри́	вну́трь	изнутри́
outside	снару́жи	нару́жу	снару́жи

Везде and **всюду** are synonymous.

В кухне **везде** стояла грязная посуда. На полу **всюду** лежали бутылки из-под пива.
There were dirty dishes all over the kitchen. Beer bottles lay all over the floor.

Направо and **налево** mean *to* the right or the left, while **справа** and **слева** suggest *from* the right or the left. **Направо** and **налево** describe direction, while **справа** and **слева** describe relative position. Remember that if you wish to specify to the right or to the left *of* something, you must use the preposition **от**.

Я повернул **налево**.
I turned left.

Я посмотрела **направо**.
I looked to the right.

Стакан ставят (на стол) **справа** от тарелки.
The glass is placed (on the table) to the right of the plate.

Я положила вилку (на стол) **справа** (от тарелки).
I put the fork (on the table) to the right (of the plate).

Я шёл **справа** (от другого человека).
I was walking to the right (of another person).

5. *Answer the questions as in the model.*

Образец: — Ты поставил пиво в холодильник?
— Да, оно стоит в холодильнике.

1. Ты положила хлеб в сумку?
2. Ты поставил бокалы в буфет?
3. Ты положила рыбу на блюдо?
4. Ты положил салфетки на стол?
5. Ты повесила платье в шкаф?
6. Ты положил скатерть в ящик?
7. Ты поставила кастрюлю с кашей на плиту?
8. Ты положил колбасу на тарелку?

6. *Answer the questions as in the model.*

Образец: — Почему рюмки стоят на столе?
— Я всегда ставлю их на стол.

1. Почему кофейник стоит на плите?

2. Почему твои брюки висят здесь?

3. Почему салфетки лежат на столе?

4. Почему чашки стоят там?

5. Почему бутылки стоят в холодильнике?

6. Почему тарелки стоят в буфете?

7. Почему эта скатерть лежит в ящике?

8. Почему сковородка стоит в духовке?

9. Почему мёд и варенье стоят на полке?

10. Почему банки стоят наверху?

7. *Fill in each blank with the best translation of the English word or phrase.*

Сын помогал папе накрывать на стол. Ждали гостей к обеду. Папа вышел _____ (*out of*) кухни и сказал сыну: «Сейчас я тебе покажу, что делать. Сначала поставь _____ (*here*) бутылку вина, а _____ (*there*) бутылку минеральной воды. _____ (*Next to*) вином поставь салат, а _____ (*in the center*) стола поставим блюдо с мясом. _____ (*Beside*) блюда поставим солонку и перечницу, а _____ (*between*) салатом и мясом поставим масло. Так, теперь поставим тарелки. _____ (*To the right of*) них положим ножи, а _____ (*to the left*) — вилки. _____ (*In front*) каждой тарелкой поставим бокал и стакан для минеральной воды. _____ (*On*) тарелки положим салфетки. Я совсем забыл. Принеси _____ (*from*) холодильника сметану и поставь её _____ (*to the left of*) бутылки с водой, а хлеб будет стоять _____ (*on the edge*) стола. Так, всё выглядит прекрасно. Теперь нужно решить, кто где будет сидеть _____ (*at*) столом. Я буду сидеть _____ (*here*). Мама, как всегда, _____ (*next to*) мной. _____ (*To the left of*) меня сядешь ты, _____ (*to the right of*) мамы будет сидеть Иван Петрович, а _____ (*beside*) него Марина Сергеевна».

Assuming a position

Russian also uses a special set of verbs to describe how animate beings get into lying, sitting, and standing postions.

где?	куда?
лежать	ложиться/лечь
сидеть	садиться/сесть
стоять	становиться/стать
	вставать/встать

Notice that the verb **становиться/стать** is used to describe motion from one standing position to another, while **вставать/встать** shows motion from a sitting or lying position to an upright one.

> Я **сяду** на диван.
> *I'll sit down on the couch.*

> Я вчера поздно **легла** и сегодня поздно **встала**.
> *I went to bed late last night and got up late this morning.*

> Я **стану** в очередь.
> *I'll get into line.*

8. *Fill in each blank with an appropriate form of* **лежать, класть/положить, ложиться/лечь, стоять, ставить/поставить, вставать/встать, сидеть, садиться/сесть.**

Когда Оля приехала в Санкт-Петербург, было уже поздно. Она вошла в комнату общежития, сняла пальто, _____ (*put*) свой чемодан в угол и _____ (*sat down*) на стул. Ей было грустно и одиноко.

Вдруг открылась дверь, и в комнату быстро вошла девушка. Оля _____ (*got up*) со стула и посмотрела на неё.

— Здравствуй, — сказала девушка. — Меня зовут Катя. Я твоя соседка по комнате. Ты, наверно, устала? Вот твоя кровать, но по-моему, ещё рано _____ (*to lie down*) спать. Давай сначала поужинаем.

Оля всё ещё _____ (*was standing*) рядом со стулом, с которого она _____ (*got up*), когда вошла Катя.

— Давай накрывать на стол. _____ (*put*) тарелки и чашки, — они _____ (*are standing*) в шкафу на верхней полке, и _____ (*put*) ножи и вилки, — они _____ (*are lying*) в ящике. А я принесу еду из кухни.

Оля начала _____ (*to put*) посуду на стол, а Катя вышла из комнаты и вернулась через две минуты, неся блюдо пирожков и чайник.

— Ну, _____ (*sit down*) за стол, а то пирожки остынут, — пригласила Олю к столу Катя.

Через несколько минут Оля уже _____ (*was sitting*) за столом с новой подругой, и ей не было грустно.

Вкусно поужинав и убрав со стола, они _____ (*lay down*) спать. Так началась Олина новая жизнь в университетском общежитии.

9. *Fill in each blank with the best translation of the given phrase.*

Мы с сестрой в столовой _____ (*are setting the table*). Здесь _____ (*smells of tasty food*). Я _____ (*put the spoons, forks, and knives*), а она _____ (*puts the plates and glasses*). Бабушка на кухне _____ (*is frying chicken*). Мы всегда едим _____ (*a lot of dishes*) на обед: _____ (*a lot of potatoes, peas, carrots, cabbage, and cucumbers*).

Я всегда _____ (*sit next to*) мамой, а сестра _____ (*to the right to*) папы.

10. *Translate into idiomatic Russian.*

Yesterday when I got home from school, Mother and Grandfather were in the kitchen. Mother was making soup, and Grandfather was making cookies. I was hungry, so I put on the kettle, and then I warmed up the potatoes that were in the refrigerator. Then I sat down at the table and started looking at Mother and Grandfather. Mother was putting carrots into the soup, and Grandfather was putting the cookies into the oven. The kitchen smelled of soup, and I thought, "How nice it is to be home."

Прослушивание текста

 Listen to the text and fill in the blanks. When you are finished, draw the scene that has been described.

В середину стола _____ большое блюдо с _____ , справа от него — блюдо с колбасой и _____ , а слева — тарелку с сыром. Перед пирожками поставьте салат _____ _____ , а рядом с _____ должна стоять _____ . Вино поставьте на край стола _____ с хлебом. Бутылку _____ _____ поставьте _____ от тарелки с сыром. _____ блюдо с пирожками хорошо _____ масло. На другой край стола поставьте торт, _____ и пирожные, а _____ от них сахар, мёд, _____ и сладкий пирог.

Кажется, мы ничего не забыли. Приятного аппетита!

Чтение

1. *Remember a dinner that you have had on a special occasion. What was the occasion? What was served? How did the table look?*

2. *This excerpt has been adapted from* «Приезд отца в гости к сыну» *by Emmanuil Kazakevich (1962). In it the author tells how Ivan Ermolaev is visited by his father, Timofey Vasilevich, whom he has not seen in over 25 years. In honor of his father's arrival, Ivan invites co-workers and neighbors to a welcoming dinner. Read the text quickly using the dictionary as little as possible, and then answer the questions that follow.*

Стол был красивый и богатый. Тут были разные колбасы, всевозможные консервы в банках, стоявших на фарфоровых тарелочках, холодные голубоватые магазинные куры, селёдка, рыба, вкусные кислые огурцы и яблоки.

Однако венцом всех яств были пельмени — знаменитые на всю Россию, не те, худосочные из магазина, в скучных картонных коробках, а самодельные уральские, из изысканной смеси говядины, баранины и свинины, четырёх разных сортов — большие как пироги, и маленькие, как детские ушки, такие, где всё дело — в тесте, где оно воздушное, пахучее и тает во рту, а мясо служит как бы только приправой, а иные, где вся прелесть — в мясе, в правильности его пропорций, в его сочности неизъяснимой (держи рот, не то оттуда брызнет!), — а тесто только так, футлярчик.

Дарья Алексеевна, Любовь Игнатьевна и Марина, румяные, серьёзные, очень похожи друг на друга (сами вроде как пельменей различных сортов), стали подавать пельмени, блюдо за блюдом; и как только блюда пустели — а это происходило быстро, — тут же несли новые блюда и не садились, пока самые ненасытные гости не отвалились на спинки стульев в блаженном изнеможении.

Подавая, Любовь Игнатьевна и Дарья Алексеевна уделяли особое внимание Тимофею Васильевичу; они шептали ему — то одна, то другая — в большое седое ухо о достоинствах тех или иных пельменей и придвигали к нему перец, сметану, масло и уксус.

За здоровье приезжего гостя пили бесконечно.

1. Подробно расскажите, чем Иван угощал своих гостей.

2. Какие пельмени подавали гостям?

3. Чем отличаются домашние пельмени от магазинных?

4. Как Дарья Алексеевна, Любовь Игнатьевна и Марина подавали пельмени?

5. С чем едят пельмени?

6. Какие тосты, вы думаете, произнесли за Тимофея Васильевича?

Словарь

блаже́нный *blissful*
бры́знуть *squirt out*
вене́ц *crown*
возду́шный *flaky*
досто́инство *merit*
изнеможе́ние *exhaustion*
изы́сканный *delicate*

неизъясни́мый *inexplicable*
ненасы́тный *insatiable*
отвали́ться *lean back*
припра́ва *condiment*
смесь ж *mixture*
со́чность *juiciness*
та́ять *melt*

тéсто *dough*
фарфóровый *china*
футля́рчик *little case*

худосóчный *dried-up, anaemic*
шепта́ть *whisper*
я́ства *viands*

3. *Now draw an illustration to accompany this passage from «Приезд отца в гости к сыну». Which elements of the description will be central to your illustration?*

Сочинение

За обедом

Discuss this picture with your classmates, making sure that you can identify all of the objects in the picture and accurately describe their locations. Then write a one-paragraph description of the picture using vocabulary introduced in this chapter.

Задания

1. *Demonstrate how to set a table using these instructions from a contemporary etiquette book.*

Сервировка

Дано: скатерть, салфетки, тарелки (глубокие и мелкие), чашки, стаканы, вилки, ножи, ложки (столовые, десертные, чайные), цветы и вазочки для цветов.

Требуется: расположить всё так, чтобы было красиво, правильно, удобно. И, конечно же, возбуждало аппетит.

Решение: На поверхность стола положить скатерть. Расставь тарелки на расстоянии 1-2 сантиметра от края стола — каждую напротив стула. Если стол к обеду, на мелкую тарелку поставь глубокую. Ножи разложи справа от тарелок, вилки слева. Ложки — суповую, десертную — положи за тарелками параллельно краю стола. Для воды или сока поставь бокалы справа за ножами. Салфетки — на тарелки. Не забудь о ложках, вилках для закусок, салатов, масла. Цветы в вазочках украсят праздничный стол. Садитесь, гости дорогие!

2. *These instructions come from the magazine «Здоровье». Fill in the blanks with any appropriate word or phrase. After you have finished, compare your text with the original in Appendix B.*

Вы помните, ребята, как Миша и Маша учились вести себя за столом, правильно держать ложку и _____ . А когда мама попросила их _____ , сделали всё как надо: поставили мелкие _____ для второго, на них — _____ тарелки для первого, ложки _____ перед тарелками, _____ — справа, вилки — _____ и возле каждой тарелки — ... .

3. *Compare the two pictures. How many similarities can you find? How many differences?*

4.   *The items in the following picture were purchased on Monday by two students who have very little time and therefore try to go to the store only once a week. Describe what they have bought in general terms using the words* **много**, **несколько**, *and* **немного**.

Образец: **Они купили много яиц.**

5.   *Using the following vocabulary, write ten sentences about the other things that you imagine the students in activity 4 would need to complete their week's shopping.*

Образец: **Им нужно будет купить ещё пачку соли и 200 грамм колбасы.**

Quantities	Items
грамм	сок
килограмм	пиво
литр	рис
	макароны
много	булка
немного	чёрный хлеб
несколько	курица
	сосиски
буханка	масло
	помидоры
бутылка	огурцы
банка	картошка
пачка	

Хозяйственные товары

6.   *In this and in following chapters, you will see math problems from Grigory Oster's delightful collection «Задачник» (1994). Solve the problems by discussing them with your classmates. The math will not tax you, but some of the unexpected combinations of words might!*

В доме было 12 чашек и 9 блюдечек. Дети разбили половину чашек и 7 блюдечек. Сколько чашек осталось без блюдечек?

В одном мальчике помещается 4 бутылки пепсиколы. Сколько бутылок пепсиколы поместится в двенадцати точно таких же одинаковых мальчиках?

Урок № 2

В гостях хорошо, а дома лучше

Словарь

дом (*мн* **дома́**) house, building[1]
    жило́й ~ apartment house
зда́ние building[1]
двор (*р* **двора́**) courtyard[1]

покупа́ть *нес* to buy; *сов* **купи́ть**
    (**куплю́, ку́пишь**)[2]
продава́ть (**продаю́, продаёшь**)
    нес to sell; *сов* **прода́ть**
    (**прода́м, прода́шь, прода́ст,**
    продади́м, продади́те,
    продаду́т; про́дал, продала́)[2]
сдава́ть (**сдаю́, сдаёшь**) *нес* to
    rent; *сов* **сдать** (**сдам, сдашь,**
    сдаст, сдади́м, сдади́те, сдаду́т;
    сдал, сдала́)[2]

снима́ть *нес* to rent; *сов* **снять**
    (**сниму́, сни́мешь; снял,**
    сняла́)[2]
обме́нивать *нес, на что?* to
    exchange; *сов* **обменя́ть**[2]
обме́н exchange

хозя́ин (*мн* **хозя́ева, хозя́ев**);
    хозя́йка (*р мн* **хозя́ек**) host/
    hostess
гость *м* guest
    приходи́ть в го́сти
    (**прихожу́, прихо́дишь**) *нес*
    to visit, call on; *сов* **прийти́ в**
    го́сти (**приду́, придёшь;**
    пришёл, пришла́)

быть в гостя́х *нес*   to visit, be a guest

сосе́д (*мн* **сосе́ди, сосе́дей, сосе́дях**); **сосе́дка** (*р мн* **сосе́док**) neighbor

сосе́дний   neighboring

приглаше́ние   invitation

приглаша́ть *нес*   to invite; *сов* **пригласи́ть** (**приглашу́, пригласи́шь**)

принима́ть *нес*   to receive (guests); *сов* **приня́ть** (**приму́, при́мешь; при́нял, приняла́**)

гостеприи́мство   hospitality

гостеприи́мный   hospitable

новосе́лье (**на**)   housewarming

кры́ша   roof

черда́к (*р* **чердака́**) (**на**)   attic[3]

подва́л   basement[3]

ле́стница   stairs

лифт   elevator

эта́ж (*р* **этажа́**) (**на**)   floor, story

дверь *ж*   door

балко́н (**на**)   balcony

кварти́ра   apartment
    отде́льная ~   separate apartment
    коммуна́льная ~   communal apartment

ко́мната   room

столо́вая (*р* **столо́вой**)   dining room

гости́ная (*р* **гости́ной**)   living room

кабине́т   study

спа́льня (*р мн* **спа́лен**)   bedroom

де́тская (*р* **де́тской**)   nursery

прихо́жая (*р* **прихо́жей**)   entrance hall

пере́дняя (*р* **пере́дней**)   entrance hall

коридо́р   hall

ва́нная (*р* **ва́нной**)   bathroom[4]

ва́нна   bathtub[4]

ра́ковина   sink

туале́т   bathroom, toilet[4]

убо́рная (*р* **убо́рной**)   bathroom, toilet[4]

унита́з   toilet (fixture)[4]

стира́льная маши́на   washing machine

стена́ (*вн* **сте́ну, мн сте́ны, стен, стена́х**)   wall

у́гол (*р* **угла́, в/на углу́**)   corner

пол (**на полу́, мн полы́**)   floor

потоло́к (*р* **потолка́**)   ceiling

окно́ (*мн* **о́кна, о́кон**) (**на**)   window

подоко́нник (**на**)   windowsill

фо́рточка (*р мн* **фо́рточек**)   ventilation window

ками́н   fireplace

удо́бства (*р* **удо́бств**)   conveniences[5]

отопле́ние   heating

газ   natural gas

га́зовый   gas

электри́чество   electricity

электри́ческий   electric

телефо́н   telephone

ме́бель *ж, тк ед*   furniture

обставля́ть *нес, чем?* to furnish; *сов* **обста́вить** (**обста́влю, обста́вишь**)

дива́н   couch

кре́сло (*р мн* **кре́сел**)   armchair

стул (*мн* **сту́лья**)   chair

стол (*р* **стола́**)   table
    обе́денный ~   dinner table
    пи́сьменный ~   desk

журна́льный сто́лик   coffee table

туале́тный сто́лик   vanity table

ту́мбочка (*р мн* **ту́мбочек**)   nightstand

комо́д   dresser

крова́ть *ж* bed
    односпа́льная ~ single bed
    двухспа́льная ~ double bed
буфе́т buffet
шкаф (в шкафу́, *мн* шкафы́)
  wardrobe
    платяно́й ~ closet, wardrobe
    кни́жный ~ bookcase
    посу́дный ~ cupboard
я́щик drawer
по́лка (*р мн* по́лок) shelf

ве́шалка (*р мн* ве́шалок) coat
  rack
зе́ркало (*мн* зеркала́) mirror
ковёр (*р* ковра́) carpet[6]
ко́врик rug
занаве́ски (*р* занаве́сок)
  curtains, drapes
ла́мпа lamp
    насто́льная ~ table lamp
торше́р floor lamp

со́лнце sun, sunlight
со́лнечный sunny
све́тлый (светло́) light, bright[7]
темнота́ darkness
тёмный (темно́) dark

цвет (*мн* цвета́) color
цветно́й colored
бе́лый white
чёрный black
се́рый gray
бе́жевый beige
кра́сный red
ро́зовый pink
ора́нжевый orange
жёлтый yellow
зелёный green
голубо́й light blue
си́ний dark blue
фиоле́товый violet
кори́чневый brown
я́ркий (*ср* я́рче) bright[7]
пёстрый multicolored

кра́ска (*р мн* кра́сок) paint
кра́сить (кра́шу, кра́сишь) *нес*
  to paint; *сов* покра́сить[8]

стекло́ glass
стекля́нный glass
де́рево wood
деревя́нный wooden
кирпи́ч (*р* кирпича́) brick
кирпи́чный brick
ка́мень м (*р* ка́мня) stone
ка́менный stone

ле́вый left
пра́вый right
бли́зкий (*ср* бли́же) close, near[9]
далёкий (далеко́; *ср* да́льше)
  far[9]
бли́жний near, nearer[9]
да́льний far, farther[9]
пере́дний front
за́дний back
ве́рхний upper
ни́жний lower
сторона́ (*вн* сто́рону, *мн*
  сто́роны, сторо́н, сторона́х)
  side, direction

измере́ние measurement
измеря́ть *нес* to measure; *сов*
  изме́рить
миллиме́тр millimeter
сантиме́тр centimeter
метр meter
киломе́тр kilometer
разме́р size, dimensions
пло́щадь *ж* area

большо́й (*ср* бо́льше) big
огро́мный huge
грома́дный enormous
просто́рный spacious
сре́дний average
ма́ленький (*ср* ме́ньше) little
длина́ length
дли́нный long

коро́ткий (**ко́ротко**; *ср* **коро́че**) short[10]

ширина́ width

широ́кий (*ср* **ши́ре**) wide

у́зкий (*ср* **у́же**) narrow

высота́ height

высо́кий (**высоко́**; *ср* **вы́ше**) tall

ни́зкий (*ср* **ни́же**) short, low[10]

глубина́ depth

глубо́кий (**глубоко́**; *ср* **глу́бже**) deep

ме́лкий (*ср* **ме́льче**) shallow

толщина́ thickness

то́лстый (*ср* **то́лще**) thick

то́нкий (*ср* **то́ньше**) thin

вес weight

тяжёлый (**тяжело́**) heavy

лёгкий (**легко́**; *ср* **ле́гче**) light

фо́рма shape[11]

квадра́тный square

прямоуго́льный rectangular

треуго́льный triangular

кру́глый round

ова́льный oval

быва́ть *нес* to be[12]

явля́ться *нес, кем, чем?* to be; to appear; *сов* **яви́ться** (**явлю́сь, я́вишься**)[12,13]

станови́ться (**становлю́сь, стано́вишься**) *нес, кем, чем?* to become; *сов* **стать** (**ста́ну, ста́нешь**)

каза́ться (**кажу́сь, ка́жешься**) *нес, кем, чем?* to seem; *сов* **показа́ться**

ока́зываться *нес, кем, чем?* to prove (to be); *сов* **оказа́ться** (**окажу́сь, ока́жешься**)

остава́ться (**остаю́сь, остаёшься**) *нес, кем, чем?* to be; to remain; *сов* **оста́ться** (**оста́нусь, оста́нешься**)[13]

Двор

Vocabulary Notes

[1] Although in colloquial Russian the word **дом** may refer to any building, you should use it to refer to buildings in which people live and use the word **здание** when describing other kinds of buildings. If you need to make it clear that you are talking about an apartment building, you may specify **жилой дом**. **Двор** is the enclosed inner yard typical of urban Russian apartment houses. Intended for communal use, the **двор** typically contains playground equipment and park benches. The stairs leading to the actual apartments are most often reached through the **двор** rather than from the street.

[2] **Сдавать/сдать** is the action performed by the landlord; **снимать/ снять** is the action performed by the tenant. During the Soviet period, one was likely to speak of *getting* (**получать/получить**) or *exchanging* (**обменивать/обменять**) an apartment rather than of renting, but now, in addition to *exchanging*, apartments are also *rented, bought* (**покупать/купить**) and *sold* (**продавать/ продать**).

[3] In Russia **чердак** and **подвал** are not thought of as habitable parts of the house.

[4] In most Russian apartments, the *bathtub* (**ванна**) is in one room (**ванная**), and the *toilet* (**унитаз**) is in another (**туалет** or **уборная**).

[5] The plural word **удобства** refers to what we normally think of as *utilities*. It is common to talk about an apartment **со всеми удобствами** (with all the conveniences).

[6] **Ковёр** refers to *a carpet* as opposed to *carpeting*. **Ковры** typically *lie on the floor* (**лежать на полу**), but it is also common for decorative ones to *hang on the wall* (**висеть на стене**), especially next to sleeping areas, where they are hung both for aesthetic reasons and for insulation.

[7] **Светлый** means *bright* in the sense of having a lot of light, while **яркий** refers to intensity.

> Мы вошли в большую, **светлую** комнату.
> *We entered a large, bright room.*

> **Яркие** занавески висели на окнах.
> *Bright curtains were hanging on the windows.*

> В комнате горел **яркий** свет.
> *A bright light was burning in the room.*

[8] Use the verb **красить/покрасить** with **в** and the accusative when specifying color.

> Мы **покрасили** дом **в голубой цвет**.
> *We painted the house light blue.*

Объявление о сдаче квартир

⁹ Use the words **бли́зкий** and **далёкий** to describe the distance between two points. Remember that if you want to say that something is *near to* or *far from* something else, you need to use **от** and the genitive case.

Я живу **близко от** университета.
I live close to the university.

Мои родственники живут **далеко от** Москвы.
My relatives live far from Moscow.

When describing not distance but relative position, use **ближний** and **дальний**.

> На фотографии в **ближнем** углу стоял обе́денный стол, а в правом **дальнем** углу стоял буфет.
> *In the picture there was a dining table in the near corner and a buffet in the far right corner.*

[10] **Короткий** is *short* in length, and **низкий** is *short* in height. If you want to say that a person is *short*, use a genitive construction.

> Моя мать **низкого роста.**
> *My mother is short.*

[11] In English you ask what *shape* an object *is*. In Russian, the question is asked in the genitive.

> —**Какой формы** стол?
> —Он квадратный.
> *What shape is that table?*
> *It's square*

[12] Because the present tense of **быть** is generally not used in contemporary Russian, one frequently uses synonyms. You may use **бывать** as a synonym for **быть** when talking about situations that recur at intervals.

> Мы часто **бываем** в гостях у Изюмовых.
> *We frequently visit the Izyumovs.*

> Здесь **бывает** особенно красиво осенью.
> *It's particularly beautiful here in the fall.*

Являться/явиться is often used as a synonym for **быть** in formal speech.

> Причиной задержки самолёта **явилась** погода.
> *Weather was the reason for the plane's delay.*

[13] Some of the words that function as synonyms for *to be* also have literal meanings. The word **являться/явиться** literally means *to appear*, and the verb **оставаться/остаться** literally means *to remain*. Sometimes when deciding which of the synonyms to choose, it helps to have a sense of the underlying literal meaning.

> Иван Петрович должен **явиться** в суд в 10.00.
> *Ivan Petrovich must appear before the court at ten o'clock.*

> Фруктовые соки **являются** прекрасным источником витаминов.
> *Fruit juice is an excellent source of vitamins.*

На тарелке **остался** только горошек.
Only the peas were left on the plate.

Мы **остались** довольны своим путешествием.
We were pleased with our trip.

Подготовительные упражнения

Adjectives

Russian adjectives provide information about the qualities or properties of the nouns they modify. Adjectives answer the question **какой?** and agree with the nouns that they modify in gender, number, and case. Adjectives may be used in attributive position, in which case they modify the noun directly, or in predicative position, in which case they are separated from the noun they modify either by a form of **быть** or by some other linking verb. Adjectives occur in attributive position in all six cases. Adjectives in predicative position are always either nominative or instrumental. The predicate nominative may be used in all sentences in which the linking verb is a form of **быть.** It is always used in present-tense sentences, and it is also used following past and future forms of **быть,** generally when referring to permanent attributes. The predicate instrumental of long-form adjectives must be used with such linking verbs as **являться/ явиться, становиться/стать, казаться, оказываться/оказаться,** and **оставаться/ остаться.** It may also be used following past and future forms of **быть,** generally when referring to temporary attributes. The use of nominative and instrumental forms to distinguish between permanent and temporary attributes is not consistent, however. The use of nominative adjectives following past and future forms of **быть** is characteristic of colloquial speech, while instrumental adjectives in that position are more typical of the written language.

Attributive: Мы живём в **двухэтажном** доме.
We live in a two-story house.

В нашей **старой** квартире был **длинный, узкий, тёмный** коридор.
There was a long, narrow, dark hall in our old apartment.

Predicative: Этот дом **двухэтажный.**
That house is two-storied.

Занавески в кухне были **ярко-голубые.**
The curtains in the kitchen were bright blue.

Спальни в новой квартире казались **громадными.**
The bedrooms in the new apartment seemed enormous.

Compound adjectives are formed from two words, the first of which does not decline, and are written with a hyphen: **ру́сско-англи́йский** (*Russian-English*), **све́тло-зелёный** (*light green*), **тёмно-кра́сный** (*dark red*), **я́рко-голубо́й** (*bright blue*). Numbers may be included in adjectives without hyphenation. The number *one* is written as **одно-** , and all other numbers are written in their genitive forms: **однокóмнатный** (*one-room*), **четырёхэта́жный** (*four-storied*), **пятиле́тний** (*five-year-old*).

Adjectives are like nouns in that they have both hard and soft declensional patterns (Appendix A). Adjectives such as **тяжёлый** or **зелёный** are examples of adjectives that consistently take hard endings. Adjectives such as **синий** and **ве́рхний** are examples of adjectives that consistently take soft endings. As a mnemonic strategy, you should note that all soft-stem adjectives except **ка́рий** (*hazel*) have stems ending with the letter **-н-**. Adjectives such as **хоро́ший** or **глубо́кий**, which appear to belong to a mixed declension, are in fact regular hard-stem adjectives whose spelling has been altered because of spelling rules (Appendix A).

There is a small group of adjectives whose masculine singular form appears to be soft, but they in fact belong to a separate paradigm. You need to know this pattern primarily for the ordinal numeral **тре́тий** (*third*).

	M	N	F	Pl
N	тре́тий	тре́тье	тре́тья	тре́тьи
A	N or G		тре́тью	N or G
G	тре́тьего		тре́тьей	тре́тьих
P	тре́тьем		тре́тьей	тре́тьих
D	тре́тьему		тре́тьей	тре́тьим
I	тре́тьим		тре́тьей	тре́тьими

Short-Form Adjectives

Many adjectives have, in addition to their complete forms, short forms, which may be used only in predicative position and which have only masculine, neuter, feminine, and plural nominative forms.

Он остался **спокоен**.
He remained calm.

Море было **спокойно**.
The sea was calm.

Она никогда не бывает **спокойна** за своего сына.
She is never calm about her son.

Мы **спокойны** за своё будущее.
We are calm about our future.

Short-form adjectives should be used sparingly because their use is declining in modern spoken Russian. There are times, however when the use of a short-form adjective is preferable or even obligatory. Sometimes the use of a short-form adjective implies a temporary quality as opposed to a permanent one.

Я слышал, что Огурцо́вы не очень **гостеприимные**. Но вчера на новоселье они были на редкость **гостеприимны**.
I heard that the Ogurtsovs are not very hospitable. But yesterday at the housewarming they were exceptionally hospitable.

Я не думаю, что Олег такой **занятой** человек, но каждый раз, когда я звоню, мне отвечают, что он **занят**.
I don't think that Oleg's such a busy person, but every time I call, they tell me that he's busy.

In other instances, the use of a short-form adjective implies a relative quality as opposed to an absolute one. This distinction is frequently observed with adjectives describing size: **дли́нный** (дли́нен, длинно́, длинна́, длинны́), **коро́ткий** (ко́роток, ко́ротко, коротка́, коротки́), **у́зкий** (у́зок, у́зко, узка́, узки́), **широ́кий** (широ́к, широко́, широка́, широки́). Notice that **большо́й** and **маленький**, two of the most common adjectives used to describe size, do not have short forms but substitute instead forms of **вели́кий** (вели́к, велико́, велика́, велики́) and **ма́лый** (мал, мало́, мала́, малы́) .

Река не очень **широкая**, но в этом месте она **широка**.
The river isn't very wide, but it is wide at this point.

Даже трёхкомнатная квартира для них **мала**.
Even a three-room apartment is too small for them.

There are some grammatical constructions that require the use of short-form adjectives. You must use short-form adjectives in the predicative position in sentences whose subject is **это, всё** or **что**.

Вам это будет **легко**.
That'll be easy for you.

В комнате всё было **красиво**.
Everything in the room was beautiful.

You must always use a short-form adjective when the adjective governs another word or phrase. Long-form adjectives cannot govern other words.

Оба её брата очень **способные**. Старший брат особенно **способен** к музыке.

Both of her brothers are very talented. The older brother has a gift for music.

Мы уже давно переехали в новую квартиру, но ещё не были **готовы** к новоселью.

We had moved into the new apartment a long time ago but still were not ready for the housewarming.

На прошлой неделе я был **болен** гриппом и не мог прийти к ним в гости.

I had the flu last week and couldn't go visit them.

Not every adjective has a short form. If an adjective has a short form that tends to predominate in predicate position, that form will be included as part of the vocabulary entry.

There is one special group of possessive adjectives that are used in attributive postion but whose declensional patterns nevertheless mix long and short forms.

А это **мамина** комната.
And this is Momma's room.

These adjectives, which are quite common in colloquial Russian, are formed from masculine and feminine nouns whose nominative singular forms end in **-а/-я**. They are formed only from nouns denoting living beings. They are most commonly formed from words denoting relatives and from the diminutive forms of names: **де́душкин, дя́дин, па́пин, ба́бушкин, тётин, ма́мин, Ва́нин, Ка́тин, Пе́тин, Серёжин**. To form possessive adjectives of this type, replace the ending of the nominative singular form with the suffix **-ин-** and add appropriate endings. The stress is generally as in the nominative singular form of the word. You will find some variation among the endings of the oblique cases, but they should not trouble you since your use of these forms will generally be limited to the nominative and accusative cases.

	M	N	F	Pl
N	ма́мин	ма́мино	ма́мина	ма́мины
A	N or G		ма́мину	N or G
G	ма́мин**ого**		ма́мин**ой**	ма́мин**ых**
P	ма́мин**ом**		ма́мин**ой**	ма́мин**ых**
D	ма́мин**ому**		ма́мин**ой**	ма́мин**ым**
I	ма́мин**ым**		ма́мин**ой**	ма́мин**ыми**

Note that Russian surnames ending in **-ын/-ин** and **-ов/-ёв/-ев** exhibit a similar mixture of noun and adjective endings in their declension.

	M	F	Pl
N	Кузнецо́в	Кузнецо́ва	Кузнецо́вы
A	Кузнецо́ва	Кузнецо́ву	Кузнецо́вых
G	Кузнецо́ва	Кузнецо́вой	Кузнецо́вых
P	Кузнецо́ве	Кузнецо́вой	Кузнецо́вых
D	Кузнецо́ву	Кузнецо́вой	Кузнецо́вым
I	Кузнецо́вым	Кузнецо́вой	Кузнецо́выми

1. *Working with a partner, determine how much or how many of the items on the following list each of you has.*

   Образец: — **Сколько у вас комнат в квартире?**
   — **У нас в квартире три комнаты.**

   спальня, раковина, окно, камин, лампа, мебель, тумбочка, кровать, шкаф, зеркало, кресло, стул

Однокомнатная квартира

2. *Fill in the blanks with the correct forms of the words in parentheses.*

   1. Я увидела перед собой _____ (старый двухэтажный дом).
   2. Я пошёл вперёд и по _____ (узкая, каменная лестница) быстро поднялся на _____ (верхний этаж).
   3. Дети любили играть в _____ (тёмный, холодный подвал) — там им никто не мешал.

4. В _____ (солнечная, светлая детская) висели яркие занавески, а на _____ (деревянный пол) перед _____ (белая маленькая кровать) лежал цветной коврик.

5. _____ (любимое мамино кресло) поставили в гостиной между _____ (широкий коричневый диван) и _____ (современный торшéр).

6. Машина остановилась возле _____ (громадное, серое каменное здание).

7. Видите _____ (этот старый пятиэтажный дом)? Мы там снимаем _____ (маленькая, тёмная комната) на _____ (нижний этаж).

8. Перед _____ (соседний дом) всегда стоит много машин.

3. *Fill in the blanks with the correct forms of the given words. When you have finished, describe the Loginovs' apartment in your own words.*

_____ (Владимир Александрович Лóгинов) дали, наконец, _____ (отдельная двухкомнатная квартира). Квартира была в самом центре города, в _____ (новый пятиэтажный кирпичный дом) с _____ (лифт), на _____ (третий этаж). Логиновы решили устроить новоселье и пригласили в гости несколько _____ (близкие друзья): _____ (Александр Васильевич Огурцóв) с женой и _____ (Вера Николаевна Снéгова).

Первыми к _____ (Логиновы) пришли Огурцовы. Пока они раздевались в _____ (передняя) и вешали пальто на _____ (вешалка), Елена Михайловна Логинова объясняла, что, хотя они вот уже два месяца живут в _____ (новая квартира), она сначала хотела её обставить, а потом уже приглашать _____ (гости). Тут раздался звонок в дверь — и в _____ (передняя) вошла Снегова. Хозяйка немедленно пригласила всех осмотреть квартиру — в её голосе звучала гордость. Осмотр начали с кухни. Она была огромная, метров 15, и солнечная. На _____ (широкое окно) висели пёстрые занавески. В середине кухни стоял круглый стол, вокруг которого стояли жёлтые стулья. Кухня произвела большое впечатление и на _____ (Огурцовы) и на _____ (Снегова).

Из _____ (кухня) все прошли в _____ (маленькая, но уютная спальня) _____ (Логиновы), где стояла двухспальная кровать, комод и две тумбочки, — на _____ (подоконник) стояла ваза с цветами. Елена Михайловна открыла дверь _____ (платяной шкаф) и показала его _____ (гости).

В _____ (передняя часть) _____ (следующая комната) была гостиная, а в _____ (задняя) — столовая. В _____ (гостиная) стояла современная мебель: диван, кресло и журнальный столик.

Все сели за стол, накрытый к _____ (ужин). За столом все выпили за здоровье _____ (хозяева) и весь вечер гости только и говорили об обмене _____ (квартиры) и о покупке _____ (мебель).

Adverbs

Adverbs are used in Russian to provide more information about verbs, adjectives, or other adverbs. They are unchanging in form. Many adverbs describe the manner in which an action is performed. Such adverbs answer the question **как?**. Many adverbs are derived from adjectives. Adverbs of this type end in **-о/-е** and are identical in form with neuter short-form adjectives.

> Он **хорошо** готовит.
> *He cooks well.*

> Она говорит **искренне.**
> *She is speaking frankly.*

There are also many adverbs derived from adjectives ending in **-ский**. Adverbs of this type end in **-ски** and are formed both with and without the prefix **по-**.

> Мой сосед хорошо говорит **по-русски.**
> *My neighbor speaks Russian well.*

> Она говорит обо мне **критически.**
> *She speaks critically of me.*

Some adverbs, besides providing additional information about verbs, adjectives, and other adverbs, are also used as predicates. Predicate adverbs are used in sentences that have no subject. (The English equivalents of these sentences use an impersonal *it* as subject.) The verbs in these sentences are always neuter singular.

> У меня в комнате **светло, тепло** и **уютно**.
> *It is light, warm, and cosy in my room.*

> На улице уже было **темно**.
> *It was already dark outside.*

The interrogatives **какой?** and **как?** are used to ask questions, but they may also be used to intensify statements. When used in this way, **какой** modifies nouns and long-form adjectives, and **как** modifies verbs, adverbs, and short-form adjectives.

> **Какое** яркое солнце!
> *What bright sun!*

> **Как** я хочу есть!
> *How I want to eat!*

Как хорошо он готовит!
How well he cooks!

Как они гостеприимны!
How hospitible they are!

Такой and **так** are used similarly, with **такой** modifying nouns and long-form adjectives, and **так** modifying verbs, adverbs, and short-form adjectives.

Такая квартира мне нравится.
I like that kind of apartment.

Квартира **такая** солнечная!
The apartment is so sunny!

Я **так** и думаю.
I think so, too.

Она **так** хорошо печёт!
She bakes so well!

Он **так** голоден!
He's so hungry!

4. *Fill in each blank with the best translation of the English word. You may use long- or short-form adjectives or adverbs in your answers.*

Мы переехали в _____ (*new*) дом. _____ (*Broad*) бульвар, на котором мы теперь живём, очень _____ (*beautiful*). В этом районе всё для меня _____ (*new*): и магазины и кинотеатры. Здесь очень _____ (*pretty*) и _____ (*clean*): _____ (*clean*) дворы и тротуары, _____ (*bright*) здания. Наш дом находится на _____ (*sunny*) стороне улицы, и у нас в квартире всегда _____ (*bright*). На бульваре _____ (*noisy*), но в нашей квартире довольно _____ (*quiet*), потому что мы живём на _____ (*tenth*) этаже.

5. *Make pairs of sentences that describe the various rooms of an apartment. In each pair, first use the given word in attributive position and then use it as a predicate adverb.*

Образец: солнечный, солнечно

У нас солнечная гостиная.

У нас в гостиной солнечно.

1. свѐтлый, светлѐ
2. тѐмный, темнѐ
3. тѐплый, теплѐ
4. холѐдный, хѐлодно
5. жѐркий, жѐрко
6. прохлѐдный, прохлѐдно
7. простѐрный, простѐрно
8. тѐхий, тѐхо
9. шѐмный, шѐмно
10. уѝтный, уѝтно

Nouns as Modifiers

The question **какой?** may be answered in Russian by an adjective, but there are other possible answers as well. A noun may be used in the genitive case, for example, to provide additional information about another noun.

урок **музыки**
a music lesson

учитель **физики**
a physics teacher

This construction is frequently used in descriptions containing such nouns as **рост** (*stature*), **возраст** (*age*), **цвет** (*color*), and **размер** (*size*). The genitive may also be used with specific ages.

Она купила платье **синего цвета**.
She bought a blue dress.

Моя сестра **высокого роста**.
My sister is tall.

Ко мне подошёл мальчик **пяти лет**.
A five-year-old boy walked up to me.

Prepositional phrases are also frequently used in description. If you want to explain *of* what something is made, you may use **из** plus the genitive.

Он приготовил для нас салат **из свежих огурцов** и **помидоров**.
He made us a fresh cucumber and tomato salad.

Третий поросёнок построил дом **из кирпичей**.
The third little pig built a house of bricks.

Prepositional phrases containing **для** and the genitive case are used to describe the intended purpose of an object.

> Дай мне блюдо **для овощей**.
> *Give me a vegetable dish.*

> Папа сделал мне полки **для книг**.
> *Dad made me some bookshelves.*

Finally, you may use the preposition **из-под** followed by the genitive case when talking about what used to be in a container.

> На столе стояла пустая бутылка **из-под молока**.
> *An empty milk bottle was standing on the table.*

6. *Fill in each blank with the best translation of the English phrase.*

1. Марина научилась варить очень вкусный _____ (*mushroom soup*).
2. На новоселье нам подарили много _____ (*wine glasses*).
3. В подвале всюду стояли пустые _____ (*beer bottles*).
4. Достань мне, пожалуйста, _____ (*the turkey platter*).
5. Я больше люблю _____ (*berry jam*), чем _____ (*fruit jam*).

Measurement

There are numerous ways to express measurement in Russian. One possibility, which is frequently used in questions, is to use the word that expresses the type of measurement (**длина, ширина, высота, глубина, толщина, вес, размер**) in the genitive case.

> **Какой высоты** потолки в этой квартире?
> *How high are the ceilings in this apartment?*

Other possibilities include using the word that expresses measurement in the instrumental case followed by the preposition **в** and the accusative of the actual measurement. Some speakers omit the preposition in this construction.

> Коридор был **длинной (в) десять метров**.
> *The hall was ten meters long.*

It is also possible to use the preposition **в** followed by the accusative of the type of measurement.

Раньше это озеро было **тридцать метров в глубину**.
That lake used to be thirty meters in depth.

Finally, in a construction that is very similar to English usage, one may use the type of measurement in the nominative followed by the genitive of the object measured and the nominative of the actual measurement.

Толщина этой стены **десять сантиметров**.
The width of that wall is ten centimeters.

It is common to discuss the area of living quarters in terms of square meters.

Площадь этой комнаты **пятнадцать квадратных метров**.
The area of this room is fifteen square meters.

When talking about more than one dimension, translate the English word *by* with the preposition **на** followed by the accusative case.

Я хочу купить ковёр **три метра на четыре**.
I want to buy a rug three meters by four.

If you want to say that one object is located a certain distance *from* another, use **в** plus the prepositional of the distance followed by **от** and the genitive of the reference point.

Наш дом стоит **в пятидесяти метрах от** берега моря.
Our house is fifty meters from the beach.

7. *Ask and answer questions about the dimensions of the objects listed below. Try to vary your sentence structure.*

Образец: балкон: ширина — 2 м

    — **Какой ширины у вас балкон?**
    — **Балкон у нас два метра в ширину**.

or

    — **Балкон у нас шириной в два метра**.

1. комната: длина — 4 м, ширина — 5 м
2. коридор: длина — 3 м
3. прихожая: длина — 1 м, высота потолка — 3 м
4. кухня: длина — 3 м, ширина — 3 м

5. столовая: длина — 4 м, ширина — 5 м,

6. потолок: высота — 4 м

8. *Translate into idiomatic Russian.*

Dear (**Дорогая**) Aunt Vera,

I am writing to you because I have such interesting news. Alla and I have just bought an enormous two-story house in a very nice part of town.

The house is very spacious. Next to the entrance hall there is a huge living room approximately ten meters long, and it has a grey brick fireplace. We will put a dark blue couch opposite the fireplace by the window. I think that it will be particularly warm and cozy there in the winter.

Next to the living room there's a dining room where we have put the old dining room table and the buffet, and the kitchen is behind the dining room. The kitchen is also very big — 25 square meters. In the kitchen our new refrigerator is in one corner, and to the right of it is an electric stove. It will be convenient both to cook and to receive guests there!

We are planning to invite guests to a housewarming at the end of the month. Come see us and we will show you everything.

Kisses (**Целую**),
Kolya

Прослушивание текста

This passage has been adapted from a sketch by Aleksandr Volodin called «Перегородка». In it two people are discussing a housing exchange. You have been given the lines of the person who is viewing the apartment. What do you imagine the person who is showing the apartment is saying in reply? When you have finished, check yourself by listening to the tape and then answer the questions.

Словарь:

разгоро́женный   *separated*   перегоро́дка   *partition*

— Здравствуйте.

— _____ .

— Я по объявлению.

— _____ .

— Спасибо.

— —————— .

— Тихий?

— —————— .

— А это ваша комната, да?

— —————— .

— Разрешите посмотреть?

— —————— .

— Спасибо.

— —————— .

— Вы знаете, я, к сожалению, думаю, что наш вариант может вам не подойти. Дело в том, что у нас не две комнаты в разных районах. У нас одна, очень большая, тридцать метров, но разгороженная перегородкой, так что практически это две комнаты с изолированными входами.

Вопросы

1. Молодой человек сейчас живёт
   а. в отдельной квартире.
   б. в коммунальной квартире.
   в. в кооперативной квартире.

2. Он написал в объявлении, что он хочет обменять на
   а. одну очень большую комнату.
   б. две комнаты в разных районах.
   в. однокомнатную квартиру.

3. Как вы думаете, ему стоит обменяться с этой женщиной, или нет?

Чтение

1. *Think of a place where you have visited or lived that made a particularly strong impression on you. Describe it to your classmates.*

2. *In this excerpt adapted from Viktoria Tokareva's «Нам нужно общение», the narrator describes a country house that he is considering renting. Read the excerpt quickly, using your dictionary as little as possible, and then answer the questions that follow.*

Я решил снять какое-нибудь жильё, а уж потом уйти из дома. Решить — это одно. А снять — совершенно другое. Первое зависит только от меня, а второе — это уже сумма двух желаний.

Заведующий отделом Гракин предложил свою зимнюю дачу. Он сказал, что там — все удобства городской квартиры, с той только разницей, что городская квартира стоит в промозглом переулке среди камня и выхлопных газов. А на даче — деревья, белки и тишина.

В одно из воскресений я заехал за Гракиным, и мы отправились смотреть дачу.

Было начало ноября.

Деревья на участке ещё не облетели. Стояли золотые, гордые и прекрасные.

Дача походила на деревенскую избу, но это была не изба, а именно стилизация под избу: простота, идущая не от бедности, а от богатства и вкуса. Внутри дома всё, включая потолок, было отделано деревом. Мне казалось, что я становлюсь лёгок и спокоен.

Этот дом достался Гракину от его родителей и, как я понял, был ему совершенно не нужен, потому что зимой он отдыхал в горах, а летом на море.

В комнате стояла старая и старинная мебель, которая не пригодилась в городе, так как скорее относилась к хламу, чем к антиквариату.

Возле стены — чёрная японская ширма, инкрустированная перламутром. Огромный письменный стол величиной с бильярдный.

За окном свистел ветер, а в комнате было тепло, и уютные круглоголовые японцы бродили по чёрной ширме.

---

1. Что решил сделать рассказчик?
2. Почему он думает, что ему трудно будет снять жильё?
3. Что сказал Гракин о своей даче?
4. Опишите эту дачу.
5. Кто, по-вашему, обставил дачу Гракина?
6. Опишите обстановку на даче.
7. Как вам кажется, рассказчик снимет эту дачу, или нет? Почему?

Словарь

бе́лка *squirrel*
величино́й с *что?*   *the size of*
выхлопно́й *exhaust*
накопи́ться *accumulate*
перламу́тр *mother-of-pearl*

пригоди́ться *be suitable for*
промо́зглый *dank*
стари́нный *antique*
уча́сток *plot (of land)*
хлам *junk*

Сочинение

Квартира для семьи из четырёх человек

Imagine that you have just acquired this two-room apartment in a new housing development in Novgorod. Write a letter to a friend describing both the apartment and the way that you have furnished it.

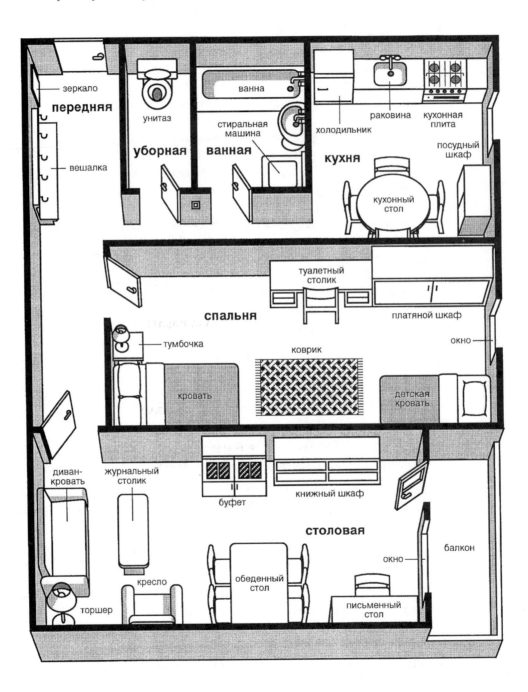

Задания

1. *You have been hired to illustrate Anatoly Rybakov's novel* «Дети Арбата» *(1987).*
    Draw a picture of Stalin's quarters.

    Просторный кабинет Сталина был вытянут в длину. Слева висела на стене огромная карта СССР. Справа, между окнами, размещались шкафы с книгами, в ближнем углу стоял на подставке глобус, в дальнем углу письменный стол, за ним кресло. Посредине комнаты — длинный стол и стулья.

2. *The following advertisements have been adapted from* «Справочник по обмену жилой площади». *The advertisers would like to exchange their rooms or apartments. First, try to match each advertiser with an appropriate ad. Then write a similar advertisement for the apartment you described in your composition. For which of these apartments might you reasonably hope to exchange your apartment?*

Комнаты

1. 19 метров, горячая вода, 3-й этаж, Свечнóй переулок, телефон 292-42-60, Багрúцкий. На комнату от 10-16 метров, удобства.

2. 15 метров, ванна, лифт, 6-й этаж, Лúговский проспект, телефон 168-46-71, Извéкова. На комнату бóльшей площади.

3. 14 метров, ванна, 4-й этаж, Сувóровский проспект, телефон 274-86-22, Анúсимова и 18 метров, горячая вода, 5-й этаж, проспект Огорóдникова. На однокомнатную квартиру от 18 метров.

Квартиры

4. 13 и 17 метров, кухня 6 метров, ванна, 1-й этаж, улица Тéльмана, телефон 263-26-89. На однокомнатную квартиру от 15 метров и комнату от 10 метров.

5. 17 + 11 + 12 метров, кухня 6 метров, ванна, лифт, балкон, 8-й этаж, улица Есéнина, телефон 296-91-65. На две однокомнатные квартиры или двухкомнатную квартиру и комнату.

6. 18 метров, кухня 7 метров, ванна, балкон, 3-й этаж, Октя́брьская набережная, телефон 248-75-40 до 17 часов, Соколóв. На две комнаты в разных местах, не 1-й, не последний этаж

7. 28 метров, кухня 6 метров, ванна, 3-й этаж, Кóлпино, проспект Ленина, телефон 252-08-37, и 13 метров, ванна, 2-й этаж, улица Ломонóсова, телефон 314-23-42, Наýмова. На три комнаты, не 1-й этаж.

8. 30 метров, кухня 14 метров, ванна, 4-й этаж, улица Бармалéева, телефон 233-48-60, и 10 метров, ванна, лифт, 4-й этаж, улица Рылéева. На двух-трёх-комнатную кватиру.

Новые дома

3.   *Fill in the blanks with any suitable word. When you have finished, compare your answers to the original in Appendix B.*

Если ты хозяин

Любой человек, переступивший порог твоего дома, является гостем, которого следует *принять* любезно и серьёзно.

Если гость зашёл больше чем на несколько минут, ты должен предложить ему снять пальто. Причём ты должен помочь ему *повесить* пальто на вешалку.

Постарайся, чтобы гость поскорей почувствовал себя как дома. Предложи ему *сесть* на самое удобное место.

Займи гостя беседой, но пусть он сам выбирает тему для разговора говорит о том, что ему *интересно*, а ты поддерживай разговор.

Не оставляй *гостя* одного на долгое время. А если тебе ненадолго надо отвлечься, непременно извинись перед ним.

Если гость не собирается *уходить*, а у тебя неотложные дела, ты должен найти удобную, очень тактичную форму, как дать ему это понять.

4.   *Describe the two rooms depicted on the next page.*

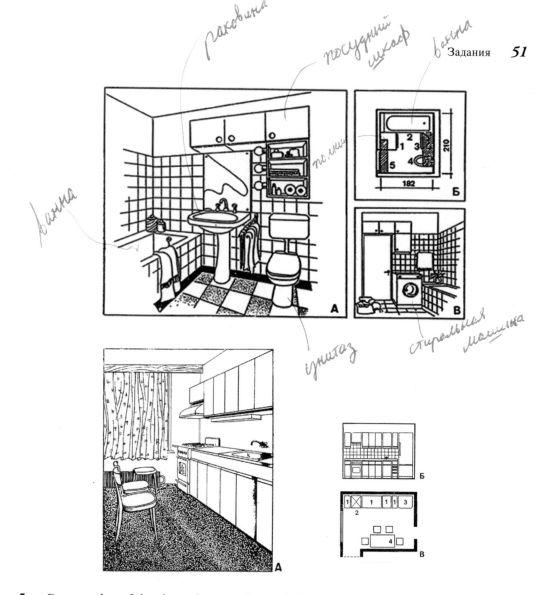

раковина *посудный шкаф* *ванна* *полки* *ванна* *унитаз* *стиральная машина*

5. *Draw a plan of the place where you live and describe how it is furnished. Include colors, sizes, and materials. Now list at least five changes that will make it more attractive or more convenient.*

> **Образец:**   Тостер сейчас стоит справа от раковины. Я поставлю его
> слева от раковины.

6. *You have just been hired by a Russian-American firm in Vladivostok. Your employer will provide housing but has asked you to be specific about what you want. Write or telephone your employer and explain your housing needs for the coming year.*

7. *Write a letter to your pen pal in Russia describing your living conditions. Remember that uniquely American phenomena, such as the trash compactor and the hot tub, can only be conveyed through elaborate paraphrase and mention of them should probably be avoided at this stage.*

Урок № 3

Не место красит человека, а человек место

Словарь

описа́ние description
опи́сывать *нес* to describe; *сов*
  описа́ть (опишу́, опи́шешь)

вне́шность *ж* appearance
рост height
фигу́ра figure
сложе́ние build
**вы́глядеть (вы́гляжу,
  вы́глядишь)** *нес* to look,
  appear[1]

краси́вый beautiful, handsome
  некраси́вый ugly
**краса́вец (*р* краса́вца);
  краса́вица** good-looking person

прия́тный pleasant
ми́лый nice, sweet
привлека́тельный attractive
симпати́чный nice, likeable
обая́тельный charming
уро́дливый ugly, grotesque

сла́бый weak
си́льный strong
мускули́стый brawny, muscular

худо́й; *уменьш* **ху́денький**
  skinny[2]
худе́ть (I) *нес*
  to lose weight; *сов* **похуде́ть**
стро́йный slender[2]

по́лный   plump[2]
полне́ть (I) *нес*   to gain weight;
   сов пополне́ть[2]
то́лстый (*ср* то́лще)   fat[2]
толсте́ть (I) *нес*   to gain weight;
   сов потолсте́ть[2]

лицо́ (*мн* ли́ца)   face
   бле́дное ~   pale face
   румя́ное ~   rosy face
   загоре́лое ~   tanned face
весну́шки (*р* весну́шек)   freckles
весну́шчатый   freckled
морщи́на   wrinkle
морщи́нистый   wrinkled

лоб (*р* лба)   forehead
у́хо (*мн* у́ши, уше́й)   ear
глаз (*мн* глаза́, глаз)   eye
   ка́рие глаза́   light brown,
      hazel eyes
   чёрные глаза́   dark brown
      eyes
бровь *ж*   eyebrow
ресни́ца   eyelash
нос (*мн* носы́)   nose
курно́сый   snub-nosed
рот (*р* рта, во рту́)   mouth
губа́ (*мн* гу́бы)   lip
зуб (*мн* зу́бы, зубо́в)   tooth
щека́ (*вн* щёку, *мн* щёки, щёк,
   щека́х)   cheek
подборо́док (*р* подборо́дка)   chin
борода́ (*вн* бо́роду, *мн* бо́роды,
   боро́д)   beard
усы́ (*р* усо́в)   moustache

во́лосы (*р* воло́с, волоса́х)   hair
   ру́сые ~   brown hair
   кашта́новые ~   chestnut hair
   ры́жие ~   red hair
   седы́е ~   gray hair
   гла́дкие ~   straight hair
   вью́щиеся ~   wavy hair
   кудря́вые ~   curly hair
   густы́е ~   thick hair

ре́дкие ~   thin hair
брюне́т; брюне́тка (*р мн*
   брюне́ток)   dark-haired person
шате́н; шате́нка (*р мн* шате́нок)
   brown-haired person
блонди́н; блонди́нка (*р мн*
   блонди́нок)   fair-haired person
лы́сый   bald
лысе́ть (I) *нес*   to grow bald; *сов*
   облысе́ть

мо́да   fashion, style
мо́дный   fashionable
к лицу́ *кому?*   becoming[3]
оде́жда *тк ед*   clothes, clothing

костю́м   suit
пиджа́к (*р* пиджака́)   suit jacket,
   blazer[4]
брю́ки (*р* брюк)   trousers
джи́нсы (*р* джи́нсов)   jeans
шо́рты (*р* шорт)   shorts
ма́йка (*р мн* ма́ек)   T-shirt
руба́шка (*р мн* руба́шек)   shirt
сви́тер (*мн* свитера́)   sweater[4]

пла́тье (*р мн* пла́тьев)   dress
ю́бка (*р мн* ю́бок)   skirt
блу́зка (*р мн* блу́зок)   blouse
ко́фта; *уменьш* ко́фточка (*р мн*
   ко́фточек)   sweater, blouse[4]

пальто́ *нескл с*   overcoat
плащ (*р* плаща́)   raincoat
шу́ба   fur coat
ку́ртка (*р мн* ку́рток)   jacket[4]

шля́па   hat[4]
ша́пка (*р мн* ша́пок)   hat[4]
уша́нка (*р мн* уша́нок)   hat with
   ear flaps
ке́пка (*р мн* ке́пок)   cap
плато́к (*р* платка́)   head scarf
косы́нка (*р мн* косы́нок)
   triangular scarf

перча́тки (*р* перча́ток)   gloves

шарф muffler
зонт (*р* **зонта́**); *уменьш* **зо́нтик**
　　umbrella
су́мка (*р мн* **су́мок**) purse

о́бувь *ж* footwear
ту́фли (*р* **ту́фель**) shoes[4]
　　~ **на каблуке́** highheeled shoes
　　~ **без каблука́** flats
боти́нки (*р* **боти́нок**) shoes[4]
сапоги́ (*р* **сапо́г**) boots
кроссо́вки (*р* **кроссо́вок**)
　　running shoes
санда́лии (*р* **санда́лий**) sandals
та́почки (*р* **та́почек**) slippers

бельё *тк ед* underwear
колго́тки (*р* **колго́ток**) panty
　　hose, tights
носо́к (*р* **носка́**) sock
ночна́я руба́шка (*р мн* **руба́шек**)
　　nightgown
пижа́ма pajamas
хала́т bathrobe

га́лстук tie
реме́нь (*р* **ремня́**) belt[4]
по́яс (*мн* **пояса́**) belt, sash[4]

украше́ния (*р* **украше́ний**)
　　costume jewelry (decorations)
драгоце́нности (*р*
　　драгоце́нностей) fine jewelry
　　(valuables)
кольцо́ (*мн* **ко́льца, коле́ц,**
　　ко́льцах) ring
ожере́лье necklace
цепо́чка (*р мн* **цепо́чек**) chain
брасле́т bracelet
се́рьги (*р* **серёг, серьга́х**); *уменьш*
　　серёжки (*р* **серёжек**) earrings

пу́говица button[5]
кно́пка (*р мн* **кно́пок**) snap[5]
мо́лния zipper[5]

воротни́к (*р* **воротника́**) collar
карма́н pocket
рука́в (*р* **рукава́,** *мн* **рукава́**)
　　sleeve

ткань *ж* fabric
хло́пок (*р* **хло́пка**) cotton
шерсть *ж* wool
шерстяно́й wool
мех fur
мехово́й fur
шёлк silk
шёлковый silk
синте́тика synthetic material
синтети́ческий synthetic
ко́жа leather
ко́жаный leather
зо́лото gold
золото́й gold
серебро́ silver
сере́бряный silver

кле́тка (*р мн* **кле́ток**) check
　　в кле́тку checkered, plaid
кле́тчатый checkered, plaid
поло́ска (*р мн* **поло́сок**) stripe
　　в поло́ску striped
полоса́тый striped
в горо́шек dotted

носи́ть (**ношу́, но́сишь**) *нес* to
　　wear[6]
надева́ть *нес, на кого, на что?* to
　　put on; *сов* **наде́ть** (**наде́ну,**
　　наде́нешь)[6]
одева́ть *нес, во что?* to dress; *сов*
　　оде́ть (**оде́ну, оде́нешь**); *возвр*
　　одева́ться/оде́ться[6]
оде́тый (**оде́т**) *во что?* dressed[6]
снима́ть *нес, с кого, с чего?* to
　　take off; *сов* **снять** (**сниму́,**
　　сни́мешь; снял, сняла́, сня́ли)[6]
раздева́ть *нес* to undress; *сов*
　　разде́ть (**разде́ну, разде́нешь**);
　　возвр **раздева́ться/разде́ться**[6]

раздётый (раздёт) undressed

переодева́ться *нес, во что?* to change clothes; *сов* переоде́ться (переоде́нусь, переоде́нешься)[6]

застёгивать *нес* to button, zip; *сов* застегну́ть (застегну́, застегнёшь); *возвр* застёгиваться/ застегну́ться[5]

расстёгивать *нес* to unbutton unzip; *сов* расстегну́ть (расстегну́, расстегнёшь); *возвр* расстёгиваться/ расстегну́ться

Vocabulary Notes

[1] The verb **вы́глядеть** may be used both with adverbs and with predicate instrumentals.

Ты сего́дня пло́хо **вы́глядишь**.
You look bad today.

Ты **вы́глядишь** уста́лым.
You look tired.

[2] The verbs and adjectives associated with weight gain and loss frequently have emotional connotations. The word **худо́й** is negative. If you want to express the concept of *thin* without negative connotations, you must use either the diminutive **худе́нький** or another word, such as **стро́йный** or **то́нкий**. The words **по́лный** and **полне́ть** have positive connotations. They are used in contexts where an English speaker might say that someone has *filled out*. The words **то́лстый** and **толсте́ть** are negative.

[3] The various expressions that mean that something is *becoming* tend to be idiomatic. One may use either **к лицу́** with the nominative of the article of clothing and the dative of the person, or an appropriate form of **идти́**, again with the nominative of the article of clothing and the dative of the person.

Эта кле́тчатая руба́шка тебе́ о́чень **к лицу́**.
That plaid shirt really becomes you.

Тебе́ о́чень **идёт** эта кле́тчатая руба́шка.
That plaid shirt really becomes you.

[4] Clothing terminology can be confusing. There are a number of ways of saying *jacket*: **ку́ртка** is an outdoor jacket, something you wear over other clothing, and **пиджа́к** is a suit or sport jacket. *Hats* come in several varieties: **шля́па** is a dress hat, and **ша́пка** is everything else. **Сви́тер** generally refers to a *pullover*, but the kind of sweater that a woman might wear instead of a blouse is always **ко́фта**. The word **ко́фта** may also refer to a *blouse*. Women's shoes are referred to as **ту́фли**,

Головные уборы

but the same word is also applied to men's shoes without laces. Men's shoes with laces (oxfords, for example) are called **ботинки**. **Ремень**, which literally means *strap*, is the word used for leather belts, while other varieties are called **пояс**.

5 If you want to say that an item of clothing has *buttons, snaps,* or a *zipper,* use **на** and the prepositional case: **куртка на пуговицах, куртка на кнопках, куртка на молнии**. If you wish to speak of *buttoning, snapping,* or *zipping* something, use the verb **застёгивать/застегнуть** and **на** and the accusative case.

> Дедушка **застегнул** пальто **на все пуговицы** и вышел на улицу.
> *Grandfather buttoned all his buttons and went outside.*

6 It is sometimes difficult to discriminate among the various words associated with the wearing of clothing. The verb **носить** refers to habitual action. If you want to describe what a person is wearing at any particular time, use the person in the nominative with **в** and the prepositional of the article of clothing, or use the nominative of the article of clothing and **на** and the prepositional of the person.

> Она всегда **носила** тёмную одежду.
> *She always wore dark clothes.*

> **Дина** вчера была **в полосатой юбке**.
> *Dina was wearing a striped skirt yesterday.*

> **На нём** был **тёплый свитер**.
> *He was wearing a warm sweater.*

The verb **надевать/надеть** means *to put on* an article of clothing. The opposite of **надевать/надеть** is **снимать/снять**. You may use both of these verbs with prepositional phrases if you wish to be specific about where the article was placed or taken from.

> Маленькая девочка **надела (на себя)** мамину шляпу.
> *The little girl put on her mother's hat.*

> Мне стало жарко, и я **снял (с себя)** куртку.
> *I got hot, and I took off my jacket.*

The verbs **одевать/одеть** and **раздевать/раздеть** mean *to dress* or *to undress* someone else. The reflexive forms **одеваться/одеться** and **раздеваться/раздеться** mean *to dress* or *to undress oneself*. The adjective **одетый**, like the verb from which it is derived, is used with **в** and the accusative of the article of clothing, as is the verb **переодеваться/переодеться**.

> Рита **одела** младшего брата в пижаму.
> *Rita got her little brother into his pajamas.*

> **Оденься** тепло, сегодня очень холодно.
> *Dress warmly. It's very cold today.*

> Он **разделся** и лёг спать.
> *He got undressed and went to bed.*

> Шура сегодня **одета** в новый костюм.
> *Shura is wearing a new suit today.*

> Я сейчас **переоденусь** в джинсы, и потом мы пойдём в парк.
> *I'll just change into my jeans, and then we'll go to the park.*

Подготовительные упражнения

Pronouns

Interrogative pronouns

Interrogative pronouns ask questions. The declension of the interrogative pronouns **кто?**(*who?*) and **что?** (*what?*) is given in Appendix A. Notice that Russian uses **кто?** when referring to animate beings even in situations where English usage requires *what?*

> **Кто** он по профессии?
> *What is he?*

Детская одежда

> **Кто** тебя укусил, комар?
> *What bit you, a mosquito?*

Remember that **кто?** is always masculine singular and **что?** is always neuter singular.

> **Кто** из девочек **догадался**?
> *Which one of the girls guessed?*

Interrogative pronouns like **какой**? have regular adjectival declension patterns. The interrogative pronoun **чей**? (*whose*?) has a regular but slightly uncommon declensional pattern.

	M	N	F	P
N	чей	чьё	чья	чьи
A	N or G		чью	N or G
G	чьего́		чьей	чьих
P	чьём		чьей	чьих
D	чьему́		чьей	чьим
I	чьим		чьей	чьи́ми

Personal pronouns

The personal pronouns **я**, **ты**, **он**, **оно**, **она**, **мы**, **вы**, and **они** (Appendix A) answer the questions **кто?** and **что?** The decision to use **он**, **оно**, or **она** when refering to inanimate objects depends on the grammatical gender of the noun being replaced.

> Женя снял пиджак и повесил **его** в шкаф.
> *Zhenya took off his jacket and hung it in the closet.*

> Я вчера потеряла одну золотую серёжку, но, к счастью, я **её** нашла.
> *I lost one of my gold earrings yesterday, but fortunately I found it.*

When the third-person pronouns (**он**, **оно**, **она**, **они**) are governed by a preposition, they are separated from that preposition by the letter **н-**. This convention prevents ambiguity in situations where the genitive forms of the personal pronouns are also used to indicate possession.

> У **него** карие глаза, а у **его** брата голубые.
> *He has brown eyes, but his brother has blue ones.*

Себя

The personal pronouns may be replaced by the reflexive pronoun **себя**. This pronoun declines like the pronoun **ты**. The pronoun **себя** always refers to the performer of the action, in most cases the grammatical subject of the clause. **Себя** has no nominative form.

> Я купила **себе** плащ.
> *I bought myself a raincoat.*

> Он застегнул на **себе** плащ.
> *He buttoned up his raincoat.*

> На всякий случай он взял с **собой** зонтик.
> *He took an umbrella with him just in case.*

Possessive pronouns

The possessive pronouns are **мой**, **твой**, **наш**, and **ваш**. They answer the question **чей**? These pronouns agree with the nouns they modify in gender, number, and case, and they may be used in both attributive and predicative positions.

> Он потерял **мой** зонтик.
> *He lost my umbrella.*

> Сумка, которую нашли в автобусе, была **моя**.
> *The purse that they found in the bus was mine.*

The third-person pronouns **он**, **оно**, **она**, and **они** do not have declinable possessive forms. Instead, they use the genitive forms of the personal pronouns: **его**, **её**, and **их**. These forms may be used in any position without modification.

Мы говорили о нём и о **его** брате.
We were talking about him and his brother.

Свой

Just as there is a reflexive personal pronoun, there is also a reflexive possessive pronoun: **свой**. The possessive pronoun **свой** declines like **твой**. Like **себя**, **свой** refers to the performer of the action, in most cases the grammatical subject of the clause. In sentences with first- and second-person subjects, forms of **мой**, **твой**, **наш**, and **ваш** may be used interchangeably with forms of **свой**. **Свой** must be used in sentences with third-person subjects in order to avoid ambiguity.

Лиза потеряла **свои** серьги.
Lisa lost her earrings.
[**Свой** refers to Lisa.]

Она не знает, где **её** серьги.
She doesn't know where her earrings are.
[**Её** refers to Lisa. **Свой** cannot be used here because the grammatical subject of the clause is **серьги**.]

Ей необходимо найти **свои** серьги.
She must find her earrings.
[Even though this is a subjectless sentence, it is appropriate to use **свой** because the action of **найти** will be performed by Lisa.]

There is one sentence pattern in which **свой** actually modifies the subject of the sentence. In the following example and in sentences like it, **свой** conveys the sense of *one's own*.

У Пети есть **своя** машина.
Petya has his own car.

Сам

The emphatic pronoun **сам** means *oneself*. It is used, as are its English equivalents, either to mean that someone has performed an action unassisted or to emphasize that one is talking about a particular person or object. **Сам** tends to be used following pronouns and preceding nouns, but other positions are possible as well.

Он **сам** ко мне подошёл и поздоровался.
He himself walked up to me and said hello.

К нам в гости пришли **сами** Огурцовы.
The Ogurtsovs themselves came to see us.

Она спекла пирог **сама**.
She baked a pie all by herself.

Сам may be used in all genders, numbers, and cases. It declines as follows.

	M	N	F	Pl
N	сам	самó	самá	сáми
A		N or G	самý	N or G
G		самогó	самóй	самúх
P		самóм	самóй	самúх
D		самомý	самóй	самúм
I		самúм	самóй	самúми

The pronoun **сам** must not be confused with **себя** although they both are translated as *oneself.* In fact, the two may be combined, as in the following sentence.

Ты плохо знаешь **самого себя**.
You don't know your own self very well.

1. *Working with a partner, determine how much or how many of the items listed below each of you has. If you do not want to specify an exact number, you may use one of the adverbs of quantity from Lesson 1:* **достáточно, недостáточно, нéсколько,** *or* **мáло.** *Remember that with some of the items you will need to use the word* pair (**пáра**).

Образец: — У тебя есть свитер?

— Да, у меня пять свитеров.

пальто, плащ, кýртка, ушáнка, перчáтки, шарф, зонт, костюм, брюки, джинсы, шорты, носки, кроссóвки

2. *For each pair of words, make questions and answers as in the model.*

Образец: дом, кирпичи

— Из чего сделан этот дом? Из кирпичей?

— Да, он кирпичный.

1. мебель, дерево
2. здание, камень
3. чайник, стекло
4. пальто, шерсть
5. кофточка, шёлк
6. серьги, серебро
7. пояс, кожа

8. драгоценности, золото

9. куртка, синтетика

10. шапка, мех\любая

3. *Fill in each blank with possessive pronouns. Use* **свой** *whenever possible.*

Я люблю смотреть старые фотографии _____ (*my*)
родственников. _____ (*My*) бабушка подарила мне _____
(*her*) альбом, и теперь я смотрю фотографии почти каждый день. Вот
_____ (*my*) мама сидит со _____ (*her*) бабушкой в большом
кресле. А вот _____ (*her*) дедушка, о котором мне столько
рассказывала _____ (*my*) бабушка, _____ (*his*) жена. А на
этой фотографии все сёстры _____ (*my*) бабушки со _____
(*their*) детьми. Теперь у _____ (*their*) детей уже есть _____
(*their own*) дети. У _____ (*my*) бабушки и дедушки был
_____ (*their own*) дом под Москвой, и все _____ (*their*) дети
всегда приезжали туда на лето со _____ (*their*) детьми. У нас
много фотографий _____ (*their*) дома, он был огромный и
красивый.

4. *Compose dialogues as in the model.*

Образец: Ася, бельё, убрать в шкаф

— **Ася, тебе помочь убрать бельё в шкаф?**
— **Нет, спасибо, я уберу его сама.**

1. Лена, новая синтетическая шуба, надеть

2. Катя, импортные сандалии, снять

3. Илья, кожаная коричневая куртка, застегнуть

4. Слава, верхняя пуговица, расстегнуть

5. *Fill in each blank with an appropriate form of* **себя**.

1. Он не хотел готовить для _____ и поэтому всегда обедал в
соседней столовой.

2. Рыжая девушка налила _____ стакан сока и поставила его
на стол.

3. Она надела на __себя__ золотую цепочку.

4. Он снял с _____ пальто и остался в спортивном костюме.

5. Петя надел новую рубашку, посмотрел на _____ в зеркало
и остался доволен.

6. Весь вечер он говорил только о _____ .

6. *Fill in each blank with the best translation of the English word or phrase. Add prepositions as needed.*

1. Он взял _____ (*with him*) в поход свитер и тёплую шапку.

2. Я всегда стараюсь думать о других, а потом _____ (*of myself*).

3. Она _____ (*herself*) не знала, какое платье ей больше идёт.

4. Я открыла дверь и увидела перед _____ (*me*) человека в кожаном пальто.

5. Все собрались в комнате. Ждали только _____ (*himself*) хозяина.

6. У меня болит голова и я боюсь, что мне _____ (*myself*) трудно готовить обед. Помоги мне, пожалуйста, или приготовь обед _____ (*yourself*).

7. Мальчику было трудно _____ (*himself*) расстегнуть пальто, но он всегда хотел всё делать _____ (*himself*).

Demonstrative pronouns

The demonstrative pronouns **этот** (*this*) and **тот** (*that*) are declined like the pronoun **сам**.

	Masculine	Neuter	Feminine	Plural
N	э́тот/тот	э́то/то	э́та/та	э́ти/те
A	N or G		э́ту/ту	N or G
G	э́того/того́		э́той/той	э́тих/тех
P	э́том/том		э́той/той	э́тих/тех
D	э́тому/тому́		э́той/той	э́тим/тем
I	э́тим/тем		э́той/той	э́тими/те́ми

When used to contrast two objects, **этот** signifies the object that is closer to the speaker and **тот** the one that is farther away.

> **Это** платье тебе идёт, а **то** не идёт.
> *This dress looks good on you, but that one doesn't.*

In situations where there is no such contrast, Russian has generalized the use of **этот** in places where English uses *that*.

> Ты не знаешь **этого** человека?
> *Do you know that man?*

The neuter singular pronoun **это** can also be used as the subject of the sentence. In sentences of the type *It/That was my dog*, where the subject and the predicate both refer to the same thing, the use of **это** (rather than a personal pronoun) is required. In the past and future tenses, the verb agrees with the noun rather than with **это**. Questions beginning with the word **чей?** follow the same pattern.

Это была моя **куртка**, но я её подарил Вере.
That used to be my jacket, but I gave it to Vera.

Чья это была сумка?
Whose purse was it?

Это is also used as the subject of a sentence when it refers to an idea or a concept already mentioned. In such cases, **это** is also translated either as *that* or as *it*. Past- and future-tense verbs agree with **это** since there is no other word with which they can agree.

Он так долго переодевался. **Это** меня **раздражало**.
He took such a long time changing clothes. It irritated me.

The pronoun **тот** may also be used by itself to refer back to a previously mentioned noun. When used in this way, it corresponds to *the latter* in English.

Когда отец попросил Петю ему помочь, **тот** отказался.
When Father asked Petya to help him, the latter declined.

Indefinite pronouns and adverbs

Indefinite pronouns are formed by adding the particles **-то** or **-нибудь** to interrogative pronouns and adverbs. They are distinguished by the degree of indefiniteness that they convey.

The particle **-нибудь** conveys complete indefiniteness. The items referred to have not yet been selected and may not even exist. Because it expresses complete indefiniteness, **-нибудь** tends to be used in future-tense narrations when talking about events that have not yet occured. It is also frequently used in commands, questions, and hypothetical constructions.

Кто-нибудь поможет нам.
Someone will help us. (We don't know who.)

Вечером я **куда-нибудь** пойду.
I may go somewhere this evening. (I haven't decided where.)

Расскажи мне **что-нибудь**.
Tell me something. (The choice is yours.)

Кто-нибудь хочет пойти со мной погулять?
Would anyone like to go for a walk with me? (All of you are welcome.)

Если бы у меня было **какое-нибудь** новое красивое платье, я бы его надела.
If I had a pretty new dress, I would put it on. (The dress doesn't exist.)

The particle **-то** reflects incomplete indefiniteness. The items referred to have been selected but are not being named. Because it is associated with items that already exist, **-то** tends to be used when narrating in the present and past tenses about events that are happening or that already have happened.

Что-то упало на пол.
Something (a specific object) fell on the floor.

На вешалке висит **чья-то** шляпа.
Someone's (a specific person's) hat is hanging on the rack.

Мой товарищ **куда-то** пошёл.
My friend went somewhere (a specific place).

7. *Fill in each blank with an appropriate form of* **кто-то, кто-нибудь, что-то,** *or* **что-нибудь.**

   1. _____ позвонил мне рано утром и разбудил меня.
   2. Петя спросил друзей, пойдёт ли _____ из них с ним в кино.
   3. Обаятельный молодой актёр разговаривал с _____ по телефону.
   4. Нам нужно купить _____ на ужин. У нас пустой холодильник.
   5. _____ шёл мне навстречу по коридору. Он нёс коробку с _____ тяжёлым.
   6. Ты _____ слышал о фильме «Зеркало»?
   7. С ней _____ происходило. Она сильно похудела.
   8. _____ сказал, что Маша потолстела. Это неправда!
   9. В столовой _____ упало, и _____ громко заплакал.
   10. Я хочу купить в подарок родителям _____ красивое из посуды, но не знаю что.
   11. К тебе вечером _____ придёт?

8. *Fill in each blank with an appropriate form of* **какой-то, какой-нибудь, чей-то,** *or* **чей-нибудь.**

   1. Здесь лежит _____ клетчатый шарф. Он не ваш?
   2. Пока тебя не было дома, приходил _____ красивый молодой человек в модной джинсовой куртке.

3. Ты не поможешь мне купить _____ модную кофточку? Я не знаю, что сейчас модно.

4. Звонила _____ девушка и сказала, что позвонит позже.

5. Надень _____ красивое платье сегодня вечером. У нас будут гости.

6. _____ плащ висел в передней на вешалке, и я сразу понял, что у нас гости.

7. Можно мне взять _____ машину, чтобы съездить в магазин?

8. — Вы знаете _____ иностранный язык? — спросил меня корреспондент газеты.

9. *Fill in each blank with* **куда-то, когда-то, куда-нибудь,** *or* **когда-нибудь**.

1. Я _____ положила своё кольцо и не могу его теперь найти.

2. Я её _____ раньше видел, но забыл как её зовут.

3. Мы _____ поедем сегодня? Я бы очень хотела сходить в обувной магазин.

4. Нам надо _____ съездить в этот магазин. Говорят, там продаётся хорошая одежда.

5. У меня _____ были такие же вьющиеся волосы, как у тебя.

10. *Fill in each blank with the best translation of the English word.*

Шофёр такси открыл багажник и увидел, что там лежат _____ (*someone's*) чемоданы. Он вспомнил, что совсем недавно _____ (*some*) девушка очень торопилась и, видимо, забыла свои чемоданы в такси. Шофёр открыл один чемодан и увидел там одежду. «Может быть, я найду _____ (*some*) вещи, которые помогут мне узнать имя и адрес пассажирки», — подумал он. Шофёр открыл второй чемодан. «Может быть здесь _____ (*something*) будет», — сказал он. Он стал вынимать всё из чемодана. Внизу лежало пальто. В кармане _____ (*something*) было. Шофёр посмотрел и увидел _____ (*some*) бумажку с адресом. Он положил всю одежду в чемодан, сел в машину и тут он увидел, что _____ (*someone*) быстро бежит к машине и _____ (*something*) кричит. Конечно, это была его пассажирка. «Вы _____ (*somewhere*) едете сейчас?», — спросила она. «Я еду к вам», — засмеялся шофёр и показал ей адрес на бумажке.

Negative pronouns and adverbs

Interrogative pronouns and adverbs may be transformed into negative pronouns and adverbs by adding the prefix **ни-**. It is useful to think of negative sentences in terms of the questions that they answer.

— **Кому** ты сдал свою квартиру?
— Я **никому** её не сдал. Там сейчас живёт мой брат.
To whom did you rent your apartment?
I didn't rent it to anyone. My brother's living there now.

— **С кем** вы ходили к ним в гости?
— Я **ни с кем** не ходил в гости. Я был там один.
With whom did you visit them?
I didn't go with anyone. I was there by myself.

This exercise helps us remember to negate the verb as well as the pronoun and to locate the preposition correctly. Remember that if the verb of the sentence is a present-tense form of *to be*, its negative counterpart is **нет**.

— Кто сейчас на кухне? Вася?
— Нет, там **никого нет**.
Who's in the kitchen? Vasya?
No, there's no one there.

— У Марины есть семья?
— Нет, у неё **никого нет**.
Does Marina have a family?
No, she doesn't have anyone.

The negative pronouns **ничто** and **никто** may be used in all six cases. When **ничто** is the object of a negated verb, however, it will always be **ничего**. The relationship between negation and this genitive form is so strong that you will also find **ничего** used as the subject of negated sentences, as in the second example below.

Меня больше **ничто** не удивит.
Nothing will surprise me anymore.

— Что упало?
— **Ничего** не упало.
What fell?
Nothing fell.

— Что ты купила?
— Я **ничего** не купила.
What did you buy?
I didn't buy anything.

Constructions with не́

There is in Russian a construction that is used to express the idea *There is someone (something) to . . . .* It uses **есть** (or a neuter singular form of **быть** in the past and future tenses), an interrogative word (with accompanying preposition if any), and an infinitive. This construction is subjectless. The performer of the action, if expressed, is in the dative.

> Я вижу, что **нам** ещё **есть о чём** подумать!
> *I see that we still have something to think about!*

This positive construction is extremely emphatic and not frequently used, but its negative counterpart is quite common. In order to form an impersonal sentence expressing the idea *There is no one (nothing) to…*, eliminate **есть** from the positive construction, and then prefix the interrogative word (with accompanying preposition if any) with **не** (always stressed).

> — Нам **не о чём** думать. Мы уже всё решили.
> *We have nothing to think about. We've already decided everything.*

> Как хорошо, что мне **есть кого** спросить, если мне что-нибудь непонятно. А ей **некого** спросить.
> *How nice that I have someone to ask if I don't understand something. She doesn't have anyone.*

> У меня была отдельная комната, и мне **было где** заниматься. А Петровы жили в маленькой квартире, и Максиму **негде было** заниматься.
> *I had a separate room, and there was someplace for me to study. The Petrovs lived in a tiny apartment, and Maxim didn't have anyplace to study.*

Коля будет жить в общежитии. Когда ему будет скучно, ему всегда **будет с кем** поговорить. А Катя будет снимать комнату. Когда ей будет скучно, ей **не́ с кем** будет поговорить.

Kolya is going to live in a dormitory. When he's lonesome, he'll always have someone to talk to. But Katya is going to rent a room. When she's lonesome, she won't have anyone to talk to.

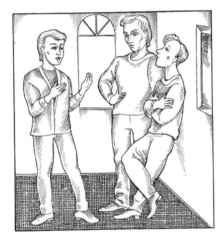

Когда он жил с мамой, ему **бы́ло о ком** заботиться. Ему **не́ о ком** больше заботиться после смерти мамы.

When he lived with his mother, he had someone to take care of. He no longer has anyone to take care of since his mother's death.

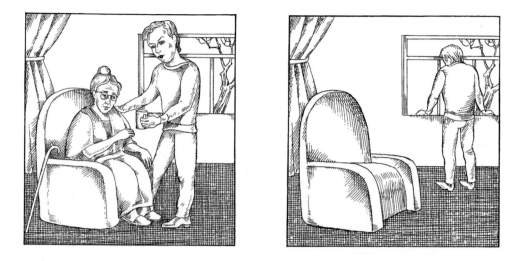

If there is *no one* to perform the action expressed by the infinitive, *no one* will appear in the dative case (**не́кому**).

У нас в доме все больны. **Не́кому** сходить в магазин.
Everyone at our place is sick. There's no one to go to the store.

If you wish to say you have *no time* for something, use **не́когда**.

Я так занята, что мне **не́когда** купить себе новые сапоги.
I'm so busy that I don't have any time to buy myself some new boots.

11.   *Fill in each blank with the appropriate form of* **никто** *or* **ничто**. *Add prepositions as needed.*

1. _____ не было в квартире и было тихо.

2. Я только с тобой говорю об этом. Я _____ ещё не говорил.

3. Я уже давно _____ себе не покупала из одежды.

4. Этот свитер _____ не нравится.

5. Женя вчера весь день _____ не разговаривал.

6. В нашей семье *ни у кого* нет веснушек. *FRECKLES?*

12. *Fill in each blank with an appropriate word or phrase beginning with* **не-**.

   Образец: Я вчера ни к кому не ходила в гости.

   Мне **не к кому** было пойти. Все друзья были заняты.

   1. Я никому не могу открыть свою тайну. Мне _____ её открыть. Меня никто не понимает.

   2. Маша ничего не делает уже два дня. Ей _____ делать, потому что у неё каникулы.

   3. Сегодня Лена ни с кем не разговаривала по телефону. Ей _____ разговаривать, потому что все уехали на дачу.

   4. — Вы придёте вечером?
      — Нет, бабушка заболела, и нам _____ оставить ребёнка.

   5. — Почему вы не садитесь?
      — Мне _____ сесть. Все стулья заняты.

13. *Fill in each blank with an appropriate form of* **кто-то**, **что-то**, **какой-то**, **ничего**, **никто**, **нечего**, *or* **некогда**.

   Я увидел её в гостях у своих знакомых. Там было очень много людей и я почти _____ не знал. _____ молодые люди подошли ко мне, и мы немного поговорили. И тут я увидел её. Она стояла в углу и о _____ разговаривала с молодым человеком невысокого роста. Я _____ не мог понять, — её стройная фигура, вьющиеся каштановые волосы и огромные карие глаза показались мне такими знакомыми! _____ люди входили и выходили из гостиной, а я смотрел только на неё. Мне очень хотелось подойти и заговорить с ней. Но мне _____ было сказать, — ведь я даже не знал, кто она. Но тут я увидел, как она подошла к хозяйке, которая с _____ разговаривала недалеко от меня, и сказала: «Простите, мне у вас было очень приятно, но мне очень _____ , я опаздываю на киностудию. Спасибо!» И тут я понял, кто эта женщина. Это была знаменитая киноактриса Марина Вла́ди.

Translating *Any, Every,* and *Each*

In certain contexts, indefinite and negative pronouns may be translated by the English word *any*.

Кто-нибудь ко мне приходил?
Did anyone come to see me?

Я **никого** не видела.
I didn't see anyone.

In other contexts, *any* is best translated by one of the definitive pronouns **каждый**, **всякий**, or **любой**. These pronouns are declined like adjectives. They may be used with nouns or alone. When they modify nouns, they must agree with them in gender, number, and case. In many contexts they are synonymous.

Любой (**каждый**, **всякий**) может это сделать.
Anyone can do that.

Each of these words has its own connotation, however. When **каждый** is used in the sense of *each/every*, it cannot be replaced by **любой** or **всякий**.

Каждое утро я встаю в семь часов
I get up every morning at seven o'clock.

Любой has the connotation of *any at all*. In this sense, it cannot be replaced by **каждый** or **всякий**.

У меня три пары перчаток, ты можешь взять **любую**.
I have three pairs of gloves. You may take any one.

Заходите к нам в **любое** время.
Drop by and see us any time.

Всякий conveys the sense of *all sorts of*. In this sense, it cannot be replaced by **каждый** or **любой**.

На столе стояли **всякие** закуски.
All kinds of appetizers were on the table.

Another definitive pronoun, **весь**, also conveys the sense of *each/every one of* or *all*. **Весь** may be used with nouns or alone. When used with a noun, it must agree with it in gender, number, and case. When used in the singular, it means *whole* or *entire*. In the plural, it means *all (of)*.

Он убрал **всю** кваритру.
He cleaned the whole apartment.

Все мои подруги пошли в гости, а я осталась дома одна.
All of my friends went visiting, but I stayed home alone.

When this pronoun is used without a noun, the neuter singular means *everything* and the plural means *everyone*.

Спасибо за **всё**.
Thanks for everything.

Он сказал это при **всех**.
He said it in front of everyone.

Весь is declined as follows.

	M	N	F	Pl
N	весь	всё	вся	все
A		N or G	всю	N or G
G		всего́	всей	всех
P		всём	всей	всех
D		всему́	всей	всем
I		всем	всей	все́ми

The English expression *each other* is rendered in Russian by an appropriate form of **друг друга**. You should remember that only the last word of the expression is declined, that the expression is used in all cases except the nominative, and that the preposition, if any, is placed between the two elements of the expression.

Мы иногда обедаем **друг у друга**.
We sometimes have dinner at each other's houses.

Друзья всегда заботятся **друг о друге**.
Friends always watch out for each other.

Сёстры часто ходили **друг к другу**.
The sisters frequently visited each other.

Они всегда были довольны **друг другом**.
They were always pleased with each other.

14. *Fill in each blank with the appropriate form of the expression in parentheses. When you have finished, describe each of the people discussed in the text in your own words.*

С фотографии на меня смотрит семья Павловых. Вот Павел Сергеевич. Он _____ (высокий рост), в _____ (летний костюм), в _____ (очки), с _____ (молодые живые глаза) и с _____ (русые волосы). Рядом с ним улыбается с фотографии его жена Виктория Николаевна. Она _____ (маленький рост), в _____ (полосатое, бежевое платье), тоже, как и муж, в _____ (очки). Справа от него стоит их младший сын Илья. Он очень похож на мать: с _____ (такие же карие глаза, тонкие губы) и тоже в _____ (очки). Слева от Павла Сергеевича сидит в кресле

его мать, Мария Фёдоровна, — очень пожилая женщина в
_____ (пёстрое шёлковое платье), с _____ (седые волосы) и
с _____ (светло-голубые глаза). Впереди на стуле сидит дочь
Павловых — Аня. Она старше Ильи на два года, — ей двадцать лет. Она
в _____ (модный, клетчатый, шерстяной свитер), в _____
(узкие джинсы) и _____ (высокие сапоги).

15. *Translate the letter into idiomatic Russian. Be careful when translating the words* it
and any.

Dear Lena,

Thank you for the long letter in which you ask about the children and about
our new apartment. I will immediately answer all of your questions.

As you know, last month we received a new three-room apartment. Now the
children have their own room, and they are delighted about that! It is a bright,
comfortable room, and they are very pleased with it.

Sveta is 17 now. She is a slender blonde with large blue eyes. She dresses
beautifully. (Yesterday I bought her a green top, but she didn't like it at all, and she
has told me that in the future she will be buying all of her clothes herself.)

Our Nadya is a snub-nosed brunette. She is not interested in anything but her
books. She sometimes says that she doesn't have any friends, but it is clear to us
that everyone loves her and that she and her friends can't live without each other.

That's all. I have nothing more to write about, but I await your letters with
impatience. Have you heard anything about your vacation?

Yours,
Ira

Прослушивание текста

*You will now hear a description of a lost child. Listen to the text and answer the
questions. When you have finished, assist the authorities in their search by drawing a
portrait of the child.*

1. Какого числа нашли Диму?
   а. 14 августа 1976 г.
   б. 13 августа 1986 г.
   в. 14 августа 1986 г.

2. В каком городе его нашли?
   а. В Калининграде.
   б. В Волгограде.
   в. В Ленинграде.

3. Диме примерно
   а. один год.

     б. четыре года.

     в. пять лет.

4. Дима —

     а. худой.

     б. полный.

     в. мускулистый.

5. Какого цвета волосы у Димы?

6. Какого цвета у него глаза?

7. Какого цвета Димина рубашка?

     а. Белого.

     б. Синего.

     в. Зелёного.

8. Какая на нём майка?

9. Какого цвета Димины шорты?

10. Какая на нём обувь?

11. Как вы думаете, что случилось с Димиными родителями?

Чтение

1. *You have a chance to interview the First Lady of the United States. What questions will you include in your interview?*

2. *This article is from the newspaper «We/Мы». Read the article quickly using the dictionary as little as possible. When you have finished, answer the questions that follow.*

Наина Ельцина: «Я не первая леди, я просто жена Президента России... »

В своём первом интервью супруга Бориса Ельцина старалась говорить больше о своём муже, чем о себе.

    Во время встречи с корреспондентами «We/Мы» в зимнем саду Большого Кремлёвского дворца в Москве Наина Ельцина высказала своё мнение по различным вопросам, касающимся её жизни, семьи, происходящих сейчас в России политических событий.

    В шёлковом платье, выдержанном в спокойной сине-зелёной гамме, она предстала привлекательной женщиной, обаятельным собеседником, которому не чужды заботы простых людей, эмоциональным и хорошо информированным защитником политики и поступков своего супруга.

Наина Ельцина заканчивала тот же институт, что и муж, — Уральский политехнический. Много лет работала в проектной организации. Старшая из их дочерей, Елена, также имеет диплом этого вуза. Другая дочь, Татьяна, — специалист по компьютерам, она училась в Московском университете. «У нас в семье все „технари", — шутит супруга Президента. Пока неясно, кем собираются быть трое её внуков — Боря, Катя и Маша.

Её семья живёт так же, как и тысячи других семей в России, и тот факт, что её супруг — Президент страны, мало что меняет. Наине Ельциной не чужды ежедневные заботы простой москвички: подобно другим женщинам, она сетует на высокие цены. Как и прежде, они живут с одной из дочерей, зятем и внуком в четырёхкомнатной квартире в центре Москвы, где поселились после переезда в столицу из Екатеринбурга в 1985 году. «У нас всё так, как и прежде. Я осталась хозяйкой в доме, правда, в магазины хожу теперь крайне редко, эти заботы перешли к детям. У нас никогда не было домработницы. Дома всё готовим сами».

После того как Ельцин стал Президентом, дома он практически не обедает. За ужином, как правило, все ждут, «когда приедет папа и дедушка». Обычно он приезжает с работы поздно: в 10 или 11 часов вечера, а если приедет в 9 часов — в семье праздник. Но это бывает крайне редко.

Зато воскресный обед — дело святое для всего семейства Ельциных. За столом собираются все. Это единственная возможность за неделю повидать друг друга и обсудить житейские вопросы. Кроме того, подобные обеды — желанная отдушина для Президента, возможность хоть немного отвлечься от работы, погрузиться в положительные эмоции от общения с внуками, детьми. Кстати, любимое блюдо Президента России — уральские пельмени, причём, конечно, домашнего приготовления. «Это, пожалуй, фирменное блюдо нашей семьи», — говорит Наина Ельцина.

Несмотря на то, что её супруг — первое лицо в государстве, это не мешает ей по-прежнему заботиться о нём. «Я выбираю ему галстуки, слежу за рубашками и костюмами».

После более тридцати лет замужества отношения между супругами полны заботы друг о друге. «Мы все отпуски всегда проводили вместе. Попробовали однажды порознь, но вытерпели только три дня... Я не припомню, чтобы у нас были какие-то ссоры или серьёзные разногласия».

1. О чём говорила Наина Иосифовна Ельцина?

2. Как её описывает корреспондент?

3. Кто она по профессии?

4. Сколько у Ельциных детей? Как их зовут? Кто они по профессии?

5. В какой квартире живут Ельцины? Сколько времени они там живут?

6. Чем занята Наина Иосифовна дома?

7. Как изменилась жизнь Бориса Николаевича, когда он стал Президентом?

8. Как обедают Ельцины по воскресеньям? Какое любимое блюдо Бориса Николаевича?

9. Какие отношения между Борисом Николаевичем и Наиной Иосифовной?

Словарь

гáмма	*gamut*	пóрознь	*separately*
желáнный	*desired*	святóй	*sacred*
отвлéчься	*get away*	сéтовать	*complain*
отдýшина	*breather*	фúрменное блюдо	*house specialty*
погрузúться	*to be immersed in*	чýждый	*alien*

3. *Now write an article about the first family of your country. How is your article different from the article on Naina Yeltsin?*

Сочинение

Не место красит человека, а человек место

Working with other students, see how many words you can think of that describe this woman at the marketplace. When you have finished, divide your list into those words that describe the woman objectively and those that reflect your subjective opinion.

Образец:	<u>Сама женщина</u>	<u>Наше мнение о ней</u>
	сидит	устала
	немолодая	добрая

Write a two-paragraph description of the woman. In the first paragraph, describe her physical appearance. In the second, speculate about the circumstances of her life. Use words from your objective list to support the opinions that you express in your second paragraph: **Я думаю, что она устала, потому что она сидит.**

Словарь:

пере́дник   *apron*   ры́нок (на)   *market*

Задания

1. *Memoirs frequently contain physical descriptions of famous people the author has known. Below are four contemporary descriptions of nineteenth-century Russian writers. If the descriptions are accurate, you should be able to match them with the writers' portraits. Be prepared to defend your decisions.*

Александр Сергеевич
ПУШКИН
(1799–1837)

Михаил Юрьевич
ЛЕРМОНТОВ
(1814–1841)

Николай Васильевич
ГОГОЛЬ
(1809–1852)

Федор Михайлович
ДОСТОЕВСКИЙ
(1821–1881)

1.   ... был невысок ростом, шатен, с сильно вьющимися волосами, с голубыми глазами необыкновенной привлекательности. Я видела много его портретов, но с грустью должна сознаться, что ни один из них не передал и сотой доли духовной красоты его облика — особенно его удивительных глаз.

грусть   *sadness*
созна́ться   *to confess*
до́ля   *part*
духо́вный   *spiritual*
о́блик   *countenance*
пло́тный   *thickset*

2.   Среднего роста, плотный и с совершенно здоровым цветом лица. Его длинные каштановые волосы прямыми космами спадали ниже ушей, слегка загибаясь над ними. Тонкие, тёмные, шелковистые усики чуть прикрывали полные, красивые губы. Небольшие карие глаза глядели ласково, но осторожно и не улыбаясь даже тогда, когда он говорил что-либо весёлое и смешное. Длинный, сухой нос придавал этому лицу и этим, сидевшим по его сторонам, осторожным глазам что-то птичье, наблюдающее и вместе добродушно-горделивое.

ко́смы   *mane*
загиба́ться   *to curve*
шелкови́стый   *как шёлк*
у́сики   *усы*
гляде́ть   *смотреть*
ла́сково   *affectionately*

пти́чье   *birdlike*
наблюда́ть   *to observe*
гордели́вый   *haughty*

3.   Передо мною был человек небольшого роста, худощавый, но довольно широкоплечий, казавшийся гораздо моложе своих пятидесяти двух лет, с негустой бородою, высоким лбом, у которого поредели, но не поседели мягкие, тонкие волосы, с маленькими, светлыми карими глазами, с некрасивым и на первый взгляд простым лицом.

худоща́вый   *lean*

взгляд   *glance*

4.   Огромная голова, широкий, но невысокий лоб, выдающиеся скулы, лицо коротенькое, оканчивающееся узким подбородком, нос вздёрнутый, реденькие усики и волосы на голове, коротко остриженные. Но зато глаза!.. я таких глаз никогда после не видал.

выдаю́щийся   *prominent*
ску́лы   *cheekbones*
вздёрнутый   *курносый*
ре́денький   *редкий*
остри́женный   *cut*

2. *This article on* Playboy's *fashion analysis appeared in* «Правда» *in 1992. Compare what was fashionable in 1991 with what became fashionable in 1992. Add a third column for the current year. Create new categories if you wish.*

«Плэйбой» рекомендует майки с доброжелательными надписями

Как оказалось, некогда запрещённый у нас американский журнал «Плэйбой» содержит не только фотоснимки обнажённых моделей, но и массу полезной информации. Часть её касается животрепещущей темы — молодёжной моды в США. Мы практически без изменений перепечатываем таблицу «Было — Стало», опуская лишь названия рекомендуемых фирм и средние цены.

Было (1991 г.)	Стало (1992 г.)	Сейчас
очень длинные пальто и плащи	рабочие «фермерские» куртки из грубой ткани	
«варёные» джинсы	одежда из разноцветной джинсовой ткани	
очень широкие брюки	шорты до колен	
разноцветные кроссовки	тяжёлые ботинки	
майки с грубыми надписями	майки с добро-желательными надписями	
портреты семейства Симпсонов	портреты Рена и Стимпи	
нижнее бельё типа «бикини»	?!	
много серёг в одном ухе	одна серьга, не обязательно в ухе	

3. *During your last visit to Russia, you met these people. Describe them to your interested classmates.*

4.   *You have just attended a family reunion. Describe the family members who were present to your distant cousin in Russia. Remember to share your photographs.*

Урок № 4

По одежде встречают, по уму провожают

---Словарь---

сравне́ние comparison
сра́внивать *нес, с кем, с чем?*
   to compare; *сов* **сравни́ть**
похо́ж, похо́жа, похо́жи *на кого,*
   на что? resembling, like
ра́зный different
ра́зница *в чём?* difference[1]

челове́к (*мн* **лю́ди, люде́й,**
   лю́дях, лю́дям, людьми́)
   person
мужчи́на *м* man
мужско́й male, masculine
же́нщина woman
же́нский female, feminine
жизнь *ж* life

живо́й (жив, жива́, жи́вы)
   alive, living
жить (живу́, живёшь; жил,
   жила́, жи́ли) *нес* to live
биогра́фия biography
судьба́ (*мн* **су́дьбы, су́деб**) fate,
   destiny

во́зраст age
рове́сник; рове́сница a person of
   the same age
рожда́ться *нес* to be born; *сов*
   роди́ться (рожу́сь, роди́шься;
   роди́лся, родила́сь)
рожде́ние birth
   день рожде́ния birthday

расти́ (расту́, растёшь; рос,
росла́) *нес* to grow; *сов*
вы́расти
исполня́ться *нес, кому?* to turn
(an age); *сов* испо́лниться[2]

ребёнок (*р* ребёнка, *мн* де́ти,
дете́й, де́тях, *тв* детьми́)
infant, child
де́тский children's, child's
ма́льчик boy
де́вочка (*р мн* де́вочек) girl
подро́сток (*р* подро́стка)
teenager
ю́ноша *м* (*р мн* ю́ношей) young
man
де́вушка (*р мн* де́вушек) young
woman
молодо́й (*ср* моло́же) young
немолодо́й old
молодёжь *ж, тк ед* young people

взро́слый (*р* взро́слого) adult,
grown-up
пожило́й elderly
ста́рый (*ср* ста́рше) old
стари́к (*р* старика́); стару́ха
old person

смерть *ж* death
мёртвый dead[3]
умира́ть *нес, от чего?* to die; *сов*
умере́ть (умру́, умрёшь; у́мер,
умерла́, у́мерли)[3]
ги́бнуть (ги́бну, ги́бнешь; гиб,
ги́бла) *нес, от чего?* to die; *сов*
поги́бнуть[3]

хара́ктер personality, disposition
мя́гкий ~ (*ср* мя́гче) gentle
disposition
лёгкий ~ (*ср* ле́гче) easy-
going disposition
тру́дный ~ difficult personality
тяжёлый ~ difficult personality

споко́йный calm, relaxed
успока́ивать *нес* to calm, reassure;
сов успоко́ить
беспоко́ить *нес* to worry; *возвр*
беспоко́ится *о ком, о чём?*
волнова́ть (волну́ю, волну́ешь)
нес to agitate, upset; *возвр*
волнова́ться
не́рвный nervous
не́рвничать to be nervous

просто́й (*ср* про́ще) simple,
unaffected
до́брый (добр, добра́, добры́)
kind
ла́сковый affectionate
ще́дрый generous
внима́тельный considerate,
courteous
невнима́тельный
inconsiderate

стро́гий (*ср* стро́же) strict
злой mean
жесто́кий cruel
хи́трый clever, cunning
жа́дный greedy
раздражи́тельный irritable
раздража́ть *нес* to irritate; *сов*
раздражи́ть; *возвр*
раздража́ться/ раздражи́ться

живо́й lively
разгово́рчивый talkative
общи́тельный sociable
необщи́тельный unsociable
весёлый (ве́село) cheerful, fun[4]
смешно́й funny[4]
ску́чный boring
угрю́мый gloomy
мра́чный gloomy

разгова́ривать *нес* to converse
обща́ться *нес с кем?* to socialize,
associate with
весели́ться *нес* to have fun[4]

развлека́ть *нес* to entertain, amuse; *сов* **развле́чь (развлеку́, развлечёшь, развлеку́т; развлёк, развлекла́);** *возвр* **развлека́ться/развле́чься** *чем?*[4]

развлече́ние entertainment, amusement[4]

удово́льствие satisfaction, pleasure[4]

шути́ть (шучу́, шу́тишь) *нес* to joke

смея́ться (смею́сь, смеёшься) *нес, над кем, над чем?* to laugh

скро́мный modest
  нескро́мный immodest
самоуве́ренный (самоуве́рен) self-confident, conceited[5]
го́рдый proud
горди́ться (горжу́сь, горди́шься) *нес, кем, чем?* to be proud
самолюби́вый proud, vain
хвастли́вый boastful
хва́статься *нес, кем, чем?* to brag
хвасту́н braggart
эгоисти́чный selfish
эгои́зм selfishness
эгои́ст selfish person

приле́жный diligent
трудолюби́вый industrious
энерги́чный energetic
делово́й practical, businesslike
лени́вый lazy
лень *ж* laziness[6]

серьёзный serious
отве́тственный responsible
  безотве́тственный irresponsible
добросо́вестный conscientious
  недобросо́вестный unconscientious
аккура́тный punctual, neat

неаккура́тный unpunctual, careless
легкомы́сленный frivolous

интеллиге́нтный cultured[7]
поря́дочный decent
справедли́вый just, fair
  несправедли́вый unjust, unfair
терпели́вый tolerant, patient
  нетерпели́вый intolerant, impatient
терпе́ть (терплю́, те́рпишь) *нес* to tolerate
равноду́шный indifferent
наха́льный smart-aleck

че́стный honest
  нече́стный dishonest
и́скренний sincere
  неи́скренний insincere
открове́нный frank
лжи́вый deceitful
ложь *ж* lie
врать (вру, врёшь; врал, врала́, вра́ли) *нес* to lie; *сов* **соврáть**

дове́рчивый trusting
  недове́рчивый distrusting
доверя́ть *нес, кому?* to trust; *сов* **дове́рить**
осторо́жный cautious
  неосторо́жный incautious
подозри́тельный suspicious

насто́йчивый insistent
наста́ивать *нес, на чём?* to insist; *сов* **настоя́ть** (II)
упря́мый stubborn, obstinate

сме́лый bold
  несме́лый timid
хра́брый brave
трусли́вый cowardly
трус coward

Vocabulary Notes

[1] The word **разница** is used with **в** and the prepositional case when talking about the quality or trait in which the difference lies and with **между** and the instrumental case of the items compared.

> **Между** ними большая **разница в** возрасте.
> *There's a big difference in their ages.*

> Когда я познакомился с Павлом Петровичем и его женой, я сразу заметил **разницу в** их характерах.
> *When I met Pavel Petrovich and his wife, I immediately noticed the difference in their personalities.*

> Какая **разница между** этими куртками? Почему одна из них настолько дороже?
> *What's the difference in these jackets? Why is one of them so much more expensive?*

[2] The verb **исполняться/исполниться** is used with the dative of the person when speaking of age. The verb will always be neuter singular except when it agrees with the number **один**.

> Отцу сегодня **исполнилось** сорок лет.
> *Father turned forty today.*

> Марине **исполнился** двадцать один год.
> *Marina turned twenty-one.*

[3] The verbs **умирать/умереть** and **гибнуть/погибнуть** are synonymous. **Умирать/умереть**, however, is the more general of the two, while **гибнуть/погибнуть** is associated with violent death.

> Мой знакомый **погиб** в автомобильной аварии.
> *My friend died in an automobile accident.*

If you want to say that someone is *dead*, use the past tense of the perfective verb **умереть**, which focuses on the result of the action, rather than **мёртвый**.

> — Ваши родители живы?
> — Нет, они **умерли**.
> *Are your parents living?*
> *No, they're dead.*

> На берегу лежала **мёртвая** птица.
> *A dead bird lay on the shore.*

[4] There are a number of ways to express the idea of *fun* in Russian. One possibility is to use an adverb, such as **весело**, with the dative of the person. The verb **веселиться** suggests an active involvement on the part of the speaker.

> Мне было очень **весело (приятно, интересно)** вчера вечером.
> *I really had fun last night.*

> Мы **веселились** до утра.
> *We partied until morning.*

Another possibility is to use the verb **развлекаться/развлечься**, which literally means to entertain oneself, or the corresponding noun **развлечение**.

> Я люблю всякие **развлечения**.
> *I like all sorts of fun things.*

> Я люблю **развлекаться**.
> *I like to have fun.*

> Давай **развлечёмся**.
> *Let's have some fun.*

> Как вы вчера **развлекались**?
> *How did you entertain yourselves yesterday?*

One also commonly talks about *deriving pleasure* from something (**получать/получить удовольствие** *от чего?*).

> Я **получил** большое **удовольствие** от вчерашнего концерта.
> *I had a lot of fun at yesterday's concert.*

[5] **Самоуверенный** describes a negative trait. When speaking of positive self-confidence, use **уве́рен/уве́рена в себе**.

> Он эгоистичный и **самоуверенный** нахал.
> *He's a selfish, conceited smartaleck.*

> С возрастом она стала более **увереной в себе**.
> *With age she became more self-assured.*

[6] The word **лень** is used colloquially with the dative of the person and an infinitive to mean that one is *too lazy* to do something.

> Мне **лень** готовить обед сегодня. Давай пойдём в ресторан.
> *I'm too lazy to fix dinner today. Let's go to a restaurant.*

[7] Numerous essays have been written trying to pinpoint the exact meaning of the word **интеллигентный**. It generally implies education, some interest in the arts, and, above all, intellectual independence and decency. It is not synonymous with **умный** (*smart*).

> Он **умный**, но не **интеллигентный** человек.
> *He's a clever person but not a cultured one.*

Подготовительные упражнения

Comparatives

In description, it is common both to compare different objects and to talk about the varying degrees to which one object possesses a quality. In both instances, one needs to use the comparative and sometimes the superlative degrees of adjectives and adverbs.

Adjectives have both compound and simple comparative forms. The compound comparative form is created by using **бóлее** before the positive degree of the adjective: **более интересный**. This form may be used in both attributive and predicative position and agrees with the noun that it modifies in gender, number, and case.

> Я считала, что у тебя **более пожилые** родители.
> *I thought that you had older parents.*

> Мы мечтали о **более счастливой** судьбе для наших детей.
> *We dreamed about a happier future for our children.*

It is also possible to use **мéнее** and the positive degree of the adjective to create a compound comparative that expresses the idea of *less*.

> Эта работа **менее интересная**.
> *This work is less interesting.*

The simple comparative form of adjectives is indeclinable. Use of this form is generally limited to predicative position, where it is the preferred form.

> Вторая задача была **проще**.
> *The second problem was simpler.*

Many adjectives create simple comparatives by adding **-ее** to the stem of the adjective: **сúльный - сильнéе, интерéсный - интерéснее**. Notice that the stress tends to shift to the ending in shorter words but to remain on the stem in words of three or more syllables.

Other adjectives form simple comparatives by modifying the last letter of the stem and adding unstressed **-e**. This group includes all adjectives with stems ending in **г**, **к**, **х**, and a number of others as well: **дорого́й - доро́же, стро́гий - стро́же, кре́пкий - кре́пче, гро́мкий - гро́мче, я́ркий - я́рче, мя́гкий - мя́гче, лёгкий -ле́гче, ти́хий - ти́ше, сухо́й - су́ше**. Comparatives of this type will be cited in the vocabulary entries.

Simple comparatives may be used with the prefix **по-**, which adds the connotation of *a little* to the comparison: **побольше** (*a little more*), **повыше** (*a little higher*), **подороже** (*a little more expensive*). In colloquial speech, these forms may be used in attributive position as well as predicative. They always follow the nouns they modify, even in attributive position.

Дайте мне задачу **попроще**.
Give me something a little easier to do.

Я бы хотела купить лампу **подешевле**.
I'd like to buy a slightly cheaper lamp.

The comparative degree of adverbs is identical in form to the simple comparative of adjectives.

Говорите, пожалуйста, **громче**.
Please speak more loudly.

Подвиньтесь, пожалуйста, **ближе**.
Move closer, please.

Бо́льше, the comparative of **большо́й**, serves as the comparative of **много**, and **ме́ньше**, the comparative of **ма́ленький**, serves as the comparative of **немного** and **мало**. These forms, which are translated by *more* and *less*, are followed by the genitive of the nouns they quantify just as their positive counterparts are. They must not be confused with the **более** and **менее** of the compound comparative.

Сегодня я купил **больше** молока, чем вчера, потому что я хочу печь пирог.
I bought more milk today than I did yesterday because I want to bake a pie.

Это тёплое молоко. Я люблю **более холодное** молоко.
This is warm milk. I like colder milk.

Notice, however, that when the English *more* means *additional*, you will not use either of the above constructions but rather **ещё**.

Дайте мне **ещё** молока, пожалуйста.
Give me some more milk, please.

There are two ways to complete a comparison in Russian. The first is by using **чем** (*than*). The second uses the genitive case. Either of these constructions is possible with the simple comparative, but only **чем** is used with the compound comparative.

> Сестра прилежнее **брата**.
> Сестра прилежнее, **чем брат**.
> *The sister is more diligent than the brother.*

> Брат менее прилежный, **чем сестра**.
> *The brother is less diligent than the sister.*

Ideally, the genitive construction is used in sentences in which the grammatical subject is compared with something else.

> **Саша** был выше **своей сестры**.
> *Sasha was taller than his sister.*

In colloquial speech, you will also find the genitive used in sentences in which the direct object is compared with something else.

> Я люблю **красные розы** больше **белых**.
> *I like red roses better than white ones.*

Be cautious with sentences of this type, however, since they may result in the type of ambiguity produced by the English sentence "Susan likes John more than Mark." (More than she likes Mark? More than Mark likes John?)

When parts of the sentence other than the subject or occasionally the direct object are compared, one must use **чем**.

> В прошлом году он выступал смелее, **чем** сейчас.
> *Last year he acted more boldly than he does now.*

> Я лучше хожу на лыжах, **чем** катаюсь на коньках.
> *I ski better than I skate.*

> В нашем доме наверху всегда жарче, **чем** внизу.
> *In our house it is always warmer upstairs than it is downstairs.*

The amount by which objects under comparison differ is generally expressed by the preposition **на** followed by the accusative case.

> — **На** сколько ваша сестра моложе вас?
> — **На** семь лет.
> *By how much is your sister younger than you?*
> *By seven years.*

Товарищ **на́** голову выше меня.
My friend is a head taller than I am.

Он приехал **на** неделю раньше, чем я.
He came a week earlier than I.

Notice, however, that the preposition **в** is used with the word **раз** (*time*): **во сколько раз** (*by how many times*), **в два раза** (*two times, twice*), **в пять раз** (*five times*), **во много раз** (*many times*).

There are a number of words that may be used to intensify comparisons. They include **намно́го** (*by far*), **гора́здо** (*much*), **ещё** (*still, even*), **как мо́жно** (*as … as possible*), and **значи́тельно** (*significantly*).

Эта дорога **гораздо** длиннее, чем та.
This road is much longer than that one.

Мы побежали **ещё быстрее.**
We started running even faster.

Мы должны прийти туда **как можно** быстрее.
We need to get there as quickly as possible.

Решить эту задачу **значительно** труднее.
Solving this problem is significantly more difficult.

Всё plus the simple comparative and an imperfective verb expresses the idea of an increasing degree of comparison.

Мальчик плакал **всё** громче и громче.
The boy kept on crying louder and louder.

The English construction *the … the …* is conveyed in Russian by **чем … тем … .**

Чем раньше ты придёшь, **тем** лучше.
The sooner you come the better.

The simple comparative and the genitive of **все** (*everyone*) or **всё** (*everything*) creates a comparative phrase that may be translated in English by the superlative *most of all.* For practical purposes, you may usually assume that **все** refers to people and **всё** to things.

В детстве я **больше всех** любила кататься на коньках.
In my childhood I loved skating most of all (more than anyone else).

Когда-то я **больше всего любила читать.**
At one time I liked to read most of all (more than anything else).

Московские школьницы

You will use **все** to refer to things, however, in sentences where you are comparing one object with other objects of the same kind.

Его последняя статья была **интереснее всех** (его статей).
His last article was the most interesting (of his articles).

1. *Complete the comparison using the given words. Use genitive whenever possible. Add other words as needed.*

1. Обменять квартиру труднее _____ (купить новую).
2. Не всегда молодые люди энергичнее _____ (пожилые).
3. Пополнеть легче _____ (похудеть).
4. Мои братья прилежнее _____ (другие дети).
5. Характер моей сестры лучше _____ (мой).
6. Во фруктах больше витаминов _____ (мясо).

2. *First write a sentence using the simple comparative of the given adjective. Then write a sentence in which the nouns being compared are reversed.*

Образец: Оля любит заботиться о людях, а Петя не любит.
 _____ (добрый)
 Оля добрее Пети. Петя менее добрый, чем Оля.

1. Костя всегда волнуется перед экзаменами, а Катя нет.
 _____ (спокойный)

2. Верочка всегда всем верит, а Антон не верит.
   _____ (доверчивый)

3. Мария Ивановна очень любит разговаривать, а Александр Николаевич не любит. _____ (разговорчивый)

4. Мой брат всегда спрашивает бабушку, как она себя чувствует, а я забываю. _____ (внимательный)

5. Павлик всегда уходит гулять с товарищами перед экзаменами, а я остаюсь заниматься. _____ (легкомысленный)

6. Оля занимается весь день, а Лена практически ничего не делает. _____ (трудолюбивый)

7. Характер моих братьев Саши и Димы трудно сравнивать — они очень похожи. Саша, правда, часто раздражается, а Дима нет. _____ (раздражительный)

3   *Fill in each blank with the best translation of the given English. Use simple comparatives whenever possible.*

1. Я никогда не видела _____ (*a more boring*) фильма.

2. Мне нравятся _____ (*more modest*) люди.

3. Я _____ (*younger*) своего брата на десять лет.

4. У моего приятеля гораздо _____ (*stricter*) родители, чем у меня.

5. Когда я живу в общежитии, я мечтаю о _____ (*tastier*) пище.

6. Саша гораздо _____ (*neater*) всех в своей семье.

7. Мои сёстры _____ (*more frivolous*) и _____ (*lazier*) всех, кого я знаю.

8. Он намного _____ (*smarter*) и _____ (*more decent*) своей сестры.

4.   *Make comparisons from each pair of words.*

Образец: молодой — год
   Мой брат моложе меня на год.

1. старый — 5 лет
2. длинный — 1 метр
3. высокий — 4 метра
4. короткий — 6 метров
5. низкий — 5 сантиметров
6. дешёвый — 42 рубля
7. дорогой — 106 рублей

8. рано — 2 месяца

9. поздно — 7 месяцев

5. *Make sentences comparing the following pairs of objects.*

1. золото и серебро
2. подросток и взрослый
3. солнце и луна
4. юг и север
5. день и ночь
6. зима и лето
7. яблоко и апельсин
8. кот и собака
9. хлопок и синтетика

Superlatives

Adjectives also have simple and compound superlative forms. The compound superlative expresses a true comparison and is, therefore, the one that you will most often use. It is formed simply by using **самый** with the positive degree of the adjective. Both words agree with their nouns in gender, number, and case. The compound superlative may be used in either the attributive or the predicative position.

У меня **самая ласковая** собака на свете.
I have the most affectionate dog in the world.

Мой брат **самый весёлый** в нашей семье.
My brother is the most cheerful one in our family.

The simple form of the superlative is formed by adding **-ейш-** or **-айш-** to the stem of the adjective. The simple form of the superlative often expresses an emotional involvement on the part of the speaker rather than a true comparison. Not all adjectives have simple superlatives. The adjectives whose simple superlatives are commonly used include: **ближа́йший, велича́йший, глубоча́йший, добре́йший, интере́снейший, миле́йший, просте́йший, старе́йший, тружне́йший, умне́йший,** and **широча́йший.**

Моя подруга Люда **милейший** человек!
My friend Lyuda is the nicest person!

Лобачевский **величайший** русский учёный.
Lobachevsky is the one of the greatest Russian scientists.

Это — **простейшая** задача!
That's a really simple problem!

A few adjectives also have a declinable simple form, which, depending on the context, is either comparative or superlative in meaning.

хороший	лу́чший
плохой	ху́дший
старый	ста́рший
молодой	мла́дший
высокий	вы́сший
маленький	ме́ньший
большой	бо́льший

Some of these adjectives have special connotations. The pair **старший** and **младший** refer not so much to chronological age as they do to position in a hierarchy.

Иван Борисович работает **младшим** научным сотрудником.
Ivan Borisovich is a junior research worker.

Младшему брату вчера исполнилось пятьдесят лет.
My younger brother turned fifty yesterday.

У неё **более молодая** бабушка, чем у других.
She has a younger grandmother than the others do.

Similarly, the word **высший** also has abstract connotations.

Ирина получила **высшее** образование в Москве.
Irene received her higher education in Moscow.

Парламент — **высший** орган власти в стране.
Parliament is the highest political authority in the country.

These adjectives may also be intensified with **самый**.

Это мой **самый младший** брат.
This is my baby brother.

Он мой **самый лучший** друг.
He's my very best friend.

One may also intensify these simple forms by prefixing them with **наи-**. These forms are characteristic of formal speech.

Примите мои **наилучшие** пожелания.
Accept my best wishes.

The superlative degree of adverbs, as we have already seen, can only be expressed by using the comparative degree followed by the genitive of **всё** or **все**.

Ваня любит читать **больше всего**.
Vanya likes to read most of all (more than anything else).

Ваня любит читать **больше всех**.
Vanya likes to read most of all (more than anyone else).

6. *Fill in each blank with the best translation of the given English.*

1. _____ (*The biggest*) в мире картинная галерея — музей Эрмита́ж в России.

2. Ирехо́н является _____ (*the oldest*) городом в мире.

3. _____ (*The highest*) гора в мире — Эвере́ст.

4. Родители всегда _____ (*most of all*) беспокоились о своей _____ (*youngest*) дочери.

5. В концерте участвовали _____ (*the very best*) исполнители русских народных песен.

6. Другие ученики написали сочинение плохо, но Женя его написал _____ (*worst of all*).

Translating *the Same* and *Different*

It sometimes happens that when we compare two objects we discover that they are the same or that they are different. Unfortunately, there is no single word that conveys either of these ideas in Russian. The point of the following two examples is that the two people included in the subject are from a *single* place. The best translation of *same* is **один**.

Мы с ним из **одного** города.
He and I are from the same town.

Мы учимся в **одном** университете.
We go to the same university.

In the next example, the *furniture store* (**мебельный магазин**) has already been identified in the first half of the sentence. The point of the second clause is that the subject of the clause (**я**) works at the *identical* store. The best translation of *same* is **тот же**.

Виктор работает в мебельном магазине, и я работаю в **том же** магазине.
Victor works at a furniture store, and I work at the same store.

If you wish to say that two things are not actually identical but merely of the same kind, use **такой же**.

У Володи большие карие глаза, и у его сына **такие же** глаза.
Volodya has big brown eyes, and his son has the same eyes.

It is also possible to use **же** following adverbs.

Когда я учился в Санкт-Петербурге, я жил в общежитии на Васильевском острове. Оказалось, что мой приятель жил **там же**.
When I was going to school in St. Petersburg, I lived in a dormitory on Vasilevsky Island. It turned out that my friend used to live in the same place.

В прошлом году мы отдыхали в прекрасном месте. Этим летом мы хотим поехать **туда же**.
Last summer we vacationed in a marvelous spot. This summer we want to go to the same place.

Вы из Киева? И я **оттуда же**.
Are you from Kiev? I'm from the same place.

— Моему брату 18 лет. А твоему?
— Ему **столько же**.
My brother is 18. What about yours?
He's the same age.

It is possible to combine the words **один** and **тот же** for emphasis. The result is an expression very much like *one and the same* in English.

Оказалось, что мы из **одного и того же** города!
It turned out that we were from one and the same town!

The word **самый**, which is used in the superlative construction, may be used alone to mean *close to a limit*, in which case it is translated as *very*.

Ваза стояла на **самом** краю стола.
The vase stood on the very edge of the table.

It is also possible to combine **самый** and **тот же** for emphasis. The result is an expression similar to *the very same* in English. Under no circumstances may **самый** be used alone to mean *the same*.

В комнату вошла **та же самая** девушка.
The very same girl walked into the room.

You may also say that two things are the same by saying that one of them is *as... as* the other. In Russian, this idea is rendered by **такой же...**, **как (и)** and **так же ..., как (и)**. The use of **и** is optional. The particle **же** is omitted in negative sentences, as in the last example below. The decision to use the long form **такой** or the short form **так** is made as under other circumstances, that is, **такой** is used with nouns and long-form adjectives, and **так** is used with short-form adjectives, adverbs, and verbs. It is also possible to negate this construction.

Он **такой же** умный, **как и** его отец.
He is just as smart as his father.

Вчера было **так же** холодно, **как** сегодня.
It was as cold yesterday as it is today.

Вчера было **не так** холодно, **как** сегодня.
It wasn't as cold yesterday as it is today.

The English word *different* is generally glossed as **другой** or as **разный**. Remember that **другой** means different in the sense of *other* or *another*, while **разный** means *various, different in kind.*

Эта блузка мне не нравится. Покажите мне, пожалуйста, **другую**.
I don't like this blouse. Please show me a different one.

На столе стояло много **разных** закусок.
There were a lot of different appetizers on the table.

Translating *Also*

Another type of comparison uses the word *also*. Again, there is no single way to translate this word, since the usage of the closest Russian equivalents, **тоже** and **также**, differs from English usage. In all of the examples below, the sentences with **тоже** introduce a new topic (as opposed to new information about an old topic). The sentences with **также** offer new information about an old topic. In all of the sentences with **также**, the English *too* or *also* may be replaced by *in addition*. This substitution is not possible in any of the sentences with **тоже**.

Володя очень весёлый и общительный. Его жена Марина **тоже** очень общительная женщина.
Volodya is very cheerful and sociable. His wife Marina is also a very sociable woman.

Володя не только трудолюбивый человек, он **также** энергичный и деловой.
Volodya is not only an industrious person; he's also energetic and practical.

Володя очень внимателен к людям, и Марина **тоже**.
Volodya is very considerate of other people, and Marina is, too.

У Петра Сергеевича есть своя квартира, и у Марины Алексеевны **тоже**.
Pyotr Sergeevich has his own apartment, and Marina Alekseevna does, too.

У Петра Сергеевича есть своя квартира. У него **также** есть своя дача под Санкт-Петербургом.
Pyotr Sergeevich has his own apartment, and he has a dacha near St. Petersburg, too.

The word **также** tends to be used in more formal speech. Another, more colloquial way to say *also* in the sense of *in addition* is to substitute **и ещё** for **также**.

У Петра Сергеевича есть своя квартира **и ещё** дача под Санкт-Петербургом.
Pyotr Sergeevich has his own apartment and a dacha near St. Petersburg, too.

Я люблю гулять, играть в теннис **и ещё** я люблю купаться.
I like walking, playing tennis, and swimming as well.

Я был в Киеве, Санкт-Петербурге, Москве **и ещё** я заехал в Уфу́.
I've been to Kiev, St. Petersburg, and Moscow, and I went to Ufa, too.

You may also preface an additional thought that you want to add to what you were just saying with **и ещё**. Remember that you *never* begin a sentence with **тоже**.

И ещё я хочу сказать, что . . .
Also, I want to say, that . . .

7. *Fill in each blank with the best translation of the given English.*

Недавно я познакомился на вечеринке с одной девушкой. Её зовут Лара. Оказалось, что она учится со мной в _____ (*the same*) университете. Мы с ней начали разговаривать и выяснилось, что мы жили в _____ (*the same*) городе и даже ходили в _____ (*the same*) школу. Потом оказалось, что _____ (*her*) брат сейчас _____ (*also*) учится в нашем университете.

Она начала мне рассказывать о _____ (*her*) брате. Он хочет получить _____ (*the same*) специальность, _____ (*as*) отец, т.е. он хочет стать врачом.

Я спросил, как зовут _____ (*her*) брата, и оказалось, что я его хорошо знаю. Когда я внимательно посмотрел на Лару, я увидел, что у неё _____ (*the same*) серые глаза, _____ (*as*) у брата, _____ (*the same*) милая улыбка, _____ (*the same*) простой и внимательный взгляд и она _____ (*just as*) разговорчива и общительна, _____ (*as*) _____ (*her*) брат. И _____ (*also*) у них оказалось много общего в характере: она, _____ (*like*) и он, любила развлекаться и шутить и была добросовестной и прилежной студенткой.

8. *Fill in each blank with the best translation of the given English.*

Я хочу вам рассказать о _____ (*my*) подруге из Москвы, _____ (*Masha Sokolova*).

Год назад она смогла на _____ (*her own*) деньги купить _____ (*herself*) квартиру в центре Москвы, и теперь она живёт в _____ (*this*) квартире со _____ (*her*) кошкой — _____ (*also*) Машей. Но сейчас она _____ (*more and more often*) думает о том, чтобы встретить _____ (*somebody*), кто бы полюбил _____ (*her*). Но она _____ (*herself*) ещё _____ (*never*) _____ (*anyone*) не любила. Но тут она познакомилась с Колей!

Маша — _____ (*the most charming*), веселая (*cheerful*) и культурная (*cultured*) девушка из _____ (*all*), кого я встречал в Москве. И трудно было найти _____ (*young man*) _____ (*as responsible*), как он, или _____ (*more industrious*), _____ (*more modest*), эгоистичный (*less selfish*) и самоуверенный (*less conceited*), чем Коля.

Конечно же, они полюбили _____ (*each other*) с первого взгляда.

9. *Translate into idiomatic Russian.*

Dear Parents,

I hope that you are less worried about me after our telephone conversation. As I told you, I already feel the difference between life at home and at the university. I have much less time for fun. At first that bothered me a lot, but now I have gotten to know my neighbor Sasha a little better, and I have calmed down. Sasha is much more serious than I am. She is the most responsible, conscientious, and diligent of all the students I know. But she also likes to laugh and joke. She has already become my best friend, and I hope that I will also become less frivolous and lazy. You don't need to worry about me. When I come home for vacation, I will be a more grown-up and practical girl. I will probably be writing to you less often, but I promise to telephone more often.

Kisses,
Your Anya

Прослушивание текста

In this passage, adapted from I. Grekova's story «Перелом», a woman describes her two sons. Listen to the text and answer the questions that follow.

Словарь

Сто́йкий оловя́нный солда́тик   *Steadfast Tin Soldier*
опо́ра   *support*
нева́жный   *not so good*

Вопросы

1. Кто из мальчиков
    а. младше?
    б. худой?
    в. учится в десятом классе?
    г. носит очки?
    д. привлекает девушек?
    е. учится неважно?
    ж. хочет стать врачом?
    з. похож на отца?
    и. легкомысленный?
    к. отдаёт все деньги маме?
2. Как вы понимаете выражение «без пяти минут врач»?

Чтение

1. *Compare two people that you know. Do they differ only in their physical appearance and or also in their character and behavior?*

2. *In this excerpt adapted from the short story «В трамвае», Yury Nagibin describes two girls. After reading the excerpt, answer the questions that follow. What do you think accounts for the difference in the girls' appearance and behavior?*

Я возвращался трамваем из пригорода, куда меня привело случайное дело. Вагон был пуст, я прошёл к передней площадке и занял место у открытого окна.

У новых домов в вагон вошли две девушки. Девушки были примерно ровесницами, и всё же про одну из них хотелось сказать: старшая. Не только потому, что в отличие от подруги, носившей школьную форму, она была одета «по-взрослому» — голубая кофточка, чёрная плиссированная юбка, туфли на высоком каблуке, — но и потому, что такой её делал влюблённый, чуть снизу вверх, взгляд школьницы. Их отношения были отношениями старшей и младшей: мягко покровительственные с одной стороны и преданный с другой. Старшая была выше, стройнее, темноволосая, с матовой, смугловатой кожей и тёмными глазами. Она принадлежала к тому типу девушек, что рано созревают и в десятом классе кажутся переростками, несколько смешными и нелепыми. Но, скинув с себя всё школьное, выходят в широкий мир в новом, неузнаваемом, пленительном образе, как бабочки из куколок. В другой девушке, рыжеватой блондинке, розовощёкой и зеленоглазой, было много зыбкого.

1. Как вы думаете, сколько лет было девушкам, которые вошли в вагон? Почему вам так кажется?

2. Почему рассказчику казалось, что одна из девушек старше другой?

3. Опишите «старшую» девушку.

4. Опишите «младшую» девушку.

5. Как вы понимаете отношения между этими девушками?

Словарь

бáбочка *butterfly*
взгляд *gaze*
зы́бкий *in flux*
кýколка *cocoon*
мáтовый *dull*
нелéпый *awkward*
неузнавáемый *unrecognizable*
отли́чие: в отли́чие *in distinction*
перерóсток *overgrown*

плени́тельный *captivating*
плиссирóванный *pleated*
покрови́тельственный *protective*
прéданный *devoted*
примéрно *approximately*
ски́нуть *to throw off*
смугловáтый *swarthy*
созревáть *to mature*

Сочинение

Я друга жду

These advertisements are taken from the publication «Московские брачные объявления». Discuss them with your classmates and then write a letter in answer to one of them. Be sure to describe yourself and your interests in your letter!

Объявления о женщинах

Вера. Высокая, стройная шатенка, привлекательная, 24 лет, рост 172, врач по профессии, родители — тоже врачи и доброжелательные, современные люди, создаст семью с серьёзным человеком до 35 лет.

доброжела́тельный *kind*
созда́ть *to create*

Инна. Девушка 21 года, рост 168, привлекательная, средней комплекции, замужем не была, образование среднее, живёт с родителями, познакомится с порядочным молодым человеком.

Анна. Блондинка с красивыми голубыми глазами, 26 лет, рост 169, детей нет, образование высшее, хорошая хозяйка, создаст семью с добрым серьёзным человеком до 32 лет.

Надя. Молодая девушка 23 лет, рост 170, брюнетка с чёрными глазами, заканчивает институт, создаст семью с человеком от 25 до 30 лет.

Объявления о мужчинах

Андрей. Привлекательный брюнет 26 лет, рост 172, у родителей — дом в Подмоско́вье, любит театр, не курит, не пьёт, создаст семью с блондинкой до 26 лет, можно с ребёнком.

Алексей. Привлекательный брюнет 21 года, рост 180, очень необщителен, познакомится с девушкой соответствующего возраста.

соотве́тствующий
corresponding

Василий. Молодой человек 26 лет со спокойным характером, рабочей профессии, очень простого образа жизни, любит птиц, природу, создаст семью со скромной, простой девушкой до 25 лет.

о́браз жи́зни   *way of life*

Михаил. Врач 25 лет, аспирант, рост 183, обычной внешности, много занимается наукой, познакомится с девушкой от 19 до 24 лет, желательно учительницей или из гуманитарной сферы.

жела́тельно   *preferably*

Задания

1. *Try to match the people who submitted advertisements to* «Московские брачные объявления». *Be prepared to discuss your choices.*

2. *After exchanging several letters with the person whose advertisement you answered, you have decided to meet. Explain where and when you wish to meet and describe yourself and what you will be wearing so that your friend can recognize you.*

3. *Write your own advertisement to submit to* «Московские брачные объявления».

4. *A test like this one appeared in* «Литературная газета». *The object of the game is to describe the mood depicted in each face in a word or two.*

Тест на самопроверку

Понимаете ли вы язык мимики?

Перед вами двенадцать выражений лица, в которых художник закодировал двенадцать эмоциональных состояний человека. Попытайтесь их расшифровать.

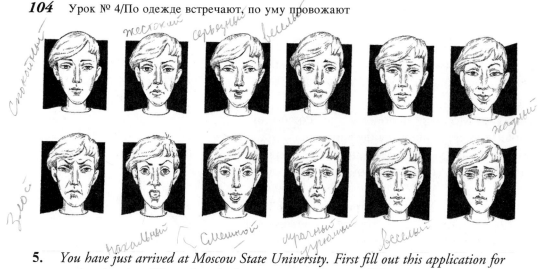

5. *You have just arrived at Moscow State University. First fill out this application for student housing. Then select the best roommate for yourself (***лучший сосед по комнате***) from among your classmates by comparing your results to theirs.*

Московский Государственный университет
им. Ломоносова
Общежитие для иностранных студентов №2

Анкета

1. Ваши привычки:
   1) Отношение к алкоголю _____
   2) Отношение к курению _____
   3)
   4)
   5)

2. Ваш характер:

3. Черты характера, которые вы больше всего цените в соседях:

4. Черты характера, которые бы меньше всего цените в соседях:

---

6. *Every student of Russian knows that Lake Baikal is the deepest lake in the world. Compile your own list of ten significant statistics. The first has been done for you.*

1.   Озеро Байка́л — самое глубокое озеро в мире.

Давняя дружба

7. *Solve the problem.*

Маша в два раза умнее Саши. Саша в три раза умнее Кати. Во сколько раз Катя глупее Маши?

Урок № 5

Полицейские и воры

Словарь

отноше́ния (*p* **отноше́ний**)
relationship
относи́ться (**отношу́сь,**
отно́сишься) *нес, к кому, к*
чему?   to relate to; *сов*
отнести́сь (**отнесу́сь,**
отнесёшься; отнёсся,
отнесла́сь)

знако́мить (**знако́млю,**
знако́мишь) *нес, с кем, с чем?*
to introduce; *сов* **познако́мить;**
возвр **знако́миться/**
познако́миться   to meet[1]

знако́мый (**знако́м**)   familiar
незнако́мый (**незнако́м**)
unfamiliar
знако́мый (*p* **знако́мого**)
acquaintance[2]
представля́ть *нес, кому?*   to
introduce; *сов* **предста́вить**
(**предста́влю, предста́вишь**);
возвр **представля́ться/**
предста́виться[1]

встре́ча (**на**)   meeting
встреча́ть *нес*   to meet; *сов*
встре́тить (**встре́чу,**
встре́тишь); *возвр* **встреча́ться/**
встре́титься, *с кем?*[1, 2]

свида́ние (на) appointment, date
назнача́ть ~ *нес, с кем?* to make an appointment; *сов* **назна́чить** ~
расстава́ться (расстаю́сь, расстаёшься) *нес, с кем?* to part; *сов* **расста́ться (расста́нусь, расста́нешься)**
броса́ть *нес* to abandon, leave; *сов* **бро́сить (бро́шу, бро́сишь)**

дру́жба friendship
друг (*мн* друзья́, друзе́й) friend[2]
подру́га friend[2]
прия́тель *м*; **прия́тельница** friend[2]
сопе́рник rival
враг (*р* врага́) enemy

любо́вь (*р* любви́, *тв* любо́вью) love
люби́ть (люблю́, лю́бишь) *нес* to like, love; *сов* **полюби́ть**[3]
влюбля́ться *нес, в кого?* to fall in love; *сов* **влюби́ться (влюблю́сь, влю́бишься)**
влюблённый (влюблён, влюблена́) *в кого?* infatuated, in love
уха́живать *нес, за кем?* to court
разлюби́ть (разлюблю́, разлю́бишь) *сов* to stop loving
ненави́деть (ненави́жу, ненави́дишь) *нес* to hate

мири́ть *нес* to reconcile; *сов* **помири́ть**; *возвр* **мири́ться/ помири́ться** *с кем, с чем?*
ссо́ра quarrel
ссо́риться *нес, с кем?* to quarrel; *сов* **поссо́риться**[4]

уважа́ть *нес, за что?* to respect
презира́ть *нес, за что?* to despise
ве́рный faithful

изменя́ть *нес, кому, с кем?* to betray, be unfaithful to; *сов* **измени́ть (изменю́, изме́нишь)**

спле́тня (*р мн* спле́тен) gossip
спле́тничать *нес* to gossip
ре́вность *ж* jealousy
ревнова́ть (ревну́ю, ревну́ешь) *нес, к кому?* to be jealous[5]

соглаша́ться *нес, с кем, с чем, на что?* to agree; *сов* **согласи́ться (соглашу́сь, согласи́шься)**
спор disagreement, argument
спо́рить *нес* to disagree, argue; *сов* **поспо́рить**[4]
отка́зываться *нес, от чего?* to refuse; **отказа́ться (откажу́сь, отка́жешься)**

обижа́ть *нес* to offend; *сов* **оби́деть (оби́жу, оби́дишь)**; *возвр* **обижа́ться/оби́деться** *на кого, за что?*
оби́дный offensive
оби́дчивый touchy

намека́ть *нес, на что?* to hint; *сов* **намекну́ть (намекну́, намекнёшь)**
обвине́ние accusation
обвиня́ть *нес, в чём?* to accuse; *сов* **обвини́ть**
упрека́ть *нес, в чём?* to reproach; *сов* **упрекну́ть (упрекну́, упрекнёшь)**
оправда́ние justification, excuse
опра́вдывать *нес, перед кем, в чём?* to justify, excuse; *сов* **оправда́ть**; *возвр* **опра́вдываться/оправда́ться**

опа́сный dangerous
опа́сность *ж* danger
пуга́ть *нес* to frighten; *сов* **испуга́ть**; *возвр* **пуга́ться/ испуга́ться** *кого, чего?*

боя́ться (II) *нес, кого, чего?*   to fear, be afraid of

преступле́ние   crime
   соверша́ть ~ *нес*   to commit a crime; *сов* **соверши́ть ~**
престу́пный   criminal
престу́пник   criminal

вызыва́ть *нес?*   to call, summon; *сов* **вы́звать (вы́зову, вы́зовешь)**
мили́ция, *тк ед*   police (in Russia)
милиционе́р   policeman (in Russia)
поли́ция, *тк ед*   police
полице́йский (*р* **полице́йского)** policeman
сле́дователь *м*   inspector, investigator
свиде́тель *м*   witness

зако́н   law
   наруша́ть ~ *нес*   to break a law; *сов* **нару́шить ~**
подозре́ние   suspicion
подозрева́ть *нес, в чём?*   to suspect
доказа́тельство   evidence, proof
дока́зывать *нес*   to prove; *сов* **доказа́ть (докажу́, дока́жешь)**
допра́шивать *нес*   to interrogate; *сов?* **допроси́ть (допрошу́, допро́сишь)**
признава́ться (признаю́сь, признаёшься) *нес, кому, в чём?* to admit, confess; *сов* **призна́ться**

лови́ть (ловлю́, ло́вишь) *нес?*   to catch; *сов* **пойма́ть**
заде́рживать *нес*   to detain; *сов* **задержа́ть (задержу́, заде́ржишь)**
аресто́вывать *нес, за что?*   to arrest; *сов* **арестова́ть (аресту́ю, аресту́ешь)**

суди́ть (сужу́, су́дишь) *нес, за что?* to try
нака́зывать *нес, за что?*   to punish; *сов* **наказа́ть (накажу́, нака́жешь)**
тюрьма́ (*мн* **тю́рьмы, тю́рем)** prison
   сажа́ть в тюрьму́ *нес*   to put in prison; *сов* **посади́ть (посажу́, поса́дишь) в тюрьму́**
   сади́ться в тюрьму́ (сажу́сь, сади́шься) *нес?*   to go to prison; *сов* **сесть в тюрьму́ (ся́ду, ся́дешь; сел)**
   сиде́ть в тюрьме́ (сижу́, сиди́шь) *нес*   to be in prison

борьба́   struggle, fight
боро́ться (борю́сь, бо́решься) *нес, с кем, против чего, за что?*   to struggle, fight
напада́ть *нес, на кого, на что?* to attack; *сов* **напа́сть (нападу́, нападёшь; напа́л)**
дра́ка   fight, scuffle
дра́ться (деру́сь, дерёшься; дра́лся, драла́сь) *нес, с кем?* to fight; *сов* **подра́ться**
уда́р   blow
ударя́ть *нес, чем?*   to strike; *сов* **уда́рить**
бить (бью, бьёшь) *нес, чем?*   to hit, beat; *сов* **поби́ть**
угрожа́ть *нес, кому, чем?*   to threaten
защища́ть *нес*   to defend; *сов* **защити́ть (защищу́, защити́шь)** *возвр* **защища́ться/защити́ться**
спаса́ть *нес*   to save; *сов* **спасти́ (спасу́, спасёшь; спас, спасла́)**

ограбле́ние   robbery, burglary
гра́бить (гра́блю, гра́бишь) *нес* to rob; *сов* **огра́бить**[6]

граби́тель *м*   robber

кра́жа   theft

красть (краду́, крадёшь; крал) *нес*   to steal; *сов* укра́сть[6]

вор (*мн* во́ры, воро́в)   thief

уби́йство   murder

убива́ть *нес*   to kill, murder; *сов* уби́ть (убью́, убьёшь)

уби́йца *м* and *ж*   murderer

стреля́ть *нес, в кого, из чего?*   to shoot; *сов* вы́стрелить [7]

ору́жие *тк ед*   weapon

пистоле́т   pistol

души́ть (душу́, ду́шишь) *нес*   to strangle; *сов* задуши́ть

яд   poison

отравля́ть *нес, чем?*   to poison; *сов* отрави́ть (отравлю́, отра́вишь)

слу́чай   incident

случа́ться *нес*   to happen, occur; *сов* случи́ться

происходи́ть (происхо́дит, происхо́дят) *нес*   to happen, occur; *сов* произойти́ (произойдёт, произойду́т; произошёл, произошла́)

Vocabulary Notes

[1] The various verbs meaning *to introduce* and *to meet* are easily confused. The verbs **знакомить/познакомить** and **представлять/представить** are used to talk about introducing one person to another. Of them, **представлять/ представить**, which literally means *to present*, is the more formal.

Я хочу вас **познакомить** со своим приятелем.
I want to introduce you to my friend.

Разрешите вам **представить** нашего преподавателя Ирину Михайловну.
Permit me to present to you our teacher, Irina Mikhailovna.

When these verbs are used reflexively, **знакомиться/познакомиться** means *to meet* in the sense of *to make someone's acquaintance* and **представляться/ представиться** means *to introduce oneself.*

Вчера я **познакомилась** с интереснейшим человеком.
Yesterday I met a fascinating person.

Следователь подошёл к Алексею и **представился**.
The inspector walked up to Aleksey and introduced himself.

The verbs **встречать/встретить** and **встречаться/встретиться**, which are also translated as *to meet* in English, do not refer to making another person's acquaintance. When you use these verbs, remember that the verb **встречать/ встретить** is transitive, that is, it takes a direct object, but that the verb **встречаться/встретиться** is used with **с** plus the instrumental case.

— Где ты был вчера?
— Я **встречал** знакомого на вокзале.
Where were you yesterday?
I was meeting an acquaintance at the station.

Я договорился **встретиться** с Игорем на углу.
I agreed to meet Igor on the corner.

2 The various words for *friend* all have slightly different connotations. The most neutral of these words, **знакомый**, simply refers to someone you know. It corresponds to the English word *acquaintance*. The word **друг** always refers to a close friend, male or female. The word **подруга** means the female friend of another female. The words **приятель** and **приятельница** also mean *friend,* but the relationship is not as close as that implied by **друг**.

У него всегда было много **знакомых**, но мало **друзей**.
He always had a lot of acquaintances but few friends.

Три мушкетёра были настоящими **друзьями**.
The three musketeers were real friends.

Я вчера встретил на улице **приятеля**, с которым мы давно не виделись.
Yesterday I ran into a friend whom I hadn't seen in a long time.

Маша пойдёт вечером в гости к **подруге**.
Masha is going to visit her girlfriend this evening.

There is no single way to say *girlfriend* and *boyfriend* in Russian. These ideas are sometimes conveyed by the words **девушка** and **молодой человек** and sometimes by using the verb **встречаться** in the sense of *to date.*

У неё есть **молодой человек**?
Does she have a boyfriend?

У него есть **девушка**?
Does he have a girlfriend?

Она с кем-нибудь **встречается**?
Is she seeing anyone?

Он с ней **встречается** два года.
He's been going with her for two years.

3 The perfective verb **полюбить** describes the beginning of the emotion.

Все сразу **полюбили** доброго и внимательного врача.
Everyone took an instant liking to the kind and considerate doctor.

⁴ The verbs **ссориться/поссориться** and **спорить/поспорить** are easily confused. **Ссориться/поссориться** is the more serious of the two. **Спорить/поспорить** is translated as *to argue*, but it can also be used to describe a friendly disagreement, a discussion, or even a bet.

> Я с ним **поссорилась**, и мы перестали встречаться.
> *I had a fight with him, and we stopped seeing each other.*

> Он всегда со мной несогласен; мы всегда **спорим**.
> *He never agrees with me; we're always arguing.*

⁵ When using the verb **ревновать**, use the accusative of the beloved and **к** and the dative of the rival.

> Коля **ревновал** Светлану ко всем мужчинам.
> *Kolya was jealous of Svetlana and all other men.*

⁶ **Грабить/ограбить** means *to rob*, and **красть/украсть** means *to steal*. You can *rob* a place or a person, but as a rule, it is things that are *stolen*.

> Кто-то **ограбил** дом и **украл** все драгоценности.
> *Someone robbed the house and stole all the jewelry.*

> Меня **ограбили** по дороге домой.
> *I was robbed on the way home.*

> У моего брата **украли** велосипед.
> *My brother's bicycle was stolen.*

⁷ In contemporary Russian, the verb **стрелять/выстрелить** is not used with a direct object.

> Он **выстрелил** в птицу из пистолета.
> *He shot a bird with his gun.*

If you need to say that someone was *shot*, you may use the paraphrase **убивать/убить выстрелом** or the more colloquial **застрелить**.

> Грабитель вытащил пистолет и **застрелил** милиционера.
> *The robber pulled out a gun and shot the policeman.*

Подготовительные упражнения

Adverbial Clauses

When narrating about events that occur in the past, present, or future times, one must pay particular attention to various means of expressing the relationship

Регулировщик на перекрёстке

between them. One way to clarify the relationship between events is by specifying *when* they occur. The question **когда?** may be answered by an adverb of time in Russian.

— **Когда** ты будешь дома?
— Я буду дома **сегодня вечером.**
When will you be home?
I'll be home this evening.

Adverbs that answer the question **когда?** include **вчера́** (*yesterday*), **сего́дня** (*today*), **за́втра** (*tomorrow*), **позавчера́** (*the day before yesterday*), **послеза́втра** (*the day after tomorrow*), **одна́жды** (*one day*), **давно́** (*a long time ago*), **неда́вно** (*recently*), **ра́ньше** (*previously*), **тепе́рь** (*now*), **сейча́с** (*right now*), **сра́зу** (*at once*), **снача́ла** (*first*), **пото́м** (*then, next*), **ра́но** (*early*), **по́здно** (*late*), **ско́ро** (*soon*), **во́время** (*on time*), **всегда́** (*always*), **обы́чно** (*usually*), **постоя́нно** (*constantly*), and **иногда́** (*sometimes*).

The question **когда?** may also be answered with an adverbial clause in Russian.

— **Когда** ты научился читать?
— Я научился читать, **когда мне было пять лет.**
When did you learn to read?
I learned to read when I was five years old.

Adverbial clauses may refer to the past, the present, or the future.

Когда он был здесь, я была счастлива.
When he was here, I was happy.

Когда он здесь, я счастлива.
When he is here, I am happy.

Когда он будет здесь, я буду счастлива.
When he is here, I will be happy.

The fact that English uses a present-tense verb in the last example while Russian uses the future tense sometimes creates translation problems. Remember that in adverbial clauses you must use the future tense to refer to the future time.

When using adverbial clauses, you must pay attention both to the tense and the aspect of the verbs you use. Typically, sentences that show sequential action use perfective verbs in both clauses, while sentences that show simultaneous action use imperfective verbs. It is also possible to show that an action in progress has been interrupted by a perfective action by using an imperfective verb in the adverbial clause and a perfective verb in the main clause.

Когда мы **съели** суп, Марина **поставила** на стол индейку.
After we had eaten the soup, Marina put the turkey on the table.

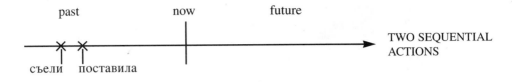

Когда мы **обедали**, Марина **рассказывала** о своей работе.
While we ate dinner, Marina told us about her work.

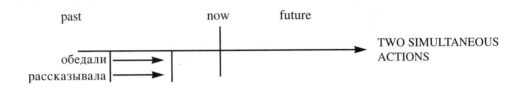

Папа **вошёл** в комнату, когда дети **дрались**.
Daddy walked into the room while the kids were fighting.

All of the examples that we have seen have shown single actions occurring either in sequence or simultaneously. Remember that repeated actions are also represented by imperfective verbs even though they may have occurred in sequence.

Когда друзья **встречались**, они всегда **шли** в своё любимое кафе.
Whenever the friends got together, they always went to their favorite cafe.

1. *Combine the sentences by making one of them into an adverbial clause beginning with the word* **когда.** *Be careful when deciding which idea to subordinate.*

Образец: Митя пошёл на работу. Митя позавтракал.
   Когда Митя позавтракал, он пошёл на работу.

   1. Вера и Валерий назначили свидание на следующий вечер. Вера и Валерий познакомились.
   2. Катя и Саня поссорились. Катя и Саня расстались.
   3. Все на Костю начали нападать. Костя пришёл.

4. Хулиганы устроили драку. Милиция приехала и хулиганов арестовала.

5. В комнату вошли милиционеры. Митя открыл дверь.

2. *Complete the sentences.*

1. Когда произошло убийство, _____

2. Когда надо мной смеются, _____

3. Когда Петю обидели, _____

4. Когда Саше угрожали пистолетом, _____

5. Когда сестра пришла домой, _____

6. Когда они кричат друг на друга, _____

7. Когда дети спали, _____

8. Когда мы спорим друг с другом, _____

9. Когда Серёжу упрекнули во лжи, _____

3. *Fill in each blank with the appropriate form of the given verb. Discuss possible variations.*

1. Когда мы _____ (знакомиться/познакомиться), она мне сразу понравилась.

2. Когда они _____ (расставаться/расстаться), Миша влюбился в другую девушку.

3. Когда мы случайно _____ (встречаться/встретиться), мы старались скрыть свою вражду.

4. Каждый раз, когда они _____ (ссориться/поссориться), они долго не разговаривали друг с другом.

5. Когда его _____ (обвинять/обвинить) в краже, все друзья стали его презирать.

Verbal Adverbs

Like adverbs of time and adverbial clauses, verbal adverbs may also be used to answer the question **когда?**

Когда ты с ней споришь?
When do you argue with her?

Я **всегда** с ней спорю.
I always argue with her.

Когда я встречаюсь с ней, я с ней спорю.
Whenever I see her, I argue with her.

Встречаясь с ней, я с ней спорю.
Whenever I see her, I argue with her.

Imperfective Verbal Adverbs

If the action of an adverbial clause occurs simultaneously with the action of the main clause and if the two actions are performed by the same subject, the adverbial clause may be replaced by an imperfective verbal adverb. Imperfective verbal adverbs may refer to the past, present, or future time.

Они **стояли** в аудитории, **представляя** членов российской делегации.
They were standing in the lecture hall, introducing the members of the Russian delegation.

Они **стоят** в аудитории, **представляя** членов российской делегации.
They are standing in the lecture hall, introducing the members of the Russian delegation.

Они **будут стоять** в аудитории, **представляя** членов российской делегации.
They will be standing in the lecture hall, introducing the members of the Russian delegation.

Imperfective verbal adverbs are formed by replacing the last two letters of the third-person plural of an imperfective verb with **-я**. Stress is generally as in the first-person singular. All normal spelling conventions apply.

		чита́-ют	**чита́я**
		ви́д-ят	**ви́дя**
		мо́-ют-ся	**мо́ясь**
	держу́	де́рж-ат	**держа́**
But	сижу́	сид-я́т	**си́дя**

Imperfective verbs with conjugation patterns like that of **дава́ть** form verbal adverbs not from the third-person plural form but from the infinitive: **дава́ть-дава́я, вставать-встава́я, узнава́ть-узнава́я**.

The following types of verbs do not form imperfective verbal adverbs: (1) verbs with conjugation patterns like that of **пить** and **бить**; (2) verbs like **печь** and **мочь** whose infinitives end in -**чь**; and (3) verbs like **гибнуть** whose infinitives end in -**нуть**. In addition, the following individual verbs do not have imperfective verbal adverbs: **писать, петь, звать, ждать, ехать, хотеть, бежать, смотреть**. For some of these verbs, there are acceptable substitutions, while for others the construction is simply avoided.

Я стоял внизу и **ждал** приятеля.
Я стоял внизу, **ожидая** приятеля.
I stood downstairs waiting for my friend.

Я не **хотел** его ни в чём обвинять, и поэтому я молчал.

Не **желая** его ни в чём обвинять, я молчал.

Not wishing to accuse him of anything, I remained silent.

Он **смотрел** на неё влюблённым взглядом и молчал.

Глядя на неё влюблённым взглядом, он молчал.

Staring at her with an infatuated gaze, he remained silent.

The verb **быть** has an irregular verbal adverb: **бу́дучи**.

4. *Replace the verbal adverb constructions with adverbial clauses beginning with the word* **когда**. *Pay close attention to the tense of the verb of the main clause.*

Образец: Готовя обед, Женя слушает радио.

Когда Женя готовит обед, он слушает радио.

1. Представляясь, Иван Николаевич всегда называет своё имя и отчество.

2. Каждый раз влюбляясь, Саня говорит, что это — любовь навсегда.

3. Назначая Лене свидание, Костя был уверен, что она опоздает.

4. Подозревая преступника в ограблении банка, следователь старался найти доказательства преступления.

5. Расставаясь до завтра, мы всегда целый час прощаемся.

6. Оправдываясь в убийстве мужа, Зина обвинила его в измене.

Perfective Verbal Adverbs

If the action of an adverbial clause has occurred (or will have occurred) before the action of the main clause and if the two actions are performed by the same subject, the adverbial clause may be replaced by a perfective verbal adverb. Perfective verbal adverbs may refer to the past or the future.

Арестова́в преступника, милиционер **отвёз** его в тюрьму.

Having arrested the criminal, the policeman took him to prison.

Арестова́в преступника, милиционер **отвезёт** его в тюрьму.

Having arrested the criminal, the policeman will take him to prison.

To form a perfective verbal adverb, replace the **-л** of the masculine past tense with **-в** for nonreflexive verbs and with **-вши-** for reflexive verbs.

прочита́-л	**прочита́в**
взя-л	**взяв**
верну́-л-ся	**верну́вшись**

Verbs whose past tenses do not end in **-л** may add the suffix **-ши** directly to the masculine past tense: испе́чь, испёк, **испёкши**. These forms, although theoretically possible, are seldom used.

A number of perfective verbs, including all of the prefixed forms of **идти**, **нести**, **вести**, and **везти**, form verbal adverbs that look like those of imperfective verbs. These forms function, however, as do all other perfective verbal adverbs.

прийти	прид-у́т	**придя́**
привести́	привед-у́т	**приведя́**
принести́	принес-у́т	**принеся́**

Придя домой в плохом настроении, Митя сразу поссорился с женой. *Having come home in a bad mood, Mitya immediately got into a fight with his wife.*

5. *Replace the verbal adverb constructions with adverbial clauses beginning with the word* **когда**. *Pay close attention to the tense of the main verb.*

Образец: Ограбив обувной магазин, воры быстро уехали с места преступления.

Когда воры ограбили обувной магазин, они быстро уехали с места преступления.

1. Подружившись с Аркадием, я стал часто бывать у него в гостях.
2. Обидевшись на отца, Нина выбежала из комнаты.
3. Вернувшись домой, Валя приготовит нам обед.
4. Застегнув пальто на все пуговицы, подняв воротник и надев перчатки, дедушка, наконец, вышел на улицу.
5. Арестовав важного преступника, следователь сможет поехать отдыхать.
6. Выйдя из дома, я вспомнил, что забыл зонтик.

6. *Replace the italicized verbs with verbal adverbs.*

Образец: Отец *увидел* меня и подошёл ко мне.
Увидев меня, отец подошёл ко мне.

1. Мы *посмотрим* спектакль и пойдём в кафе.
2. Они *расстались*, и каждый из них пошёл к себе домой.
3. Они *поссорились* и быстро помирились.
4. Она ему *поверила* и не ошиблась.
5. Он её *бросит* и начнёт встречаться с другими женщинами.
6. Я *надел* куртку и вышел на улицу.

7. Он её *встретил* и обрадовался.

8. Они *помирились* и вместе пошли в гости.

Other Uses of Verbal Adverbs

In all the examples of adverbial clauses that we have seen, the clause has both answered the question **когда?** and begun with the word **когда**. Adverbial clauses of time may also begin with other conjunctions, such as **пока** (*while*), **в то время как** (*while*), **как только** (*as soon as*), **с тех пор как** (*since*), **после того как** (*after*), or **перед тем как** (*before*). Other types of adverbial clauses answer other questions and begin with other words. An adverbial clause, for example, could also answer the question **почему?** (*why*), in which case it would begin with **потому что** (*because*) or **так как** (*since*). All of these types of adverbial clauses as well as those that begin with the word **если**, may be replaced by verbal adverbs.

Я доверяла этому человеку, **потому что** я его хорошо **знала**.
Хорошо **зная** этого человека, я ему доверяла.
I trusted that man because I knew him well.

Если вы **пройдёте** по конкурсу, вы сможете поступить в институт.
Пройдя по конкурсу, вы сможете поступить в институт.
If you pass the entrance exams, you will be able to enroll in the institute.

7. *Replace the adverbial clauses with verbal adverbs.*

1. Когда я приглашаю гостей, я стараюсь, чтобы им было весело.

2. Когда мама обижается на меня, она перестаёт со мной разговаривать.

3. Мы спорили об этом фильме, когда возвращались домой.

4. Я не мог пригласить вас в гости, потому что не знал вашего телефона.

5. Когда мы расставались, мы всегда долго молчали.

6. Когда подруги встречались, они рассказывали друг другу все новости.

7. Мы спешили домой, потому что боялись опоздать к обеду.

8. Все смеялись, когда слушали его рассказ.

8. *Replace the adverbial clauses with verbal adverbs.*

1. Как только я рассталась с приятелем, я поспешила в магазин за продуктами.

2. После того как я влюбился, я перестал заниматься.

3. Когда мой брат ухаживал за Олей, он часто приглашал её в театр.

4. Как только Игорь со мной подружился, он познакомил меня со всеми своими приятелями.

5. Когда я опоздала на свидание, я долго извинялась.

6. Как только Марк узнал об их ссоре, он перестал им звонить.

7. Если вы с ней познакомитесь, вы сможете попросить её помочь вам устроиться на работу.

8. Так как Лена обиделась на Диму, она перестала с ним общаться.

9. После того как я помирюсь с братом, я перестану быть таким мрачным.

10. Я не могу хорошо относиться к Саше, так как я поссорилась с ним.

11. Если Слава упрекнёт его во лжи, он будет неправ.

12. Он не может купить себе новый телевизор, так как он потратил все деньги на путешествие в Европу.

9. *Replace one of the verbs in each sentence with a verbal adverb. Be careful in deciding which verb you wish to subordinate.*

1. Я встретился с ним и посоветовал ему помочь Пете.

2. Она занимается русским языком, но одновременно интересуется международными отношениями и историей России.

3. Мы познакомились с Уткиными и пригласили их к себе в гости.

4. Я посмотрел на часы и понял, что нам пора расставаться.

5. Милиционеры осмотрели квартиру и уехали.

10. *Complete the sentences.*

1. Уйдя в кино, _____ .

2. Поверив ему, _____ .

3. Поссорившись с родителями, _____ .

4. Влюбившись в неё, _____ .

5. Встретившись с друзьями, _____ .

6. Разлюбив его, _____ .

7. Согласившись со мной, _____ .

11. *Write a narrative paragraph using the following verbs. Pay particular attention to problems of tense and aspect.*

знакомиться/познакомиться, встречаться/встретиться, влюбляться/влюбиться, упрекать/упрекнуть, изменять/изменить, обижаться/обидеться, извиняться/извиниться, мириться/помириться

12. *Translate into idiomatic Russian. Pay particular attention to problems of tense and aspect.*

Yesterday in the newspaper I read about such a strange incident.

Two friends, Lena and Olya, met in a store, where they were buying groceries. They hadn't seen each other for a long time, and so they simply couldn't part. Having talked for two hours, they decided to go home to Lena's. After they approached Lena's apartment, they saw that the door of the apartment was open. When they saw this, the girls telephoned the police and learned what had happened.

When Lena left, three robbers entered her house and stole the computer, the television, and all of her jewelry, but the thieves were quickly caught. After they had committed the crime, they started quarreling and fighting with each other. One of them attacked another and started beating him. The third was so scared that he himself called the police. The police arrested all of the thieves and put them in jail.

Прослушивание текста

You will now hear part of an interview with Olga, a teenager who has been arrested on a murder charge. The interviewer has just asked her to describe the living conditions at the jail where she is being held. Listen to the text and answer the questions.

Словарь

вяза́ть *knit*   статья́ *charge*

Вопросы

1. Сколько человек живёт в одной камере?

2. Чем они занимаются?

3. Какого они возраста?

4. За что арестовали 84-летнюю бабушку?

5. На что жалуется Ольга?

Чтение

1. *Do you think crime is increasing or decreasing in the United States? Are the crimes committed in Russia comparable in kind and amount to the crimes committed in the United States? Give examples.*

2. *This newspaper article is about an incident that occurred in Moscow. First read the article, and then answer the questions that follow it.*

Взрыв у «Макдоналдса»

Поистине чёрным понедельником для восьми человек, среди которых оказалась пятилетняя девочка из Афганистана, оказался тёплый дождливый московский вечер.

В 18.30 близ закусочной «Макдоналдс» прогремел взрыв. Я обратился к начальнику 108-го отделения милиции, ближайшего к ресторану, полковнику Сергею Галкину.

— Преступниками оказались двое пьяных молодых людей, — рассказал он. — Милиционеры взяли их сразу. Дважды судимый Валерий Захаренков и его сообщник, оказавший сопротивление милиции и скрывающий свою фамилию, пока не называют мотивы преступления.

Ведётся следствие. Установлено, что граната была брошена одним из задержанных в окно отделения милиции. А поскольку оно находится рядом с «Макдоналдсом», на углу Большой Бронной, создалось впечатление, что напали на популярную закусочную. Пострадавшие с осколочными ранениями доставлены в больницу имени Боткина. В окнах отделения милиции и жилого дома вылетели стёкла.

Задержал преступников милиционер Игорь Гуркин. По счастью, он оказался в «том самом месте», где и должен быть милиционер. Высокого роста, плечистый, он схватил «бомбометателя» и бросился за вторым. Игорь сделал предупредительный выстрел в воздух и с помощью товарища поймал преступника.

— Я услышал металлический звук от удара об асфальт и понял, что произошло что-то неладное, — рассказал И. Гуркин после задержания. — А после взрыва гранаты бросился за хулиганами. Оба оказались пьяны, и, наверное, потому их задержание произошло без осложнений.

Следствию предстоит выяснить мотивы преступления.

---

1. Как вы понимаете выражение «чёрный понедельник»? Какое отношение оно имеет к тому, что здесь описывается?

2. Какое было совершено преступление? Где и когда оно произошло?

3. Сколько человек пострадало?

4. Кто такой Сергей Галкин? Почему журналист обратился именно к нему?

5. Кто такой Игорь Гуркин? Расскажите, как он поймал преступников.

6. Сколько преступников было поймано? Что нам о них известно?

7. Как, вам кажется, будут наказаны преступники?

Словарь

взрыв	*explosion*	предупреди́тельный	*warning*
заку́сочная	*fast-food restaurant*	прогреме́ть	*to thunder*
оско́лочный	*shard*	ране́ние	*injury*
осложне́ние	*complication*	сообщник	*accomplice*
пои́стине	*truly*	сопротивле́ние	*resistance*
покуша́ться	*to make an attempt*	установи́ть	*to determine*
полко́вник	*colonel*		

3. *Report to the class on a crime described in the pages of your local newspaper. Explain what happened in your own words, using vocabulary and constructions that you already know.*

Сочинение

В будуаре

First, read the text and answer the questions that follow it on the basis of this drawing. After analyzing the situation, write a story in which you first describe the scene of the crime and then explain what, in your opinion, occurred.

Тело Маргариты Ку́рочкиной лежало на полу в её спальне. В сломанной клетке лежала убитая канарейка.

Полиция допросила следующих подозреваемых людей: двух молодых людей, ухаживавших за Маргаритой — Николая Петухо́ва и Юрия Уткина, её домработницу Светлану Гу́сину. Полицейские также задержали известного в городе грабителя Константина Пти́чкина, который в это время был случайно на свободе.

1. Как погибла Маргарита? Её задушили? Убили выстрелом? Отравили?

2. Остались ли в комнате следы борьбы?

3. Был ли убийца сильным человеком?

4. Любила ли Маргарита драгоценности?

5. Ограбили ли её?

6. Был ли убийца знаком с Маргаритой?

7. Каковы могли быть мотивы убийства? Месть? Ревность? Ограбление?

8. Кто, по-вашему, убил Маргариту?

Словарь

кле́тка *cage* шкату́лка *box*
месть *ж* *revenge*

Задания

1. *This description of the infamous Lubyanka prison in Moscow is from an article by Aleksandr Vitovsky. Using information from three parts of his article, first draw a plan of the building, and then draw a plan of one of the individual cells.*

1. *Лубянская тюрьма. Лубянские подвалы.*

Тюрьма расположена во внутреннем дворе дома №2 на Лубянской площади.

Семь шагов в длину, три шага в ширину. Вдоль стен четыре железных кровати, столик, табурет, полка — такой была обычная камера.

2. *Из справки о состоянии внутренней тюрьмы за 1956 год*

Внутренняя тюрьма КГБ расположена во дворе основного служебного здания и представляет собой кирпичное строение, приспособленное под тюрьму. Всего в тюрьме имеется 118 камер на 350 мест.

При тюрьме имеется кухня, душевая, вещевой и продуктовый склады. Комнаты свиданий нет.

3. *Из секретного приказа НКВД N00184*

Ширина двери камер должна составлять 69-70 см, высота 188-192 см, толщина — 6 см. «Глазок» оборудуется на высоте 145-150 см от пола. В средней части двери на высоте 95 см от пола устраивается форточка размером 20 на 27 см. Размер окон: ширина 85-90 см, высота — 90-100 см. Окна должны быть подняты от пола не менее, чем на 160 см.

Сейчас уже трудно вспомнить, кто был последним заключённым «Лубянских подвалов». Говорят, что им оказался душевно-больной, неудачно покушавшийся на жизнь Л. И. Брежнева. С тех пор тюрьма стоит пустая. Дай Бог, чтобы навсегда.

2. *These two men are wanted by the police. Provide artist's sketches to accompany the descriptions.*

ВНИМАНИЕ: РОЗЫСК!

КУРОПАТКИН Олег Денисович, 1970 года рождения, ушёл из дома 9 июня 1991 г., последний раз звонил домой 10 июня 1991 г., около 10 часов утра. Рост 174-176 см, худой, волосы светло-русые, глаза серо-голубые. Был одет: куртка на чёрной молнии, брюки светло-серые из плащевой шёлковой ткани, рубашка с коротким рукавом в мелкую клетку, синюю по белому полю. Ботинки летние, кожаные, светло-коричневые. Сейчас может быть одет иначе.

Если кому-нибудь известно о местонахождении Куропаткина Олега Денисовича, просим сообщить по тел.: 403-64-73.

Разыскивается КОЛБАСИН Александр Андреевич, 1977 года рождения, который 17 ноября 1993 года уехал на автомашине МАЗ 53336 госномер 52-84 ДПМ и домой не вернулся.

Его приметы: рост 183 см, среднего телосложения, волосы русые, нос крупный, прямой.

Был одет: синий спортивный костюм, куртка коричневого цвета, кроссовки светлые.

Звонить 200-98-60.

3. *You have just seen both of the men described in Activity 2. Report your sighting to the police.*

4. *As luck would have it, you saw all four of the suspects in the Kurochkina murder leaving the scene of the crime. Assist the police by describing each of the suspects. Remember to describe what they were wearing at the time you saw them.*

5. *Although you were never close friends, you have known Margarita Kurochkina for a number of years. Explain to the police what kind of a person she was and what you understood her relationship with the four suspects to have been.*

6. *You are also a suspect in the Kurochkina murder and have just been asked the fateful question* «Расскажите подробно, где вы были и что вы делали вчера вечером». *Respond as fully as possible.*

7. *This is a self-test on jealousy. Discuss your answers and their possible interpretations with your classmates.*

1. Ваши друзья считают вас ревнивым/-ой?
   а) Да, считают.
   б) Не знаю.
   в) Никто так не думает.

2. Представьте себе, что вы женаты или замужем. Жена/Муж возвращается с работы на несколько часов позже обычного.
   а) Вы тут же станете выяснять, где он/а задержался/-ась.
   б) Подождёте, пока он/а сам/а объяснится.
   в) Доверяете жене или мужу настолько, что вообще не будете интересоваться этим вопросом.

3. Норма ли это для человека — быть ревнивым?
   а) Да, норма.
   б) В некоторой степени.
   в) Ревность не могу считать нормой.

4. Вы с другом пришли на вечеринку. Он/а пригласил/а на танец другого/-ую. Вы раздражены?
   а) Ещё бы! **ещё бы!** *and how!*
   б) В зависимости от того, кто он/а и как он/а выглядит.
   в) Не вижу особого повода раздражаться.

5. Считаете ли вы допустимой ревность в **допусти́мый** *permissible*
небольших дозах?

а) Ревность в небольших дозах допускаю.

б) Не знаю.

в) Ревность вредна в любых дозах.

6. Кто, на ваш взгляд, ревнивее — юноши или девушки?

а) Ревность от пола не зависит.   **пол** *gender*

б) Девушки.

в) Юноши.

7. В народе говорят: «Ревнует — значит, любит». Вы согласны с таким определением?

а) Разумеется, согласен/-на.

б) В жизни по-разному бывает.

в) Любит, но в большей степени себя.

Милиционеры упражняются в стрельбе

8. *Solve the problems.*

В одной кваритре преступники украли три тапочки, а в другой одну тапочку. Сколько пар тапочек украли преступники в обеих квартирах?

Один преступник собрался ограбить собственную бабушку и направил на неё два пистолета. Но бабушка сама была старая преступница и направила на внука в два раза больше пистолетов. Сколько всего пистолетов направили друг на друга внук и бабушка?

Ужасный детектив купили 88 тысяч читателей. Один читатель принёс детектив домой, прочёл его название и сразу же выбросил книжку из окна. 7563 читателя, прочитав первые страницы, погибли от инфаркта. 79 тысяч читателей, читая пятую и шестую страницы, сошли с ума от страха и разучились читать. Ещё 1 тысячу читателей 150 следующих страниц довели до самоубийства. Сколько читателей смогли прочитать две оставшихся страницы детектива, и сколько всего страниц прочитали эти смелые люди?

Урок № 6

Надо, надо умываться по утрам и вечерам

взве́шивать *нес*   to weigh; *сов*
взве́сить, (взве́шу, взве́сишь);
возвр **взве́шиваться/**
взве́ситься[2]

парикма́хер   barber, hairdresser
парикма́херская (*р*
парикма́херской)   barber shop,
beauty parlor
причёсывать *нес*   to comb hair;
сов **причеса́ть;** *возвр*
причёсываться/причеса́ться[1]
причёска (*р мн* причёсок)   hair
style
стричь (стригу́, стрижёшь,
стригу́т; стриг, стри́гла) *нес*
to cut, trim (hair, nails); *сов*
постри́чь; *возвр* **стри́чься/**
постри́чься[3]
стри́жка (*р мн* стри́жек)   hair
cut
расчёска (*р мн* расчёсок)   comb
щётка (*р мн* щёток)   brush
брить (бре́ю, бре́ешь) *нес*   to
shave; *сов* **побри́ть;** *возвр*
бри́ться/побри́ться[1]
бри́тва   razor

кра́сить (кра́шу, кра́сишь) *нес*
to color; *сов* **накра́сить**
   ~ гу́бы   to put on lipstick
   ~ но́гти   to paint nails
   возвр **кра́ситься/накра́ситься**
   to put on makeup
губна́я пома́да   lipstick
души́ться (душу́сь, ду́шишься)
нес, чем?   to put on perfume; *сов*
надуши́ться
духи́ (*р* духо́в)   perfume

устава́ть (устаю́, устаёшь) *нес*
to get tired; *сов* **уста́ть (уста́ну,**
уста́нешь)
зева́ть *нес*   to yawn; *сов* **зевну́ть**
(зевну́, зевнёшь)

засыпа́ть *нес*   to fall asleep; *сов*
засну́ть (засну́, заснёшь)
спать (сплю, спишь; спал, спала́)
нес   to sleep
   ложи́ться ~ *нес*   to go to bed;
   сов **лечь ~ (ля́гу, ля́жешь,**
   ля́гут; лёг, легла́; ляг,
   ля́гте)
сни́ться *нес, кому?*   to dream; *сов*
присни́ться[4]
сон (*р* сна)   sleep, dream
   ви́деть ~ (ви́жу, ви́дишь) *нес*
   to have a dream[4]
кошма́р   nightmare

буди́ть (бужу́, бу́дишь) *нес*   to
awaken; *сов* **разбуди́ть**[5]
буди́льник   alarm clock
просыпа́ться *нес*   to awaken; *сов*
просну́ться (просну́сь,
проснёшься)[5]
высыпа́ться *нес*   to get enough
sleep; *сов* **вы́спаться (вы́сплюсь,**
вы́спишься)

посте́ль *ж*   bed[6]
   стели́ть ~ (стелю́, сте́лишь)
   нес   to make a bed; *сов*
   постели́ть~
посте́льное бельё   bed linen
одея́ло   blanket
пододея́льник   comforter cover
простыня́ (*мн* про́стыни,
про́стынь, простыня́х)   sheet
поду́шка (*р мн* поду́шек)   pillow
на́волочка (*р мн* на́волочек)
pillow case

заря́дка   exercises
   де́лать заря́дку *нес*   to do
   exercises; *сов* **сде́лать**
   заря́дку
движе́ние   movement, motion
дви́гать *нес*   to move; *сов*
дви́нуть (дви́ну, дви́нешь);
возвр **дви́гаться/дви́нуться**

маха́ть (машу́, ма́шешь) *нес,*
  кому, чем? to wave; *сов*
  махну́ть (махну́, махнёшь)
тро́гать *нес* to touch; *сов*
  тро́нуть (тро́ну, тро́нешь)
повора́чивать *нес* to turn; *сов*
  поверну́ть (поверну́,
  повернёшь); *возвр*
  повора́чиваться/поверну́ться[7]
наклоня́ться to bend over; *сов*
  наклони́ться (наклоню́сь,
  накло́нишься)
пры́гать *нес* to jump; *сов*
  пры́гнуть (пры́гну, пры́гнешь)

протя́гивать *нес* to extend, offer;
  сов протяну́ть (протяну́,
  протя́нешь)[8]
достава́ть (достаю́, достаёшь)
  нес to reach, obtain; *сов*
  доста́ть (доста́ну, доста́нешь)
вынима́ть *нес* to take out; *сов*
  вы́нуть (вы́ну, вы́нешь)
брать (беру́, берёшь; брал,
  брала́) *нес* to take; *сов* взять
  (возьму́, возьмёшь; взял,
  взяла́)
хвата́ть *нес* to grab; *сов*
  схвати́ть (схвачу́, схва́тишь)
держа́ть (держу́, де́ржишь) *нес*
  to hold

убира́ть *нес* to pick up, clean up;
  сов убра́ть (уберу́, уберёшь;
  убра́л, убрала́)[9]

поднима́ть *нес* to pick up; *сов*
  подня́ть (подниму́, подни́мешь;
  по́днял, подняла́)[9]
опуска́ть *нес* to lower; *сов*
  опусти́ть (опущу́, опу́стишь)
скрыва́ть *нес* to hide; *сов*
  скрыть (скро́ю,
  скро́ешь); *возвр* скрыва́ться/
  скры́ться

броса́ть *нес* to throw; *сов*
  бро́сить (бро́шу, бро́сишь)
роня́ть *нес* to drop; *сов* урони́ть
  (уроню́, уро́нишь)
поскользну́ться (поскользну́сь,
  поскользнёшься) *сов, на чём?*
  to slip (and fall)
па́дать *нес* to fall; *сов* упа́сть
  (упаду́, упадёшь; упа́л)
разбива́ть *нес* to break, shatter;
  сов разби́ть (разобью́,
  разобьёшь); *возвр* разбива́ться/
  разби́ться[10]
лома́ть *нес* to break; *сов*
  слома́ть; *возвр* лома́ться/
  слома́ться[10]
рвать (рву, рвёшь; рвал, рвала́)
  нес to tear; *сов* порва́ть
по́ртить (по́рчу, по́ртишь) *нес*
  to ruin; *сов* испо́ртить; *возвр*
  по́ртиться/испо́ртиться[10]
чини́ть (чиню́, чи́нишь) *нес* to
  repair, mend; *сов* почин–и́ть

Vocabulary Notes

[1] Be particularly careful to distinguish between nonreflexive forms of verbs, which must be used when the subject performs the action on someone or something other than himself, and reflexive forms, which are used when the subject performs the action on himself.

Де́вочка **мо́ет** свою́ ку́клу.
The little girl is washing her doll.

По утрам девочка долго **моется**.
The little girl spends a long time washing in the morning.

Мать **причесала** мальчика, а девочка **причесалась** сама.
Mother combed the boy's hair, and the girl combed her own hair.

[2] The verbs that are translated as *to weigh* in English include a transitive verb, **взвешивать/взвесить**, which is used when the subject is weighing an object or another person, a reflexive verb, **взвешиваться/взвеситься**, which is used when the subject is weighing himself, and an intransitve verb, **весить**, which is used to indicate how much someone or something weighs. Although intransitive, the verb **весить** is used with the accusative of numbers.

Девочка на весах

В магазине мне **взвесили** 200 гр. сметаны.
At the store they weighed out 200 grams of sour cream for me.

Галя купила весы и теперь **взвешивается** на них каждый день.
Galya bought a scale, and now she weighs herself on it every day.

Этот чемодан **весит** целую тонну.
This suitcase weighs a ton.

[3] The verb **стричь/постричь** may be used with the accusative of either the person or the thing.

> Детей пора **стричь**.
> *It's time to give the kids a haircut.*

> Маша **стрижёт** себе ногти на руках.
> *Masha is cutting her fingernails.*

The reflexive verb **стричься/постричься** may mean either that you cut your own hair or that you have it done by someone else.

> Мне надоело самой **стричься**, и я наконец пошла **постричься** в парикмахерскую.
> *I got tired of cutting my hair myself, so I finally went to a beauty parlor to have it done.*

[4] The English verb *to dream* is translated with the verb **сниться/присниться**. Notice that the dream is the grammatical subject of the sentence, while the person who has the dream is in the dative. It is also possible *to see a dream* (**видеть сон**) or to see someone or something *in a dream* (**во сне**).

> Вчера мне **приснилась** моя мать.
> *I dreamed about my mother yesterday.*

> Мне **приснилось**, что все мои друзья уехали за границу.
> *I dreamed that all my friends had gone abroad.*

> Я вчера **видела** страшный **сон**.
> *I had a terrible dream yesterday.*

> Я видел тебя **во сне**.
> *I dreamed about you.*

[5] When translating the English verb *to awaken*, it is necessary to distinguish between the transitive verb **будить/разбудить** and the intransitve **просыпаться/проснуться**.

> Дети **разбудили** нас в 6 часов.
> *The children woke us up at 6 o'clock.*

> Лена обычно **просыпается** поздно.
> *Lena usually wakes up late.*

[6] Although the words **кровать** and **постель** are frequently used synonymously, **кровать** technically refers to the piece of furniture, while **постель** refers to the bedding on it.

В углу стоит двухспальная **кровать**.
There's a double bed in the corner.

Я не люблю стелить **постель**.
I don't like to make the bed.

7 The verb **поворачивать/повернуть** means *to turn* both in the sense of altering one's position and in the sense of altering one's direction. When using the verb in the first of these meanings, you should use the nonreflexive form when the subject is performing the action on an object or another person and the reflexive form when the subject is performing the action on himself. The nonreflexive **поворачивать/повернуть** is used without a direct object, however, when used in the second sense and when a direction is specified.

Павел **повернул** стул к окну.
Pavel turned the chair toward the window.

Маша **повернулась** ко мне спиной.
Masha turned her back on me.

Машина **повернула** за угол.
The car turned the corner.

8 The verb **протягивать/протянуть** means *to stretch* and, figuratively, to hand something to someone by stretching it toward them.

Я **протянул** ему руку, и он её сильно пожал.
I offered him my hand, and he firmly shook it.

Протяни мне, пожалуйста, соль с верхней полки.
Would you please reach me the salt from the top shelf?

Он вынул из кармана записку и **протянул** её мне.
He took a note out of his pocket and handed it to me.

9 The verb **убирать/убрать** means *to pick up* in the sense of *to take away*. Used figuratively, it can mean *to clean* (a room, for example). **Поднимать/поднять** means to *pick up* in the sense of *to elevate*.

Убери со стола.
Clear the table.

Я сейчас **уберу** комнату.
I'll clean my room right now.

Я **поднял** с пола подушку и положил её на кровать.
I picked up the pillow from the floor and put it on the bed.

Старик с трудом **поднимался** по лестнице.
The old man climbed the steps with difficulty.

You cannot use the verb **чистить/почистить** (*to clean*) in the sense of *to clean a room*.

10 Of the two verbs that mean *to break,* **разбивать/разбить** means *to break to pieces, to shatter*, while **ломать/сломать** has a broader meaning and can be used figuratively as well as literally. **Портить/ испортить**, which also may be translated *to break*, is used not only of objects but with abstract nouns as well. Use the reflexive forms when the broken item is the grammatical subject of the sentence.

Мальчик уронил стакан и **разбил** его.
The boy dropped the glass and broke it.

Я **разбил** свою машину.
I totaled my car.

Ваза упала с полки и **разбилась.**
The vase fell off the shelf and broke.

Мой внук упал и **сломал** себе руку.
My grandson fell and broke his leg.

У нас **сломался** телевизор.
Our television is broken.

У нас **испортилась** стиральная машина.
Our washing machine is broken.

У них **испортились** отношения, и они стали реже общаться.
Their relationship was ruined, and they began seeing each other less often.

Подготовительные упражнения

Adjectival Clauses

In Lesson 5, we talked about three different ways to answer the question **когда?** — the adverb, the adverbial clause, and the verbal adverb. There are three comparable ways to answer the question **какой?** — the adjective, the adjectival clause, and the participle.

The question **какой?** elicits additional information about a noun. In Lesson 2, we discussed using adjectives to answer this question, but it is also possible to answer the question by providing additional information in an adjectival clause. In

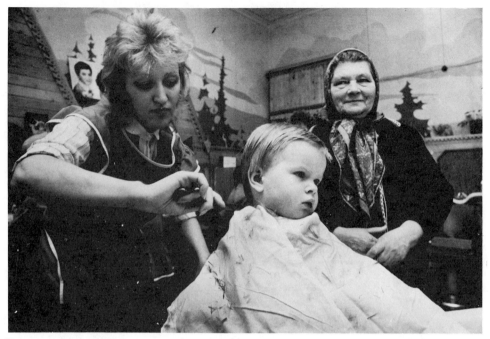

В парикмахерской

the English example below, the pronoun *her* refers to the word *woman* in the previous sentence. Because both words refer to the same person, it is possible to combine them into one sentence with a main clause and a subordinate adjectival clause. There are a number of ways to effect this combination in English, but only one way to do so in Russian.

> *That is the woman. I told you about her.*
> Это женщина. Я вам рассказывала о ней.

> *That is the woman about whom I told you.*
> *That is the woman who(m) I told you about.*
> *That is the woman that I told you about.*
> *That is the woman I told you about.*
> Это женщина, о **которой** я вам рассказывала.

In both languages, the speaker has made a decision about the main idea of the sentence (*That is the woman*) and is using the adjectival clause to clarify one of the words in the main clause (*I told you about her*).

Adjectives agree with the nouns they modify in gender, number, and case. The word **который**, which stands at the beginning of adjectival clauses in Russian, agrees with its antecendent in gender and number, but it derives its case from the way it is used within the adjectival clause. In the example above, **которой** is feminine singular because it refers to **женщина**, but it is in the prepositional case because it is the object of the preposition **о**. An easy test to determine whether you have selected the correct form of **который** is to compare it to the pronoun that you would use in a separate sentence. In the example that we have been discussing, **которой** must be feminine prepositional singular because it replaces the feminine prepositional singular pronoun in the phrase **о ней**.

1. *Combine the sentences below by replacing one of the pronouns in the second sentence with an appropriate form of* **который**.

　1. Света сняла полотенце. Оно висело в ванной.

　2. Мне понравилась Мишина стрижка. Её сделал его новый парикмахер.

　3. В ГУМе продаются новые духи. О них мне рассказывала подруга.

　4. Костя купил новую электрическую бритву. Она сразу испортилась.

　5. Мне приснился сон. Я о нём никому не расскажу.

　6. Открылась дверь. Из неё вышли две девушки.

　7. Олег подал Наташе пальто. Она его надела.

2. *Insert the word* **который** *in the required form. Add prepositions as needed.*

　1. Я случайно разбила вазу, _____ бабушка любила ставить цветы.

　2. Рая пошла в парикмахерскую, _____ стрижётся её подруга.

　3. Жанна выключила конфорку, _____ кипел чайник.

　4. Мальчик, _____ смеялись дети, обиделся и ушёл домой.

　5. Я убрал комнату, _____ давно никто не жил.

　6. Духи, _____ я так дорого заплатила, мне не понравились.

　7. Я каждую неделю взвешиваюсь на весах, _____ стоят в ванной.

　8. Машина медленно двигалась по улице, _____ мы жили.

Participles

Adjectival clauses are common in Russian. Some adjectival clauses may be replaced by participial constructions. A participle is an adjective derived from a verb. Like an adjective, it agrees with the noun that it modifies in gender, number, and case. There are four types of participles in Russian: present active, past active, present passive, and past passive. Each of them may be substituted for one particular type of adjectival clause. *Bear in mind that participles are not used as commonly in Russian as they are in English.* You should continue using adjectival clauses in your spoken Russian and in your informal writing and save participles for formal compositions.

Present Active Participles

A present active participle may be used to replace an adjectival clause in which **который** is used in the nominative case and the verb is in the present tense. Present active participles are formed only from imperfective verbs.

> В кровати лежит ребёнок, **который** крепко **спит**.
> *In the bed there is a baby that is soundly sleeping.*

> В кровати лежит крепко **спя́щий** ребёнок.
> *In the bed there is a soundly sleeping baby.*

> Мать смотрит на ребёнка, **который спит** в детской кровати.
> *The mother is looking at the baby that is soundly sleeping in its crib.*

> Мать смотрит на ребёнка, **спя́щего** в детской кровати.
> *The mother is looking at the baby sleeping in its crib.*

Notice that the case of the participle is that of the noun that it modifies and that the phrase containing the participle is set off by commas when it follows that noun but not when it precedes it.

To form present active participles, replace the final **-т** of the third-person plural present-tense form with **-щ-** and add an adjectival ending in the proper gender, number, and case.

> Сын помогает матери, **которая убирает** посуду со стола.
> Сын помогает матери, **убира́ющей** посуду со стола.
> *The son is helping his mother, who is clearing the dishes from the table.*
> (убира́ть, они убира́ют, убира́ющ-)

> Я попрощалась с приятелем, **который едет** в Москву.
> Я попрощалась с приятелем, **е́дущим** в Москву.
> *I said good-bye to my friend who was going to Moscow.*
> (е́хать, они е́дут, е́дущ-)

> Я вижу в окне девушку, **которая улыбается** прохожим.
> Я вижу в окне девушку, **улыба́ющуюся** прохожим.
> *I see a girl in the window who is smiling at the people passing by.*
> (улыба́ться, они улыба́ются, улыба́ющ- -ся)

The last sentence illustrates the rule that **-ся** is never contracted in participles.

In first-conjugation verbs, the stress of present active participles is the same as third-person plural, that is, **писа́ть, пи́шут, пи́шущий**. In second-conjugation verbs, the stress is generally as in the infinitive.

слы́шать	слы́шат	**слы́шащий**
боя́ться	боя́тся	**боя́щийся**
держа́ть	держу́, де́ржат	**держа́щий**
плати́ть	плачу́, пла́тят	**платя́щий**
проси́ть	прошу́, про́сят	**прося́щий**

3. *Insert the appropriate form of the participle given in parentheses.*

1. В маши́не, бы́стро _____ (повора́чивающий) на нашу у́лицу, сидя́т два полице́йских.

2. Пе́ред стару́шкой стои́т ма́льчик, _____ (протя́гивающий) ей ро́зы.

3. Ма́ша лю́бит смотре́ть на де́вочек, _____ (пры́гающий) в бассе́йн.

4. На вокза́ле я уви́дела свою́ подру́гу, _____ (ма́шущий) вслед по́езду.

5. Я испуга́лась люде́й, _____ (дви́гающийся) мне навстре́чу.

6. Я люблю́ наблюда́ть за детьми́, _____ (де́лающий) заря́дку.

7. Лю́ди, _____ (сидя́щий) на стро́гой дие́те, бы́стро худе́ют.

4. *Replace the participial constructions by adjectival clauses introduced by the word* **кото́рый.** *Remember that when you replace a participial construction with an adjectival clause, you must use* **кото́рый** *in the nominative case.*

1. Иду́щий по ле́стнице мужчи́на — мой сосе́д.

2. По ле́стнице идёт же́нщина, поднима́ющаяся на тре́тий эта́ж.

3. Же́нщина, убира́ющая нашу кварти́ру, прихо́дит ка́ждый понеде́льник.

4. Шум разбу́дит ребёнка, спя́щего в сосе́дней ко́мнате.

5. У мои́х друзе́й, живу́щих в Ки́еве, роди́лся сын.

6. Я с интере́сом наблюда́ю за де́вочкой, бе́гающей вверх и вниз по ле́стнице.

Past Active Participles

Past active participles are used to replace adjectival clauses in which **кото́рый** is used in the nominative case and the verb is in the past tense.[1] Past active participles may be formed from verbs of either aspect.

---

[1]You will also find present active participles used in past-tense sentences when the speaker wishes to emphasize that the action of the participle is simultaneous with that of the main clause.

Мать смотре́ла на ребёнка, спя́щего в де́тской крова́ти.
The mother looked at the baby sleeping in its crib.

Ребёнка, **который заснул** на диване, отец положил в кровать.
Ребёнка, **засну́вшего** на диване, отец положил в кровать.
The father put the baby, who had fallen asleep on the couch, into its bed.

Что случилось со старушкой, **которая жила** на пятом этаже?
Что случилось со старушкой, **жи́вшей** на пятом этаже?
What happened to the old woman who lived on the fifth floor?

To form past active participles, replace the final -**л** of the masculine past-tense form with -**вш**- and add adjectival endings in the proper gender, number, and case. Here too, -**ся** does not become -**сь**:

В 10 часов из спальни, наконец, вышла моя сестра, **которая** хорошо **выспалась**.
В 10 часов из спальни, наконец, вышла моя сестра, хорошо **вы́спавшаяся**.
At 10 o'clock my sister, who had gotten a good night's sleep, finally came out of the bedroom.
(вы́спаться, он вы́спался, вы́спавш- -ся)

When the masculine past-tense form ends in a consonant other than -**л**, add -**ш**- and the proper adjectival endings.

расти́	он рос	**ро́сший**
умере́ть	он у́мер	**у́мерший**
стричь	он стриг	**стри́гший**

There are some irregular past active participle that have to be memorized.

идти́	он шёл	**ше́дший**
перевести́	он перевёл	**переве́дший**

The stress of past active participles is generally the same as that of the past tense of the verb.

5.   *Insert the appropriate form of the participles given in parentheses.*

1. На коммунальной кухне у всех было хорошее настроение. Мария Ивановна мешала ложкой борщ, _____ (вари́вшийся) в большой кастрюле на плите, Пётр Тимофеевич жарил рыбу и разговаривал со своей женой, _____ (сиде́вший) на стуле у кухонного стола. Леночка смотрела на котёнка, _____ (пи́вший) молоко из блюдца, а её мама Вера Николаевна рассказывала Варваре Семёновне о своей подруге, недавно _____ (вы́шедший) замуж и _____ (уе́хавший) с мужем в Германию.

2. Огурцо́вы, _____ (уе́хавший) на неделю в отпуск, оставили своего шестнадцатилетнего сына Мишу одного в квартире. Когда они

вернулись домой после отпуска, они вошли в свою квартиру и увидели, что старинного зеркала, _____ (висе́вший) в передней, нет, на пёстром персидском ковре, _____ (лежа́вший) на полу в гостиной, грязные пятна, под буфетом, _____ (стоя́вший) в столовой, грязная посуда. Зайдя в спальню сына, испуганные Огурцо́вы увидели Мишу, _____ (спа́вший) на своей кровати и двух его друзей, _____ (лежа́вший) на матрасе в углу. «Что случилось?» — спросили Мишу _____ (разбуди́вший) его родители. «Вы не беспокойтесь, это мои друзья. Мы вчера устроли вечеринку, и они остались у меня ночевать».

6. *Replace the participial constructions by adjectival clauses introduced by* **который**. *Remember to maintain the distinction between past and present.*

1. Мальчик, пры́гнувший в воду, быстро поплыл.
2. Девочка, бро́сившая мяч, побежала за ним.
3. Мне интересно разговаривать с человеком, хорошо зна́ющим литературу.
4. Женщина, наклони́вшаяся над детской кроватью, в которой спал её сын, улыбнулась.
5. Я оглядываюсь и вдруг вижу ма́шущего мне рукой приятеля.
6. Улыба́ющийся ребёнок всегда красив.
7. Мать кричала на мальчика, порва́вшего брюки.
8. Людям, зна́ющим много языков, интереснее путешествовать по разным странам.
9. Спа́вший в кровати ребёнок проснулся, зевнул и засмеялся.
10. Механик чинит машину, слома́вшуюся сегодня утром.
11. Я сказала подруге, позвони́вшей мне по телефону, что я не выспалась и не пойду с ней в кино.
12. Человек, откры́вший дверь, пригласил меня войти.
13. Я не узнал своего приятеля, сильно похуде́вшего за лето.

7. *Replace the adjectival clauses introduced by* **который** *with participial constructions. Remember to maintain the distinction between past and present.*

1. Дети, которые ежедневно делают зарядку, мало болеют.
2. Студентам, которые приехали из Новосибирска, очень понравился наш университет.
3. Девочке, которая улыбалась во сне, наверно снился хороший сон.
4. Марина с большим уважением говорила о подруге, которая похудела на 5 кг.

5. Лена протягивает руку к будильнику, который стоит на подоконнике, и выключает его.

6. Гриша поспешил помочь девушке, которая поскользнулась на льду.

7. Дети помогают папе, который накрывает на стол.

8. Я вошёл в комнату и увидел Веру, которая заснула в кресле перед телевизором.

9. В ресторане я попросил девушку, которая подавала нам еду, принести мне стакан молока.

10. На машине, которая стоит у нашего дома, нельзя ездить — она давно испортилась.

11. В парикмахерской работают два человека. За одним креслом стоит парикмахер, который красит клиентке волосы, за вторым — парикмахер, который стрижёт мою сестру.

12. Коля наклонился, поймал мяч и протянул его мальчику, который его бросил.

13. Кот заснул за креслом, которое стояло у окна.

8. *Combine each of these pairs of sentences by using participial constructions. Think carefully about which idea you wish to subordinate.*

1. Ко мне в гости приехала подруга. Подруга училась в прошлом году в Нижнем Новгороде.

2. Соседка купила мне мыло и шампунь. Надо отдать деньги нашей соседке.

3. Бабушка убрала твою комнату. Не забудь поблагодарить бабушку.

4. Я смотрю из окна на девочку. Девочка держит на руках маленького котёнка.

5. Мальчик наблюдал за детьми. Дети прыгали в бассейн.

6. Машина поворачивала за угол. Машина неожиданно остановилась.

Present Passive Participles

A present passive participle may be used to replace an adjectival clause in which **который** is in the accusative case and the verb is in the present tense. Present passive participles are formed from imperfective transitive verbs only. They are uncommon and should be learned only for recognition.

Мы с интересом слушаем все новости, **которые передают** по радио.
We listen with interest to all of the news that they broadcast on the radio.

Мы с интересом слушаем все новости, **передава́емые** по радио.
We listen with interest to all of the news broadcast on the radio.

If the adjectival clause that is being converted contains a grammatical subject, it will appear in the instrumental case in the corresponding participial construction in order to show *by whom* the action was performed.

> Проблемы, **которые решает этот институт**, играют важную роль в развитии физики.
> *The problems that this institute researches play an important role in the development of physics.*

> Проблемы, **решáемые этим институтом**, играют важную роль в развитии физики.
> *The problems researched by this institute play an important role in the development of physics.*

Present passive participles look like the first-person plural present-tense form of the verb with an adjectival ending attached. The stress, however, will be as in the first-person singular:

> читáть читáю читáем **читáемый**
> люби́ть люблю́ лю́бим **люби́мый**

Verbs of the **давать** type are exceptional in that they form present passive participles from the infinitive: **узнавáть, узнавáемый**.

9. *Replace the participial constructions with adjectival clauses introduced by* **который**. *Remember that* **который** *will be in the accusative and that the subject of the clause, if stated, will be in the nominative.*

> Каждую среду у нас проходят собрания, организу́емые союзом студентов. Из всех вопросов, обсужда́емых на сегодняшнем собрании, меня интересует вопрос о субсидировании нашего клуба любителей русского языка.
> Вечера, организу́емые нашим клубом, пользуются большим успехом у студентов. Фильмы о России, демонстри́руемые на этих вечерах, всегда интересны и информативны. Мы даже организовали свою собственную радиостанцию и все студенты слушают передачи, передава́емые по радио.

Past Passive Participles

Past passive participles are used to replace adjectival clauses in which **который** is in the accusative case and the verb in the past tense. As a rule, they are formed from perfective verbs only. The agent of the action, if expressed, is in the instrumental.

> Зоя отдала мне духи, **которые** ей **подарил** отец.
> *Zoya gave me the perfume that her father had given her.*

Зоя отдала мне духи, **пода́ренные** ей отцом.
Zoya gave me the perfume given to her by her father.

The formation of past passive participles is somewhat more complicated than that of other participles. For infinitives of first-conjugation verbs that end in **-ать** (and in **-ять** if the **-я-** does not drop in the conjugated forms), replace the **-л** of the masculine past-tense form with **-нн-** and add the proper adjectival ending. The stress falls on the vowel preceding **-анн-/-янн-**.

сде́лать	сде́лал	**сде́ланный**
сыгра́ть	сыгра́л	**сы́гранный**
рассказа́ть	рассказа́л	**расска́занный**
потеря́ть	потеря́л	**поте́рянный**

For infinitives of first-conjugation verbs that end in **-ти**, replace the first-person singular nonpast form with **-ённ-** and add adjectival endings.

привести́	приведу́	**приведённый**
привезти́	привезу́	**привезённый**

For the remaining first-conjugation infinitives, replace the **-л** of the masculine past-tense form with **-т-** and add adjectival endings. Their stress is generally as in the masculine past tense.

поня́ть	по́нял	**по́нятый**
забы́ть	забы́л	**забы́тый**
оде́ть	оде́л	**оде́тый**
вы́пить	вы́пил	**вы́питый**
нача́ть	на́чал	**на́чатый**

For second-conjugation verbs whose infinitives end in **-ить**, replace the ending of the first-person singular non-past form with **-енн-** if the verb is stem stressed or has a shifting stress pattern, or with **-ённ-** if the verb is always end stressed, and add appropriate adjectival endings.

пригото́вить	пригото́влю	**пригото́вленный**
встре́тить	встре́чу	**встре́ченный**
получи́ть	получу́, полу́чишь	**полу́ченный**
купи́ть	куплю́, ку́пишь	**ку́пленный**
реши́ть	решу́, реши́шь	**решённый**

Other second-conjugation infinitives behave like first-conjugation verbs ending in **-ать/-ять**.

услы́шать	услы́шал	**услы́шанный**
уви́деть	уви́дел	**уви́денный**

There are numerous exceptions to these general guidelines. You should limit your use of past passive participles to forms that you actually have practiced.

10. *Form past passive participles from the following verbs. Mark stress.*

First conjugation

Infinitive	*Information form*	*Past passive participle*
пойма́ть	пойма́л	_____
слома́ть	слома́л	_____
порва́ть	порва́л	_____
описа́ть	описа́л	_____
убра́ть	убра́л	_____
назва́ть	назва́л	_____
принести́	принесу́	_____
спасти́	спасу́	_____
подня́ть	по́днял	_____
вы́мыть	вы́мыл	_____
разде́ть	разде́л	_____
разби́ть	разби́л	_____
скрыть	скрыл	_____
накры́ть	накры́л	_____

Second conjugation

Infinitive	*Information form*	*Past passive participle*
поджа́рить	поджа́рю	_____
бро́сить	бро́шу	_____
испо́ртить	испо́рчу	_____
покра́сить	покра́шу	_____
почи́стить	почи́щу	_____
оби́деть	оби́жу	_____
огра́бить	огра́блю	_____
обста́вить	обста́влю	_____
урони́ть	уроню́, уро́нишь	_____
постели́ть	постелю́, посте́лишь	_____
опусти́ть	опущу́, опу́стишь	_____
почини́ть	починю́, почи́нишь	_____
схвати́ть	схвачу́, схва́тишь	_____
обвини́ть	обвиню́, обвини́шь	_____
включи́ть	включу́, включи́шь	_____
пригласи́ть	приглашу́, пригласи́шь	_____

11. *Complete each group of sentences with the given participial construction.*

разбитый накануне

1. Отец починил окно, _____ .
2. Мне пришлось выбросить чашку, _____ .
3. Мальчик рассказал родителям о бокале, _____ .

брошенный девочкой

4. Мальчик поймал мяч, _____ .
5. Мама подняла с пола полотенце, _____ .
6. Я нашла щётку, _____ .

убранный сыном

7. Было приятно войти в спальню, _____ .
8. В комнате, _____ , стояли цветы.
9. Мама осталась довольна кухней, _____ .

12. *Decide whether an active or a passive participle is needed in each of the following sentences. Insert the appropriate participle in the correct form.*

1. По лестнице спускались рабочие, _____ (подня́вший, по́днятый) пианино в нашу квартиру.
2. Мы попросили женщину, _____ (убра́вший, у́бранный) нашу квартиру, прийти ещё раз через две недели.
3. У мальчика, _____ (откры́вший, откры́тый) дверь в комнату, был испуганный вид.
4. Женщина положила в сумку лук, _____ (взве́сивший, взве́шенный) продавцом.
5. Он задумчиво взял письмо, _____ (протя́нувший, протя́нутый) ему почтальоном.
6. В дверь, _____ (откры́вший, откры́тый) девочкой, вошёл большой серый кот Васька.
7. В комнату, _____ (убра́вший, у́бранный) мной к приходу гостей, мама внесла две вазы с цветами.
8. В Голливу́д приехал режиссёр, _____ (сня́вший, сня́тый) новый российско-американский фильм.
9. У неё в руке был бокал, _____ (подня́вший, по́днятый) для тоста.
10. Продавец, _____ (взве́сивший, взве́шенный) мне помидоры, сказал, что я должен платить деньги в кассу.

11. Он посмотрел на девушку, _____ (протяну́вший, протя́нутый) ему персик.

12. Красиво _____ (причеса́вший, причёсанный) девушка вышла из парикмахерской.

13. Я очень благодарна подруге, _____ (купи́вший, ку́пленный) мне ко дню рождения мои любимые духи.

14. Мне нужно ехать на вокзал, чтобы отвезти сумку, _____ (забы́вший, забы́тый) другом у меня в квартире.

15. Парикмахер, _____ (причеса́вший, причёсанный) девочку, велел ей идти к маме и показать ей новую причёску.

16. Приятель, _____ (забы́вший, забы́тый) у меня свой пиджак, попросил меня принести его ему домой.

13. *From each of the sentences below, form (1) an active participle that modifies the subject of the sentence and (2) a passive participle that modifies the object of the sentence. Compose new sentences using the participial constructions that you have formed.*

Образец: Ребёнок уронил вазу на́ пол.
Ребёнок, урони́вший вазу на́ пол, _____
Ребёнок, урони́вший вазу на́ пол, сильно испугался.
Ваза, уро́ненная на́ пол, _____
Ваза, уро́ненная на́ пол, разбилась.

1. Девочка сломала игрушку.
2. Мужчина открыл дверь на улицу.
3. Таня протянула мне письмо.
4. Мама накрыла ребёнка одеялом.
5. Парикмахер сделал ей новую причёску.
6. Миша закрыл в комнате окно.

14. *Replace the adjectival clauses introduced by* **который** *with participial constructions. Remember that the agent of the action will be in the instrumental case.*

1. Оля подняла с пола вазу, которую разбил её младший брат.
2. Мне не нравится шампунь, который купила моя подруга.
3. Родители не любят чинить игрушки, которые сломали их дети.
4. Как красив был стол, который мама накрыла к праздничному обеду.
5. Я не могу найти книгу, которую я вчера поставил в шкаф.
6. Справа от стола висит картина, которую нарисовал мой брат, когда ему было шесть лет.
7. Мальчик не мог достать мяч, который его друг бросил в кусты.

8. На столе стояли бокалы, которые я сняла с полки.

9. Борщ, который сварила для нас бабушка, был очень вкусным.

10. Полотенце, которое он поднял с пола в ванной, было грязным и мокрым.

11. Стрижка, которую мне сделал новый парикмахер, никому не понравилась.

12. Духи, которые мне подарил отец, очень модные.

13. Рядом с одеялом и подушкой на кровати лежало постельное бельё, которое принесла сюда моя сестра.

Short Forms of Participles

Both present and past passive participles have, in addition to the forms that we have been practicing, short forms that must be used when the participle is in predicative position.

Посуда давно была **вымыта**.
The dishes had been washed a long time ago.

The verb in sentences of this type is **быть**, which can be used in the past, present, or future tenses. Your decision about tense will depend on the context in which the sentence is used and *not* on the tense that one would use in an English translation. In the first example cited below, the action took place in the past, but the results are still valid in the present. In the second example, both the action and the result belong to the past.

На доске **написано** предложение. Прочитайте его вслух.
A sentence has been written on the board. Read it aloud.

На доске **было написано** предложение. Кто стёр его с доски?
A sentence was written on the board. Who erased it?

Past passive participles formed with the suffix **-нн-** are spelled with a single **-н-** in the short form. The stress in the short form is generally where it is in the long form, except for those past passive participles formed with **-ённ-**, whose stress will always be on the last possible syllable.

| прочита́ть | прочи́танный | **прочи́тан, прочи́тана, прочи́таны** |
| реши́ть | решённый | **решён, решена́, решены́** |

15. *Decide whether to use the long or the short form of the given participle in each of the following sentences. Insert the participle you have chosen in the correct form. Add forms of* **быть** *as needed to indicate tense.*

1. Вы читали последний роман Чинги́за Айтма́това, _____ (опублико́ванный) в журнале «Новый мир»?

2. Мама читала письмо, _____ (полу́ченный) от брата, и плакала.

3. Мои соседи нашли полотенце, _____ (поте́рянный) мной на пляже.

4. Мы вошли в дом и увидели, что наш дом _____ (огра́бленный). Мои драгоценности _____ (укра́денный), телевизор и стереосистема _____ (унесённый). Преступник, _____ (заде́ржанный) милицией на следующий день, во всём признался.

5. Передо мной лежит советское издание романа «Доктор Жива́го», _____ (напи́санный) Борисом Пастерна́ком. Роман _____ (опублико́ванный) впервые в 1957 году на Западе. Вскоре после этого вышел американский фильм, _____ (поста́вленный) по сюжету этого романа. Стихи из «Доктора Живаго» _____ (напеча́танный) в СССР в пятидесятые годы, а сам роман _____ (опублико́ванный) впервые на родине поэта только в 1988 году. Ранее _____ (запрещённый) роман _____ (встре́ченный) советскими читателями с восторгом.

6. Лена, _____ (разбу́женный) будильником в 7 ч., заснула опять. В комнату вошёл папа и увидел, что будильник _____ (вы́ключенный), а Лена всё спит.

16. *Replace the active construction by a passive one. Pay particular attention to tense.*

Образец: Вчера домработница разбила дорогую тарелку.
Вчера дорогая тарелка была разбита домработницей.

1. Мои дети вчера построили на пляже дом из песка.

2. Эти духи сестра прислала мне в подарок.

3. Мой младший брат вымыл сегодня всю посуду.

4. Сказку «Винни Пух» перевёл на русский язык Борис Заходе́р.

5. Эту смешную картинку нарисовала семилетняя девочка.

6. Мой преподаватель русского языка собрал большую коллекцию открыток.

7. Тебе уже постелили постель.

8. В журнале «Огонёк» напечатают стихи ранее запрещённых поэтов.

9. Этот роман опубликуют в будущем году в журнале «Новый мир».

When to Use Participles

As we have already said, participles are used much less frequently in Russian than in English. If you did use participles as frequently in Russian as you do in English, your language would sound stilted. There are occasions when participles are commonly used, however, and you should be aware of them.

The present active participle is frequently used as a noun in a way that corresponds to the English use of nouns ending in -er.

Я не **куря́щий**.
I'm not a smoker.

Эти студенты только **начина́ющие**.
These students are only beginners.

There are quite a few adjectives derived from present and past passive participles. Notice that the adjectives derived from past passive participles have a single -**н**- instead of the -**нн**- normally found in participles.

люби́мый	*favorite (beloved)*
раствори́мый	*instant (soluble)*
варёный	*boiled*
жа́реный	*fried*
печёный	*baked*
тушёный	*stewed*

The short forms of past passive participles are also widely used and should be thoroughly mastered.

A second problem that you may have when deciding when to use participles in Russian will stem not from English distribution, but from the fact that English words ending in -*ing* may on occasion be translated by a Russian verbal adverb, a present active participle, an infinitive, a noun, or the present or past tense of an imperfective verb.

Идя по улице, я нашёл часы.
While walking along the street, I found a watch.

Человек, **идущий** нам навстречу, — наш сосед.
The man walking toward us is our neighbor.

Я люблю **гулять** под дождём.
I like walking in the rain.

Я никогда не слышал более прекрасного **пения**.
I never heard more beautiful singing.

Девочки **шли** на урок музыки.
The girls were walking to their music lesson.

Of these various possibilities, it is most difficult for English speakers to discriminate between verbal adverbs and participles. When making this decision, you should ask yourself whether you are providing additional information about a noun, in which case you must use a participle in Russian, or whether you are explaining the relationship between two actions, in which case you must use a verbal adverb.

	Summary of Participles and Verbal Adverbs				
	Pres. act.	**Past act.**	**Pres. pass.**	**Past pass.**	**Adv.**
Impf.	чита́ющий	чита́вший	чита́емый	—	чита́я
Perf.	—	прочита́вший	—	прочи́танный	прочита́в

17. *Fill in each blank with a verbal adverb (perfective or imperfective) or an active participle (present or past) formed from the given infinitive.*

Меня разбудил какой-то шум. Что это? Звук _____ (литься) воды? _____ (Вскочить) с постели, я иду в ванную, _____ (стараться) не шуметь. _____ (Подойти) к двери ванной, я прислушиваюсь. Нет никаких звуков. Я иду обратно в свою комнату, но _____ (идти) по коридору, замечаю свет в комнате своего соседа. _____ (Посмотреть) на часы, _____ (висеть) на стене, я убеждаюсь в том, что я не сошёл с ума и что сейчас только четыре часа утра. _____ (Постучать) в дверь, я заглядываю в комнату и вижу Диму, _____ (стелить) постель. «Дима, ты что? Ты уже выспался?» — спрашиваю я, _____ (зевать).

«Нет», — отвечает Дима, — «ты уж извини меня, пожалуйста, если я тебя разбудил, но мне всю ночь снились такие страшные кошмары, что, _____ (проснуться) в три часа, я решил встать».

«А что тебе снилось?» — спрашиваю я, _____ (ожидать) услышать страшную историю.

«Мы всю ночь с тобой ссорились, а потом _____ (рассердиться) на меня за что-то, ты стал со мной драться. _____ (Выстрелить) в тебя из пистолета, я проснулся. Так что я очень рад, что я тебя не убил». Мы рассмеялись, и я пошёл опять в кровать.

18. *Translate into idiomatic Russian. Use participles and verbal adverbs whenever possible. Indicate possible alternate constructions.*

In our dormitory it is always noisy. But yesterday morning, having awakened at 6 o'clock A.M. and, as always, not having gotten enough sleep, I decided to ask my neighbors to behave a little more quietly. Having gone to the room of my neighbors on the left, I saw Sasha, standing in the middle of the room, waving his arms and legs, turning in different directions, and making strange movements. Upon seeing me, he explained that he had decided to do exercises every morning. And while doing exercises, he was supposed to listen to loud music. After asking him to do exercises to [**под** *что?*] less loud music, I went to my neighbors on the right. It was even noisier there! Zhenya, who had lived there for half a year already and who had never cleaned his room, had finally decided to clean it. Standing by the closet, he was throwing his clothes and shoes into a suitcase standing on the floor. When I understood that I would no longer be able to fall asleep, I went, yawning, to take a shower.

Прослушивание текста

In this excerpt from I. Grekova's 1962 story «Дамский мастер», you will hear a conversation between Marya Vladimirovna, the head of a research institute, and Vitaly, her hairdresser. Listen to the text and answer the questions that follow. When you have finished, summarize their conversation.

Вопросы

1. О чём Марья Владимировна просит Виталия?

2. О чём Виталий спрашивает Марью Владимировну?

3. Язык у Виталия неестественно формальный. Что он имеет в виду, когда он говорит «без всякой материальной точки зрения»? А что значит выражение «солидная клиентура»?

4. Кем Виталий предпочитает заниматься — девушками или «солидной клиентурой»?

5. А кем он больше занимается? Почему?

6. Как вам кажется, Виталий согласится на просьбу Марьи Владимировны, или нет?

Чтение

1. *Describe your general morning routine. What specifically did you have to do before leaving the house this morning?*

2. *In this excerpt from Natalya Baranskaya's novella «Неделя как неделя» (1969), the heroine, Olya Voronkova, describes how she and her husband, Dima, get themselves and their two children, Kotya and Gulka, ready to go to work in the morning. First read the text, and then answer the questions that follow.*

Сегодня я встаю нормально — в десять минут седьмого я уже готова, только не причёсана. Я чищу картошку — заготовка к ужину, — помешиваю кашу, завариваю кофе, подогреваю молоко, бужу Диму, иду поднимать ребят. Зажигаю в детской свет, говорю громко: «С добрым утром, мои лапушки!» Котя становится на колени. Гульку я беру на руки. Я зову Диму — помогать, но он бреется. Оставляю Котьку в покое, натягиваю на Гульку рубашонку, колготки, платьице. В кухне что-то шипит — ой, я забыла выключить молоко! Сажаю Гульку на пол, бегу в кухню.

— Эх ты! — говорит мне свежевыбритый красивый Дима, выходя из ванной.

Мне некогда, я молчу. Я даю Гульке её ботинки. Котя одевается сам, но так медленно, что невозможно ждать. Я помогаю ему и тут же причёсываюсь. Дима накрывает к завтраку. Он не может найти колбасу в холодильнике и зовёт меня. Пока я бегаю к Диме, Гулька прячет мою гребёнку. Искать некогда. Я закладываю полурасчёсанные волосы, кое-как умываю детей, и мы садимся за стол. Ребята пьют молоко с хлебом, Дима ест, а я не могу, выпиваю только чашку кофе.

Уже без десяти семь, а Дима всё ещё ест. Пора одевать детей, быстро, обоих сразу, чтоб не вспотели.

— Дай же мне выпить кофе, — ворчит Дима.

Я сажаю ребят на диван и работаю за двоих: носки и носки, одни рейтузы, другие рейтузы, джемпер и кофта, косынка и другая, варежки и...

— Дима, где Котькины варежки?

Дима отвечает: «Почём я знаю», но бросается искать и находит их в неположенном месте — в ванной. Сам туда и сунул вчера. Тут подключается Дима — одевает им шубки, подвязывает кашне и пояса. Я одеваюсь, один сапог не лезет, ага, вот она, моя гребёнка!

Наконец мы выходим. Последние слова друг другу: «Заперла двери?» — «Деньги у тебя есть?» — «Не беги как сумасшедшая». — «Ладно, не опоздай за ребятами» (это я кричу уже снизу) — и мы расстаёмся.

1. Как вы думаете, в котором часу встаёт Оля?
2. Почему она утром чистит картошку?
3. Как проходит утро у Димы?
4. Помогает ли он Оле?
5. Сколько лет может быть Котьке и Гульке?
6. Как выглядят Котька и Гулька, когда они уже одеты?

Словарь

ва́режки	*mittens*	неполо́женный	*inappropriate*
ворча́ть	*to grumble*	подвя́зывать	*to tie*
вспоте́ть	*to sweat*	подключа́ться	*to join in*
гребёнка	*расчёска*	поме́шивать	*to stir*
зава́ривать	*to brew*	пря́тать	*скрыва́ть*
запере́ть	*to lock*	рейту́зы	*leggings*
кашне́	*шарф*	су́нуть	*to shove*
ла́пушка	affectionate diminuative	шипе́ть	*to hiss*
натя́гивать	*to pull*		

3. *Now retell the story as though speaking from the point of view of Dima, who is recalling a specific morning last week. Do not forget that you will need to change the aspect of many of the verbs.*

Сочинение

Трагедия в ванной

Read the text and answer the questions that follow on the basis of the accompanying drawing. Then, write a composition in which you first describe the scene and then explain what, in your opinion, happened.

Вера Цы́пкина позвонила врачу и сообщила, что её муж Игорь лежит без сознания на полу в ванной комнате. «Мне кажется, что он принимал душ и, выходя, поскользнулся на куске мыла, — сказала Вера. — Я не трогала его, только накрыла одеялом. Приезжайте немедленно!» Приехавший врач нашёл обстановку в ванной такой, как она изображена́ на рисунке, и сказал, что смерть наступила в результате перелома черепа.

Как вы думаете:

1. Включали ли душ?

2. Был ли Игорь в душе?

3. Заходила ли Вера в душ?

4. Чистил ли Игорь зубы?

5. Откуда упало мыло? Из настенной мыльницы в душе? С раковины?

6. Как вы, думаете, когда разбилась бутылка с шампунем? До падения Игоря или после?

7. Видите ли вы в ванной возможные орудия убийства?

8. Как вам кажется, что здесь произошло?

Словарь

че́реп   *skull*

Задания

1. *The following series of pictures depicts the morning routine of a girl and her cat. Describe what is happening in the pictures first in the present tense as though it is happening now, then in the past tense as though it happened yesterday, and finally in the future tense as though anticipating what will happen tomorrow. In your past- and*

future-tense narrations, pay particular attention to the way you show simultaneous and sequential actions.

2. *Describe what you imagine the morning routine of the late Margarita Kurochkina (Lesson 5) to have been. Do not forget that you are describing habitual actions.*

3. *You are well acquainted with Vera Tsypkina, one of the chief suspects in the death of her husband Igor. The police have asked you to assist them in their inquiries by evaluating Vera's character for them.*

4. *Solve the problems.*

Если маленькую Катю взвесить вместе с бабушкой — получится 59 кг. Если взвесить бабушку без Кати — получится 54 кг. Сколько весит Катя без бабушки?

Десятилетний мальчик постригся наголо, посмотрел на себя в зеркало и твёрдо решил больше никогда не стричься. Волосы у мальчика растут с постоянной скоростью 1 см в месяц. Какова будет длина его волос к пятидесяти годам, если, конечно, к этому возрасту он не облысеет?

Урок № 7

У кого что болит, тот о том и говорит

боле́ть (I) *нес, чем?* to be sick[4]

заболева́ть *нес, чем?* to get sick;
сов заболе́ть (I)

зара́зный contagious

заража́ть *нес, чем?* to infect; *сов*
зарази́ть (заражу́, зарази́шь);
возвр заража́ться/зарази́ться

лечи́ть (лечу́, ле́чишь) *нес, от
чего?* to treat; *возвр* лечи́ться

выздора́вливать *нес* to recover;
сов вы́здороветь (I)

поправля́ться *нес* to get well; *сов*
попра́виться (попра́влюсь,
попра́вишься)

симпто́м symptom

жа́ловаться (жа́луюсь,
жа́луешься) *нес, кому, на что?*
to complain; *сов* пожа́ловаться

чу́вствовать (чу́вствую,
чу́вствуешь) *нес* to feel; *сов*
почу́вствовать (почу́вствую,
почу́вствуешь)[5]

боль *ж* pain

боле́ть (II) *нес* to hurt[4]

бо́льно *безл, кому?* painful

температу́ра temperature, fever
измеря́ть температу́ру *нес,
кому?* to take someone's
temperature; *сов* изме́рить
температу́ру

зноби́ть *нес, безл, кого?* to have a
chill[6]

кружи́ться голова́ (кру́жится)
нес, у кого? to be dizzy

о́бморок fainting spell
па́дать в ~ *нес* to faint; *сов*
упа́сть в ~ (упаду́,
упадёшь; упа́л)

тошни́ть *нес, безл, кого?* to be
nauseated[6]

рвать (рвёт) *нес, безл, кого?* to
vomit; *сов* вы́рвать (вы́рвет)[6]

расстро́йство желу́дка
diarrhea[7]

поно́с diarrhea[7]

врач (*р* врача́) doctor
зубно́й ~ dentist
обраща́ться к врачу́ *нес* to
consult a doctor; *сов*
обрати́ться к врачу́
(обращу́сь, обрати́шься)

медици́нская сестра́ (*мн* сёстры,
сестёр, сёстрах); *сокр*
медсестра́ nurse

медици́нский брат (*мн* бра́тья);
сокр медбра́т nurse

осма́тривать *нес* to examine; *сов*
осмотре́ть (осмотрю́,
осмо́тришь)

диа́гноз diagnosis
ста́вить (ста́влю, ста́вишь) ~
нес, кому? to diagnose; *сов*
поста́вить

реце́пт prescription
выпи́сывать ~ *нес, на что?*
to prescribe; *сов* вы́писать ~
(вы́пишу, вы́пишешь)

просту́да cold

простужа́ться *нес* to catch a cold;
сов простуди́ться (простужу́сь,
просту́дишься)

просту́женный (просту́жен)
having a cold

ка́шель (*р* ка́шля) cough

ка́шлять *нес* to cough

на́сморк nasal congestion

чиха́ть *нес* to sneeze; *сов*
чихну́ть (чихну́, чихнёшь)

корь *ж* measles

сви́нка mumps

ветря́нка chicken pox

грипп influenza

анги́на angina (severe sore throat)

бронхи́т bronchitis

воспале́ние лёгких pneumonia

я́зва ulcer[4]

аппендици́т appendicitis[4]

высо́кое давле́ние high blood
pressure[4]

измеря́ть да́вление *нес, кому?* to take someone's blood pressure; *сов* **изме́рить да́вление**

инфа́ркт heart attack[4]

инсу́льт stroke[4]

поре́з cut

ре́зать (ре́жу, ре́жешь) *нес* to cut; *сов* **поре́зать**[8]

цара́пина scratch

цара́пать *нес* to scratch; *сов* **оцара́пать**

зано́за splinter

занози́ть (заножу́, занози́шь) *сов* to get a splinter[8]

синя́к (*р* **синяка́**) bruise

опуха́ть *нес* to swell; *сов* **опу́хнуть (опу́хну, опу́хнешь; опу́х, опу́хла)**

перело́м fracture

лома́ть *нес* to fracture; *сов* **слома́ть**[8]

растяже́ние strain, sprain

растя́гивать *нес* to strain, sprain; *сов* **растяну́ть (растяну́, растя́нешь)**[8]

ожо́г burn

обжига́ть *нес* to burn; *сов* **обже́чь (обожгу́, обожжёшь, обожгу́т; обжёг, обожгла́); *возвр* обжига́ться/ обже́чься**[8]

больни́ца hospital

класть в больни́цу (кладу́, кладёшь; клал) *нес* to put in a hospital; *сов* **положи́ть в больни́цу (положу́, поло́жишь)**

ложи́ться в больни́цу *нес* to go to a hospital; *сов* **лечь в больни́цу (ля́гу, ля́жешь, ля́гут; лёг, легла́)**

лежа́ть в больни́це (II) *нес* to be in a hospital

выпи́сываться из больни́цы *нес* to be discharged from a hospital; *сов* **вы́писаться из больни́цы (вы́пишусь, вы́пишешься)**

поликли́ника clinic

ско́рая по́мощь ambulance

опера́ция operation[9]

уко́л injection[9]

приви́вка (*р мн* **приви́вок**) *от чего?* vaccination[9]

гипс cast

класть в ~ (кладу́, кладёшь; клал) *нес* to put in a cast; *сов* **положи́ть в ~ (положу́, поло́жишь)**

бинт bandage

бинтова́ть (бинту́ю, бинту́ешь) *нес, кому?* to bandage; *сов* **забинтова́ть**

пла́стырь *м* adhesive bandage

апте́ка pharmacy

лека́рство *от чего?* medicine[10]

принима́ть ~ *нес* to take medicine; *сов* **приня́ть (приму́, при́мешь; при́нял, приняла́)**

витами́ны (*р мн* **витами́нов**) vitamins[10]

табле́тка (*р мн* **табле́ток**) pill[10]

аспири́н aspirin[10]

миксту́ра от ка́шля cough syrup[10]

мазь *ж* ointment

ма́зать (ма́жу, ма́жешь) *нес, чем?* to apply (ointment); *сов* **пома́зать** and **сма́зать**

компре́сс compress[11]

ба́нки (*р* **ба́нок**) cupping- glasses[11]

горчи́чник mustard plaster[11]

термо́метр thermometer

гра́дусник thermometer

поле́зный (поле́зен) useful, healthful

вре́дный (вре́ден) harmful

веле́ть (II) *нес* and *сов* to order, command, instruct[12]

разреше́ние permission

разреша́ть *нес, кому?* to permit; *сов* **разреши́ть**

запреща́ть *нес, кому?* to forbid; *сов* **запрети́ть (запрещу́, запрети́шь)**

восклица́ние exclamation

восклица́ть *нес* to exclaim; *сов* **воскли́кнуть (воскли́кну, воскли́кнешь)**

Vocabulary Notes

[1] **Живот** designates the whole area of the abdomen; **желудок** refers specifically to the stomach as an organ.

[2] If you need to distinguish between *fingers* and *toes*, you may specify **на руках** and **на ногах**.

[3] When using the words **здоровый** and **больной** in predicative position, be sure to distinguish between the long forms of the words, which refer to long-term conditions, and the short forms, which refer to temporary conditions.

> Олега не было сегодня на занятиях, потому что он был **болен**, но вообще он очень **здоровый** и болеет редко.
> *Oleg wasn't in class today because he was sick, but he's generally very healthy and is seldom ill.*

[4] Be sure to distinguish between the first-conjugation verb **болеть**, which means *to be sick*, and the second-conjugation verb **болеть**, which means *to hurt*. The latter is used in third-person forms only, with the part of the body that hurts as the subject.

> Тамара часто **болеет** простудой и гриппом.
> *Tamara has a lot of colds and flu.*

> В детстве Женя **болел** корью, свинкой, ветрянкой и воспалением лёгких.
> *As a child Zhenya had measles, mumps, chicken pox, and pneumonia.*

> У Саши **болит** живот.
> *Sasha has a stomachache.*

> У меня **болят** глаза.
> *My eyes hurt.*

> У бабушки **болело** колено.
> *Grandmother's knee hurt.*

The first-conjugation verb **болеть** (*to be sick*) is only used with actual illnesses. One simply *has* other ailments, such as **аппендицит**, **высокое давление**, **язва**, **инфаркт**, or **инсульт**.

> У моего двоюродного брата недавно **был** аппендицит.
> *My cousin recently had appendicitis.*

> У моего дедушки **был** инфаркт.
> *My grandfather had a heart attack.*

[5] The verb **чувствовать/почувствовать** may be used either with the accusative of what is felt or with the accusative reflexive pronoun **себя**. The expression **чувствовать/почувствовать себя** answers the question **как?** The perfective past tense of the verb refers to the beginning of the action.

> Неожиданно я **почувствовала** острую боль в животе.
> *I unexpectedly felt a sharp pain in my stomach.*

> Сегодня я **себя** неважно **чувствую**.
> *I feel poorly today.*

[6] Some of the subjectless verbs in this section are used with an accusative object.

> **Больную** знобит.
> *The patient is having a chill.*

> **Меня** тошнит.
> *I feel sick to my stomach.*

> **Девочку** вырвало.
> *The little girl threw up.*

[7] **Расстройство желудка**, literally *an upset stomach*, is a euphemism for the word **понос**, which, although medically correct, is not used in polite company.

[8] A number of the verbs introduced in this lesson are used with the dative of the person affected. The use of **себе** in the following examples is optional but nevertheless typical.

> Маша **порезала себе** палец.
> *Masha cut her finger.*

> Серёжа **занозил себе** ногу.
> *Seryozha got a splinter in his foot.*

> Павел поскользнулся на льду и **сломал себе** локоть.
> *Pavel slipped on the ice and fractured his elbow.*

Когда Вера варила борщ, она **обожгла себе** руку.
When Vera was making borshch, she burned her hand.

⁹ Use the verb **делать/сделать** with **операция**, **укол**, and **прививка** *to perform* an operation or *to give* an injection or a vaccination. These expressions are used with the dative of the person receiving the benefit of the action.

Моему дедушке **сделали операцию** на желудке.
My grandfather had a stomach operation.

Ребёнку **сделали прививку** от ветрянки.
The child was vaccinated against chicken pox.

¹⁰ The word **лекарство**, unlike its English equivalent, may be used in the plural.

Бабушка принимает много **лекарств**.
Grandmother takes a lot of medicine.

The verb **принимать/принять** may be used with any medicine that is taken orally: **витамины**, **таблетка**, **аспирин**, **микстура**.

¹¹ The words **компресс**, **банки**, and **горчичник** require both cultural and grammatical commentary. A **компресс** is a damp binding used to treat a sore throat or an ear ache. **Банки** are small glass jars that are applied by suction to the patient's back to treat bronchitis or pneumonia, and **горчичники**, which are also used as treatment for bronchitis and pneumonia, are pieces of paper impregnated with dry mustard. *To apply* **компрессы**, **банки**, and **горчичники**, use the verb **ставить/поставить**.

¹² The verb **велеть** is not as categorical as its various English translations suggest. It is in fact a neutral way *to tell* someone what to do.

Врач **велел** больному ставить компресс два раза в неделю.
The doctor told the patient to apply a compress twice a week.

Подготовительные упражнения

Impersonal Sentences

In Lesson 2 we talked about the use of predicate adverbs in impersonal sentences. Impersonal sentences may be expanded by adding information about the person experiencing the sensation. The person experiencing the sensation in an impersonal sentence is expressed in the dative.

Когда я порезал палец, **мне** было больно.
When I cut my finger, I was in pain.

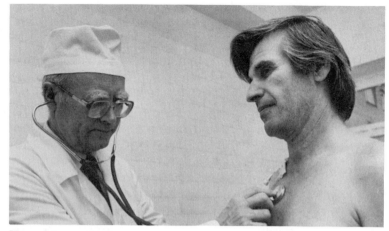

На приёме у врача

Impersonal sentences may also be expanded by adding an infinitive. Notice in the following example that English frequently translates the Russian infinitive in such constructions with an *-ing* word.

Мне было ещё больно **вставать** на сломанную ногу.
It was still painful for me to stand on my broken leg.
Standing on my broken leg was still painful for me.

Finally, you may also expand an impersonal sentence by adding a subordinate clause.

Мне было приятно, **что он ко мне пришёл в больницу**.
I was pleased that he came to see me in the hospital.

A number of the expressions of possibility and necessity are used in impersonal sentences. **Мо́жно** and its opposite **нельзя́** express both physical ability and permission.

Здесь **можно** курить?
Is it OK to smoke here?

Нельзя сказать, что он здоровый человек.
One cannot say that he is a well man.

Тебе **нельзя** выходить на улицу. Ты ещё кашляешь.
You can't go outside. You're still coughing.

When **нельзя** is used to deny permission, as in the last example, it must be followed by an imperfective infinitive.

The words **на́до**, **ну́жно**, and **необходи́мо** all express necessity.
Необходимо, which refers to the inevitability of the action, is the most categorical of the three words.

Вам **нужно** пойти к врачу.
You ought to go to a doctor.

Вам **необходимо** бросить курить — у вас язва желудка.
You must stop smoking; you have a stomach ulcer.

The negative forms **не надо** and **не нужно** must be followed by imperfective infinitives. The expression **не надо** frequently has the force of the English *don't*.

Вам **не нужно** больше принимать это лекарство.
You don't have to take that medicine any more.

Не надо этого делать!
Don't do that!

1. *Write sentences in the past tense using these predicate adverbs. In each sentence mention a person who experiences the sensation and then add an infinitive complement.*

Образец: неприятно
Ларисе было неприятно смотреть на них.

смешно, скучно, весело, грустно, приятно, трудно, легко, удобно, вредно, полезно, больно

2. *Complete the sentences.*

Образец: Мне было смешно, _____ .
Мне было смешно, что я не узнала его.

   1. Им было неприятно, что _____ .
   2. Врачам приятно, что _____ .
   3. Детям грустно, что _____ .
   4. Родителям удобно, что _____ .
   5. Врачам понятно, что _____ .

3. *Complete the sentences with predicate adverbs.*

Образец: Делать зарядку _____ .
Делать зарядку полезно для здоровья.

   1. Быть здоровым _____ .
   2. Ставить компресс _____ .
   3. Быть больным _____ .
   4. Жаловаться на здоровье _____ .

5.   Ставить горчичники _____ .

6.   Ломать ногу _____ .

7.   Обращаться к врачу _____ .

8.   Измерять температуру _____ .

9.   Принимать много лекарств _____ .

10.   Мазать царапину мазью _____ .

11.   Ложиться в больницу _____ .

12.   Ставить банки _____ .

4.   *Tell your relative not to do what he or she is doing. Use* **не надо** *or* **не нужно** *with imperfective infinitives. Remember to explain why you are offering this negative advice.*

Образец: Ваша бабушка хочет вам измерить температуру.
   Не нужно мне измерять температуру. Я хорошо себя чувствую и у меня ничего не болит.

1.   Ваш дедушка принимает слишком много лекарств.

2.   Ваш дядя любит много есть нá ночь.

3.   Ваш племянник хочет пойти к молодому врачу.

4.   Ваша тётя любит жаловаться на своё здоровье.

5.   Ваша мать хочет вам дать лекарство от головной боли.

5.   *Give advice to the people concerned using* **надо** *or* **нужно** *and* **нельзя**. *Proceed from these situations.*

1.   Ваш друг много пьёт. Врачи не разрешают ему много пить.

2.   Ваш младший брат не принимает микстуру от кашля и не хочет идти к врачу.

3.   Больная после операции хочет встать. Она ещё очень слаба и врачи не разрешают ей вставать.

4.   У сестры кашель и высокая температура, но она хочет идти на работу.

5.   Ваш друг хочет ехать в поликлинику на такси, а вы предлагаете ему идти туда пешком.

6.   У дедушки насморк, он кашляет и чихает. Он хочет идти в гости.

Reported Speech

In this section, you will be seeing and producing many examples of quoted speech. In the examples that follow, notice the ways in which the Russian punctuation of quoted speech differs from English.

Ася сказала: «Петя дома».
Ася спросила: «Петя дома?»
Ася воскликнула: «Петя дома!»

«Петя дома», — сказала Ася.
«Петя дома?» — спросила Ася.
«Петя дома!» — воскликнула Ася.

«Петя, — сказала Ася, — уже дома».
«Петя дома, — сказала Ася. — Мы можем обедать».
«Петя дома? — спросила Ася. — Тогда мы можем обедать».
«Петя дома! — воскликнула Ася. — Тогда мы можем обедать».

When we describe a conversation that we have heard in the past, we frequently summarize it rather than quoting it in its entirety. When we report on a conversation in this way, we are using reported speech.

In Russian, as in English, there are four primary patterns that we use in reported speech. The first of these is the pattern that we use for a declarative sentence.

Маша говорит: «У меня болит горло».
Masha says, "I have a sore throat."

Маша говорит, что у неё болит горло.
Masha says (that) she has a sore throat.

Notice that although the conjunction *that* is frequently omitted in English sentences of this type, **что** should be used in standard Russian.

The second pattern of reported speech is used for information questions, that is, questions that begin with an interrogative word.

Врач спрашивает: «Что у вас болит?»
The doctor asks, "What is hurting you?"

Врач спрашивает, что у меня болит.
The doctor asks what is hurting me.

In sentences of this type, the interrogative word itself serves as a conjunction. In writing, if context alone is not enough to distinguish **что** meaning *what* from **что** meaning *that*, the stress will be marked on the former.

Я только что заметила, **что** он читает.
I just noticed that he is reading.

Я только что заметила, **чтó** он читает.
I just noticed what he is reading.

Yes/No questions do not contain question words. You will recall that in questions of this type the speaker's intonation rises on the word that bears the logical stress (frequently the verb). In short answers to questions of this type, the word that was emphasized in the original question is repeated.

> — Мама *дома*?
> — Да, дома.
> *Is Mama home?*
> *Yes, she is.*

> — Ты *принял* микстуру?
> — Да, принял.
> *Did you take your cough syrup?*
> *Yes, I did.*

When you report yes/no questions, you will once again single out the word that was emphasized in the original question.

> Врач спрашивает: «Вас *знобит*?»
> *The doctor asks, "Are you having chills?"*

> Врач спрашивает, **знобит** ли меня.
> *The doctor asks if I am having chills.*

In this construction, the word or phrase bearing the logical emphasis will always be in first place, followed by **ли**, followed by the rest of the sentence. If it is not clear to you whether to use **ли** or **если**, try substituting *whether* for *if*. If you can make the substitution in English, you must use **ли** in Russian.

> **Если** я завтра буду плохо себя чувствовать, я пойду к врачу.
> *If I feel bad tomorrow, I'll go to the doctor.*

> Я не знаю, здоров **ли** дедушка.
> *I don't know if (whether) Grandfather's well.*

The last sentence pattern used in reported speech is the pattern used for reporting commands. In Russian, one reports commands by using **чтобы** followed by the past form of the verb.

> Медсестра говорит: «Примите таблетки!»
> *The nurse says, "Take your pills!"*

> Она говорит, **чтобы** я **приняла** таблетки.
> *She says that I should take my pills.*
> *She tells me to take my pills.*

All of these examples of reported speech are fairly easy to understand because they are all in the present tense. When reporting past-tense conversations, speakers of

English often change the tense of the verb in the reported clause to make it agree with the tense of the verb in the main clause. This change is not necessary in Russian, where the tense of the reported verb is *the same as that of the original utterance*. Be careful not to translate literally from English, especially in the following kinds of sentences

> Миша сказал: «Я каждый день **принимаю** лекарство от насморка».
> *Misha said, "I **take** cold medicine every day."*

> Миша сказал, что он каждый день **принимает** лекарство от насморка.
> *Misha said that he **took** cold medicine every day.*

> Миша сказал: «Я позавчера **принимал** лекарство от насморка».
> *Misha said, "I **took** cold medicine the day before yesterday."*

> Миша сказал, что позавчера он **принимал** лекарство от насморка.
> *Misha said that he **had taken** cold medicine the day before yesterday.*

> Миша сказал: «Завтра я **буду принимать** лекарство от насморка».
> *Misha said, "I **will take** cold medicine tomorrow."*

> Миша сказал, что завтра он **будет принимать** лекарство от насморка.
> *Misha said that he **would take** cold medicine tomorrow.*

In the last example, note that English uses the word *would* to report statements in the future tense. As a result, English speakers sometimes confuse the reported future tense with the unreal conditional construction, which also contains the word *would* in English ("I would have done my homework, but … "). The unreal conditional construction will be discussed in Lesson 11.[1]

6. *Replace the direct speech with indirect speech. In this exercise, the word bearing the logical stress has been italicized. Remember that the interrogative particle **ли** must be placed after this word.*

    1. Отец больного ребёнка спросил врача: «Ему *можно* выходить на улицу?»

    2. Врач спросил больную: «У вас *болит* плечо?»

    3. Мама спросила меня: «Тебя *знобит*?»

    4. Медсестра спросила девочку: «Это *твои* витамины?»

    5. Родственники больного спросили хирурга: «Операция прошла *успешно*?»

---

[1]English also uses *would* when speaking of repeated action in the past. ("Every day I would get up late, read the paper, and drink a cup of coffee.") English speakers do not generally confuse the *would* in this construction, which is rendered by an imperfective verb in Russian, with the *would* of reported speech.

6. Я спросила сестру: «Ты *знаешь*, какой диагноз тебе поставили?»

7. Отец спросил маму: «Ты уже *дала* Пете лекарство от кашля?»

8. Маша спросила бабушку: «Ты сама *можешь* принять микстуру?»

9. Таня спросила брата: «Тебя всё ещё *тошнит*?»

7. *Replace the direct speech with indirect speech. Don't forget to use the past form of the verb in clauses introduced by* **чтобы**.

1. Больной попросил медсестру: «Дайте мне, пожалуйста, попить».

2. Врач сказал больному: «Вы должны лежать в постели, потому что у вас высокое давление».

3. Мама попросила меня: «Принеси мне из аптеки горчичники и аспирин».

4. Отец дал сыну невкусное лекарство и сказал: «Пей!»

5. «Забинтуйте больному колено», — сказал врач сестре.

6. Мама пришла домой и сказала: «Позвони тёте Маше и скажи, что папа лёг в больницу».

7. Медсестра сказала больной девочке: «Прими эту микстуру от кашля».

8. *Rewrite the text in the form of a dialogue.*

Я позвонила по телефону своему другу. К телефону подошёл его отец, и я сказала ему, что хочу пригласить Петю на концерт современного американского джаза. Отец ответил, что у Пети болит голова и горло, и что он кашляет, и что он не думает, что Петя сможет пойти на концерт. Я спросила, лежит ли Петя. Отец сказал, что он ходит, и тогда я попросила Петю к телефону. Я спросила Петю, измерял ли он температуру. Он ответил, что измерял, и что температура у него невысокая. Я спросила, какие лекарства он принимает. Петя сказал, что он принимает аспирин и микстуру от кашля. Я сказала, что мне его жаль. Он спросил почему. Я сказала, что иду на концерт американского джаза и добавила, что уверена, что ему бы тоже очень хотелось пойти. Петя закричал в трубку, что у него уже ничего не болит, и что он совершенно здоров. Я сказала, что встречу его через полчаса у входа в концертный зал.

9. *Write a narrative based on this dialogue. Do not use quoted speech in your narration.*

Разговор у врача

Врач: Что у вас болит?
Женя: Ничего не болит.

Врач: А на что вы жалуетесь?

Женя: Я плохо сплю и всё время нервничаю.

Врач: Вы чем-нибудь болели недавно?

Женя: Да, у меня была высокая температура, простудные явления и расстройство желудка.

Врач: А сейчас у вас бывает повышенная температура?

Женя: Я не знаю. Мне некогда её измерять.

Врач: А горло у вас болит?

Женя: Нет.

Врач: У вас есть насморк или кашель?

Женя: Нет, вы же видите, что я не кашляю и не чихаю.

Врач: А вы, вообще, часто болеете?

Женя: Доктор, я пришёл, чтобы вы мне дали лекарство от нервов, а вы мне задаёте странные вопросы.

Врач: Вы хотите, чтобы я вам сделал укол транквилизатора?

Женя: Да что вы, доктор! От укола я ещё больше буду нервничать. Лучше дайте мне какие-нибудь таблетки.

Врач: Вы отдохните. И начните принимать горячие ванны перед сном. Приходите ко мне на приём в следующий четверг.

Женя: Вы считаете, что это мне поможет? У вас есть другое лечение для меня, если это не поможет?

Врач: Вы хотите поправиться? Тогда я смогу вам помочь.

10. *Translate into idiomatic Russian.*

My father recently came down with bronchitis, and so when I talk to him, I always ask how he is feeling. Yesterday he said that he had just been to the doctor's and that after having taken his temperature the doctor had told him to stay in bed, dress warmly, and apply mustard plasters. I asked whether he was seriously ill, and he said that he probably wasn't, but that being sick was extremely unpleasant and that in the future he would have to take vitamins and not catch cold.

Прослушивание текста

In this passage from I. Grekova's «Перелом», you will hear how Kira Petrovna, a doctor, visits Maksimova, a patient about whom she is particularly concerned. Listen to the text and answer the questions. When you have finished, summarize their conversation.

Словарь

подчинённый *subordinate*	прикорну́ть *поспать*

Вопросы

1. Опишите больницу, где работает Кира Петровна.
2. Какую одежду носит Кира Петровна на работе?
3. Она довольна своим внешним видом?
4. Что значит слово «мертвецкая»?
5. Кто такая Любочка?
6. Как зовут Максимову?
7. Почему Кира Петровна требует, чтобы подчинённые называли больных по имени-отчеству?
8. О чём спросила больная?
9. Опишите, как Кира Петровна осматривает Максимову.
10. Кира Петровна довольна своей работой?
11. Как вы думаете, чем больна Максимова? Как вам кажется, она выздоровеет, или нет?

Чтение

1. *What instructions do you give your neighbors before leaving to go on vacation?*

2. *This excerpt, which is adapted from a story by Mikhail Zadornov, appeared in the humor section of* «Литературная газета» *in 1990. It is not, as its title suggests, about medicine but rather about getting ready to go on vacation. First read the selection, and then answer the questions.*

Записка врача

Уважаемые воры!

Эту записку я кладу специально для вас на видное место. Я уезжаю на юг в санаторий. Если вы решите посетить мою квартиру, очень прошу, будьте поаккуратнее.

Нет, нет... Я не прошу невозможного. У каждого из нас свои профессии. Я врач. Люблю чистоту. Пожалуйста, вытрите ноги.

Теперь, когда вы, надеюсь, вытерли ноги, милости прошу — заходите! Сразу советую в левую комнату. В правой, честное слово, брать нечего. Мебель? Да, новая. Но пока донесёте, она вся развалится.

А вот в левой комнате у меня есть видеомагнитофон. Я понимаю, что ради него вы наверняка и посетите мою квартиру. Есть, правда, одно но... Это только корпус у него японский, а внутри он насквозь советский. Я бы поступил нечестно, если бы не предупредил вас. Поэтому вы крепко подумайте, прежде чем его забирать... Например, крышка, когда вынимается кассета, открывается автоматически, но с таким шумом, будто кенгуру нá ногу наступил динозавр. При этом иногда выключается свет в квартире. А кассета вылетает на несколько метров вперёд. Зачем вам это? Подумайте...

Кстати, если, пока вы будете думать, вы услышите, что сзади вас кто-то бегает по квартире, не пугайтесь — это холодильник. У него такое случается.

Конечно, вас интересуют мои драгоценности. Что у меня есть из драгоценностей? Самая дорогая вещь — открытка на полке с фотографией моего друга в Америке, тоже врача. Он снят на фоне своей собственной больницы. А с обратной стороны надпись — можете прочитать: «Моему талантливому другу, который всегда был для меня примером в учёбе».

Так что вы не думайте обо мне плохо. Хотя я понимаю. Скоро на пенсию, а даже ворам взять нечего.

Ну, вот и всё. Больше ничем, к сожалению, помочь не могу. Крепко вас всех обнимаю, целую... Последняя просьба. Перед уходом выключите, пожалуйста, везде свет, а главное — эту записку положите там же, перед входом, где её взяли. А то вдруг ещё кому-нибудь захочется посетить мою квартиру.

1. Кому пишет врач и зачем?

2. Как вы представляете себе квартиру этого доктора? Сколько у него комнат?

3. Что он просит сделать воров, прежде чем войти в квартиру?

4. Почему он не советует им брать мебель из правой комнаты?

5. Почему грабителям не стоит уносить видеомагнитофон?

6. Какие драгоценности скорее заинтересуют воров?

7. А что ценит наш врач больше всего?

8. Как вы думаете, где познакомились эти два врача?

9. Кто из них, вам кажется, лучше учился?

10. Сколько лет нашему врачу?

11. Какая его последняя просьба к грабителям?

12. Что Задорнов хочет сказать о преступности в Советском Союзе?

13. Что он хочет сказать о качестве советских товаров? Об уровне жизни советских специалистов?

14. Нравится ли вам такая сатира?

Словарь

ми́лости прошу́	*welcome*	наступи́ть	*to step on*
наверняка́	*наверно*	предупреди́ть	*to warn*
на́дпись	*inscription*	развали́ться	*to fall apart*
наскво́зь	*through and through*	фон	*background*

3. *Advise thieves on the best way to rob your home. Use Zadornov's note as a model.*

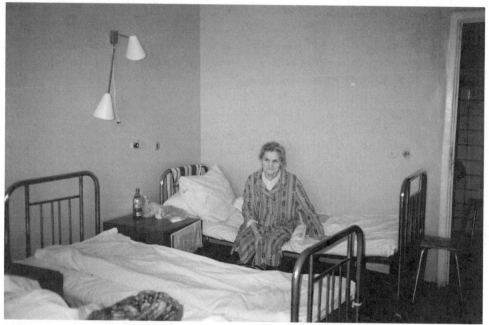

В больнице

Сочинение

У врача

Working with other students, complete this dialogue. Lisa is an American exchange student, and Petya is her Russian friend. Your completed dialogue will be the basis of a radio play that you will perform for the class.

Лиса: Петя, ты знаешь, что случилось с Сашей?
Петя:
Лиса: Он играл в футбол и упал.
Петя:
Лиса: Вызвали скорую, она сразу отвезла его в больницу. У него огромный синяк на колене, и вся нога опухла.
Петя:

Лиса: Да нет, что ты, у него не растяжение! Колено невозможно растянуть. Врач думает, что у него перелом, но рентген ещё не сделали.

Петя:

Лиса: Ты попал в больницу? Тебе, что, там операцию делали?

Петя:

Лиса: У нас, в Америке, в больнице так долго не лежат.

Петя:

Лиса: Я надеюсь, что твою маму не положили с таким ожогом в больницу?!

Петя:

Лиса: А чем её лечили?

Петя:

Лиса: Да, мне непонятно. Мне так странно, что у вас кладут в больницу с простым ожогом.

Петя:

Perform your play for the class. Your writing assignment will be to summarize the play put on by one of the other groups. Do not use direct speech in your summary.

Задания

1. *Compose a dialogue to accompany the following pictures.*

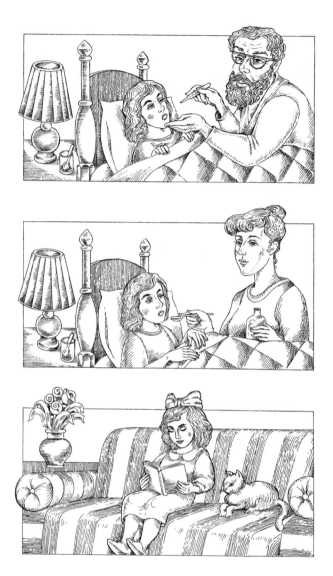

2. *Write a narrative on the basis of the dialogue that you wrote for activity 1. Be sure to describe both the scene and its participants and to summarize (not quote) the conversations that took place between them.*

3. *The day preceding Igor Tsypkin's death, you happened to overhear a conversation between him and his wife, Vera (Lesson 6). Since it seems to you that this conversation may be pertinent to the investigation, describe it to the police.*

4. *You have been asked to include a medical history with your application for a study abroad program in Russia. Be sure to describe childhood illnesses, major injuries and operations, and vaccinations.*

5. *Solve the problems.*

В аптечке (*medicine chest*) было 27 разных лекарств. Два маленьких мальчика открыли аптечку и стали эти лекарства пробовать. Один мальчик попробовал 5 лекарств и молча упал на́ пол. Второй попробовал 3 лекарства и с громким криком убежал. Сколько лекарств осталось непопробованными?

После получасовой драки у Пети оказалось 7 синяков, а у его друзей на 12 синяков больше. Сколько всего синяков оказалось у Пети и его друзей после получасовой драки?

Урок № 8

Рождённый ползать летать не может

---Словарь---

го́род (*мн* **города́**) city
городско́й city, urban
столи́ца capital
столи́чный capital
райо́н district, area
райо́нный district, area
кварта́л block[1]
центр downtown
центра́льный central
при́город suburb
при́городный suburban
окра́ина (на) outskirts
дере́вня (*р мн* **дереве́нь**) village, country
дереве́нский rural, village

достопримеча́тельность *ж* sight (point of interest)
зре́лище sight (spectacle)
пло́щадь (на) *ж* square
парк park
па́мятник *кому?* statue, monument
дворе́ц (*р* **дворца́**) palace
це́рковь (*р* **це́ркви**, *мн* **це́ркви**, **церкве́й**) *ж* church
собо́р cathedral

шоссе́ (на) *нескл с* highway
доро́га (на) road
у́лица (на) street

проспе́кт (**на**)   avenue

бульва́р (**на**)   boulevard

на́бережная (*p* **на́бережной**) (**на**)
  embankment

переу́лок (*p* **переу́лка**)   side
  street, lane

мост (**на мосту́**, *мн* **мосты́**)
  bridge

тротуа́р (**на**)   sidewalk

перехо́д   crossing, crosswalk

перекрёсток (*p* **перекрёстка**)
  (**на**)   intersection

светофо́р   traffic signal

пешехо́д   pedestrian

маши́на   car

  легкова́я ~   passenger car

  грузова́я ~   truck

  пожа́рная ~   fire engine

  милице́йская ~   police car

грузови́к   truck

шофёр   driver[2]

води́тель *м*   driver[2]

води́ть (**вожу́**, **во́дишь**) *нес*   to
  drive[3]

води́тельские права́ (*p* **прав**)
  driver's license

мотоци́кл   motorcycle

мотоцикли́ст   motorcyclist

велосипе́д   bicycle

велосипеди́ст   bicyclist

коля́ска (*p мн* **коля́сок**)   stroller

движе́ние   traffic

тормози́ть *нес* (**торможу́**,
  тормози́шь)   to brake; *сов*
  затормози́ть

остана́вливать *нес*   to stop; *сов*
  останови́ть (**остановлю́**,
  остано́вишь); *возвр*
  остана́вливаться/
  останови́ться

ава́рия   accident, wreck

попада́ть в ава́рию *нес*   to be
  in an accident; *сов* **попа́сть в**
  ава́рию (**попаду́**, **попадёшь**;
  попа́л)

автобус   bus

тролле́йбус   trolleybus

трамва́й   streetcar, tram

остано́вка (*p мн* **остано́вок**) (**на**)
  stop[1]

метро́ *нескл с*   subway

ста́нция (**на**)   station

сади́ться (**сажу́сь**, **сади́шься**) *нес*,
  куда? to board; *сов* **сесть** (**ся́ду**,
  ся́дешь; **сел**)

переса́дка (*p мн* **переса́док**)
  transfer

переса́живаться *нес*, *куда?*   to
  transfer; *сов* **пересе́сть**
  (**переся́ду**, **переся́дешь**;
  пересе́л)

такси́ *нескл с*   taxi

  брать ~ (**беру́**, **берёшь**) *нес*
    to take a taxi; *сов* **взять** ~
    (**возьму́**, **возьмёшь**; **взял**,
    взяла́)

  лови́ть ~ (**ловлю́**, **ло́вишь**)
    нес   to catch a taxi; *сов*
    пойма́ть ~

стоя́нка (*p мн* **стоя́нок**) (**на**)
  stand

ходи́ть (**хожу́**, **хо́дишь**) *нес*   to go
  (on foot); *опред* **идти́** (**иду́**,
  идёшь; **шёл**, **шла**); *сов*
  пойти́

е́здить (**е́зжу**, **е́здишь**) *нес*   to go
  (by vehicle); *опред* **е́хать** (**е́ду**,
  е́дешь); *сов* **пое́хать**[3]

носи́ть (**ношу́**, **но́сишь**) *нес*   to
  carry; *опред* **нести́** (**несу́**,
  несёшь; **нёс**, **несла́**); *сов*
  понести́

води́ть (вожу́, во́дишь) *нес* to lead; *опред* вести́ (веду́, ведёшь; вёл, вела́); *сов* повести́

вози́ть (вожу́, во́зишь) *нес* to transport; *опред* везти́ (везу́, везёшь; вёз, везла́); *сов* повезти́[3]

лета́ть *нес* to fly; *опред* лете́ть (лечу́, лети́шь); *сов* полете́ть

пла́вать *нес* to swim, sail *опред* плыть (плыву́, плывёшь; плыл, плыла́); *сов* поплы́ть

бе́гать *нес* to run; *опред* бежа́ть (бегу́, бежи́шь, бегу́т); *сов* побежа́ть

по́лзать *нес* to crawl; *опред* ползти́ (ползу́, ползёшь; полз, ползла́); *сов* поползти́

ла́зить (ла́жу, ла́зишь) *нес* to climb; *опред* лезть (ле́зу, ле́зешь; лез, ле́зла); *сов* поле́зть

ката́ть *нес* to roll; *опред* кати́ть (качу́, ка́тишь); *сов* покати́ть

таска́ть *нес* to pull, drag; *опред* тащи́ть (тащу́, та́щишь); *сов* потащи́ть

гоня́ть *нес* to chase; *опред* гнать (гоню́, го́нишь; гнал, гнала́); *сов* погна́ть

броди́ть (брожу́, бро́дишь) *нес* to stroll; *опред* брести́ (бреду́, бредёшь; брёл, брела́); *сов* побрести́[4]

гуля́ть (I) *нес* to go for a walk; *сов* погуля́ть[4]

ката́ться *нес* to go for a ride; *сов* поката́ться[5]

отправля́ться *нес* to depart; *сов* отпра́виться (отпра́влюсь, отпра́вишься)

прибыва́ть *нес* to arrive; *сов* прибы́ть (прибу́ду, прибу́дешь; при́был, прибыла́, при́были)

приближа́ться *нес, к кому, к чему?* to approach; *сов* прибли́зиться (прибли́жусь, прибли́зишься)

удаля́ться *нес, от кого, от чего?* to move away from; *сов* удали́ться

достига́ть *нес, чего?* to reach; *сов* дости́гнуть (дости́гну, дости́гнешь; дости́г, дости́гла)

добира́ться *нес, до чего?* to reach, get as far as; *сов* добра́ться (доберу́сь, доберёшься; добра́лся, добрала́сь)

направля́ться *нес* to be bound for; *сов* напра́виться (напра́влюсь, напра́вишься)

поднима́ться *нес* to ascend; *сов* подня́ться (подниму́сь, подни́мешься; подня́лся, подняла́сь)

спуска́ться *нес* to descend; *сов* спусти́ться (спущу́сь, спу́стишься)

торопи́ться (тороплю́сь, торо́пишься) *нес* to hurry; *сов* поторопи́ться

мча́ться (мчусь, мчи́шься) *нес* to rush; *сов* помча́ться

Vocabulary Notes

[1] Distance in colloquial Russian is not estimated in terms of *blocks* (**кварталы**), as it is in English. Instead, people tend to talk about how many *stops* (**остановки**) there are between two points.

Ближайшая станция метро находится в двух **остановках** отсюда.
The nearest subway station is two stops from here.

[2] Although the words **шофёр** and **водитель** are frequently used synonymously, they do have slightly different meanings. **Шофёр** refers to professional drivers only, while **водитель** is broader in meaning and includes amateur as well as professional drivers.

[3] When the verb **водить** is used in the sense of *to drive*, its direct object (stated or implied) is always a vehicle, never a person. If the direct object is a person, use some form of **возить/везти**. If there is no direct object, use a form of **ехать/ ездить**.

Дядя Коля не умеет **водить** машину.
Uncle Kolya doesn't know how to drive a car.

Папа меня сегодня **везёт** в школу на своей машине.
Daddy is driving me to school in his car today.

Давай **поедем** за́ город.
Let's drive to the country.

[4] The verb **бродить/брести** might also be translated as *to wander*, *to amble*, or *to mosey*. The idea behind the verb is that the motion, although directed, is fairly leisurely. The indeterminate form of this verb is synonymous with the verb **гулять**.

Он **побрёл** в сторону реки.
He strolled off toward the river.

Я люблю **бродить** (**гулять**) по набережной.
I like to stroll on the embankment.

[5] The verb **кататься/покататься** refers to motion for pleasure regardless of the means of transportation.

Мы целый день **катались** на машине по городу.
We drove around town all day.

Я люблю **кататься** на велосипеде.
I like to bicycle.

Давай **покатаемся** по реке.
Let's go for a boat ride on the river.

На автобусной остановке

Подготовительные упражнения

Unprefixed Motion Verbs

Motion verbs present special problems, especially when used in past-tense narrations. The expression *motion verbs* does not refer to all verbs that answer the question **куда?** but rather to a special set of verbs that exhibit certain characteristics. Verbs belonging to this category may be unprefixed or prefixed. Unprefixed motion verbs differ from other verbs in that they have two imperfective forms: determinate and indeterminate. The unprefixed imperfective motion verbs and their perfectives formed with the prefix **по-** are listed below.

Unprefixed Motion Verbs

Imperfectives		Perfective	Meaning
Determinate	Indeterminate		
идти́	ходи́ть	пойти́	*to go (on foot)*
е́хать	е́здить	пое́хать	*to go (vehicle)*
нести́	носи́ть	понести́	*to carry*
вести́	води́ть	повести́	*to lead*
везти́	вози́ть	повезти́	*to transport*
лете́ть	лета́ть	полете́ть	*to fly*
плыть	пла́вать	поплы́ть	*to swim, sail*
бежа́ть	бе́гать	побежа́ть	*to run*

Imperfectives		Perfective	Meaning
Determinate	Indeterminate		
ползти́	по́лзать	поползти́	*to crawl*
лезть	ла́зить	поле́зть	*to climb*
кати́ть	ката́ть	покати́ть	*to roll*
тащи́ть	таска́ть	потащи́ть	*to pull, drag*
гнать	гоня́ть	погна́ть	*to chase*
брести́	броди́ть	побрести́	*to stroll*

The conjugated forms of the unprefixed motion verbs are given to you in the vocabulary at the beginning of this lesson. Pay particular attention to the verb **бежать**, which has an irregular mixture of first- and second-conjugation forms, and to the verbs **водить/вести** (*to lead*) and **возить/везти** (*to transport*), which are easily confused because they are so similar in form. Remember that all the forms of **водить/вести** contain an underlying **-д-**, while the forms of **возить/везти** have an underlying **-з-**.

води́ть	вожу́	(д → ж)	вози́ть	вожу́	(з → ж)
	во́дишь			во́зишь	
вести́ (д → с)	веду́		везти́	везу́	
	ведёшь			везёшь	
	вёл	(д → zero)		вёз	
	вела́	(д → zero)		везла́	

Determinate verbs show motion in one direction, while indeterminate verbs show motion in more than one direction. We may observe this distinction in the following present-tense examples:

PRESENT

Он сейчас **идёт** в магазин.
He is going to the store now.
(Action in progress in one direction.)

Каждое утро она выходит из дома и **идёт** на остановку автобуса.
Every morning she leaves the house and goes to the bus stop.
(Repeated action, but describing one leg of the trip.)

Он сейчас **бродит** по пляжу.
He is strolling around the beach now.
(Action in progress in more than one direction.)

Она весь день **ездит** по городу.
She drives around town all day.
(Repeated action in more than one direction.)

Каждое лето он **ездит** к родителям.
He goes to see his parents every summer.
(Repeated action in more than one direction.)

Саша хорошо **плавает**.
Sasha swims well.
(Ability to perform the action in any direction.)

The same distinctions may be observed in the past and future tenses.

PAST

Вчера когда Игорь **шёл** в поликлинику, он встретил Гену.
Yesterday, as Igor was walking to the clinic, he ran into Gena.
(Action in progress in one direction.)

Каждое утро она вставала поздно, **ехала** на пляж и там загорала, а потом она **шла** в кафе.
Every morning she would get up late, go the beach and sunbathe, and then she would go to a cafe.
(Repeated action in the past, but describing only one leg of the trip.)

Бабочка **летала** по комнате.
A butterfly was flying around the room.
(Action in progress in more than one direction.)

Прошлым летом он **ездил** к родителям.
Last summer he went to see his parents.
(Round trip in the past. This sentence is equivalent to «Прошлым летом он был у родителей».)

Целое лето он **ездил** на пляж.
All summer long he went to the beach.
(Repeated action in the past.)

Дедушка **ходил** с трудом.
Grandfather walked with difficulty.
(Ability to perform the action in any direction.)

FUTURE

Завтра я **буду идти** мимо вашего дома и зайду к вам на полчаса.
Tomorrow, on my way past your house, I'll drop in for half an hour.
(Action in progress in one direction.)

Целый день мы **будем плавать** в море и загорать на пляже.
All day long we'll swim in the sea and sunbathe on the beach.
(Repeated action in more than one direction.)

Павлик, я думаю, скоро **будет** хорошо **плавать**.
I think Pavlik is going to swim well soon.
(Ability to perform the action in any direction.)

Notice that you may use indeterminate imperfective verbs to talk about round trips only when the action has actually been completed. As a result, this construction is used in the past tense but not in the future.

1. *Replace the italicized words in each sentence with one of the determinate motion verbs:* **идти**, **ехать**, **лезть**, **плыть**, **лететь**, **бежать**, **ползти**. *Discuss possible variations.*

1. Самолёт *направляется* из Москвы во Владивосто́к.
2. По дороге *медленно поднимался* в гору грузовик.
3. Мы *направляемся* на лодке через речку.
4. Мы *мчимся* на вокзал за билетами.
5. Поезд медленно *двигался* вдоль перрона.
6. Стюардесса *направляется* по салону в кабину пилота.
7. Велосипедист *двигался* нам навстречу.
8. Смотри! Кошка *поднимается* на крышу к нашим соседям.
9. Я *спешу* к стоянке такси.
10. Пассажиры *направляются* к выходу из аэропорта.
11. Мальчик *быстро спускался* по лестнице во двор.
12. Корабль *направлялся* в Му́рманск.

2. *Rewrite each sentence with one of the transitive motion verbs* **нести**, **вести**, *or* **везти**.

Образец: Завтра я иду со своими детьми в париакмахерскую.
Завтра я веду своих детей в парикмахерскую.

1. Дедушка едет с нами в Москву.
2. Первого сентября родители всегда провожают первоклассников в школу.
3. Милиционеры идут с преступником в милицейскую машину.
4. Мой сосед заболел. Скорая помощь едет с ним в больницу.
5. Мальчик подходит к котёнку, берёт его на́ руки и спускается с ним по лестнице в подвал своего дома.
6. Я покупаю столько продуктов, что мне тяжело идти с сумкой по улице.

7.   На шоссе нам встретилось много грузовиков. На них были легковые машины.

3.   *Fill in each blank with the correct form of one of the verbs given in parentheses. Discuss possible variations.*

1.   Он одиноко _____ (брести/бродить) домой по набережной.

2.   Я _____ (тащить/таскать) по земле свой чемодан, — такой он был тяжёлый.

3.   Когда я был маленьким, мой отец любил _____ (катить/катать) меня на своём велосипеде.

4.   Смотри! Как быстро кошка _____ (бежать/бегать) на чердак!

5.   Мы любили _____ (брести/бродить) по улицам ночного города.

6.   Отец каждый день _____ (вести/водить) дочку в школу.

7.   Каждый день мне приходилось _____ (тащить/таскать) в университет тяжёлые книги.

8.   Старик _____ (нести/носить) тяжёлую сумку с продуктами с рынка.

9.   Эта девочка такая маленькая, а уже хорошо _____ (плыть/плавать).

10.   Какой-то мальчик _____ (катить/катать) большое колесо по дорожке сада.

11.   Я _____ (вести/водить) свою собаку на стрижку.

12.   Когда Машенька плачет, её всегда _____ (нести/носить) на руках.

13.   Отец с гордостью рассказывал гостям, что его дочь в три месяца уже _____ (ползти/ползать), а в восемь месяцев _____ (идти/ходить).

14.   Однажды в детстве мой брат упал с дерева. С тех пор он не любит _____ (лезть/лазить) по деревьям.

15.   Грузовик медленно _____ (ползти/ползать) в гору.

16.   Когда произошла авария, автобус _____ (везти/возить) пассажиров в центр.

4.   *Fill in each blank with the unprefixed motion verb that best translates the English.*

Зажигается зелёный свет. Пешеходы _____ (*are walking*) через дорогу. Я _____ (*am walking*) в толпе по бульвару, как вдруг вижу, что навстречу мне, радостно крича, быстро _____ (*is running*) мой старый приятель Слава. Я _____ (*am carrying*) тяжёлый портфель и поэтому не могу _____ (*run*), но он что-то громко кричит и я начинаю _____ (*to walk*) быстрее. Добежав, наконец, до меня, он возбуждённо говорит: «Ну что ты так медленно _____ (*are crawling*)? Ты, что, _____ (*to run*) разучился? Я увидел тебя ещё у перекрёстка, я на машине и _____ (*am driving*) свою жену за покупками. Если тебе тяжело _____ (*to carry*) портфель, я тебе помогу». Он берёт мой портфель и я медленно _____ (*wander*) за ним к его машине. «Я не знал, что ты уже _____ (*drive*) машину. Ты ведь только что получил водительские права», — говорю я. «Разве ты не видишь, как я теперь зато быстро _____ (*run*). Если ты целый день _____ (*drive*) машину, то потом хочется не _____ (*walk*), а _____ (*run*). Советую тебе тоже получить права и купить машину, — ты будешь не _____ (*crawl*), а _____ (*fly*)».

Perfective Motion Verbs

The perfective forms of motion verbs are formed by adding the prefix **по-** to the determinate imperfective forms of the unprefixed verbs. These perfective forms are used when speaking of future intentions and of future events. Notice, however, in the last example that it is also possible to use the present tense of determinate imperfective motion verbs with future implications.

> Летом я хочу **поехать** в Россию.
> *This summer I want to go to Russia.*

> В перерыв я **пойду** в буфет.
> *I'll go to the snackbar during the break.*

> Завтра я **иду** к врачу.
> *I'm going to the doctor's tomorrow.*

In the past tense, perfective motion verbs formed with the prefix **по-** focus on the beginning of the motion.

> Остановившись у перекрёстка, она подумала и **пошла** вперёд.
> *After stopping at the intersection, she thought a bit and then went ahead.*

> Он запаковал свои чемоданы и **поехал** на вокзал.
> *He packed his bags and left for the station.*

When motion verbs are negated, the indeterminate imperfective focuses on the failure to perform the action itself, while the perfective verb focuses on the failure to achieve one's intentions.

> — Что вы делали в воскресенье?
> — Был дома. Никуда не **ходил**.
> *What did you do on Sunday?*
> *I was home. I didn't go anywhere.*

— Вы вчера были на даче?
— Нет, не **поехали** из-за дождя.
Were you at the dacha yesterday?
No, we ended up not going because of the rain.

Two additional perfective forms may be formed by adding prefixes to the indeterminate forms of the motion verbs. The prefix **по-** added to an indeterminate imperfective motion verb forms a perfective verb with the additional connotation of time limitation.

Он **походил** по комнате и снова сел.
He walked around the room a bit and then sat down again.

The prefix **с-** added to an imperfective motion verb forms a perfective verb that is used to speak of round trips. These verbs are used when the speaker wishes to focus on the result of the action rather than on the mere fact of its having taken place.

Вчера мы **ходили** в кино.
Yesterday we went to the movies.
(Focuses on the action rather than on the result. This sentence is equivalent to «Вчера мы были в кино».)

Я **сходил** в магазин за продуктами и начал готовить обед.
I went to the store for groceries and started fixing dinner.
(Focuses on the result. The first action must produce a result before the second action can occur.)

5.   *Fill in each blank with the appropriate form of* **идти**, **ходить** *or* **пойти**. *Discuss possible variations.*

1.   Куда вы _____ каждый вечер?

2.   Куда ты _____ сегодня вечером?

3.   Завтра моя племянница _____ в поликлинику.

4.   На прошлой неделе я _____ на новоселье.

5.   Когда я _____ к вам, у меня заболел зуб. Дайте мне, пожалуйста, аспирин.

6.   Пока я _____ в магазин, мою квартиту ограбили.

7.   Когда я _____ мимо аптеки, я куплю зубную пасту.

8.   Я часто _____ гулять на набережную.

9.   В прошлое воскресенье мы _____ смотреть новый памятник на бульваре.

10.   Когда я _____ к остановке сегодня, я была свидетелем аварии.

Подземный переход

Prefixed Motion Verbs

Prefixed motion verbs are formed by adding prefixes to the imperfective forms of the unprefixed motion verbs. Prefixes added to indeterminate imperfective verbs form imperfective verbs, while prefixes added to determinate imperfective verbs form perfective verbs. In other words, prefixed motion verbs do not distinguish between determinate and indeterminate forms.

	Imperfective		Perfective
Unprefixed	идти	ходить	пойти
Prefixed		приходить	прийти

Some motion verbs are "defective," that is, they cannot combine with prefixes. The verbs whose indeterminate forms are not directly prefixable and their prefixable counterparts are: **идти́/-йти́, е́здить/-езжа́ть, бе́гать/-бега́ть, пла́вать/-плыва́ть, броди́ть/-бреда́ть, по́лзать/-ползáть, лáзить/-лезáть, таскáть/-тáскивать,** and **катáть/-кáтывать.** You should also note that prefixes ending in a consonant add **-о-** before combining with forms of **идти** and of **гнать** and that they add **-ъ-** before combining with forms of **ехать/-езжать: войти, вошёл, въехать, въезжать.**

Some prefixed motion verbs are fairly general in meaning and can be used with a number of prepositions, while others are quite limited in meaning and can only be used with certain prepositions. The most common prefixes and the prepositions normally associated with them are listed below. Pairs of prefixes that are opposite in meaning are listed together.

в-/вы- (*in* and *out*)

> Мы **въехали** в деревню.
> *We drove into the village.*

> Мы **выехали** из деревни.
> *We drove out of the village.*

при-/у- (*arriving* and *departing*)

> Он **приехал** из деревни.
> *He came from the village.*

> Он **уехал** в город.
> *He left for the city.*

под-/от- (*toward* and *away from*) *к чему?, от чего?*

> Троллейбус **подошёл** к остановке.
> *The trolley pulled up to the stop.*

Троллейбус **отошёл** от остановки.
The trolley pulled away from the stop.

за- (*to deviate from one's path*)

По дороге домой я **зашёл** в аптеку.
I dropped by the drugstore on my way home.

пере- (*to cross, transfer*) *что?* and *через что?*

Мы **переплыли** реку.
We swam across the river.

Мы **перешли** через улицу.
We crossed the street.

Мы **переехали** на новую квартиру.
We moved to a new apartment.

Other prefixes that you may also want to use include:

до- (*to reach a point*) *до чего?*

Он **дошёл** до конца квартала.
He walked to the end of the block.

про- (*through* and *past*) *через что?*, *мимо чего?*

Мы **прошли** через толпу людей к выходу.
We passed through a crowd of people to get to the exit.

Мы **прошли** мимо памятника Гоголю.
We walked past the statue of Gogol.

об- (*around*) *что?* and *вокруг чего?*

Мы **обогнали** грузовик.
We passed a truck.

Мы **обошли** вокруг дома.
We walked around the house.

вз-/с- (*up* and *down*)

Я **взбежал** на второй этаж.
I ran up to the second floor.

Рыжий кот **слез** с крыши.
The orange cat climbed down off the roof.

с- -ся/раз- -ся (*together* and *apart*)

Все родственники **съехались** на свадьбу.
All of the relatives got together for the wedding.

Гости **разошлись** по домам.
The guests went to their homes.

In general, the two aspects of the prefixed verbs of motion are used in much the same way that aspectual pairs of other verbs are used, that is, the imperfective form of the verb focuses on the action itself, while the perfective partner focuses on the result. There are, however, some peculiarities of motion-verb usage that you should note.

In the past tense, the imperfective aspect shows that the action took place without any reference to its result. It can be used to refer either to a round trip in the past or to an action whose result has been "undone."

В прошлое воскресенье ко мне **приходили** гости.
I had company on Sunday.

The perfective aspect, on the other hand, shows that the result of the action is still relevant at the moment of speaking.

Я **принёс** вам лекарства, вот они.
I brought you your medicine; here it is.

Translating *to Bring, to Take,* and *to Leave*

There are a few English words that may be translated by more than one Russian motion verb depending on the context in which they are used. Two of these words are *to bring* and *to take*. The English verb *to bring* implies motion toward the speaker and is usually best translated into Russian by a transitive motion verb beginning with the prefix **при-**. The English verb *to take* implies motion away from the speaker and is often best translated into Russian by a transitive motion verb beginning with the prefix **у-**. Motion verbs prefixed with **у-**, however, suggest complete absence and are not used when talking about delivering a person or a thing to a destination. In those instances, one uses a verb beginning with the prefix **от-** instead. Transitive motion verbs beginning with the prefix **от-** cannot be used without a statement of destination.

Принеси мне, пожалуйста, чистую ложку.
Bring me a clean spoon, please.

Унеси кота отсюда, он царапает диван.
Take the cat out of here; he's scratching the couch.

Я **отнесла** все книги в библиотеку.
I took all my books back to the library.

Хозяин **отвёз** гостей домой.
The host took the guests home.

Another English word that presents translation problems is *to leave*. The most common way to translate this word into Russian is with a motion verb beginning with the prefix **у-**. Once again, this prefix implies complete absence.

— Где Алексей?
— Он **ушёл**.
Where's Aleksey?
He's gone.

It is also possible to translate *to leave* with a perfective motion verb beginning with the prefix **по-**. These verbs are virtually synonymous with verbs beginning with the prefix **у-**, but they cannot be used without stating where the subject of the verb has gone.

— Где Алексей?
— Он **пошёл** (ушёл) к другу.
Where's Aleksey?
He's gone to his friend's.

One may also translate *to leave* with a motion verb beginning with the prefix **вы-**. The first two examples below illustrate the difference between verbs beginning with the prefix **у-**, which focus on complete absence, and those beginning with the prefix **вы-**, which suggest that the subject has left for a short time. It is also possible to use motion verbs beginning with the prefix **вы-** to focus on the point of departure rather than on the absence itself.

Следователь Про́нин уже **ушёл** домой. Он будет завтра утром.
Inspector Pronin has already gone home. He'll be here tomorrow morning.

Следователь **вышел** на несколько минут. Он скоро вернётся.
The inspector has stepped out for a few minutes. He'll be right back.

Мы обычно **выходим** из дома каждый день в 7 часов.
We usually leave home every day at 7 o'clock.

Мы **выехали** из города и поехали по шоссе.
We left the city and set off down the highway.

Finally, it is also possible to translate *to leave* with a motion verb beginning with the prefix **от-**, especially when speaking of vehicles that pull away from their points of departure.

> Поезд **отходит** в 17.05.
> *The train leaves at 17:05.*

> Автобус только что **отошёл** от остановки.
> *The bus had just left the stop.*

6. *Fill in each blank with a prefixed motion verb beginning with the prefix* **в-**, **вы-**, **при-**, **у-**, **под-**, *or* **от-**. *Pay particular attention to problems of aspect. Discuss possible variations. When you are satisfied with your answers, retell the story in your own words.*

К нам во двор _____ (ехать/-езжать) пожарная машина. Конечно, все, кто в это время находился дома, _____ (бежать/-бегать) во двор. Следом за пожарниками _____ (ехать/-езжать) милицейская машина, из которой _____ (-йти/ходить) два милиционера. Милиционеры начали _____ (гнать/гонять) любопытных жильцов от пожарной машины. Пожарники, тем временем, _____ (тащить/-таскивать) из машины лестницу и милиционеры _____ (лезть/-лезать) по ней через окно на чердак. Минут через пять испуганные жители дома услышали два выстрела и из парадной милиционеры _____ (вести/водить) молодого широкоплечего парня в наручниках, — видимо преступника, прятавшегося на чердаке. Следом за ними _____ (-йти/ходить) второй милиционер, который _____ (нести/носить) тяжёлый чемодан. Он крикнул пожарникам, чтобы они поднялись на чердак и _____ (нести/носить) остальные награбленные вещи. Парня посадили в милицейскую машину и, когда машина _____ (ехать/-езжать) к выезду со двора и затормозила, жильцы дома узнали арестованного. Это был Константин Птичкин, известный в нашем районе хулиган и грабитель. Милиционеры _____ (везти/возить) преступника, пожарная машина тоже _____ (ехать/-езжать) и все спокойно разошлись по домам.

7. *Fill in each blank with a motion verb beginning with the prefix* **вы-**, **у-**, *or* **от-**.

Обвинение и оправдание

Валентин стоял у окна и думал. Вчера его жена Галя _____ (*left*) с работы. Она давно жаловалась на своего начальника, который, как ей казалось, хотел её выгнать с работы. Однажды она _____ (*left*) из своей лаборатории в коридор и увидела, что он _____ (*was taking*) из кабинета секретные материалы. Увидев Галю, начальник быстро _____ (*left*) к себе. С тех пор они перестали разговаривать друг с другом. А вчера Галя сказала, что ей нужно _____ (*leave*) из лаборатории на обед, но она вернулась раньше обычного. Когда она открыла дверь, она увидела, что начальник что-то ищет в ящиках её стола. Заметив Галю, он быстро _____ (*left*) от стола, и сделал вид, что ничего не случилось. Галя сразу же _____ (*left*) из лаборатории и расстроенная вернулась домой. Валентин согласился с тем, что всё это очень подозрительно, и они решили, что пока Гале следует _____ (*leave*) к матери в деревню. Валентин _____ (*took*) жену на вокзал и подождал, пока не _____ (*left*) поезд.

«Что делать дальше?» — подумал Валентин и _____ (*left*) от окна. Под окном на улице он заметил машину, которая _____ (*left*) от его дома и двух подозрительних парней в чёрных плащах.

(*Продолжение следует*)

8. *Fill in the blanks with appropriate forms of the motion verbs* **нести**, **вести**, **везти**. *Add prefixes as necessary.*

Обвинение и оправдание

Двое в плащах поднялись в квартиру Валентина. Они сказали ему, что они должны _____ его в определённое место. Они _____ его из квартиры, _____ до лифта и спустились с ним на первый этаж. Его _____ к машине, велели туда сесть и поехали. Его _____ куда-то на окраину города, _____ из машины и _____ через дорогу.

«Куда же меня _____?» — подумал Валентин. Его _____ по длинному коридору и _____ в огромную пустую комнату. Через минуту в комнату _____ два чемодана его жены. Их открыли, и Валентин с ужасом увидел, что в чемоданах вместо вещей лежат секретные документы с завода, где работала Галя.

(*Окончание следует*)

9. *Fill in each blank with the appropiate form of the given word using the prefixes* **за-**, **пере-**, **об-**, **вз-**, **с-**, **до-**, *or* **у-**. *Discuss possible variations.*

1. По дороге домой я _____ (*dropped in*) в магазин за хлебом.

2. Самолёт _____ (*took off*) и стал плавно подниматься вверх.

3. Мы _____ (*dropped by*) за приятелем на машине и поехали зá город.

4. Самолёт _____ (*reached*) до Смоленска за полтора часа.

5. Мы _____ (*are moving*) на новую квартиру. Грузчики _____ (*will move*) мебель весь день.

6. Никто не может _____ (*cross*) речку в этом месте.

7. Мы _____ (*moved*) телевизор к себе в спальню, чтобы дети меньше его смотрели.

8. Мы _____ (*ran*) до остановки автобуса, но автобус уже _____ (*left*).

9. Они _____ (*flew*) вокруг озера, но не нашли пропавшей лодки.

10. Мы _____ (*ran*) вниз по лестнице.

11. Осторожно _____ (*cross*) улицу, — на этом перекрёстке всегда много машин.

10. *Here is part of a letter from two students who have just arrived in Saint Petersburg. Fill in each blank with the motion verb that best translates the given word. When you have finished, describe their walk in your own words. Use the map to trace their route.*

_____ (*Having arrived*) в Санкт Петербург, мы поселились в гостинице «Петербург», которая находится на Пироговской набережной. Рано утром мы _____ (*left*) из гостиницы и _____ (*set off*) по набережной Невы́ до Лите́йного моста. По мосту мы _____ (*crossed*) Неву и повернули направо на Куту́зовскую набережную. _____ (*Having crossed*) через Тро́ицкий мост, мы _____ (*walked up*) к музею Петра I. Он был закрыт, и мы не смогли _____ (*go in*) в него, но _____ (*walked around*) его со всех сторон. Дальше мы _____ (*came out*) на улицу Ку́йбышева и _____ (*having gone*) по ней довольно далеко, _____ (*came out*) к мосту, по которому _____ (*reached*) до своей гостиницы. Мы очень устали, но решили вечером _____ (*to go*) погулять по Не́вскому проспекту.

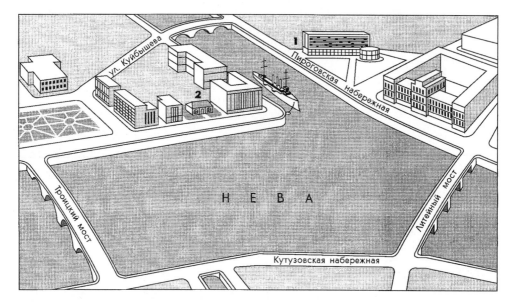

1. Гостиница «Петербург»   2. Домик-музей Петра I

11.   *Translate into idiomatic Russian.*

Dear Mila!

I am writing to you from Saint Petersburg, where Susan and I arrived last night. We flew into Pulkovo Airport (**аэропорт «Пу́лково»**), a modern airport located on the outskirts of town. From the airport we went to the bus stop, and then when the bus came, we got on and set off for town. We reached our dormitory easily without any transfers, took our suitcases to our room, and then ran to see the city. First we walked to the end of the block, and then we turned right and walked two–three blocks along the embankment toward the center of town, turned left, and went as far as Nevsky Prospect (**Невский проспект**). We wandered around Nevsky for several hours, but then we got tired and took a cab. Tomorrow we will go to see the Winter Palace (**Зимний дворец**), Kazan Cathedral (**Каза́нский собор**), and the Bronze Horseman (**Ме́дный вса́дник**), the famous monument to Peter I.

It's easy to get around town here by bus, trolley, and subway. Wish you were here! (**Как жалко, что тебя здесь нет!**)

Hugs (**Обнимаю**),
Masha

В вагоне метро

Прослушивание текста

 In this excerpt from Viktoria Tokareva's story «Центр памяти», you will hear how Varvara Timofeevna visited Sonya in Leningrad. Listen to the text and answer the questions.

Словарь

сги́нуть   *disappear*   телогре́йка   *quilted jacket*

Вопросы

1. Где живёт Соня?
2. Кем она раньше работала?
3. С кем она сейчас живёт?
4. Что случилось с её сыном?
5. Опишите дом, мимо которого шла Варвара Тимофеевна.
6. Как была одета Соня, когда она подошла к двери?
7. Как вы думаете, сколько сейчас Соне лет?
8. В какой квартире, вы думаете, она живёт?
9. Зачем она нужна Варваре Тимофеевне?
10. Опишите как Варвара Тимофеевна к ней добиралась.

Чтение

1. *These two excerpts are told from the point of view of Vitya, one of the heroes of Vasily Aksyonov's 1961 story «Звёздный билет». Read the texts quickly, and then answer the questions that follow.*

> Я ЧЕЛОВЕК ЛОЯЛЬНЫЙ. Когда вижу красный сигнал «стойте», стою. И иду только, когда увижу зелёный сигнал «идите». Дургое дело — мой младший брат. Димка всегда бежит на красный сигнал. То есть он просто всегда бежит туда, куда ему хочется бежать. Он не замечает никаких сигналов. Выходит из булочной с батоном в хлорвиниловой сумке. Секунду смотрит, как заворачивает за угол страшноватый сверкающий «Понтиак». Потом бросается прямо в поток машин. Я смотрю, как мелькают впереди его чешская рубашка с такими, знаете ли, искорками, штаны неизвестного мне происхождения, австрийские туфли и стриженная под французский ёжик русская голова. Благополучно увильнув от двух «Побед», от «Волги» и «Шкоды», он попадает в руки постового. За моей спиной переговариваются две старушки:
> — Сердце захолоднуло. Ну и психи зти нынешние!
> — Штаны-то наизнанку, что ли, надел? Все швы наружу.

Зажигается зелёный свет. Я пересекаю улицу. У будки
регулировщика Димка бубнит:

— И паспорта нету и денег...

Я плачу пять рублей и получаю квитанцию. Дальше мы идём
вместе с моим младшим братом.

— Чудак, — говорит он мне, — деньги мильту отдал. Вот чудак!

— Увели бы тебя сейчас, — говорю я.

— Как же, увели бы!...

Димка свистит и смотрит по сторонам. Бросает пятак
газировщице, пьёт «чистенькую». Я жду, пока он пьёт. Идём дальше.
Приближаемся к нашему дому.

У нас внутренний четырёхугольный двор. В центре маленький
садик. Низкий мрачный тоннель выводит на улицу. Наш папа, старый
чудак, провожая гостей через двор, говорит: «Пройдём через
патцио». А проходя по нашим длинным, извилистым коридорам, он
говорит, что один воин с кривым ятаганом сможет сдержать здесь
натиск сотни врагов. Таким образом он выражает свою иронию по
отношению к нашему дому, который до революции назывался
«Меблированные комнаты «Барселона». Я поселился здесь двадцать
восемь лет назад, сразу же после выхода из роддома. Спустя
одиннадцать лет то же самое сделал Димка. В нашем доме мало
новых жильцов, большинство — старожилы. Вот появляется из-под
арки пенсионерка княжна Бельская. Она несёт бутылку кефира. Её
сухие ноги в серых чулках похожи на гофрированные трубки
противогаза. Много лет княжна проработала в регистратуре нашей
поликлиники и вот теперь, как всякий трудящийся, пользуется
заслуженным отдыхом.

Это час возвращения с работы. Торопливой походкой заочника
проходит шофёр Петя Кравченко. Пробегают две девушки — Люся и
Тамара, продавщицы из «Галантереи». Один за другим проходят
жильцы: продавцы, и рабочие, и работники умственного труда,
похожие на нашего папу. Есть среди наших жильцов и закоренелые
носители пережитков прошлого: алкоголик Хромов, спекулянт Тима
и склочница тётя Эльва. Преступный мир представляет недавно
вернувшийся из мест не столь отдалённых Игорь-Ключник.

Все эти люди, возвращаясь откуда-то от своих дел, проходят в
четыре двери и по четырём лестницам проникают внутрь нашей
доброй старой «Барселоны», тёплого и тёмного, скрипучего, всем
чертовски надоевшего и каждому родного логова.

1. Какой у Вити характер? Сравните его характер с характером его
   младшего брата.

2. Опишите Диму.

3. Расскажите, как Дима переходит улицу.

4.   Что говорят старушки о внешности Димы и о его поведении?

5.   Опишите дом, где живут Витя и Дима.

6.   Кто ещё живёт в этом доме? Что мы знаем об отношении жильцов к жизни в «Барселоне»?

7.   Как относятся друг к другу Витя и Дима?

8.   С кем из двух братьев вы бы хотели подружиться?

Словарь

бубни́ть	*to mutter*	ны́нешний	*today's*
бу́дка	*booth*	пережи́ток	*survival*
во́ин	*fighting man*	постово́й	*милиционер*
газиро́вщица	*soda vendor*	пото́к	*stream*
гофриро́ванный	*corrugated*	противога́з	*gas mask*
ёжик	*crew cut*	пята́к	*5 копеек*
закоренéлый	*inveterate*	регулиро́вщик	*милиционер*
зао́чник	*correspondence student*	свисте́ть	*to whistle*
заслу́женный	*well-earned*	скло́чница	*scandal monger*
захолодну́ть	*стать холодно*	скрипу́чий	*creaky*
изви́листый	*winding*	увильну́ть	*to evade*
и́скорка	*fleck*	у́мственный	*mental*
криво́й	*crooked*	хлорвини́ловый	*plastic*
ло́гово	*lair*	чертóвски	*to death*
мелька́ть	*to flash*	чи́стенькая	*soda water*
мильт	*милиционер*	чуда́к	*weirdo*
наизна́нку	*inside out*	шов	*seam*
нару́жу	*outside*	штаны́	*брюки*
на́тиск	*onslaught*	ятага́н	*saber*

2.   *Retell this episode from the point of view of Dima. What words will he use to describe his older brother?*

Сочинение

Экскурсия по московскому Кремлю

You have been living and studying in Moscow for six months now and feel fairly comfortable in the city. A friend of yours has just arrived for a short visit.

Use this picture of Red Square and the Moscow Kremlin to plan an outing with your friend. Discuss alternate routes and places of interest that you may expect to see along the way.

1. Храм Васи́лия Блаже́нного   2. Памятник Ми́нину и Пожа́рскому
3. Мавзолей Владимира Ильича Ленина   4. Исторический музей
5. Александро́вский сад   6. Тро́ицкая башня   7. Кремлёвский Дворец съездов
8. Царь-пушка   9. Собо́рная площадь   10. Царь-колокол

At the end of the day, write a letter to a friend who lives in the States describing what you actually did. Be careful not simply to list the places you walked past but to talk about some of the things you did that made the day interesting.

Задания

1. *These are automobile accidents that occured in a single day in Moscow. You have been employed by an insurance agency (**страховое агенство**) that is thinking of opening a branch in Moscow. Prepare a report on the accidents, complete with diagrams, for your employer.*

   В 19.05 на Широкой улице автомобиль «Та́врия», управляемый 37-летним Владимиром Ермако́вым, директором фирмы «Абсолю́т», столкнулся с автомобилем ВАЗ-2109, которым управлял 23-летний Тиму́р Чали́дзе. Водитель «Таврии» доставлен в городскую клиническую больницу № 20 с переломом правой ноги.

В 19.45 на Дми́тровском шоссе автомобиль Fiat-280, которым управлял 28-летний гражданин Италии Гро́ссо Нау́ро, сотрудник фирмы «Ко́дест», сбил неизвестного мужчину. Пострадавший скончался на месте происшествия до прибытия «скорой помощи».

В 20.00 на Мичу́ринском проспекте автомобиль «Запоро́жец»-1102, которым управлял 45-летний Виталий Весняко́в, сотрудник дипломатического корпуса, наехал на 72-летнюю Евдоки́ю Ве́ршину, переходившую дорогу вне зоны пешеходного перехода. Пострадавшая доставлена в больницу № 64 с переломом плеча.

2. *Describe the pictures.*

3. *A family of recently arrived Russian immigrants wants to take a walking tour of your town. Tell them where they should go and what they should expect to see along the way.*

4. *The magazine containing the conclusion of «Обвинение и оправдание» (Exercises 8-9) was lost in the mail. Invent your own thrilling conclusion.*

5. *Solve the problems.*

Пассажир опаздывал на самолёт и бежал, размахивая двумя чемоданами. Из первого чемодана выпало 45 разных вещей, а из второго вещей выпало в 3 раза больше. Сколько всего вещей выпало из чемоданов пассажира, опаздывавшего на самолёт?

Приближаясь к дереву со скоростью 18 км в час, велосипедист Артур мечтает покатать на своём велосипеде красавицу Катю. Как долго продлятся Артуровы мечты, если до дерева осталось 25 метров?

Урок № 9

Все дороги ведут в Рим

Словарь

желе́зная доро́га   railroad
железнодоро́жный   railroad,
   railway
по́езд (*мн* **поезда́**)   train
   ско́рый ~   express train
   пассажи́рский ~   passenger
      train
   това́рный ~   freight train
электри́чка (*р мн* **электри́чек**)
   commuter train

ваго́н   coach, railway car
   мя́гкий ~   first-class coach
   купе́йный ~   sleeping car
купе́ *нескл с*   sleeping compartment

по́лка (*р мн* **по́лок**)   berth
   ни́жняя ~   lower berth
   ве́рхняя ~   upper berth
вокза́л (**на**)   terminal
перро́н (**на**)   platform
проводни́к; проводни́ца
   conductor
носи́льщик   porter
теле́жка (*р мн* **теле́жек**)   cart

самолёт   airplane
рейс   flight[1]
поса́дка (*р мн* **поса́док**)   boarding
взлета́ть *нес*   to take off; *сов*
   взлете́ть (**взлечу́, взлети́шь**)

аэропо́рт (в аэропорту́) airport

бортпроводни́к; бортпроводни́ца
flight attendant

грани́ца border

    быть за грани́цей to be
abroad

    е́здить за грани́цу (е́зжу,
е́здишь) *нес* to go abroad;
опред е́хать за грани́цу
(е́ду, е́дешь); *сов* пое́хать за
грани́цу

тамо́жня (на) customs

    проходи́ть тамо́жню
(прохожу́, прохо́дишь) *нес*
to go through customs; *сов*
пройти́ тамо́жню (пройду́,
пройдёшь; прошёл,
прошла́)

путеше́ствие journey, travel[2]

путеше́ствовать (путеше́ствую,
путеше́твуешь) *нес* to travel[2]

пое́здка (*р мн* пое́здок) trip[2]

командиро́вка (*р мн*
командиро́вок) business trip[2]

о́тпуск (*мн* отпуска́) vacation[2]

кани́кулы (*р* кани́кул) (на)
school vacation[2]

собира́ться *нес* to plan; to get
ready; *сов* собра́ться (соберу́сь,
соберёшься; собра́лся,
собрала́сь)[3]

пакова́ть (паку́ю, паку́ешь) *нес*
to pack; *сов* запакова́ть

бага́ж (*р* багажа́) baggage

чемода́н suitcase

су́мка (*р мн* су́мок) bag

рюкза́к (*р* рюкзака́) backpack

провожа́ть *нес* to see off; *сов*
проводи́ть (провожу́,
прово́дишь)

гости́ница hotel

но́мер (*мн* номера́) room

ключ (*р* ключа́) *от чего?* key

ночева́ть (ночу́ю, ночу́ешь) *нес*
and *сов* to spend the night

спу́тник; спу́тница traveling
companion

вре́мя (*р* вре́мени, *тв* вре́менем,
мн времена́, времён,
времена́х) time

    ~ го́да season

вре́мя от вре́мени from time to
time

в/за после́днее время recently[4]

вре́менный temporary

раз (*мн* разы́, раз) instance,
occasion

календа́рь *м* (*р* календаря́)
calendar

число́ date

да́та date

часы́ (*р* часо́в) clock, watch

    ста́вить (ста́влю, ста́вишь) ~
нес to set a clock; *сов*
поста́вить ~

спеши́ть *нес* to run fast

отстава́ть (отстаю́, отстаёшь)
нес to run slow

секу́нда second

мину́та minute

час (*р* часа́, в часу́, *мн* часы́)
hour

су́тки (*р* су́ток) 24-hour period

у́тро morning

у́тренний morning

день (*р* дня) day

    выходно́й ~ day off

дневно́й day, daytime

по́лдень (*р* по́лдня) noon

ве́чер (*мн* вечера́) evening

вече́рний evening

ночь *ж* night

ночно́й night

по́лночь *ж* midnight

бу́дни (*р* бу́дней) weekdays

неде́ля week

век (*мн* **века́**) century
год (**в году́**, *мн* **го́ды, годо́в**)
  year
весна́ (*мн* **вёсны, вёсен, вёснах**)
  spring
весе́нний spring
ле́то summer
ле́тний summer
о́сень *ж* autumn
осе́нний autumn
зима́ (*мн* **зи́мы**) winter
зи́мний winter

сего́дня *нареч* today
сего́дняшний today's
вчера́ *нареч* yesterday
вчера́шний yesterday's
позавчера́ *нареч* day before
  yesterday
за́втра *нареч* tomorrow
за́втрашний tomorrow's
послеза́втра *нареч* day after
  tomorrow
накану́не *чего?* the day before

про́шлое (*р* **про́шлого**) the past
про́шлый past, last[5]
бы́вший former
пре́жний previous
предыду́щий preceding
настоя́щее (*р* **настоя́щего**) the
  present
настоя́щий present
бу́дущее (*р* **бу́дущего**) the future
бу́дущий future, next[6]
сле́дующий next[6]

зара́нее *нареч* beforehand, in
  advance
снача́ла *нареч* at first
пото́м *нареч* then, next[7]
зате́м *нареч* subsequently
тогда́ *нареч* then[7]

пока́ while, until[8]
во вре́мя *чего?* during[9]
в тече́ние *чего?* during[9]
одновреме́нный simultaneous

ра́нний (*ср* **ра́ньше**) early
по́здний (*ср* **по́зже**) late
после́дний last, latest[5]
успева́ть *нес* to have time; to be
  on time; *сов* **успе́ть** (I)[10]
опа́здывать *нес, куда?* to be late;
  сов **опозда́ть**
во́время *нареч* in/on time
нача́ло beginning
начина́ть *нес* to begin; *сов*
  нача́ть (**начну́, начнёшь;**
  на́чал, начала́); *возвр*
  начина́ться/нача́ться
середи́на middle
коне́ц (*р* **конца́**) end
конча́ть *нес* to finish; *сов*
  ко́нчить; *возвр* **конча́ться/**
  ко́нчиться
продолже́ние continuation
продолжа́ть *нес* to continue; *сов*
  продо́лжить; *возвр*
  продолжа́ться/продо́лжиться

сложе́ние addition
скла́дывать *нес* to add; *сов*
  сложи́ть (**сложу́, сло́жишь**)[11]
прибавля́ть *нес, к чему?* to add;
  сов **приба́вить** (**приба́влю,**
  приба́вишь)[11]
вычита́ние subtraction
вычита́ть *нес, из чего?* to
  subtract; *сов* **вы́честь** (**вы́чту,**
  вы́чтешь; вы́чел, вы́чла)[11]
отнима́ть *нес, от чего?* to
  subtract; *сов* **отня́ть** (**отниму́,**
  отни́мешь; о́тнял, отняла́)[11]
умноже́ние multiplication
умножа́ть *нес, на что?* to
  multiply; *сов* **умно́жить**[11]
деле́ние division

дел

́

ть (дел

ю

́

, де

́

лишь) *нес, на* | с

у

́

мма sum
что? to divide; *сов* | ра

́

зность *ж* difference
раздел

и

́

ть[11] | результа

́

т result

Vocabulary Notes

[1] The word **рейс**, which is best translated as *flight* when referring to air travel, may be applied to scheduled trips by other means of transportation as well.

Да

́

йте мне, пожа

́

луйста, два биле

́

та на **рейс** № 131.
Please give me two tickets for filght No. 131.

Объявля

́

ется поса

́

дка на **рейс** Москва–Санкт-Петербург на перро

́

не № 3.
Now announcing boarding for the Moscow–Saint Petersburg train on platform 3.

[2] The English word *trip* may be translated a number of ways in Russian. One way is to use one of the motion verbs or to use the verb **путешествовать**. **Путешествовать** may either be used to answer the question **куда?** or with the preposition **по** and the dative case.

Как вы **съе

́

здили**?
How was your trip?

Я **е

́

здил** на Аля

́

ску.
I took a trip to Alaska.

Я **путеше

́

ствовала** на Аля

́

ску.
I took a trip to Alaska.

Я **путеше

́

ствовал** по Аля

́

ске.
I traveled around Alaska.

It is also possible to translate *trip* by using one of the nouns **поездка, путешествие, командировка, отпуск,** or **каникулы. Поездка** is the most general of these words and may be used for business as well as pleasure trips. **Путешествие** generally refers to pleasure trips, while **командировка** is reserved for business trips. When speaking of a *trip* or a *vacation* (**отпуск, каникулы**), remember to use **в** or **на** and the accusative case when answering the question **куда?** (*going* on a *trip*) and **в** or **на** and the prepositional case when answering the question **где?** (*being* on a *trip*).

Во вре

́

мя на

́

шего **путеше

́

ствия** я заболе

́

ла воспале

́

нием лёгких.
During our trip I came down with pneumonia.

У нас была прекрасная **поездка**. Мы побывали в трёх странах!
We had a wonderful trip. We visited three countries!

Каждую неделю я езжу **в командировку** в Москву.
I make a business trip to Moscow every week.

В отпуск мы поедем за границу.
We're going abroad on our vacation.

Когда мы были **в отпуске** за границей, мы потеряли чемодан.
When we were on our vacation abroad, we lost a suitcase.

If you want to tell someone *Have a good trip!*, use the set phrase **Счастли́вого пути́!**

[3] When used with an infinitive complement, the verb **собираться** means *to plan to do something*. Used without a complement, however, it may mean *to get ready* (for a trip, for example).

Летом мы **собираемся** ехать в Европу.
In the summer we are planning to go to Europe.

Мы так долго **собирались**, что чуть не опоздали на поезд.
We took so long getting ready that we almost missed the train.

[4] Use **в последнее время** when stressing the action and **за последнее время** when stressing the result.

В последнее время я часто езжу в командировки.
I've been taking a lot of business trips recently.

За последнее время я прочла два интересных романа.
I've read two interesting novels recently.

[5] The words **прошлый** and **последний** are easily confused because they both are translated as *last* in English. **Прошлый** means *last* in the sense of *past*, while **последний** means *last in a sequence*.

На **прошлой** неделе я ездила к родителям.
I visited my folks last week.

Я тебе это говорю в пятый и **последний** раз!
I am telling you this for the fifth and last time!

[6] The words **будущий** and **следующий** may both be translated as *next*. **Будущий** means *next* in the sense of *future*, while **следующий** means *next in sequence*.

Какие у тебя планы на **будущий** год?
What are your plans for next year?

Три года назад я был во Франции. А в **следующем** году я поехал в Грецию.
Three years ago I was in France. The next year I went to Greece.

[7] **Потом** means *then* in the sense of *next in a sequence*. **Тогда** means *then* in the sense of belonging to some time in the past. **Тогда** may also be used to introduce a result.

Гриша встал и походил по комнате. **Потом** он снова сел и начал что-то писать.
Grisha stood up and walked around the room a bit. Then he sat down again and started writing something.

Я **тогда** ещё не знала, что поеду летом в Европу.
I still didn't know then that I was going to Europe in the summer.

Если ты не хочешь со мной ехать за город, **тогда** я поеду одна.
If you don't want to go to the country with me, then I'll go by myself.

[8] **Пока** is translated as *while* when used in a clause whose action is simultaneous with that of the main clause of the sentence. It is translated as *until* when used in a clause with a negated verb. Perfective verbs are preferred in sentences of the latter type.

Пока мы ждали поезда, мы стояли на перроне.
While we waited for the train, we stood on the platform.

Мы стояли на перроне, **пока не** отошёл поезд.
We stood on the platform until the train left.

Не беспокойся, если ты будешь опаздывать. Мы будем ждать, **пока** ты **не** придёшь.
Don't worry if you're running late. We'll wait until you come.

If, however, you want to say that something did *not* happen *until* a certain time, use a positive verb and **только** in Russian.

Саша обещал прийти до часа, но он пришёл **только** в два часа.
Sasha promised to come before one, but he didn't come until two o'clock.

[9] **Во время** literally means *at the time of*, while **в течение** means *in the course of* something.

Во время моего превыбания в Москве я познакомился со многими приятными людьми.
During my stay in Moscow I met a lot of nice people.

В течение зимы я два раза болела гриппом.
During the winter I had the flu twice.

Посадка на самолёт

[10] As a rule, the verb **успевать/успеть** is used with perfective infinitives.

Я не **успела** написать сегодняшнее задание.
I didn't have time to do today's homework.

[11] The verb **складывать/сложить** means to add two numbers together: **складывать два числа**. **Прибавлять/прибавить** means to add one number to another: **к пяти прибавить два**. **Вычитать/вычесть** and **отнимать/отнять** are synonymous, but they are used with different prepositions: **из пяти вычесть два, от пяти отнять два**. If you wish to multiply or divide *by* something, use the preposition **на**: **пять умножить на два, шесть разделить на два**.

Подготовительные упражнения

Numbers

Numbers may be ordinal, in which case they answer the question **какой?** (or **который?** in the sense of *which of a given number*), or they may be cardinal, in which case they answer the question **сколько?**.

— **Какой** урок мы сейчас проходим?
— **Девятый**.
Which lesson are we covering now?
The ninth one.

— **Которая** из этих женщин похожа на ту, которая украла вашу сумку?
— **Третья** слева.
Which of these women looks like the one who stole your purse?
The third one from the left.

— **Сколько** уроков в этом учебнике?
— **Двенадцать**.
How many lessons are there in this book?
Twelve.

Ordinal numbers (Appendix A) decline like adjectives. Cardinal numbers have their own declension patterns (Appendix A). A few peculiarities of their forms and usage, however, require special attention.

The cardinal number **один** has a declension pattern like that of the pronoun **этот** (Lesson 3). This number agrees with the noun that it modifies in gender, number, and case.

Я купила **один** билет на пароход.
I bought one steamship ticket.

The number **один** may be used figuratively as well as literally. Its English translation depends on the context in which it appears. In some instances, it functions as does the English article *a/an*, in which case it is best not translated.

Это был **один** мой старый приятель.
It was an old friend of mine.

Наконец все разошлись, и мы остались **одни**.
At last everyone went away, and we were left alone.

Я читаю сейчас **одну** научную литературу.
I read only scientific literature now.

Мы с ним из **одной** деревни.
He and I are from the same village.

The cardinal numbers **два/две**, **три**, and **четыре** are used with the genitive plural of adjectives and the genitive singular of nouns: **четыре младших брата, три интересных письма, две хороших книги**. With feminine nouns, it is also possible to use the nominative plural of adjectives: **две хорошие книги**.

Два/две differs from other numbers in that it has one form for masculine and neuter words and another one for feminine. There are two other words that behave in this way: **полтора́/полторы́** (*one and a half*) and **о́ба/о́бе** (*both*). Like **два/две**, these words are used in the nominative and inanimate accusative cases with the genitive singular of nouns and the genitive plural of adjectives. **Полтора́/полторы́** has only one oblique form, **полу́тора**, which is very seldom used. **Оба/обе** is declined as follows:

N	о́ба	о́бе
A		N or G
G	обо́их	обе́их
P	обо́их	обе́их
D	обо́им	обе́им
I	обо́ими	обе́ими

Remember to use **оба/обе** only when there are literally two of the same thing. Otherwise use **и ... и** or **и то и другое**.

У меня две кошки. Я люблю их **обеих**.
I have two cats. I love them both.

Я люблю **и** фрукты **и** овощи.
I like both fruit and vegetables.

— Вы больше любите кататься на велосипеде или на мотоцикле?
— Я люблю **и то и другое**.
Do you prefer bicycling or motorcycling?
I like them both.

The numbers **пять** through **двадцать** and the number **тридцать** are declined like feminine nouns ending in **-ь**. In their nominative forms, these numbers are spelled with a soft sign at the end of the word. In their inflected forms, they are end stressed: **во́семь, восьми́, восьмью́**.

The numbers **пятьдесят, шестьдесят, семьдесят** and **восемьдесят** are also declined like feminine nouns ending in **-ь**. In their nominative forms, they have a soft sign in the middle of the word, but none at the end. When these words are declined, they change in both parts: **во́семьдесят, восьми́десяти, восьмью́десятью**.

The numbers **сорок, девяносто** and **сто** are unusual in that they have only one inflected form, which is used in all cases other than the nominative and the accusative: **сорока́, девяно́ста, ста**.

Beginning with **пять**, all cardinal numbers are used with the genitive plural of both adjectives and nouns: **пять клетчатых свитеров, шесть полосатых рубашек**. In compound numbers, however, the last word determines the case of the following adjective/noun phrase: **двадцать один опасный преступник, тридцать две опытные медсестры**. All of the words in a compound number are declined: **о двадцати одном спальном вагоне, с тридцатью двумя верхними полками.**

The hundreds (**двести**, etc.) also are declined in both parts. With the exception of **двести**, which looks like the number **две** followed by a feminine noun, these words are declined as though **-сто** were a neuter noun, that is, **три+ста**, **четыре+ста**, **пять+сот** and so forth. Notice that in all of the forms except the nominative/accusative **двести**, **триста**, and **четыреста**, the element **-сто** has a plural declension pattern: **о пяти+стах.**

N	триста	пятьсот
A	триста	пятьсот
G	трёхсот	пятисот
P	трёхстах	пятистах
D	трёмстам	пятистам
I	тремястами	пятьюстами

The numbers **тысяча**, **миллион** and **миллиард** (*billion*) are, strictly speaking, nouns, and they are declined as such. Because they are nouns, these numbers should technically be followed only by genitive plurals, but there is quite a bit of variation in practice: **к тысяче книг/к тысяче книгам.** Remember that they combine with other numbers just as do other nouns: **одна тысяча, две тысячи, пять тысяч.**

All of the number plus noun phrases that we have just been discussing have been either nominative or inanimate accusative:

На перроне стояло **два поезда.**
Two trains were standing at the platform.

На перроне они увидели **два поезда.**
They saw two trains at the platform.

If we use one of these expressions in any case other than the nominative or the accusative, we must put both the number and the plural form of the noun into the appropriate case.

Чьи-то вещи лежали на **двух нижних полках.**
Someone's things were lying on the two lower berths.

Проводник подошёл к **двум пассажирам.**
The conductor walked up to the two passengers.

The distinction between inanimate and animate accusative is observed with the numbers **два/две**, **три**, and **четыре**. This distinction is not observed with numbers higher than **четыре**, and it is not observed when **два/две**, **три**, and **четыре** are parts of compound numbers.

Мы пригласили в гости **двух новых соседок.**
We invited the two new neighbors over for a visit.

Автобус вёз **двадцать два пассажира.**
The bus was carrying twenty-two passengers..

Collective Numbers

In addition to cardinal numbers, there are collective numbers, which also answer the question **сколько?**. They are **двóе**, **трóе**, **чéтверо**, **пя́теро** and, much less commonly used, **шéстеро**, **сéмеро.** Nouns following collective numbers are always in the genitive plural.

Collective numbers may be used with nouns denoting male persons: **двое мальчиков.** Cardinal numbers work equally well here: **два мальчика.** Collective numbers are also typically used with the noun **дети: двое детей.**

Collective numbers may also be used alone or with pronouns. Pronouns, if used, will typically be genitive.

Четверо стояли на перроне.
Four (people) were standing on the platform.

Их было **трое.**
There were three of them.

Finally, the collective numbers **двое**, **трое**, and **четверо** are used to quantify nouns that do not have singular forms: **двое часов** (*two watches*), **трое суток** (*three days*), **четверо ножниц** (*four scissors*). These phrases, although theoretically possible, are not, however, frequently used in colloquial speech. By the same token, although these phrases can be declined, it is much more common to use cardinal numbers in the oblique cases.

Fractions

It is unlikely that you will ever have to use fractions except when talking about mathematics. If you ever do need to express a fraction, you should think of it as a regularly quantified noun phrase in which the numerator is a cardinal number, the denominator is an ordinal number, and the noun, which is understood but never stated, is **часть.**

одна пятая (часть)	*one-fifth*
две пятых (части)	*two-fifths*
пять шестых (частей)	*five-sixths*

The adjective following a fraction should be genitive plural and the noun genitive singular: **две десятых квадратных метра** (*two tenths of a square meter*).

When a fraction follows a whole number, you may use the word **це́лая** (*whole*) to express the whole number.

1⅔   **одна целая и две третьих**
2⁴⁄₇   **две целых и четыре седьмых**

The word **целая** may also be omitted: **две и четыре седьмых**.
     Decimal fractions are written with a comma.

1,1   **одна целая, одна десятая**
20,01   **двадцать целых, одна сотая**
57,368   **пятьдесят семь целых, триста шестьдесят восемь тысячных**

Remember that you can avoid using fractions by using nouns (**четверть**, **треть** or **половина**) or by using **полтора/полторы**: **два с половиной метра** (*two and a half meters*), **полтора часа** (an hour and a half).

Prepositions Used with Numbers

The preposition **по** is used when talking about the distribution of objects. It is used with the dative case with the number **один** and with the accusative case with numbers higher than **один**.

> **Каждый купил по одному билету.**
> *Each one bought a ticket apiece.*

> **Бабушка подарила всем внукам по три серебряных ложки.**
> *Grandmother gave all of her grandsons three silver spoons apiece.*

The prepositions **за** and **по** are both used with the accusative when talking about the distribution of prices. The distinction between them is the same distinction that English makes with the prepositions *for* and *at*. Once again, **по** conveys the notion of so much apiece.

> **Соседи купили четыре билета на электричку за 3.800 рублей, а мы купили четыре билета на электричку по 1.200 рублей каждый и заплатили за них 4.800 рублей.**
> *Our neighbors bought four commuter train tickets for 3,800 rubles, and we bought four commuter train tickets at 1,200 rubles apiece and as a result paid 4,800 rubles for them.*

Finally, the preposition **на** is also used with the accusative case when talking about the number of items that you can purchase for a given amount of money.

> **Купи мне конфет на 1.000 рублей.**
> *Buy me a thousand rubles' worth of candy.*

1. *Fill in each blank with the appropriate form of the given word. Write numbers as words.*

Уте́рянная копейка

Это странная задача. 2 _____ (торговка) на рынке продавали яблоки, одна по 3, а другая по 2 _____ (яблоко) на 1 _____ (копейка). Им пришлось уйти с рынка на 2 _____ (час) раньше обычного. У каждой из них ещё оставалось по 30 _____ (яблоко). Они попросили свою подругу, чтобы та продала их по 4 _____ (копейка) за 10 _____ (штука). Если бы торговки продали свои яблоки сами, то получили бы за них 25 _____ (копейка), а так они получили только 24 _____ (копейка). «Куда же» — спросите вы — «девалась 1 _____ (копейка)?» Ведь продавать по 3 _____ (яблоко) на 1 _____ (копейка) и по 2 _____ (яблоко) на 1 _____ (копейка) — это всё равно, что на 4 _____ (копейка) продавать по 10 _____ (яблоко).

Не могли бы вы объяснить эту нехитрую задачу?

2. *Fill in each blank with an appropriate form of the given words. Write numbers as words.*

_____ (1, молодой человек) нужно было добраться до железнодорожной станции, расположенной в _____ (4, километр) от его дома. Его багаж состоял из _____ (2, тяжёлый чемодан), унести которые _____ (1, даже сильный человек) было очень тяжело. _____ (2, добрый сосед) этого молодого человека предложили ему помочь. Каждый из них взял по _____ (1, тяжёлый чемодан) и, таким образом, молодому человеку нечего было нести. Он себя чувствовал очень неловко, но в душе был рад. Правда, через _____ (2, километр) _____ (оба, добрый сосед) устали и вернулись домой. Молодому человеку пришлось одному тащить _____ (2, свой чемодан) до станции. Он, конечно, опоздал на поезд и провёл больше _____ (3, долгий час) на вокзале.

3. *Fill in the blanks with appropriate forms of the given phrases. Write numbers as words.*

Витя пришёл из школы и сразу начал решать задачу по арифметике. В задаче говорилось о _____ (3, предприятие), которые продали овощному магазину помидоры и огурцы. Первое предприятие продало _____ (83, тонна) помидоров и _____ (114, тонна) огурцов. Второе продало на _____ (5, тонна) больше помидоров и на _____ (18, тонна) меньше огурцов, чем первое. Третье продало на _____ (23, тонна) меньше помидоров, чем первое, и столько огурцов, сколько первое и второе вместе. В задаче спрашивалось, сколько огурцов и помидоров продали магазину все _____ (3, предприятие).

Витя подумал немножко и начал записывать. Сначала он прибавил _____ (5) к _____ (83) и вычел _____ (18) из _____ (114). Получилось, что второе предприятие продало _____ (88, тонна) помидоров и _____ (96, тонна) огурцов. Потом Витя вычел _____ (23) из _____ (88) и прибавил _____ (96) к _____ (114). Так он узнал, что третье предприятие сдал _____ (60, тонна) помидоров и _____ (216, тонна) огурцов. К этому времени Витя страшно устал и заснул прямо над задачей. Ему снился сон о _____ (40, предприятие) и _____ (156, тонна) разных овощей, которые эти предприятия продают _____ (293, магазин). Пока Вите снится этот кошмар, давайте кончим за него решать задачу и объясним ему, когда он проснётся, как мы её решили.

Time and Dates

Time

In official contexts, time is based on a 24-hour clock and is read from left to right, as it might be in English.

21.45   **двадцать один сорок пять**

In colloquial speech, however, telling time is somewhat more complicated. When you tell time, you are answering the question **сколько времени?** or, more formally, **который час?**. It is useful to remember that the question **который час?** literally asks which hour it is out of a possible 24. At twelve o'clock, the twelfth hour ends and the first hour (**первый час**) begins. Thus, if someone says that they will stop by your house «**в первом часу**», they mean some time after twelve.

After twelve o'clock, you tell time by specifying how many minutes of the first hour have elapsed.

12.10   **десять минут первого**
12.15   **четверть первого**

This manner of telling time works to half past the hour (**половина первого** or **полпервого**), or, in colloquial speech, to 35 minutes past the hour (**тридцать пять минут первого**). When talking about later times, however, you stop thinking about the fact that you are in the first hour and start looking ahead to one o'clock (**час**). At this point, you can tell time by specifying how many minutes it lacks being one o'clock by using the preposition **без** and the genitive case of the cardinal numbers.

12.40   **без двадцати час**

Remember that you answer the question **когда?**, **в котором часу?**, or the colloquial **во сколько?** by using **в** and the accusative during the first half of the hour and no preposition other than **без** during the second half. At half past the hour use the preposition **в** followed by the prepositional case when using the word **половина**.

> Поезд приходит на станцию **в пять часов**.
> *The train arrives at the station at 5:00.*

> Давайте встретимся на вокзале **в четверть восьмого**.
> *Let's meet at the station at 7:15.*

> Я должна быть у врача **без пяти шесть**.
> *I have to be at the doctor's at 5:55.*

> Самолёт прибывает **в половине седьмого**.
> *The plane arrives at 6:30.*

> Дети приходят из школы **в полчетвёртого**.
> *The children get home from school at 3:30.*

The notions of A.M. and P.M. are conveyed by genitive forms of **утро** (5:00–12:00 A.M.), **день** (12:00–5:00 P.M.), **вечер** (5:00–12:00 P.M.), and **ночь** (12:00–5:00 A.M.).

> Ребёнок проснулся в два часа **ночи**.
> *The baby woke up at two o'clock in the morning.*

Dates

Years in Russian are expressed with ordinal numbers. Instead of saying that it is *nineteen ninety six*, as you would in English, you say that it is the *one thousand nine hundred and ninety-sixth year*: **тысяча девятьсот девяносто шестой год**. Remember that because you are only talking about *one* of those one thousand nine hundred and ninety-six years, only the last number (**шестой**) is actually declined. If you are answering the question **когда?** (or **в каком году?**), your answer will be in the prepositional case.

> Шура родилась в **тысяча девятьсот семьдесят седьмом году**.
> *Shura was born in 1977.*

If you want to say that something happened in a certain month of a certain year, use the preposition **в** followed by the prepositional of the month and the genitive of the year.

> Шура родилась **в сентябре семьдесят седьмого года**.
> *Shura was born in September of '77.*

The question **Какое сегодня число?** is answered with a neuter ordinal number. The month, if named, will be in the genitive, as will the year.

> Сегодня **двадцать пятое марта**.
> *Today is the twenty-fifth of March.*

When answering the question **когда?** (or **какого числа?**) with a date, use the genitive form of the neuter ordinal number with no preposition.

> Саша родился **шестнадцатого мая**.
> *Sasha was born on the sixteenth of May.*

If you wish to talk about more than one year, use the plural **го́ды.**

> Гоголь жил в Риме в тысяча восемьсот **тридцать шестом-тридцать девятом года́х**.
> *Gogol lived in Rome in 1836–39.*

Годы modified by an ordinal number may also be used when speaking of an entire decade. These expressions occur in both the prepositional and the accusative cases.

> Они учились вместе в **шестидесятых годах**.
> *They went to school together in the sixties.*

> **В семидесятые годы** советским было трудно выезжать за границу.
> *During the seventies it was difficult for Soviet citizens to go abroad.*

На вокзале

Other Expressions of Time

In Lesson 5, we discussed using adverbs, adverbial clauses, and verbal adverbs to answer the question **когда?**. There are a number of other ways, including clock time and calendar dates, to answer that question.

The preposition **в** followed by a noun in the accusative case may be used to answer the question **когда?** when speaking of the hour and its parts (**час, минута, секунда**), days and parts of the day (**утро, день, вечер, ночь**), parts of the year (**весна, лето, осень, зима**), and the words **время** and **раз**: **в эту минуту, в час, в эту ночь, в среду, в выходные дни, в будни, в ту весну, в тот раз, в свободное время**. Remember that when speaking of parts of the day and parts of the year, it is also possible to answer the question **когда?** by using the instrumental case with no preposition: **утром, днём, вечером, ночью, весной, летом, осенью, зимой**. Use **в** and the accusative when identifying a specific point in time and the instumental of time when identifying a general period of time.

> **В этот день** я почему-то проснулась позже обычного.
> *On that day for some reason I woke up later than usual.*

> **Днём** я всегда на занятиях, и домашние задания делаю поздно **вечером**.
> *I'm always in class in the daytime, and I do my homework late in the evening.*

> Авария случилась в пятницу **днём**.
> *The accident occurred Friday afternoon.*

> **В ту весну** я должен был ехать за границу.
> *That spring I was supposed to be going abroad.*

> **Прошлой весной** часто шли дожди.
> *Last spring it rained a lot.*

The preposition **в** followed by the prepositional case is used to answer the question **когда?** when speaking of months, years, and centuries: **в марте, в этом году, в двадцатом веке**.

The preposition **на** followed by the prepositional case is used to answer the question **когда?** when speaking of weeks: **на следующей неделе**.

Other prepositions that may be used in time expressions include the preposition **по**, which is used with the dative plural to indicate repetition, and the preposition **к**, which is also used with the dative to show the time *toward* or *by* which an action occurs.

> Летом **по воскресеньям** мы ездим на дачу.
> *In the summer we go to the dacha on Sundays.*

Он обещал приехать **к вечеру**.
He promised that he would get here by evening.

The English expression *from ... to* is best translated by **с ... до** with both prepositions followed by the genitive case. If you want to say *up to and including* or *through* a certain date, use **по** and the accusative of the date.

Я буду в Санкт-Петербург **с** первого апреля **до** пятнадцатого мая.
I'll be in Saint Petersburg from the first of April to the fifteenth of May.

Рая занимается **с** утра **до** ночи.
Raya studies from morning to night.

Я буду в Москве **по** пятнадцатое число.
I'll be in Moscow through the fifteenth.

A number of time expressions present translation problems for speakers of English. The English word *for* may be translated at least two different ways with reference to time. One of these constructions is used to answer the question **как долго?** (or **сколько времени?**). In this construction, where the accusative of time is used with *no preposition*, the reference is to the duration of an imperfective verb.

Мы говорили по телефону **два часа**.
We talked on the telephone (for) two hours.

The rule of thumb here is that, if you can omit *for* in English, you must omit it in Russian, but, since there are numerous exceptions to this "rule," you should not rely on it exclusively.

The other time construction that is translated with the word *for* answers the question **на какое время?**. In this construction, the reference is to the projected duration of something that will happen *after the action of the main verb*. Notice in the following example that the word *for* cannot be omitted in English.

Он приехал к нам в гости **на всё лето**.
He came to visit us for the whole summer.

You will also see **на-** incorporated in adverbs that answer the question **на какое время?**.

Яша **ненадолго** уехал.
Yasha left for a short while.

Они расстались **навсегда**.
They parted forever.

The other two constructions that are troublesome for English speakers involve translations of the word *in*. The first of them uses the accusative case following the preposition **за**. This construction shows the period of time within which a result has been achieved. When describing single actions, the construction is used with perfective verbs. It may also be used with imperfective verbs, however, when describing repeated actions. It is useful to compare it to the accusative of time with no preposition, which is used with imperfective verbs.

— **Сколько времени** вы летели из Москвы в Хабаровск?
— **Семь часов!**
How long was the flight from Moscow to Khabarovsk?
Seven hours!

— **За сколько времени** вы долетели до Хабаровска?
— **За семь часов.**
How long did it take you to get to Khabarovsk?
Seven hours.

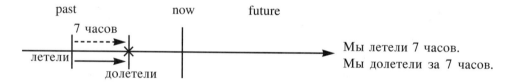

Придётся сесть и записать всё, что я обычно делаю **за день**.
I'll have to sit and write down everything that I usually do in a day.

You may also use the preposition **за** together with the preposition **до** to talk about the period of time *before* something occurs.

Мы приехали в аэропорт **за** десять минут **до посадки на самолёт**.
We arrived at the airport ten minutes before boarding.

The other construction where English uses the word *in* requires the preposition **через** followed by the accusative case and refers to the period of time after which an action occurs.

Я вернусь **через** полчаса.
I'll be back in half an hour.

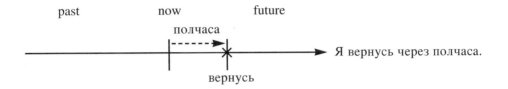

The preposition **через** may also be used together with the preposition **после** to specify the period of time *after* which something occurs.

Через час **после** отхода поезда проводник начал проверять билеты.
An hour after the train's departure, the conductor began checking the tickets.

Repeated time intervals may be expressed in a number of ways. The word **каждый** is used with the accusative of time to show repetition.

Каждую зиму я болею гриппом.
I come down with the flu every winter.

The preposition **через** may be used either alone or together with the word **каждый** to show repetition at intervals. When **каждый** is used, as in the second example below, the use of **через** is optional.

Дедушка ходит к врачу **через** день.
Grandfather goes to the doctor every other day.

Электричка отходит (**через**) **каждые** двадцать минут.
The commuter train leaves every twenty minutes.

If you wish to express the idea of something happening a number of times *per* interval of time, use **в** and the accusative.

Бабушка летает к внукам два раза **в** год.
Grandma flies out to visit her grandchildren twice a year.

4. *Fill in each blank with a colloquial expression of the given time. Add prepositions as needed.*

В институт, где я учусь, пришли анкеты. Мне велели заполнить одну из них. Составители анкеты хотят знать, в каких условиях я живу, состав моей семьи, чем я увлекаюсь. Отвечаю на эти вопросы. Читаю анкету дальше. Да, составители анкеты хотят знать обо мне решительно всё. Их интересует моя жизнь по часам. Сколько часов у меня уходит на (а) занятия, (б) выполнение домашних заданий, (в) домашнее хозяйство и (г) отдых. Это не так-то просто подсчитать, придётся сесть и записать по часам всё, что я обычно делаю за день.

Встаю _____ (7.15), принимаю душ и одеваюсь. Около _____ (8.10) завтракаю и _____ (8.30) выхожу из дома. _____ (8.45) я обычно уже в институте, потому что _____ (9.00) у меня первая лекция. После третьей лекции _____ (11.45) я бегу в буфет. Там я обедаю и прочитываю газету — обычно на это уходит минут 20-25. _____ (14.50) кончается последняя лекция, и я иду в библиотеку. Там я обычно занимаюсь до _____ (17.15). _____ (17.45) я дома и готовлю ужин. _____ (19.00) я уже свободна от всех дел и могу развлекаться до _____ (23.30), когда я обычно ложусь спать. Я, конечно, не включила сюда время, которое уходит на покупки, уборку квартиры и стирку, но этим я занимаюсь в выходные дни, а меня в анкете спрашивают только про будни.

5. *In 1991,* «Аргументы и факты» *published this answer to a reader's question about legal holidays. Fill in each blank with the nominative of the date given in parentheses. When you have finished naming the dates, write a paragraph about how you and your friends plan to spend your* **выходные дни** *on the dates in question.*

Образец: Завтра будет четвёртое июля. Четвёртого июля мы будем отдыхать, веселиться и жарить мясо на огне.

Праздники в России

Какие праздники мы будем отмечать?

Пресс-центром Верховного Совета Российской Федерации по этому вопросу получены следующие разъяснения у заведующего юридическим отделом Верховного Совета Российской Федерации.
Нерабочими праздничными днями остались
_____ (*1 and 2 January*) — Новый год,
_____ (*7 January*) — Рождество Христово,
_____ (*8 March*) — Международный женский день,
_____ (*1 and 2 May*) — Праздник Весны и Труда,
_____ (*9 May*) — День Победы,
_____ (*12 June*) — День принятия Декларации о государственном суверенитете Российской Федерации,
_____ (*7 November*) — годовщина Октябрьской революции.

6. *Fill in each blank with the given time expression. Add prepositions as needed. Write numbers as words.*

Когда люди стали пить чай и кофе?

В Китай чай был введён в культуру _____ (IV в), в Японии и Корее его стали разводить _____ (IX в). В начале _____ (XIX в) растение начали выращивать в Индии и на Цейлоне.

Из европейцев первыми завезли чай в свою страну _____ (1517 г) португальцы. В Россию он попал _____ (1637 г) в качестве подарка от Алты́н-ха́на русскому царю. Царский посол, боярский сын Василий Старко́в, привёз _____ (1637 г) русскому царю Михаилу Фёдоровичу четыре пуда «сушёного листа» в дар от Алтын-хана. Чай начали пить сначала при царском дворе как лекарство и только _____ (1679 г) был заключён первый договор о постоянных поставках чая в Россию.

Родиной кофе является Эфиопия. Из Эфиопии кофе был завезён в Аравию. Из Аравии бобы кофе доставляли в Европу через порт Мокко, название которого до сих пор служит торговой маркой для сортов кофе Мокко.

Первые публичные кофейни открыли в Стамбуле _____ (1564 г), в Лондоне — _____ (1652 г), в Париже — _____ (1672 г). _____ (XVII в) кофейное дерево стали культивировать на острове Ява и в Центральной Америке. В Бразилию кофе попал около 200 лет тому назад и _____ (1834 г) является основной сельскохозяйственной культурой.

По занимаемым площадям и производству продукции кофе опережает чай и какао и занимает второе место в мировой торговле после нефти.

7. *Fill in each blank with the best translation of the English expression. Discuss possible variations.*

Я помню, как я после окончания университета поступил на работу и _____ (*for the first time*) поехал в командировку на Север. Это было _____ (*at the beginning of March*), и мне казалось, что _____ (*in March*) наступает весна. Но _____ (*in that year*) зима была очень длинной и суровой. Я поехал туда _____ (*for three weeks*), но уже _____ (*in five days*) я начал скучать по дому и друзьям.

_____ (*Every morning*) я вставал и бежал к окну посмотреть, не перестал ли идти снег. Но снег шёл _____ (*morning, afternoon, evening, and night*).

_____ (*On weekdays*) я занимался делами, но _____ (*on days off*) я просто не знал, чем заняться. Один раз _____ (*toward evening*) мне стало так грустно, что я решил позвонить своему начальнику на работе и попросить его разрешить мне вернуться домой _____ (*in a day or two*). Я говорил с ним по телефону _____ (*for half an hour*) и, хотя он не разрешил мне вернуться, мне стало легче. Он рассказал мне, что, конечно, _____ (*three weeks*) — это долгий срок и что _____ (*the next time*) он постарается послать меня не больше, чем _____ (*for a week*). Он обещал послать меня _____ (*this year*) _____ (*in the summer*) в командировку за границу. Короче говоря, _____ (*at that minute*) я понял, что у меня очень интересная работа и что _____ (*next week*) я уже буду дома, а потом _____ (*in three months*) я поеду _____ (*for several days*) в Европу. _____ (*That night*) я спокойно заснул.

8. *Translate into idiomatic Russian. Write all numbers as words.*

Dear Nina,

Last week Misha and I decided that this year we would go to Paris for our vacation. We will leave here in five weeks on the thirteenth of June.

In Paris we will stay in a charming hotel near the center for one week, and then we will move to some friends' place for the next two weeks. They live farther from the center, but they say that it is possible to get downtown by subway in twenty-five minutes.

I can imagine how in the mornings we will have coffee in our room and then stroll along the wide boulevards of Paris. Toward evening we will drop into some small cafe where we will dine inexpensively but well! In the evenings we will go to the theater, and we won't come back to the hotel until three o'clock in the morning! Such a trip occurs only once in a lifetime! I will write to you every day.

Yours,
Sasha

Прослушивание текста

You will now hear two boys, Vitya and Sasha, discussing ways to spend their free time. First listen to the text and fill in each blank. Then answer the questions. When you have finished, summarize their conversation.

Словарь

вспотéть   *to sweat*

1. Когда Саша говорит «одевайся потеплей», он хочет чтобы Витя _____ .

2. Когда Саша говорит «оденься», он хочет чтобы Витя _____ .

3. Когда Саша говорит «жди», он хочет чтобы Витя _____ .

4. Когда Саша говорит «собирайся», он хочет чтобы Витя _____ .

Т-6

Сохраняется на все время пребывания в СССР или за границей.
При утере не возобновляется.

Сообщение неправильных сведений в таможенной декларации, а также сотруднику таможни влечет за собой ответственность на основании законодательства Союза ССР.

ТАМОЖЕННАЯ ДЕКЛАРАЦИЯ

Фамилия, имя, отчество _____

_____

Гражданство _____
Из какой страны прибыл _____
В какую страну следует _____
Цель поездки (деловая, туризм, личная и т. п.) _____
Мой багаж, включая ручную кладь, предъявляемый для таможенного контроля, состоит из _____ мест.
При мне и в моем багаже имеются:
I. Оружие всякое и боеприпасы _____
II. Наркотики и приспособления для их употребления _____
III. Предметы старины и искусства (картины, рисунки, иконы, скульптуры и др.)

_____

IV. Советские рубли, облигации государственных займов СССР и билеты советских лотерей, а также чеки В/О «Внешпосылторг» и отрезные чеки Внешторгбанка СССР в рублях серии «А».

V. Другая валюта (кроме советских рублей), (банкноты, казначейские билеты, монеты), платежные документы (чеки, векселя, аккредитивы и другие) фондовые ценности (акции, облигации и другие) в иностранной валюте, драгоценные металлы (золото, серебро, платина, металлы платиновой группы) в любом виде и состоянии, природные драгоценные камни в сыром и обработанном виде (алмазы, бриллианты, рубины, изумруды, сапфиры, а также жемчуг), ювелирные и другие бытовые изделия из драгоценных металлов и драгоценных камней и лом таких изделий, а также имущественные документы.

Наименование	Количество		Отметки таможни
	цифрами	прописью	
Доллары США			
Фунты стерлингов			
Французские франки			
Марки ФРГ			

VI. Принадлежащие другим лицам советские рубли, другая валюта, платежные документы, ценности и любые предметы _____

Мне известно, что наряду с предметами, поименованными в декларации, подлежат обязательному предъявлению для контроля: произведения печати, рукописи, кинофотопленки, видео- и звукозаписи, почтовые марки, изобразительные материалы и т. п., равно как и предметы не для личного пользования.

Также заявляю, что отдельно от меня следует принадлежащий мне багаж в количестве _____ мест.

«   » _____ 198   г.

Подпись владельца ручной клади и багажа _____

Таможенная декларация

Вопросы

1.   Куда хочет поехать Саша? Почему?

2.   Когда отходит первый поезд? А второй?

3.   Опишите, как Витя готовился в дорогу.

4.   Сколько времени ждал Витя?

5.   Чем занимался Саша, пока Витя его ждал?

6.   Сколько поездов пропустили мальчики?

7.   Откуда Саша и Витя знают друг друга?

8.   Как вы думаете, в каком они классе?

9.   Что должен был сказать Витя Саше, когда Саша в последний раз сказал, что поезд отходит через час?

Чтение

1.   *Find out which members of your class have taken train trips and ask them to describe their experiences.*

2.   *This excerpt is from I. Grekova's 1983 story «В вагоне». Read it and answer the questions that follow.*

В вагоне

Ну, конечно! Опять верхняя полка. Поручают какому-то болвану закупать билеты для гостей конференции. Берёт, что дадут в кассе, не сообразуясь ни с полом, ни с возрастом, ни, наконец, с научным авторитетом. Не то чтобы мой личный авторитет был особенно велик, но всё-таки могли бы учесть…

Эти неумные, самолюбивые, честолюбивые мысли одолевали меня, когда я со скрипом забиралась на верхнюю полку купированного вагона скорого поезда Ленинград — Москва. Я ещё не в том возрасте, когда вскарабкаться на полку — непосильная задача, но уже не в том, когда вспархиваешь, как птичка.

Никто меня не провожал, хотя и предлагали некоторые сочувствующие, но я отвергла. Ничего, доберусь, чемодан лёгкий, полупустой. Не люблю обременяться вещами — одно платье, один халат…

Приехала я на вокзал рано, за полчаса до срока, но поезд уже подали. Более того, на соседней верхней полке уже улёгся и спал,

---

храпя и свесив волосатую руку с часами, какой-то мужик. От него отчётливо несло перегаром. Неприятное соседство. Как-то будет внизу? Только бы не предлагал обменяться местами (форма вагонного человеколюбия). Я, разумеется, откажусь, кто бы ни предлагал.

С такими мыслями я, стоя на коленях, разобрала постель (бельё влажноватое, но чистое), запихнула свой чемоданишко в нишу над дверью, предварительно вынув из него халат, в который и облачилась. «Сам чёрт теперь меня не сгонит с верхней полки», — словно в отместку кому-то подумала я.

Легла под одеяло, откинув у лица простыню. Тощая подушка была низка. Ничего, засну...

... в купе вошли двое нижних пассажиров. Видные мне сверху, в сильном ракурсе, это были мужчина в тёмном широком плаще, со шляпой на голове и с ним паренёк лет девяти-десяти. Войдя, мальчик сразу же снял серую клетчатую кепку и обнажил светлую прямоволосую голову с торчащим посредине вертикальным хохлом.

В купе было полутемно — горела одна припотолочная лампа, но мальчик зажёг у своего места корытце-ночничок для чтения. Мужчина не торопился и, главное, не снимал шляпы. Как будто он не ехал сам, просто провожал мальчика. Но нет: «Провожающих просят покинуть вагоны» — он не покинул, остался, даже с каким-то особым тщанием открыл, перебрал и закрыл свой чемодан; оттуда были извлечены две полосатые пижамы: мужская и детская. Одну из них, аккуратно расправив помявшиеся места, он положил на свою подушку, другую — на подушку напротив. Сомнений больше не было: мужчина в шляпе и мальчик ехали вместе. Скорее всего отец и сын. Это почему-то было мне неприятно, хотя, строго говоря, какое мне до них дело?

1. Как вы представляете себе эту женщину? Сколько ей может быть лет? Кто она по профессии? Почему она сейчас едет из Ленинграда в Москву?

2. Какое у неё настроение? Как вы думаете, почему?

3. Опишите, как она готовится ко сну.

4. Почему она не хочет обменяться местами?

5. Опишите других пассажиров в купе.

6. Почему рассказчица решила, что нижние пассажиры отец и сын?

7. Как вы думаете, почему это ей было неприятно?

Словарь

болва́н *idiot*

вла́жный *damp*

вскара́бкаться *to scramble up*

вспа́рхивать *to flutter up*

запихну́ть *to cram*

коры́тце-ночничо́к *reading light*

ни́ша *cubby hole*

облачи́ться *одеваться*

обнажи́ть *открыть*

обременя́ться *to burden self*

одолева́ть *to overwhelm*

отве́ргнуть *to turn down*

отме́стка *revenge*

перега́р *alcohol fumes*

пол *sex*

поки́нуть *уйти*

помя́ться *to get wrinkled*

поруча́ть *to entrust*

предвари́тельно *beforehand*

раку́рс *foreshortening*

распра́вить *to straighten out*

скрип *squeak*

сообразова́ться *to take into account*

сочу́вствовать *to sympathize*

торча́ть *to stick up*

то́щий *scrawny*

тща́ние *care*

хохо́л *cowlick*

Сочинение

Все дороги ведут в Рим

You and your friend both have the entire month of August free. You have decided to use the time to visit Rome, and you think that it would be more interesting to go there by train.

1. *Using this train schedule and the accompanying map, plan your trip. You will begin in Moscow. Decide where you want to get off the train and how long you want to spend at*

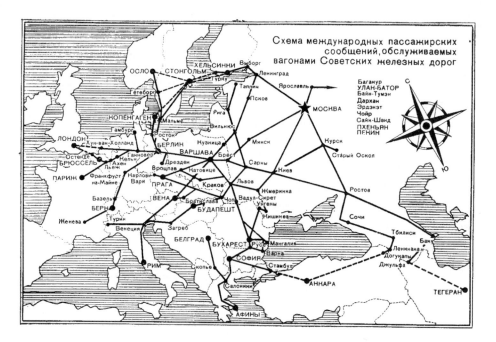

МОСКВА — РИМ

(через Чоп — Будапешт — Загреб)

поезд № 9/10—3319/3310—200/201—220/221—750/756

Беспересадочный вагон

№ поезда	Прибытие	Отправление	Км	Маршрут следования	Прибытие	Отправление	№ поезда
				Московское время летнее и зимнее			
9	—	16.47	0	Москва Киевский вок.	14.45	—	
	22.36	22.46	387	Брянск Орловский	8.48	8.58	
	4.25	4.52	872	Киев	2.37	2.52	
	7.46	7.50	1093	Винница	23.38	23.43	
	12.05	12.10	1362	Тернополь	19.37	19.42	
	14.12	14.35	1503	Львов	17.28	17.40	
	18.31	18.35	1728	Мукачево	13.31	13.35	
	19.20	21.00	1769	Чоп	11.05	12.40	
				Восточноевропейское время по 24.09.88 и с 26.03.89			
				Среднеевропейское время 25.09.88—25.03.89			
	19.35	20.15	1775	Захонь	8.00	8.30	
	21.40	21.45	1890	Дебрецен	6.27	6.30	
3319	23.15	3.15	2011	Сольнок	1.38	4.50	10
200	5.15	6.00	2110	Будапешт Келети	22.45	23.40	3310
	9.20	9.40	2346	Муракерестур	19.00	19.25	
	9.47	9.53	2919	Которнба	18.43	18.53	
220	12.20	13.05	3166	Загреб	15.42	16.20	201
	17.40	18 21	3422	Сежана	10.24	11.14	
	18.30	18.55	3425	Вилла Опичина	9.55	10.15	
750	19.23	23.00	3457	Триест	8.50	9.25	
751	1.00	1.25	3614	Венеция Местре	6.45	7.00	221
	8.25	—	4188	Рим Термини	—	22.55	756

П р и м е ч а н и е. Курсирует круглый год, в летний период 6 раз в неделю, отправление из Москвы по 1, 3, 4, 5, 6, 7, прибытие и отправление из Рима по 4, 6, 7, 1, 2, 3, прибытие в Москву по 7, 2, 3, 4, 5, 6 дням недели, в зимний период 5 раз в неделю, отправление из Москвы по 1, 3, 4, 5, 6, прибытие и отправление из Рима по 4, 6, 7, 1, 2, прибытие в Москву по 7, 2, 3, 4, 5 дням недели. Вагон с местами 1 класса в 2-местных и 2 класса в 3-местных купе.
Время в пути: Москва—Рим 65 ч 38 мин, Рим—Москва 61 ч 50 мин.

each stop. Do the same for your return trip. Remember that when you are making your plans, you will be talking about time colloquially rather than officially.

2. *Write a letter to another friend in which you describe your round trip. This friend does not want to know your precise arrival and departure times but rather what made the trip interesting.*

Задания

1. *You have just received a questionnaire similar to the one described in Exercise 5. Account for your use of time during the course of a week.*

2. *Complete this questionnaire on leisure activities and discuss the results with your classmates.*

УМЕЕТЕ ЛИ ВЫ ПРОВОДИТЬ СВОБОДНОЕ ВРЕМЯ?

У каждого человека бывают такие минуты, когда всё кажется скучным, некуда себя деть и время тянется бесконечно долго. У одних людей это происходит чаще, у других реже. А есть такая категория людей, которым скучно не бывает никогда. Они всегда найдут, как использовать свободное время. А вы умеете не терять время?

1. Кажутся ли вам каникулы слишком короткими?
2. Бывает ли так, что вам нечем себя занять?
3. Играя с приятелями, бывает ли так, что вы останавливаетесь, потому что вам стало скучно?
4. Когда вы играете, кто инициатор всех игр? Вы?
5. Знаете ли вы хотя бы четыре разных настольных игры?
6. Любите ли просто бродить без цели?
7. Вы любите читать?
8. Вы что-нибудь коллекционируете?
9. Ведёте ли вы дневник?
10. Любите ли решать кроссворды?
11. Считаете ли вы дождь в выходные дни катастрофой?
12. Если вы ждёте кого-нибудь или чего-нибудь, умеете ли вы себя занять, чтобы не нервничать?

3. *Compile a list of the historically significant dates that you believe every well-educated person should know.*

4. *Unfortunately, both you and your companion got sick during your trip to Rome. Describe your visit to the doctor.*

5. *A Russian friend has just asked you what percent of their monthly income Americans spend on food. First try to answer the question yourself, and then compare your answer to the one published in «Аргументы и факты» in October 1992. How do you think America compares to other countries of the world in this regard?*

Съесть-то он съест...

В США удельный вес затрат на продовольствие в общей массе денежных доходов населения 18-20%, что составляет 1300-1500 долл. в месяц на душу населения. Это в среднем. У населения с доходами ниже среднего уровня — 1,3 тыс. долларов и менее (13-15% населения) — затраты на продовольствие составляют 80-85%.

уде́льный вес *proportion* /
затра́та *expenditure* /
продово́льствие *еда* /
дохо́ды *income*
на ду́шу *per person*

У американцев, имеющих средний доход до 5 тыс. долл. (23-25% населения), — 55-60%. У тех, чьи доходы выше среднего — до 15 тыс. долл. (25-27% населения), на еду уходят 20-25%. А у богатых, имеющих свыше 15 тыс. долл. в месяц (33-39% населения) затраты на продовольствие и того ниже — 6-8%.

Во Франции на душу населения в среднем тратится 3,0—3,8 тыс. франков. Это примерно 18-20% доходов.

тра́титься *to be spent*

В Италии затраты на продовольствие в целом в общей доходной массе населения составляют 18,3-19,7%, в Японии — 23-25%, в Китае — 19,3-20,9%, а у нас в России — 68-75%, что в настоящее время составляет примерно 3700-4200 руб. на душу населения.

На перроне

6. *Solve the problems.*

Пётр Петрович 12 июня в 11 часов 30 минут купил в магазине лыжи и стал ждать, когда выпадет снег. Снег выпал только в январе. 25 числа в 9 часов 14 минут. Сколько минут ждал снега Пётр Петрович?

В позапрошлом году Ниночка познакомилась с 1 мальчиком, и он подарил ей котёнка. В прошлом году Ниночка познакомилась с 12 мальчиками, и каждый из них подарил ей 2 котят. В этом году Ниночка познакомилась с 27 мальчиками, и все эти мальчики подарили Ниночке по 3 котёнка. Теперь Ниночка хочет познакомиться ещё с каким-нибудь мальчиком и собирается подарить ему всех своих котят. Сколько котят имеет шанс приобрести этот неизвестный пока Ниночке мальчик?

Урок № 10

Тысяча полезных советов

сове́т advice
    дава́ть ~ (даю́, даёшь) *нес, кому?* to give advice; *сов*
    дать ~ (дам, дашь, даст, дади́м, дади́те, даду́т; дал, дала́)
  сове́товать (сове́тую, сове́туешь) *нес, кому?* to advise; *сов*
  посове́товать; *возвр*
  сове́товаться/ посове́товаться *с кем, о чём?* to consult

образова́ние education
  нача́льное ~ primary, elementary education
  сре́днее ~ secondary education
  вы́сшее ~ higher education
  специа́льное ~ specialized education
я́сли (*р* я́слей) nursery school[1]
де́тский сад (в саду́) kindergarten[1]
шко́ла school
шко́льный school
класс class, grade[2]
уро́к *чего?* (на) lesson[2]
гимна́зия secondary school[3]
лице́й secondary school[3]
ча́стный private
госуда́рственный public, state

подава́ть (докуме́нты) (подаю́, подаёшь) *нес куда?* to apply; *сов* пода́ть (пода́м, пода́шь, пода́ст, подади́м, подади́те, подаду́т; по́дал, подала́)

поступа́ть *нес, куда?* to enroll; *сов* поступи́ть (поступлю́, посту́пишь)

принима́ть *нес* to accept; *сов* приня́ть (приму́, при́мешь; при́нял, приняла́)

ока́нчивать *нес* to graduate (from); *сов* око́нчить

вы́сшее уче́бное заведе́ние (*сокр* вуз) institution of higher education[4]

институ́т institute[4]

университе́т university[4]

факульте́т (на) school (within a college)[5]

отделе́ние (на) department[5]

ка́федра (на) department[5]

аспиранту́ра graduate school

курс (на) *по чему?* course; class (year of study)[6,7]

заня́тие (на) *по чему?* class[7]
практи́ческое ~ lab

семина́р (на) *по чему?* seminar[7]

ле́кция (на) *по чему?* lecture[7]

уче́бный educational, academic
~ год academic year

семе́стр semester

расписа́ние schedule

специа́льность *ж, по чему?* major

предме́т subject
факультати́вный ~ elective

геогра́фия geography

исто́рия history

политоло́гия political science

междунаро́дные отноше́ния (*р* отноше́ний) international relations

эконо́мика economics

матема́тика mathematics

информа́тика computer science

фи́зика physics

хи́мия chemistry

биоло́гия biology

филоло́гия philology (language and literature)

филосо́фия philosophy

физкульту́ра physical education

зада́ние assignment
дома́шнее ~ homework

зада́ча problem task

упражне́ние exercise

докла́д oral report
де́лать ~ *нес* to give a report; *сов* сде́лать ~

сочине́ние composition

курсова́я рабо́та term paper

дипло́мная рабо́та graduation thesis

диссерта́ция dissertation

проходи́ть (прохожу́, прохо́дишь) *нес* to cover (a subject); *сов* пройти́ (пройду́, пройдёшь; прошёл, прошла́)

гото́вить (гото́влю, гото́вишь) *нес* to prepare; *сов* пригото́вить; *возвр* гото́виться/ пригото́виться *к чему?*

запи́сывать *нес* to take notes on; *сов* записа́ть (запишу́, запи́шешь)

сдава́ть (сдаю́, сдаёшь) *нес* to turn in, take (a test); *сов* сдать (сдам, сдашь, сдаст, сдади́м, сдади́те, сдаду́т; сдал, сдала́) to pass (a test)[8]

отве́т   answer
отвеча́ть *нес, кому, на что?*   to answer; *сов* отве́тить (отве́чу, отве́тишь)
реше́ние   solution
реша́ть *нес*   to solve; *сов* реши́ть
приме́р   example
наизу́сть *нареч*   by memory

контро́льная *по чему?*   test, quiz[9]
экза́мен *по чему?*   examination[9]
  вступи́тельный ~   entrance examination
  выпускно́й ~   exit examination
  прова́ливаться на экза́мене *нес*   to fail an examination; *сов* провали́ться на экза́мене (провалю́сь, прова́лишься)
пи́сьменный   written
у́стный   oral
(экзаменацио́нная) се́ссия   examination week

отме́тка (*р мн* отме́ток)   grade
  ста́вить отме́тку (ста́влю, ста́вишь) *нес, кому?*   to give a grade; *сов* поста́вить отме́тку (поста́влю, поста́вишь)
  получа́ть отме́тку *нес*   to get a grade; *сов* получи́ть отме́тку (получу́, полу́чишь)
пятёрка (*р мн* пятёрок)/ отли́чно   A/excellent
четвёрка (*р мн* четвёрок)/ хорошо́   B/good
тро́йка (*р мн* тро́ек)/ удовлетвори́тельно   C/satisfactory
дво́йка (*р мн* дво́ек)/ неудовлетвори́тельно   D/unsatisfactory
едини́ца/пло́хо   F/bad

зачёт   pass
незачёт   fail

аттеста́т зре́лости   high school diploma
дипло́м   college diploma
сте́пень *ж, по чему?*   degree[10]
  ~ бакала́вра   bachelor's degree
  маги́стерская ~   master's degree
  кандида́тская ~   candidate degree
  до́кторская ~   doctoral degree
кандида́т нау́к ~   candidate of sciences[10]
до́ктор нау́к (*мн* доктора́)   doctor of sciences[10]

учи́тель *м* (*мн* учителя́); учи́тельница   teacher
преподава́тель *м*; преподава́тельница   instructor[10]
руководи́тель *м*   advisor
доце́нт   assistant/associate professor[10]
профе́ссор (*мн* профессора́)   professor[10]
заве́дующий ка́ферой (*р* заве́дующего)   department head[5]
дека́н   dean[5]

учени́к (*р* ученика́); учени́ца   student, pupil[11]
студе́нт; студе́нтка (*р* студе́нток)   college student[11]
аспира́нт; аспира́нтка (*р* аспира́нток)   graduate student
вольнослу́шатель *м*   auditor

класс   classroom (in school)[2]
аудито́рия   classroom (in college)
лаборато́рия   laboratory
кабине́т   office
  лингафо́нный ~   language laboratory

учи́ться (учу́сь, у́чишься) *нес, чему?* to study; *сов* **научи́ться** to learn

учи́ть (учу́, у́чишь) *нес* to study; *сов* **вы́учить** to learn

изуча́ть *нес* to study; *сов* **изучи́ть (изучу́, изу́чишь)** to learn

занима́ться *нес, чем?* to study

учи́ть (учу́, у́чишь) *нес, чему?* to teach; *сов* **научи́ть**

преподава́ть (преподаю́, преподаёшь) *нес, кому?* to teach

про́бовать (про́бую, про́буешь) *нес* to try; *сов* **попро́побовать**[12]

пыта́ться *нес* to try; *сов* **попыта́ться**[12]

стара́ться *нес* to try; *сов* **постара́ться**[12]

мочь (могу́, мо́жешь, мо́гут; мог, могла́) *нес* to be able; *сов* **смочь**

возмо́жность *ж* possibility

возмо́жный possible
невозмо́жный impossible

необходи́мость *ж* necessity

необходи́мый necessary

тре́бовать (тре́бую, тре́буешь) *нес, что* and *чего, от кого?* to demand require; *сов* **потре́бовать;** *возвр* **тре́боваться/потре́боваться**[13]

тре́бование demand, requirement

удава́ться (удаётся) *нес, безл, кому?* to succeed; *сов* **уда́ться (уда́стся; удало́сь)**[14]

В детском саду

Vocabulary Notes

[1] The terms **ясли** and **детский сад** both refer to what Americans normally think of as preschool. **Ясли** is for children from six months to three years, and **детский сад** is for preschool children over the age of three. As a result of educational reforms, most schools now have a **нулевой класс**, which children begin at age six, and which performs the function that we normally associate with kindergarten. Russian children begin first grade (**первый класс**) at age seven.

[2] In elementary and secondary school (**школа**), the word **класс** refers to the level of study, to the group of people who study at that level, and to the classroom itself. When talking about the course of instruction or the time period when that instruction is given, however, use the word **урок**.

Мой брат учится в четвёртом **классе**.
My brother is in the fourth grade.

На прошлой неделе их **класс** ходил в театр.
Their class went to the theater last week.

В **классе** было тихо, — там сдавали письменный экзамен по литературе.
It was quiet in the classroom. A literature examination was in progress.

На **уроке** литературы сегодня нам рассказывали о поэтах шестидесятых годов.
In our literature class today, we heard about the poets of the sixties.

[3] The words **гимназия** and **лицей**, both of which hark back to pre-Revolutionary times, have been reintroduced in present-day Russia in both public and private education. Highly competitive secondary schools, both require entrance examinations and both emphasize the liberal arts, with the **лицей** putting greater emphasis on the classical curriculum.

[4] The acronym **вуз** refers to any postsecondary educational institution. The term **университет** was, until recently, applied to institutions that offered a broad range of the traditional arts and sciences, while the term **институт** was reserved for more specialized institutions, such as **медицинский**, **политехнический**, and **педагогический**. Most of the latter are being reclassified as **университеты** at the present time.

[5] The administrative division of a **вуз** is slightly different from that of an American college. The **факультет**, which is headed by a **декан**, is generally larger than an American department but smaller than a school or division. The fifteen **факультеты** at Moscow State University are: **механико-математический**, **факультет вычислительной математики и кибернетики**, **физический**, **химический**, **биологический**, **факультет почвоведения**, **геологический**, **географический**, **философский**,

В лицее

исторический, экономический, филологический, факультет журналистики, факультет психологии, and **юридический факультет.** Within each **факультет** there are smaller subdivisions known as **отделения. Отделения** are further divided into sections known as **кафедры.** Each **кафедра** has its own head, or **заведующий.**

> Я учусь на филологическом **факультете,** на **отделении** английского языка и литературы.
> *I'm in the Department of English Language and Literature in the School of Philology.*

> Моя мама преподаёт на **кафедре** русского языка для иностранцев.
> *My mother works in the Department of Russian for Foreigners.*

[6] At the postsecondary level, the word **курс** refers to a course of instruction, to the level (or year) of instruction, and to the group of people studying at that level.

> Я слушаю **курс** по русской литературе.
> *I'm taking a Russian literature course.*

> Моя сестра учится на третьем **курсе** в институте.
> *My sister is in her third year at the institute.*

> На нашем **курсе** около семидесяти человек.
> *There are approximately seventy people in our class.*

[7] At the postsecondary level, the word **занятия** refers to classes that are more or less practical in their orientation. The word may be used in the singular when speaking of a single class, as in **занятие по физике** (*a physics class*), but it is more commonly used in the plural. There are also lectures (**лекция**) and seminars (**семинар**) at this level of instruction.

> На **занятиях** по русскому языку всегда весело и интересно.
> *It's always fun and interesting in Russian class.*

> На **лекции** по европейской истории нам рассказывали о французской революции.
> *In our European history class today, we heard about the French Revolution.*

> Я буду завтра делать доклад на **семинаре** по Чехову.
> *I'm going to give a paper tomorrow in the Chekhov seminar.*

[8] The word **сдавать/сдать** means many things in an academic context. It can be applied to an assignment, a test, or a requirement. The perfective focuses on the successful completion of the task.

> Мы **сдаём** домашнюю работу после каждого занятия.
> *We turn in our homework after every class.*

Нам нужно **сдавать** экзамен по лингвистике?
Do we have to take a linguistics exam?

Для получения степени, в дополнение к курсам по специальности, мне нужно **сдать** пять курсов по общеобразовательным предметам, два курса по математике, физике, информатике или инженерному делу.
In order to graduate, in addition to the major requirements, I am required to take five general-education courses and two courses in math, physics, computer science, or engineering.

9 The word **контрольная** refers to any kind of test. It is the word that most closely describes the kind of test normally found in American classrooms. The word **экзамен** refers to a major examination, such as entrance or exit examinations of the type found at Russian universities or a final examination. Remember that Russian examinations usually are oral.

10 In the past, the bachelor's (**бакалавр**) and master's (**магистерская**) degrees pertained to the American educational system only. Now Russian universities are introducing these degrees, which coexist with the traditional Russian ones. The Russian candidate's (**кандидатская**) and doctoral (**докторская**) degrees refer to postgraduate work only. The **кандидатская степень** is approximately equivalent to the American Ph.D., while the **докторская степень** represents a higher level of study. The position of **доцент** may be held by a **кандидат** only, while the position of **профессор** is held by a **доктор**. Remember that the word **профессор** is a title, rather than a generic description of faculty. If you wish to refer to faculty members in general, use the word **преподаватель**.

Мне нужно встретиться с **профессором** Ивановым.
I need to see Professor Ivanov.

Мне нужно встретиться с **преподавателем**.
I need to see a professor.

В нашем университете 512 **преподавателей**.
There are 512 professors at our university.

11 At the elementary and secondary levels of education, the term **ученик/ученица** is the most general of the various words used to describe students. The term **студент/студентка** refers to students at the postsecondary level only.

12 The verbs **пробовать/попробовать**, **пытаться/попытаться**, and **стараться/постараться** in many instances may be used synonymously, but there are times when one needs to discriminate among them. The verb **пробовать/попробовать** means *to sample* or *to test*. It is the only one of the three verbs that may be used with a noun complement as well as with an infinitive.

Попробуй виноград, он тебе понравится.
Try the grapes. You'll like them.

Попробуй позвонить вечером Мише. Может быть, он уже приехал из Москвы.
Try calling Misha this evening. Maybe he's already come back from Moscow.

The verb **пытаться/попытаться** focuses on the difficulty of what is being attempted. This verb suggests a lack of a successful result and is frequently followed by **но** (*however*).

Миша **пытался** подвинуть шкаф, но он оказался слишком тяжёлым.
Misha tried to move the wardrobe, but it turned out to be too heavy.

Finally, the verb **стараться/постараться** means *to make an effort* or *to do your best*.

Я буду тебя ждать в семь часов. **Постарайся** не опаздывать.
I will expect you at seven o'clock. Try not be late.

Remember that in some contexts it is also possible to express the notion of *trying* by using an imperfective verb.

Мы весь день **решали** эту задачу.
We spent the whole day trying to solve that problem.

[13] The verb **требовать/потребовать**, like **хотеть**, may be used with either an accusative or a genitive complement. Choose accusative when talking about specific objects and genitive when talking about abstractions.

Мою подругу потребовали к декану. Он **потребовал** от неё **объяснения** её поведения.
My friend was called to the Dean's Office. He demanded an explanation of her behavior.

[14] The verb **удаваться/удаться** is used impersonally with a dative complement. It is typically followed by a perfective infinitive.

Ему **удалось** решить трудную задачу.
He succeeded in solving a difficult problem.

Подготовительные упражнения

Modals

In Lesson 7, we discussed ways of expressing necessity (**нужно, надо, необходимо**) and permission and possibility (**можно, нельзя**) in impersonal sentences. There are, in addition to these constructions, a number of other expressions of necessity and obligation and of permission and possibility that you will wish to use when giving instructions or advice.

The most common of the expressions of necessity and obligation requires the use of the short-form adjective **должен** in predicate position followed by an infinitive. **Должен** is more general in meaning than are other words of this type and may be used to express necessity, obligation, or expectation. **Должен** may be used with objects as well as with people.

NECESSITY   Я **должен** поговорить со своим руководителем перед защитой.
I need to talk with my adviser before my defense.

OBLIGATION   Я **должна** подать документы в институт к первому июля.
I'm supposed to apply to the institute by the first of July.

EXPECTATION   Поезд **должен** прибыть в два часа.
The train is due to arrive at two o'clock.

The short-form adjectives **обя́зан** and **вы́нужден** are also used in predicate position. **Обязан** suggests *obligation*, and **вынужден** means that someone was *forced* to do something.

Ты **обязан** звонить домой, когда опаздываешь.
It is your responsibility to call home whenever you are late.

Гену не приняли в университет, и он был **вынужден** пойти в армию.
Gena didn't get accepted into a university, so he was forced to go into the army.

There are a number of verbs that may be used in impersonal sentences to express necessity and obligation. They include **сле́довать**, **приходи́ться/прийти́сь**, **предстоя́ть**, and **сто́ить**. The verb **следовать** suggests that it would be desirable to perform the action. This verb is frequently used when making recommendations. The verb **приходиться/прийтись** suggests that the action to be performed is undesirable but nevertheless unavoidable. The verb **предстоять** refers to an inevitable action to be performed in the future, and the verb **стоить**, which is used colloquially, suggests that performing the action is worthwhile. As in other impersonal sentences, the person who incurs the obligation is in the dative case while the verb is in the third-person singular neuter form. All of these verbs may be followed by infinitives.

Ему **следует** повторить опыт, — первый был не очень удачным.
He ought to repeat the experiment; the first one wasn't very successful.

Я забыла дома тетрадь и мне **пришлось** вернуться за ней.
I left my notebook at home and had to go back for it.

Ей ещё **предстоит** сдавать вступительные экзамены в институт.
She still has the institute's entrance examinations to look forward to.

Тебе **стоит** попытаться поступить в музыкальную школу, я надеюсь, что тебя примут.
You ought to try applying to music school; I hope you get accepted.

In the examples that we have just seen, the thing that you need to do is expressed by an infinitive. It is also possible to say that you need a person or a thing. In sentences of this type, the person or thing that you need is the nominative subject of the sentence, the short-form adjective **нужен** agrees with the subject in gender, number, and case, and the person by whom the person or thing is needed is dative. The short-form adjective **необходим**, which is more categorical in meaning than **нужен**, behaves in the same way.

Мне **нужен** новый плащ.
I need a new raincoat.

Им **необходимы** такие люди.
Such people are indispensible to them.

It is also possible to use verbs to show that a person needs a thing. The thing that is needed is the subject of the verb **пона́добиться**, and the person who needs the thing is in the dative.

Для перевода этой статьи тебе **понадобится** англо-русский словарь.
You will need to have an English–Russian dictionary to translate this article.

There are also a number of ways to express permission and possibility in Russian. One of the most common of these expressions uses the verb **мочь/смочь**. This verb covers both physical ability and permission, which is to say that it corresponds to both *can* and *may* in English. The perfective **смочь** is generally used with a perfective infinitive.

Я надеюсь, что преподаватель **сможет** проверить контрольную работу к четвергу.
I hope that the teacher will be able to get the test corrected by Thursday.

When **мочь/смочь** is negated and followed by a negative infinitive, it expresses the English idea *cannot help but.*

Я **не могу не** беспокоиться о твоих успехах в школе.
I can't help but worry about your progress in school.

It is also possible to express permission and possibility by using a form of the adjective (**не)возможный**. This adjective behaves very much as does **ну́жный**, that is, it may be used in its long form in attributive position, in its short form in predicative position, or as a predicate adverb in an impersonal sentence.

Решите эту задачу всеми **возможными** способами.
Solve this problem by all possible means.

В этом сочинении **возможны** ошибки.
There may be mistakes in this composition.

Эту задачу **невозможно** решить.
It is impossible to solve this problem.

The verb **удаваться/удаться** followed by a perfective infinitive may also be used in impersonal sentences of possibility.

Полиции не **удалось** найти преступника.
The police couldn't find the criminal.

Если мне не **удастся** попасть в университет, я буду поступать в педагогический институт.
If I can't get into the university, I'll try to get into the pedagogical institute.

1. *Complete the sentences.*

    1. Необходимо понять, что _____

    2. Не следует считать, что _____

    3. Тебе не стоит _____

    4. Ему не стоило _____

    5. Профессору Ме́льнику удалось доказать, что _____

    6. Вам следует знать, что _____

    7. Возможно, что _____

    8. Им удалось выяснить, что _____

2. *Fill in each blank with any logical expression of necessity or obligation. Discuss possible variations.*

Толя проснулся и посмотрел на будильник. Было 7.45. Он понял, что он опаздывает в институт, и что _____ быстро одеваться. Через 20 минут он стоял на пустой трамвайной остановке. Значит, трамвай только что ушёл, и _____ взять такси. Толя сомневался, _____ ли ему тратить деньги на такси, но вовремя вспомнил, что ему _____ быть в институте до начала занятий, чтобы поговорить с преподавателем английского языка. Разговор предстоял неприятный, — ему _____ оправдываться перед ним за то, что он вчера не пришёл к нему на урок.

Generalizations

English generalizations that use the word *one* are most commonly expressed in Russian by impersonal sentences.

В Америке **стоит** подавать одновременно в несколько
университетов.
In America one should apply to several universities at the same time.

Sometimes a Russian impersonal sentence may be translated into English with *you*.

Надо всё попробовать.
You should try everything.

The generalized idea of *you* may also be expressed by a second-person singular verb
with no pronoun.

Когда **поступаешь** в университет, нужно много заниматься.
When you go to college, you have to study a lot.

Imperatives

You need to use imperatives when giving instructions or advice. In order to form
the imperative, take the third-person plural of the verb and drop the last two
letters. If the remaining form ends in a vowel, add **-й**. If the remaining form ends
in two consonants, add **-и**. The stress will be as in the infinitive. If the remaining
form ends in a single consonant, check the location of the stress. If the word is end
stressed or has a shifting stress pattern, add stressed **-и**. If the word is stem stressed,
add **-ь** and put the stress on the stem of the word.

реша́ть	реша́ют	реша-	**реша́й**
петь	пою́т	по-	**пой**
объясня́ть	объясня́ют	объясня-	**объясня́й**
стоя́ть	стоя́т	сто-	**стой**
уме́ть	уме́ют	уме-	**уме́й**
е́здить	е́здят	езд-	**е́зди**
взять	возьму́т	возьм-	**возьми́**
купи́ть	ку́пят	куп-	**купи́**
писа́ть	пи́шут	пиш-	**пиши́**
гото́вить	гото́вят	готов-	**гото́вь**

Of course, there are exceptions to these rules. The imperatives of all verbs of the
дава́ть type are formed from the infinitive: **дава́ть–дава́й, встава́ть–встава́й,
устава́ть–устава́й**. Other exceptions include **дать–дай** and **пое́хать–
поезжа́й**.

When deciding which aspect to use with imperatives, apply the same logic that
you normally use when making decisions about aspect, that is, use the perfective
when talking about a single result-producing action and use the imperfective when

talking about anything else. In other words, a normal, polite, one-time request will be made with a perfective verb.

> **Выключи**, пожалуйста, свет, он мне мешает.
> *Turn out the light, please. It's bothering me.*

A request for repeated action will normally be made with an imperfective verb.

> **Пейте** томатный сок, он очень полезен.
> *Drink tomato juice. It's good for you.*

You may also use imperfective imperatives when you are giving permission or encouraging someone to continue what they are doing. Imperatives of this type focus on the action rather than on the result.

> **Занимайся**, я не буду тебе мешать.
> *Go ahead and study. I won't bother you.*

A normal negative request is made with an imperfective verb. You may think of it as a negation of the action itself rather than of the result.

> Не **читай** лёжа, это вредно.
> *Don't read lying down. It's bad for you.*

A negative request that is a warning is made with a perfective verb. Think of it as a warning against accidentally achieving an unintentional result.

> **Не забудьте**, что завтра контрольная по физике.
> *Don't forget that there is a physics quiz tomorrow.*

> **Не простудись**.
> *Don't catch cold.*

3. *Use imperatives to explain to your classmates what they should or should not do in order to succeed in school. When you have finished, add three more suggestions of your own.*

Образец: смотреть телевизор
   — **Не смотри телевизор каждый день!**

1. приходить вовремя на занятия
2. готовиться к экзаменам
3. ходить на занятия
4. поздно сидеть в гостях перед экзаменом
5. опаздывать на экзамен
6. терять учебники

7. записывать лекции

8. спать на занятиях

4. *Give negative advice as in the model. Be sure to use imperfective imperatives. Remember to give reasons for your advice.*

Образец: — Я хочу купить эту машину.

— **Не покупай эту машину. Она слишком дорогая.**

1. Я хочу прочитать твою дипломную работу.

2. Я хочу завтра на семинаре сделать доклад.

3. Я хочу поступить в гимназию.

4. Я хочу записаться на курс профессора Иванова.

5. Я хочу подать документы в МГУ на математический факультет.

5. *Give advice to the people in these situations. Remember to explain your reasons.*

1. Ваша сестра оканчивает школу и собирается в университет.

2. Ваш знакомый получил двойку за контрольную работу по физике и сейчас должен поговорить с преподавателем.

3. Ваш отец работает в частном лицее, но хочет перейти на работу в государственную школу.

Teaching and Learning

There are a number of verbs of teaching and learning in Russian. The most common of the learning verbs is **учиться/научиться**. Use this verb to answer the question **где?** when talking about attending school.

Я **учусь** на французском отделении филологического факультета Санкт-Петербургского государственного университета.
I'm enrolled in the French Department of the Philological School of St. Petersburg State University.

Всю жизнь Лиза работала, но она всегда мечтала **учиться**.
Liza worked all of her life, but she always dreamed about going to school.

You may also use the verb **учиться/научиться** either with an infinitive or with the dative of the subject being studied. It is the only one of the verbs of learning that may be used with an infinitive.

Я **учусь** музыке и балету.
I'm studying music and ballet.

Моя сестра уже **научилась** программировать.
My sister has already learned how to program.

The verb **изучать/изучить** is used with the accusative of the subject being studied. This verb, which means to study a subject in some depth, can never be used without a direct object. Use it when talking about the courses you are taking.

Я начала **изучать** русский язык в прошлом году.
I began taking Russian last year.

The verb **учить/выучить** is also used with the accusative of the subject being studied. This verb has the connotation of learning (or even memorizing) a limited amount of material.

Я должен **выучить** все эти русские слова к завтрашнему дню.
I have to learn all these Russian words by tomorrow.

Finally, the verb **заниматься** is used with the instrumental of the subject being studied. Use it to talk about doing your homework.

Я всегда **занимаюсь** у себя в комнате.
I always study in my room.

Сейчас я **занимаюсь** русским языком, а потом мне нужно будет приготовиться к семинару по истории.
I'm studying Russian right now, and then I have to get ready for my history seminar.

The verb **преподавать** is the most common of the teaching verbs. It refers to teaching as a professional activity. The subject taught is accusative, and the person to whom it is taught is dative.

Мария Николаевна **преподаёт** русский язык иностранным студентам.
Mariya Nikolaevna teaches Russian to foreign students.

The verb **учить/научить** also means to teach. Like its reflexive counterpart **учиться/научиться**, it may be used either with an infinitive or with the dative of the subject being taught. The person taught, if specified, is accusative.

Папа **учит** меня играть на рояле.
Daddy is teaching me to play the piano.

Кто тебя **учит** английскому языку?
Who is teaching you English?

6. *Fill in each blank with the best translation of the given words.*

1. _____ (*Teach*) меня пользоваться этим новым компьютерным шрифтом.

2. Я _____ (*am teaching*) своего брата водить машину. Я уверен, что он скоро _____ (*will learn*).

3. В каком вузе _____ (*teaches*) твоя мама? Какой предмет она _____ (*teaches*)?

4. Когда ты начал _____ (*studying*) русский язык?

5. Кто тебя _____ (*taught*) так хорошо говорить по-русски?

6. Ты так хорошо _____ (*learned*) этот диалог.

7. Я предпочитаю _____ (*study*) одна, но многие в нашей группе любят _____ (*to study*) вместе.

8. На каком факультете ты _____ (*study*)?

9. Меня никто никогда не _____ (*taught*) плавать, я _____ (*learned*) сама.

10. Я _____ (*am studying*) русским языком, чтобы серьёзно начать _____ (*to study*) русскую литературу, которую я так люблю.

11. Митя _____ (*is studying*) на первом курсе Московского педагогического университета.

12. Чтобы хорошо _____ (*perform in school*), нам приходится очень много _____ (*study*).

7. *Translate into idiomatic Russian.*

Dear Anya,

Your mother and I were very happy to learn that this semester you are taking a course in nineteenth-century Russian history. You also wrote that you would have to take mathematics next semester. I know that you will have to study a lot because you don't like this subject. Remember that you will have to turn in all of your assignments on time. I am sure that you will pass the exam and get a good grade. Please try to spend less time with your friends, and don't forget to study in the language lab. Forgive me for giving you so much advice, but sometimes beginning students need advice from parents. Don't forget to write to us.

Your Papa

Прослушивание текста

 You will hear a news item about a new school in Saint Petersburg. Listen to the text and answer the questions.

Словарь

годовщи́на   *anniversary*

Вопросы

1. О каком вузе здесь говорится?

2. Чем он отличается от других?

3. Кто там преподаёт?

4. Какую специальность можно там получить?

5. Сколько времени нужно учиться?

6. Сколько стоит образование?

7. Как вы думаете, что такое «день открытых дверей»? Когда они проводятся?

8. Когда начнутся занятия?

9. По какому телефону можно получить дополнительную информацию об этом вузе?

Чтение

1. *What do American students do to prepare themselves for college?*

2. *Read the article and answer the questions that follow.*

Как готовиться в вуз

Готовиться к вступительным экзаменам, как известно, можно четырьмя способами: занимаясь с репетиторами, посещая курсы, грызя гранит науки самостоятельно, не занимаясь вообще.

Рассматривая при этом ваши шансы в обратном порядке, скажу, что при четвёртом варианте вы можете даже не напрягаться, подавая куда-нибудь документы; при третьем – неудача постигнет вас хотя бы потому, что, даже занимаясь более чем старательно, вы не знаете требований и специфики вступительных экзаменов в том или ином институте. Например, вызубрите учебник истории наизусть, но при вопросе, не входящем в него (например, «Сколько комсомольцев участвовало в штурме Зимнего?»), тут же сядете в лужу.

Можно, конечно, пойти «вторым» путём, то есть устроиться на курсы при избранном вузе. Поскольку обучение ведётся групповым

методом, его эффективность оставляет желать лучшего. Но, если вы будете дисциплинированны и доходите до апреля – мая, вполне вероятно, что группа поредеет, вы останетесь едва ли не единственным в ней и вас запомнят как человека целеустремлённого. Ещё один плюс курсов состоит в преподавательском составе: те, кто вас учит, – читают лекции, а то и принимают вступительные экзамены в этом же институте. А потому ещё лучше договаривайтесь об отдельных (то есть репетиторских) занятиях. Здесь, конечно, встаёт денежный вопрос, ведь год учёбы на курсах стоит порой меньше, чем 10 занятий у репетитора. Но не стоит жалеть металл, ваша цель оправдывает средства.

Теперь о репетиторах. Первый вопрос: «Как их искать?» Не звоните по всем объявлениям в газете. Главное – найти преподавателя, который знает все тонкости приёма экзаменов в данном вузе. Как же найти этих раритетных и, скажем сразу, дорогих, по сравнению с «простыми», репетиторов? Метод первый – через курсы (см. выше), метод второй – прыгать зайчиком вокруг любимого института, сдирая со всех столбов объявления «Готовлю в вуз» и звоня по ним, интересоваться, преподаёт ли вышеозначенный подготовщик там, куда вам нужно. Метод третий – найти, на худой конец, выпускника требуемого вуза тем же способом, что и в пункте втором, – кое-какие секреты знает и он.

У каждого предмета своя цена. Английский язык, например, дороже немецкого (соответственно – 10 и 7 долларов США за два академических часа). То же самое касается и точных наук. Они часто бывают дороже гуманитарных: математика, физика, химия – $15 за 2 академических часа. Чем престижнее вуз, тем дороже его репетиторы.

Так что учитесь, учитесь и учитесь (хотя начинать надо было, конечно, полгода назад) и – ни пуха ни пера!

Елена СЕМЁНОВА,
поступившая в вуз с третьей попытки

1. Перечислите способы подготовки к вступительным экзаменам.

2. Какие из них дают наилучшие результаты?

3. Как найти подходящего репетитора?

4. Сколько денег берут репетиторы? От чего зависит цена?

5. Какие ещё советы могли бы вы дать молодому человеку, желающему поступить в российский вуз?

6. Как вам кажется, где легче попасть в хороший вуз, в России или в Америке?

Словарь

вы́зубрить   *to cram*

грызть грани́т   *много занима́ться*

жале́ть   *to begrudge*

за́йчик   *bunny*

мета́лл   *деньги*

напряга́ться   *to make an effort*

на худой коне́ц   *if worse comes to worst*

ни пу́ха ни пера́   *break a leg*

опра́вдывать   *to justify*

оставля́ть жела́ть лу́шего   *to leave a lot to be desired*

пореде́ть   *to thin out*

репети́тор   *tutor*

сдира́ть   *to rip off*

сесть в лу́жу   *to look foolish*

сре́дства   *means*

столб   *pole*

целеустремлённый   *motivated*

цель опра́вдывает сре́дства   *the end justifies the means*

штурм Зи́мего (дворца́)   *the Storm of the Winter Palace*

3. *Explain to a group of American high-school seniors what they need to do to prepare themselves for the college application process.*

На занятиях в универси́тете

Сочинение

Выбери себе специальность!

Your sixteen-year-old cousin Misha, who lives in central Russia, is beginning to give serious thought to what he should do after graduating from high school. In his last letter, he sent you a packet of information about St. Petersburg University and asked your advice about applying there. You know that the boy has fairly good grades in all subjects except physics, speaks decent French, seems inclined to the humanities, and is concerned with making a practical decision at this point in his career. Study the material that he has sent you and then write to him and explain how you think he should proceed. Remember that he can apply to one department only and that he has to be physically present to take the entrance examinations.

Санкт-Петербургский Государственный Университет

В Санкт-Петербургском государственном университете есть дневное, вечернее и заочное отделения.

Срок обучения на дневном отделении — 5 лет, на вечернем и заочном отделениях — 6 лет.

В Санкт-Петербургском государственном университете имеется 16 факультетов, на каждом из которых есть разные отделения. На все факультеты сдают вступительные экзамены.

Математико-механический факультет

отделение: теоретическая математика
вступительные экзамены: математика (письменно), физика (устно), русский язык и литература (сочинение)

Факультет прикладной математики

отделение: прикладная математика
вступительные экзамены: математика (письменно), физика (устно), русский язык и литература (сочинение)

Физический факультет

отделения: теоретическая физика, радиофизика, электроника
вступительные экзамены: математика (письменно), физика (устно), русский язык и литература (сочинение)

Химический факультет

отделение: химия
вступительные экзамены: математика (письменно), химия (письменно), русский язык и литература (сочинение)

Биологический факультет

отделение: биология
вступительные экзамены: математика (письменно), биология (устно), химия (устно), русский язык и литература (сочинение)

Экономический факультет

отделения: политэкономия, экономическая кибернетика, международные экономические отношения
вступительные экзамены: математика (письменно), история России (устно), иностранный язык (устно), русский язык и литература (сочинение)

Психологический факультет

отделение: психология
вступительные экзамены: математика (письменно), история России (устно), русский язык и литература (сочинение)

Исторический факультет

отделения: по истории всех перидов, стран и народов
вступительные экзамены: история России (устно), иностранный язык (устно), русский язык и литература (сочинение), русский язык и литература (устно)

Филологический факультет

отделения: по языкам и литературе (русскому и иностранным, не включая восточные); прикладная лингвистика
вступительные экзамены: история России (устно), иностранный язык (устно), русский язык и литература (сочинение), русский язык и литература (устно)

Геологический факультет

отделение: геология
вступительные экзамены: математика (письменно), физика (устно), русский язык и литература (сочинение)

Философский факультет

отделения: по философии, политологии
вступительные экзамены: история России (устно), иностранный язык (устно), русский язык и литература (сочинение), основы философии (устно)

Географический факультет

отделения: география, экология
вступительные экзамены: математика (письменно), география (устно), русский язык и литература (сочинение)

Юридический факультет

отделение: правоведение
вступительные экзамены: история России (устно), иностранный язык (устно), русский язык и литература (сочинение), русский язык и литература (устно)

Социологический факультет

отделение: социология
вступительные экзамены: история России (устно), математика (письменно), русский язык и литература (сочинение)

Журналистский факультет

отделение: журналистика
вступительные экзамены: история России (устно), иностранный язык (устно), русский язык и литература (сочинение), русский язык и литература (устно)

Факультет восточных языков

отделения: по восточным языкам и литературе
вступительные экзамены: история России (устно), иностранный язык (устно), русский язык и литература (сочинение), русский язык и литература (устно)

Задания

1. *These statistics concerning the teaching of Russian in the United States were published in «Литературная газета» in 1988. Since the article is brief, read it aloud and then discuss the changes that you think may have occurred since that time.*

> Вот цифры 1987 года: русский язык преподаётся в 800 школах (до этого считалось, что таких школ что-то около 500). Количество обучающихся — примерно 8 тысяч, преподавателей — 600–700 человек.
>
> А вот статистика по вузам (данные 1986 года). Русский изучают 34 тысячи студентов и аспирантов. Он на пятом месте после итальянского — им занимаются 40 тысяч человек. Японский же — 24 тысячи. Цифры, может быть, и не очень высокие, но по сравнению с 1980 годом они выросли вдвое.

2. *One of your Russian friends has shown you an article from «Аргументы и факты» on the relative difficulty of foreign languages for native speakers of Russian. After reading the article, explain to your friend which languages native speakers of English find difficult and why.*

> **Татарский бы выучил...**
>
> Какие современные языки самые трудные в изучении, а какие — самые лёгкие?
>
> Вопрос о трудности или лёгкости овладения каким-либо языком в общем виде ставить бессмысленно. Всё зависит от того, кто изучает, с какой целью и как. Если язык изучает лингвист, то ему, разумеется, проще, чем нелингвисту, если цель изучения языка — только чтение специальной литературы, то эта задача проще, чем, скажем, свободное общение на любые темы, и т.д.
>
> И всё же, если говорить об изучении неродного языка носителем русского языка (то есть тем, для кого русский — родной), то можно представить некую систему «ступеней сложности». Наиболее простыми для усвоения окажутся близкородственные — болгарский, польский, чешский, словацкий, сербо-хорватский и другие славянские языки. Сравнительно несложно овладеть и языками, принадлежащими к той же, что и русский, семье — индоевропейской: романскими (например, испанским, французским), германскими (например, немецким, шведским), иранскими (например, таджикским). Сложнее может обстоять дело с неиндоевропейскими языками, в «устройстве» которых могут быть существенные отличия

от русского: тюркскими (например, татарским, узбекским), финно-угорскими (например, венгенрским), семитскими (например, ивритом), кавказскими (например, грузинским, лезгинским).

Весьма сложно овладеть китайским и другими так называемыми «изолирующими» языками.

3. *Below are five examples of "helpful hints." After reading the examples, add five more of your own.*

1. Если вы обожглись, нужно сразу приложить лёд.
2. Когда режешь лук, включи воду.
3. Нельзя опаздывать на деловое свидание.
4. Перед поездкой за границу следует сделать все прививки.
5. Бутылки из-под вина, водки и пива лучше моются водой с содой.

4. *Your niece brought these instructions home on the first day of school. Go over them with her and explain clearly what it is that the teacher wants her to do.*

Как подготовить домашнее задание

1. Открой книгу на нужной странице.
2. Вспомни, что узнал на уроке.
3. Прочитай рассказ вслух, не торопясь.
4. Отметь непонятные слова, постарайся объяснить их.
5. Подумай, какая главная мысль этого рассказа.
6. Раздели рассказ на части, озаглавь их.
7. Перескажи рассказ по плану.
8. Ответь на вопросы и задания учебника.

5. *One of your Russian friends has just been admitted to your school. Explain what she will need to do in order to graduate.*

6. *Some friends of yours are planning a trip to Rome. On the basis of your own experience (Lesson 9), advise them on how to plan their trip.*

7. *Solve the problems.*

1 сентября, знакомясь со своими учениками, Елена Фёдоровна обнаружила среди них 5 Наташ и 3 Петь. Вить было в два раза больше, чем Наташ и Петь вместе взятых, а Лен в 4 раза меньше, чем Вить. Сколько Лен было в классе 1 сентября во время знакомства учеников с учительницей?

Марина Борови́цкая сделала в диктанте 12 ошибок, а Гриша Кружко́в, который у неё всё списал, — 32 ошибки. Сколько своих собственных ошибок в диктанте у Гриши?

Урок № 11

Серёжа

---Словарь---

брак   marriage

сва́дьба (*р мн* **сва́деб**) (**на**) wedding

предложе́ние   proposal
  де́лать ~ *нес, кому?*   to propose; *сов* **сде́лать** ~

жени́х (*р* **жениха́**)   bridegroom, fiancé

неве́ста   bride, fiancée

пожени́ться (**пожéнятся**) *сов*   to marry (said of a couple)

жени́ться (**женю́сь, жéнишься**) *нес and сов, на ком?*   to marry (said of a man)

выходи́ть за́муж (**выхожу́, выхо́дишь**) *нес, за кого?*   to marry (said of a woman); *сов* **вы́йти за́муж** (**вы́йду, вы́йдешь; вы́шла**)

жена́т *на ком?*   married (said of a man)

за́мужем *за кем?*   married (said of a woman)

муж (*мн* **мужья́**)   husband

жена́ (*мн* **жёны**)   wife

холосто́й   single (said of a man)

разво́д   divorce

разводи́ться (развожу́сь,
   разво́дишься) *нес* to separate,
   divorce; *сов* развести́сь
   (разведу́сь, разведёшься;
   развёлся, развела́сь)
разведённый (разведён,
   раведена́, разведены́)
   separated, divorced
вдове́ц (*р* вдовца́) widower
вдова́ (*мн* вдо́вы) widow

семья́ (*мн* се́мьи, семе́й, се́мьях)
   family[1]
семе́йный family
ро́дственник; ро́дственница
   relative

роди́тели (*р* роди́телей)
   parents[1]
оте́ц (*р* отца́) father
мать (*мн* ма́тери, матере́й)
   mother
о́тчим stepfather
ма́чеха stepmother[2]
свёкор (*р* свёкра) father-in law
   (husband's father)[3]
свекро́вь *ж* mother-in-law
   (husband's mother)[3]
тесть *м* father-in-law (wife's
   father)[3]
тёща mother-in-law (wife's
   mother)[3]

сын (*мн* сыновья́) son
дочь (*р* до́чери, *мн* до́чери,
   дочере́й, дочеря́х, дочеря́м,
   дочерьми́) daughter
приёмный foster, adopted
сирота́ (*мн* сиро́ты) *м* and *ж*
   orphan

брат (*мн* бра́тья) brother
   двою́родный ~ cousin
сестра́ (*мн* сёстры, сестёр,
   сёстрах) sister

двою́родная ~ cousin
племя́нник nephew
племя́нница niece
дя́дя (*р мн* дя́дей) *м* uncle
тётя (*р мн* тётей) aunt

внук grandson
вну́чка (*р мн* вну́чек)
   granddaughter
пра́внук great-grandson
пра́внучка (*р мн* пра́внучек)
   great-granddaughter
де́душка *м* (*р мн* де́душек)
   grandfather
ба́бушка (*р мн* ба́бушек)
   grandmother
праде́душка (*р мн* праде́душек)
   great-grandfather
праба́бушка (*р мн* праба́бушек)
   great-grandmother

воспита́ние upbringing
воспи́тывать *нес* to bring up,
   raise; *сов* воспита́ть; *возвр*
воспи́тываться/ воспита́ться
воспи́танный (воспи́тан) well-
bred
   невоспи́танный (невоспи́тан)
      ill-bred
избало́ванный (избало́ван)
   spoiled

поведе́ние behavior
вести́ себя́ (веду́, ведёшь; вёл,
   вела́) *нес* to conduct oneself,
   behave[4]
подража́ние imitation
подража́ть *нес, кому?* to imitate
сле́довать (сле́дую, сле́дуешь)
   нес, кому? to follow; *сов*
   после́довать
      ~ приме́ру to follow an
      example
слу́шаться *нес, кого?* to mind;
   сов послу́шаться

такт tact

такти́чный tactful

беста́ктный tactless

ве́жливость *ж* courtesy, politeness

ве́жливый courteous, polite

гру́бый crude, rude

шалу́н (*р* **шалуна́**); **шалу́нья** (*р мн* **шалу́ний**) naughty child

шали́ть *нес* to be naughty

капри́зный willful

капри́зничать *нес* to behave willfully, misbehave

настрое́ние mood

дово́льный (**дово́лен, дово́льна**) *кем, чем?* satisfied, pleased

   недово́льный (**недово́лен, недово́льна**) *кем, чем?* dissatisfied, displeased

расстра́иваться *нес* to become upset; *сов* **расстро́иться**

расстро́енный (**расстро́ен**) upset

смуща́ться *нес* to become embarrassed; *сов* **смути́ться** (**смущу́сь, смути́шься**)

сты́дно *безл, кому, за что?* ashamed[5]

пла́кать (**пла́чу, пла́чешь**) *нес* to cry; *сов* **запла́кать**[6]

утеша́ть *нес* to comfort; *сов* **уте́шить**

хвали́ть (**хвалю́, хва́лишь**) *нес, за что?* to praise; *сов* **похвали́ть**

вина́ fault

извине́ние apology

извиня́ться *нес, перед кем, за что?* to apologize; *сов* **извини́ться**

проще́ние forgiveness, pardon

проща́ть *нес* to forgive, pardon; *сов* **прости́ть** (**прощу́, прости́шь**)[7]

привы́чка (*р мн* **привы́чек**) habit, custom

привыка́ть *нес, к кому, к чему?* to become accustomed; *сов* **привы́кнуть** (**привы́кну, привы́кнешь; привы́к, привы́кла**)

отвыка́ть *нес, от кого, от чего?* to become unaccustomed; *сов* **отвы́кнуть** (**отвы́кну, отвы́кнешь; отвы́к, отвы́кла**)

перестава́ть (**перестаю́, перестаёшь**) *нес* to stop; *сов* **переста́ть** (**переста́ну, переста́нешь**)[8]

прекраща́ть *нес* to stop; *сов* **прекрати́ть** (**прекращу́, прекрати́шь**)[8]

броса́ть *нес* to stop, quit; *сов* **бро́сить** (**бро́шу, бро́сишь**)[8]

угоща́ть *нес, чем?* to treat; *сов* **угости́ть** (**угощу́, угости́шь**)[9]

корми́ть (**кормлю́, ко́рмишь**) *нес, чем?* to feed; *сов* **покорми́ть** and **накорми́ть**

налива́ть *нес* to pour; *сов* **нали́ть** (**налью́, нальёшь; нали́л, налила́**)

подава́ть на стол (**подаю́, подаёшь**) *нес* to serve; *сов* **пода́ть на стол** (**пода́м, пода́шь, пода́ст, подади́м, подади́те, подаду́т; по́дал, подала́**)

приве́тствовать (**приве́тствую, приве́тствуешь**) *нес* to greet, welcome; *сов* **поприве́тствовать**

здоро́ваться *нес, с кем?* to say hello; *сов* **поздоро́ваться**

пожима́ть ру́ку *нес, кому?* to shake someone's hand; *сов* **пожа́ть ру́ку (пожму́, пожмёшь)**

обнима́ть *нес* to embrace; *сов* **обня́ть (обниму́, обни́мешь; о́бнял, обняла́)**; *возвр* **обнима́ться/обня́ться**

целова́ть (целу́ю, целу́ешь) *нес* to kiss; *сов* **поцелова́ть**; *возвр* **целова́ться/поцелова́ться**

поздравля́ть *нес, с чем?* to congratulate; *сов* **поздра́вить (поздра́влю, поздра́вишь)**

проща́ться *нес, с кем?* to say goodbye; *сов* **попроща́ться**

Vocabulary Notes

[1] Translate the English word *family* as **семья** when speaking literally of a family unit. Otherwise, when using *family* to mean the people you live with, either use **дома/домой** or specify individual family members, such as **родители**.

> В **семье** моего отца все мужчины рано лысеют.
> *In my father's family, all the men go bald early.*

> Когда я поеду в Россию, я хочу жить в русской **семье**.
> *When I go to Russia, I want to live with a Russian family.*

> Я ездила **домой (к родителям)**.
> *I visited my family.*

> Я рассказал об этом **дома (родителям)**.
> *I told my family about it.*

[2] The word **мачеха** tends to be applied to the person who has actually replaced the mother and raised the child. Otherwise, one uses some kind of paraphrase: **жена моего отца.**

[3] There is no simple way to talk about in-laws in Russian. As a result, one tends to paraphrase, especially when speaking of a brother-in-law or a sister-in-law: **брат моего мужа**, **сестра моей жены.**

[4] The expression **вести себя** must be accompanied by an explanation of how the person is behaving.

> Сергей никогда не **ведёт себя** бестактно!
> *Sergey never behaves tactlessly!*

[5] The word **стыдно** is used as a predicate in impersonal sentences. The person who is ashamed is in the dative.

> Мне стало ужасно **стыдно**, когда я увидел, что бабушка так расстроилась.
> *I became terribly ashamed when I saw how upset Grandmother was.*

[6] The perfective verb **заплакать** refers to the beginning of action.

> **Игорь посмотрел на дедушку и заплакал.**
> *Igor looked at his grandfather and burst out crying.*

[7] The verb **прощать/простить** may be used with the accusative of the person and **за** followed by the accusative of the deed, or it may be used with the deed as a direct object and the dative of the person. (Notice in the last example that **твоего поведения**, although a direct object, is genitive because it is the object of a negated verb.)

> **Я не могу простить тебя за то,** что ты обидел мою маму.
> *I cannot forgive you for insulting my mother.*

> **Я тебе это прощу.**
> *I will forgive you this.*

> **Я тебе** никогда не **прощу твоего поведения** на собрании.
> *I will never forgive you the way you acted at the meeting.*

[8] The verbs **переставать/перестать** and **прекращать/прекратить** are similar in meaning. **Переставать/перестать** is used with imperfective infinitives. **Прекращать/прекратить** is used with nouns as well as with imperfective infinitives.

> **Перестань** торопиться, — мы никуда не опаздываем.
> *Stop hurrying. We aren't late for anything.*

> Давай **прекратим** этот спор.
> *Let's stop this argument.*

The verb **бросать/бросить** means *to stop* in the sense of giving up or quitting an activity. It may be used with nouns as well as with verbs.

> Мой друг никак не может **бросить** курить.
> *My friend just can't stop smoking.*

> Он не может **бросить** эту вредную привычку.
> *He can't quit this harmful habit.*

[9] The verb **угощать/угостить** means to treat someone, usually to food or drink. The person being treated is accusative, and the treat, if named, is instrumental.

> Нас там вкусно **угощали.**
> *They fed us well there.*

> Меня **угостили** пирогом с яблоками.
> *They treated me to apple pie.*

Православная свадьба

Подготовительные упражнения

Conditional Sentences

Conditional sentences in both Russian and English may refer either to real conditions or to unreal conditions. If a real condition is met, a real result will follow. In a sentence containing an unreal condition, the condition is hypothetical, and so the result cannot follow.

REAL CONDITION	If I have enough time, I write to my parents every week.
REAL CONDITION	If I have enough time, I will write to my parents tomorrow.
UNREAL CONDITION	If I had enough time, I would write to my parents. (I do not have enough time, and I do not write to them.)
UNREAL CONDITION	If I had had enough time, I would have written to my parents yesterday. (I did not have enough time, and I did not write to them.)

In English, the treatment of verbs in such sentences is fairly complicated, while in Russian it is straightforward. Your job, since you are already comfortable with the more complicated of the two systems, is to resist the temptation to translate directly from English.

Real Conditions

A conditional sentence that refers to a real condition contains an *if* clause, which states the condition, and a result clause. Sentences of this type may refer to past, present, or future time. The verb in both clauses is indicative.

Если мы **ссорились**, мы быстро **мирились**.
If we quarreled, we quickly made up.

Если дети **плачут**, мама их **утешает**.
If the children cry, their mother comforts them.

Мише **будет** очень приятно, если Юля быстро **ответит** на его письмо.
Misha will be very pleased if Yulya answers his letter quickly.

Notice in the last example, that English requires a simple present tense in the *if* clause, even though the condition that must be met will occur in the future. The verb in the *if* clause of the Russian sentence is in the future.

In colloquial speech, it is possible to introduce the *if* clause with the word **раз**. Result clauses may be introduced either with the word **то** or with the word **тогда**.

Раз ты искренне извинился, [**то**] я тебя прощаю.
If you have sincerely apologized, then I forgive you.

Если моя сестра выйдет замуж за Петю, [**тогда**] мама будет счастлива.
If my sister marries Petya, then Mama will be happy.

1. *Fill in the blanks with appropriate forms of the given verbs. Translate your sentences into English.*

   1. Если Лёня _____ (делать/сделать) Свете предложение, я уверен, что она его примет.

   2. Если они _____ (разводиться/развестись), то дочь будет жить с отцом, — она лучше к нему относится, чем к матери.

   3. Брат сказал мне, что он уйдёт из дома, если отец _____ (приводить/ привести) в дом мачеху.

   4. Если он _____ (извиняться/извиниться), то я его прощу.

   5. Если вы всё время _____ (ссориться/поссориться), вам придётся развестись.

   6. Если отчим летом _____ (ехать/поехать) в Москву, он меня возьмёт с собой.

   7. Если ты всегда _____ (настаивать/настоять) на своём, мы больше не сможем дружить.

   8. Я буду счастлива, если он _____ (следовать/последовать) примеру своего двоюродного брата и пойдёт учиться в университет.

   9. Если она _____ (учиться/научиться) вести себя тактичнее, с ней будет легче общаться.

   10. Если ты так долго _____ (одеваться/одеться), мы не успеем на поезд.

2. *Complete the sentences.*

   1. Нужно вызывать милицию, если _____ .

   2. Марина его простит, если _____ .

   3. Я с вами попрощаюсь на вокзале, если _____ .

   4. Я с ним разведусь, если _____ .

   5. У них будет несчастный брак, если _____ .

   6. Маша выйдет за него замуж, если _____ .

   7. Нельзя жениться, если _____ .

Unreal Conditions

Sentences containing unreal conditions are fairly straightforward in Russian, but they also present translation problems for native speakers of English. English uses verb forms to distinguish between conditions that were unreal in the past and conditions that are or will be unreal in the present or in the future. In Russian unreal conditional sentences, the verbs are "conditional," that is, formed from **бы** plus the past form of the verb. This use of the past form of the verb does not mean that the sentence refers to past time. It means that without any reference to time whatsoever the action of the verb is *unreal*. In other words, you cannot use verb forms to distinguish between past and present or future unreal conditions in Russian. As a consequence, you have to rely on context and adverbs of time to clarify the question of when an action would or would not have taken place.

Even though Russian does not discriminate between past and present or future unreal conditions, it is useful to look at both types of sentences to see what translation problems they present to speakers of English. In a sentence containing a condition that was unreal in the past, English uses a past perfect verb in the *if* clause and *would have* plus a past participle in the result clause.

> Вчера мы успели на поезд, только потому что мы торопились.
> Если **бы** мы не **торопились**, мы **бы опоздали** на поезд.
> *Yesterday we made it to the train in time only because we hurried.*
> *If we hadn't hurried, we would have been late.*

In a sentence containing a condition that is or will be unreal in the present or the future, English uses the simple past in the *if* clause followed by *would* plus a simple verb in the result clause.

> Если **бы** здесь **было** расписание поездов, я **бы знала**, когда отправляется поезд на Харьков.
> *If there were a train schedule here, I would know when the train for Kharkov was leaving.*

> Если **бы** я завтра не **сдавал** экзамен, я **бы встретился** с вами.
> *If I weren't taking a test tomorrow, I would join you.*

The two main points of confusion for English speakers are the correct translation of *if* and the correct translation of *would*.[1]

Because *if* clauses are used in English in both reported speech and unreal conditions, there is a tendency for English speakers to confuse the two in Russian. Notice the differences between reported speech and real and unreal conditions in the following sentences.

---

[1] The situtation is further complicated by the fact that some English speakers also use *would* in condition clauses: *If I would have had time, I would have written to my parents.*

REPORTED SPEECH   Приятель спросил меня, **смогу ли** я прийти к нему на свадьбу.

My friend asked if I would be able come to his wedding.

REAL CONDITION   **Если** мне не **придётся** ехать в командировку, я **пойду** на свадьбу к приятелю.

If I don't have to be away on business, I will go to my friend's wedding.

UNREAL CONDITION   **Если бы** мне не **пришлось** ехать в командировку, я **бы пошёл** на свадьбу к приятелю.

If I didn't have to be away on business, I would go to my friend's wedding.

                                                    or

If I hadn't had to be away on business, I would have gone to my friend's wedding

3.   *Change the sentences with real conditions to sentences with unreal conditions by changing* **если** *to* **если бы** *and making all other necessary changes. Translate your new sentences into English.*

Образец: Мой отчим очень способный человек. Если он будет назначен директором института, он добьётся больших успехов.

Мой отчим очень способный человек. Если бы он был назначен директором института, он бы добился больших успехов.

My stepfather is a very capable man. If he were appointed director of the institute, he would be very successful.

1.   Если они разведутся, Маша уедет к своей маме в Москву.
2.   Если дети будут хорошо себя вести, мы пойдём в зоопарк.
3.   Хорошо, если он в школе получит хорошее музыкальное образование.
4.   Моя сестра скоро выходит замуж. Если её муж согласится переехать в её квартиру, они будут жить недалеко от меня.
5.   Если ты выедешь из Москвы вечерним поездом, я смогу тебя встретить на вокзале.
6.   Если Маша перестанет хорошо учиться, она не получит стипендию.

4. *Use the words given in parentheses to complete the sentences with a negative unreal condition. Translate your sentences into English.*

> **Образец:** Костя приехал бы вовремя, _____ (испортиться машина).
>
> **Костя приехал бы вовремя, если бы не испортилась машина.**
>
> *Kostya would have come on time if his car hadn't broken down.*

1. Она бы не ушла от мужа, _____ (разлюбить его).

2. Я бы не рассказал тебе об этом случае, _____ (знать), что ты об этом никому не скажешь.

3. Маша сказала, что она обязательно бы позвонила в Москве моим друзьям, _____ (потерять) их телефон.

4. Он бы сдал этот экзамен на пятёрку, _____ (волноваться).

5. Я бы не простил Тамару, _____ (любить) её.

5. *Complete the sentences with unreal result clauses. Translate your sentences into English.*

1. Если бы я нарушил закон, _____ .

2. Если бы я была президентом США, _____ .

3. Если бы она иначе относилась к своей мачехе, _____ .

4. Если бы он сделал ей предложение, _____ .

5. Если бы они не развелись, _____ .

6. Если бы она не была бестактным человеком, _____ .

7. Если бы он её поцеловал, _____ .

8. Если бы я был президентом России, _____ .

6. *Translate into idiomatic Russian. Write all numbers as words. Pay particular attention to the words* if *and* would.

Yesterday, when I was walking in the park, I noticed two elderly Russians who were sitting on a park bench playing chess. If they hadn't been speaking Russian, I wouldn't have approached them, but speaking Russian is always interesting for me, and so I introduced myself to them and asked if they had been living in America long and where they were from. They explained that they had come here from Odessa in 1976 and asked if I had ever been in Odessa. I said that I would be in Odessa in the summer. Then one of them said that he had had relatives in Odessa and that if they were still living there, I could visit them. Then they asked if I wanted to play chess, but I told them that my next class would start in ten minutes, at 10:30, and that I was afraid that I would be late. I am so glad that I approached those two Russians. If I had not approached them, I would not have made their acquaintance and learned so many interesting things [**столько интересного**] about Odessa. If the weather is nice tomorrow, I will go to the park again to talk with the two Russians who always play chess there.

Прослушивание текста

 This selection is from the memoirs of the writer Evgeny Schwartz. In it the author recalls childhood visits to his grandmother and grandfather. Listen to the text and answer the questions.

Словарь

рёв   *howl*
ту́го   *tightly*

обложно́й дождь   *incessant rain*

Вопросы

1.   Когда и зачем мальчик ходил к бабушке и дедушке?
2.   Почему он любил к ним ходить?
3.   Чьи это были родители — мамины или папины?
4.   Как вы себе представляете дедушку?
5.   Что мальчик отказался делать?
6.   Как реагировал отец на его отказ?
7.   Какую причину он нашёл для того, чтобы объяснить своё поведение?
8.   Какое объяснение он нашёл, будучи уже взрослым человеком?
9.   Что вы узнали об отношениях между родителями?
10.   Как вы думаете, сколько было лет автору?

Чтение

1.   *Do you think that juvenile delinquency is increasing or decreasing in the United States? Do you think that juvenile crime in Russia compares favorably or unfavorably to juvenile crime in the United States? What factors might account for changes in either country?*

2.   *This excerpt is from the case files of a specialist in juvenile delinquency. In it a teenaged girl describes the circumstances that first brought her into conflict with the law. First read the text quickly, and then answer the questions that follow.*

Рассказ Кати

— Я родилась в Саратове. Отец работал в уголовном розыске, мать — в торговле. Не знаю, что между ними произошло, но родители развелись, когда я была трёхлетней. Переехали мы в Кривой Рог к бабушке. Мама вышла второй раз замуж, за какого-то Виктора Тихоновича. Относился он ко мне хорошо, не обижал, пока не запил. Потом начались ссоры, драки, я этого очень боялась.

Вскоре отчим изчез, мама объяснила, что он в тюрьме. Шесть лет мы жили спокойно. Дважды приезжал из Саратова мой отец, привозил подарки, очень хотел забрать меня к себе, но мама была категорически против.

Я заканчивала седьмой класс, когда вернулся из тюрьмы отчим. В доме, — а жили мы у него, — пошло по-старому. Даже ещё хуже. Но я уже не маленькая, мне это всё надоело, ушла к бабушке. Когда пришла однажды проведать маму, отчим схватил ремень и начал меня бить. Я ему говорю:

— Ты что это руки распускаешь?

А он:

— Проваливай отсюда, проститутка! Не ходи сюда!

Представляете, меня, семиклассницу, проституткой назвал. Я психанула. Мать начала нас мирить. Когда вышли в другую комнату, сказала мне:

— Доченька, молчи. Такой на мне крест. Убьёт, если попытаюсь уйти от него.

Я маму поняла. Собрала оставшиеся вещи и теперь уже отправилась к бабушке навсегда. Это «навсегда» продлилось всего неделю — в школу прибежала соседка и сообщила, что моя мать убила отчима. Я бросила всё и сразу побежала домой, к маме.

Пришла. Звоню. Дома никого нет. Достала свой ключ. Открываю дверь. Захожу. В квартире вроде как всё по-другому. Мамы нет. На кухню только сунулась — и сразу назад! Там всё вверх дном, а на полу — лужа крови.

Зашла в комнату. Сижу в кресле, курю. Тут открывается дверь, и входит мама. Я бросилась ей навстречу, обняла, обе рыдаем.

— Мама! Мамочка! Тебя не арестовали?

— Нет, я не убила его, — говорит сдавленно мать. — Чуть-чуть не достала до сердца.

До суда мама была «на подписке», и мы не расставались. Но вот кончилось следствие, и настал этот день. В зал суда меня не пустили, сказали ждать в коридоре. Ждала очень долго. А потом выходит секретарь и спрашивает:

— Вы дочь Корниенко?

— Я.

— Зайдите попрощайтесь с матерью.

Маме дали четыре года, я едва пережила такой приговор.

После суда долго бродила по улицам. Идти к бабушке не хотелось, возвращаться домой в пустую квартиру — тоже. В полночь я совсем устала и пошла домой. Подхожу — а в окнах свет. Поднялась на этаж, открыла дверь, навстречу выходит мамина сестра. Мы обнялись, поплакали. А потом она легонько так подталкивает меня на кухню. Там ждал отец. Сидит курит. Мне говорит:

— Кури. Я знаю, что ты куришь.

Я, не стесняясь, взяла сигаретку и закурила.

Разговаривали долго, почти до утра. Он предложил ехать жить к нему. Я ответила, что не знаю, надо подумать, посоветоваться с маминой сестрой. А он сказал:

— Не бойся, моя жена будет рада.

Я:

— У тебя есть дети?

— Да, дочка Иринка, на тебя похожа.

1. Сколько лет было Кате, когда её родители развелись?

2. Почему Катя и её мама переехали в Кривой Рог?

3. Как вёл себя отчим, когда он пил?

4. Сколько лет было Кате, когда отчим вернулся из тюрьмы?

5. Почему он на неё так рассердился? Что бы вы сделали на её месте?

6. Какой характер был у матери? Чего она боялась?

7. В чём обвинили Катину мать?

8. Почему Катю не пустили в зал суда?

9. Сколько лет дали Катиной матери?

10. Как могла бы сложиться жизнь Кати, если бы её родители не развелись?

11. Как бы вёл себя отчим, если бы он не пил?

12. Что бы случилось, если бы Катя не переехала жить к бабушке?

13. Как вы думаете, что будет с Катей, если она поедет к отцу?

14. А что с ней будет, если она останется в Кривом Роге?

15. Думаете ли вы, что Катя окончит школу? Какие могут быть последствия, если она не окончит?

16. Что вы бы посоветовали ей сейчас делать?

Словарь

вверх дном   *topsy turvy*
подписка   *own recognizance*
подталкивать   *to push*
приговор   *sentence*
проваливай!   *get out*
психануть   *to have hysterics*
руки распускать   *to raise a hand*
рыдать   *сильно плакать*

следствие   *investigation*
справиться   *to cope*
суд   *court, trial*
сунуться   *to stick (my) nose in*
торговля   *trade*
уголовный розыск   *Criminal Investigation Department*

Сочинение

Серёжа

In her novel «Серёжа», Vera Panova describes how six-year-old Seryozha, together with his mother and his new stepfather, Korostelyov, went to visit Grandma Nastya. During the visit, they ate, drank, and conversed. Then Seryozha spilled something on the tablecloth.
Imagine that you are writing a novel. In your work, describe a similar scene. First describe Grandma Nastya's house and its inhabitants, and then describe the episode. In your story, be sure to answer these questions:

Где живёт бабушка Настя?

С кем она живёт?

Почему Серёжа, мама и Коростелёв пошли в гости к бабушке Насте?

Где сидели гости?

Чем их угощали?

О чём спросил Серёжа?

Как он себя вёл?

Что он пролил на скатерть?

Почему?

Now compare your version with the original passage in Appendix B. Which version do you prefer? Why?

Задания

1. *Answer each of these questions in detail.*

    1.   Что бы вы делали, если бы вы заболели в России?

В деревне

2. Что бы вы делали, если бы вас обвинили в преступлении, которое вы не совершили?

3. Если бы вы смогли совершить путешествие во времени, когда и где бы вы хотели жить? Почему?

4. Как бы изменилась ваша жизнь, если бы вы родились в СССР?

2. *In «Серёжа», Vera Panova describes Seryozha's feelings the morning after his mother's marriage to Korostelyov. Fill in each blank in the following passage with any suitable word. Then compare your choices with the original in Appendix B.*

Утром Серёжа _____ и не сразу понял, где он. Почему вместо двух окон _____, и не с той стороны, и не те занавески. Потом _____, что это тёти Пашина комната. Она очень _____: подоконники заставлены цветами, а за зеркало заткнуто павлинье перо. Тётя Паша и Лукьяныч уже встали и ушли, постель их была застлана, подушки уложены горкой. _____ солнце играло в кустах за открытыми окнами. Серёжа вылез из кроватки, снял _____ рубашку, надел _____ и вышел в _____. Дверь в его комнату была закрыта. Он подёргал ручку, — дверь не отворялась. А ему туда нужно было непременно: там ведь находились все его _____. В том числе _____ лопата, которой ему вдруг очень захотелось покопать.

заставить   *to fill*
заткнуть   *to stick*
павлинье перо   *peacock feather*
куст   *bush*
подёргать   *to shake*
ручка   *handle*
отворяться   *открываться*
непременно   *обязательно*
в том числе   *including*
лопата   *shovel*
покопать   *to dig*

3. *Your trip to Rome (Lesson 9) was a disaster. Complain to your traveling companion about some of the bad choices that were made. ("If you hadn't, …")*

4. *Reread the original passage from «Серёжа» in Appendix B. Advise Korostelyov on what he should have done under the circumstances.*

5. *Solve the problems.*

Печальный дядя Боря предложил задумчивой тёте Оле выйти за него замуж. Тётя Оля обещала подумать, думала 15 лет и отказалась. Печальный дядя Боря предложил ей ещё подумать. Задумчивая тётя Оля думала на 6 лет дольше, чем в первый раз и согласилась. Сколько лет печальный дядя Боря не терял надежды, что задумчивая тётя Оля выйдет за него замуж?

Летний отдых

Пётр Петрович, добираясь на работу, ехал сначала в автобусе, потом в метро, а остаток пути прошёл пешком. В автобусе Петра Петровича толкнули (*shoved*) 12 человек, в метро 18 человек, а когда он шёл пешком, только 2 человека. 29 человек, толкнувших Петра Петровича, не извинились перед ним, а остальные попросили прощения. Сколько вежливых людей толкало Петра Петровича?

Урок № 12

Трудно быть богом

Словарь

спосо́бность *ж, к чему?* ability[1]
спосо́бный (спосо́бен) *к чему?*
   able, capable
тала́нт talent
тала́нтливый talented
гениа́льный brilliant
безда́рный ungifted, untalented

интере́с *к чему?* interest
интере́сный interesting
   неинтере́сный uninteresting
интересова́ть (интересу́ю,
   интересу́ешь) *нес* to interest;
   сов **заинтересова́ть;** *возвр*
   интересова́ться/
   заинтересова́ться, кем, чем?[2]

любопы́тство curiosity
любопы́тный curious

внима́ние attention
   обраща́ть ~ *нес, на кого, на*
   что? to direct attention; *сов*
   обрати́ть ~ (обращу́,
   обрати́шь)
   привлека́ть ~ *нес, к кому, к*
   чему? to attract attention;
   сов **привле́чь ~ (привлеку́,**
   привлечёшь, привлеку́т;
   привлёк, привлекла́)
рассе́янность *ж*
   absentmindedness
рассе́янный absentminded

па́мять *ж* memory
по́мнить *нес* to remember
запомина́ть *нес* to memorize; *сов*
запо́мнить
воспомина́ние recollection
вспомина́ть *нес* to recollect; *сов*
вспо́мнить
напомина́ть *нес, кому, о чём?*
to remind; *сов* **напо́мнить**
забыва́ть *нес* to forget; *сов*
забы́ть (забу́ду, забу́дешь)[3]

воображе́ние imagination
представля́ть себе́ *нес* to
imagine; *сов* **предста́вить себе́**
(предста́влю, предста́вишь)[4]
мечта́ daydream
мечта́ть *нес, о чём?* to daydream,
wish[5]
жела́ть *нес, кому, чего?* to wish[5]
приду́мывать *нес* to think up,
devise; *сов* **приду́мать**

удивле́ние surprise
удивля́ть *нес* to surprise; *сов*
удиви́ть (удивлю́, удиви́шь);
возвр **удивля́ться/удиви́ться**
кому, чему?
удиви́тельный surprising, amazing

наде́жда hope
наде́яться *нес, на кого, на что?*
to hope; to rely
ожида́ние expectation
ждать (жду, ждёшь; ждал,
ждала́) *нес, кого, что* and *чего?*
to wait; to expect; *сов*
подожда́ть[6]

ве́ра belief
ве́рить *нес, кому* and *в кого, во*
что? to believe; *сов* **пове́рить**[7]
уве́ренность *ж* certainty,
confidence

неуве́ренность *ж*
uncertainty
уве́ренный (уве́рен) *в ком, в чём?*
certain, sure
неуве́ренный (неуве́рен)
uncertain, unsure

убежде́ние conviction
убежда́ть *нес, в чём?* to convince;
сов **убеди́ть**; *возвр* **убежда́ться/**
убеди́ться[8]
убеждённый (убеждён,
убеждена́, убеждены́) *в чём?*
convinced
убеди́тельный convincing

колеба́ние hesitation
колеба́ться (коле́блюсь,
коле́блешься) *нес, в чём?* to
waver, hesitate; *сов* **поколеба́ться**
сомне́ние doubt
сомнева́ться *нес, в ком, в чём?*
to doubt

иде́я idea
поня́тие concept, notion
представле́ние idea, notion
содержа́ние content
смысл sense[9]
здра́вый ~ common sense
мысль *ж* thought[9]
мне́ние opinion[10]
выража́ть ~ *нес* to express an
opinion; *сов* **вы́разить ~**
(вы́ражу, вы́разишь)
то́чка зре́ния (*р мн* **то́чек**)
point of view[10]
взгляд view, opinion
вы́вод conclusion
де́лать ~ *нес* to reach a
conclusion; *сов* **сде́лать ~**
счита́ть *нес* to consider[11]
дога́дываться *нес, о чём?* to
guess; *сов* **догада́ться**

предложе́ние   suggestion, proposal
предлага́ть *нес*   to suggest,
  propose; *сов* **предложи́ть**
  (предложу́, предло́жишь)
замеча́ть *нес*   to notice, observe;
  сов **заме́тить (заме́чу,**
  заме́тишь)
замеча́ние   observation, remark
обсужде́ние   discussion
обсужда́ть *нес*   to discuss; *сов*
  обсуди́ть (обсужу́, обсу́дишь)
угова́ривать *нес*   to persuade; *сов*
  уговори́ть
разбира́ться *нес, в чём?*   to
  examine, understand; *сов*
  разобра́ться (разберу́сь,
  разберёшься)[12]
понима́ть *нес*   to understand; *сов*
  поня́ть (пойму́, поймёшь;
  по́нял, поняла́)[3]
догова́риваться *нес, с кем, о чём?*
  to reach an agreement; *сов*
  договори́ться

и́стина   truth[13]
и́стинный   true
пра́вда   truth[13]
пра́вильный   right, correct[13]
ве́рный   right, correct[13]
прав, права́, пра́вы *в чём?*
  right, correct[13]
проверя́ть *нес*   to verify, check;
  сов **прове́рить**
поправля́ть *нес*   to correct; *сов*
  попра́вить (попра́влю,
  попра́вишь)
ошиба́ться *нес, в ком, в чём?*   to
  make a mistake; *сов* **ошиби́ться**
  (ошибу́сь, ошибёшься; оши́бся,
  оши́блась)[3]
оши́бка *(р мн* **оши́бок)** *в чём?*
  mistake
противоре́чие   contradiction
противоре́чить *нес, кому, чему?*
  to contradict
возраже́ние   objection

возража́ть *нес, кому, на что?*
  to object; *сов* **возрази́ть**
  (возражу́, возрази́шь)
отрица́ние   denial
отрица́ть *нес*   to deny
недоразуме́ние   misunderstanding

хотя́   although
как бу́дто   as though
несмотря́ *на кого, на что?*
  despite
благодаря́ *кому, чему?*   thanks
  to[14]
из-за *кого, чего?*   due to[14]

с одно́й стороны́   on the one hand
с друго́й стороны́   on the other
  hand
во-пе́рвых   in the first place
во-вторы́х   in the second place
пре́жде всего́   first of all
наконе́ц   finally
в конце́ концо́в   finally
и так да́лее *(сокр* **и т. д.)**   and so
  forth, et cetera
и тому́ подо́бное *(сокр* **и т. п.)**
  and so on
на вся́кий слу́чай   in any case
всё равно́   all the same

наприме́р   for example
то есть *(сокр* **т. е.)**   that is
таки́м о́бразом   thus
тем не ме́нее   nevertheless
тем бо́лее   all the more

ви́димо   apparently
вероя́тно   probably
наве́рно   probably
несомне́нно   undoubtedly
безусло́вно   absolutely
действи́тельно   really[15]
на са́мом де́ле   really[15]

к сча́стью   fortunately
к сожале́нию   unfortunately
ра́зве   really[15]

неуже́ли   really[15]
ме́жду про́чим   by the way
кста́ти   by the way, incidentally
так сказа́ть   so to speak
одни́м сло́вом   in a word
вообще́ говоря́   generally speaking

попада́ть (попада́ю, попада́ешь)
нес, куда?   to hit (a target); *сов*
попа́сть (попаду́, попадёшь;
попа́л)[16]
цель *ж*   goal, target

Vocabulary Notes

[1] The noun **способность** means *ability* both in the sense of being *capable* of something and in the sense of being *talented*. When it refers to *talent*, it is typically used in the plural.

У него есть **способность** всегда приходить с большим опозданием.
He's capable of always arriving late.

У него большие **способности** к музыке.
He has great musical ability.

[2] The perfective verbs **заинтересовать** and **заинтересоваться** refer to the beginning of action.

Меня неожиданно **заинтересовал** этот вопрос.
That question unexpectedly caught my interest.

Он **заинтересовался** классической музыкой.
He became interested in classical music.

[3] After forgetting or understanding something or making a mistake, an English speaker says in the present tense *I forget, I understand,* or *I am wrong.* In Russian, use the past tense of the perfective verb: **я забыл, я понял, я ошиблась**.

[4] The expression **представлять/представить себе** is more limited than the English *imagine.* The Russian expression means *to picture something to oneself* and cannot, as a rule, be used without a complement. One exception is the colloquial use of **представлять/представить** by itself in a way that corresponds to *Just imagine!* in English.

Представьте себе, что вы получили новую трёхкомнатную квартиру!
Imagine that you got a new, three-room apartment!

Я могу **себе представить**, как он, наверно, неловко себя чувствует.
I can imagine how awkward he probably feels.

А потом он бросил семью и уехал за границу! **Представляешь**?!
And then he abandoned his family and went abroad! Just imagine!

5 The verb **мечтать** describes a kind of *wishful thinking* or *longing*.

Люда всегда **мечтала** стать балериной.
Lyuda always dreamed of becoming a ballerina.

If you *wish* something *for* another person, use **желать**. This verb often is used in formulaic greetings.

Мы **желаем** Вам счастья, здоровья и творческих успехов.
We wish you happiness, health, and success in your work.

It is an unstated **желать** that triggers the genitive case in set phrases like **Счастливого пути!** (*Bon voyage!*), **Приятного апетита!** (*Bon appetite!*), and **Спокойной ночи!** (*Good night!*).

6 The verb **ждать** may take either an accusative or a genitive object. Choose accusative when talking about specific items and genitive when talking about nonspecific items and abstractions.

Он **ждёт** свою жену.
He's waiting for his wife.

Я **жду** помощи от своих друзей.
I expect help from my friends.

7 Russian, like English, distinguishes between *to believe someone* (**верить/ поверить** *кому?*) and *to believe in something* (**верить/поверить** *во что?*).

Я ему **верю**.
I believe him.

Я **верю** в твою честность.
I have faith in your honesty.

8 The verbs **убедить** and **убедиться** do not have first-person singular forms. To convey the idea *I will convince*, use a construction that allows **убедить** to remain in infinitive form: **Я смогу убедить**... .

9 The words **смысл** and **мысль** are easily confused because they look and sound so much alike. **Смысл** is the *sense* or the *point* of something, while **мысль** means *thought* in the sense of *product of thinking*.

Смысл этого произведения в том, что история повторяется.
The point of this work is that history repeats itself.

Он высказал очень глубокую **мысль**.
He expressed a very deep thought.

[10] The phrase *in my/your opinion* is translated **по-мо́ему, по-тво́ему, по-ва́шему.** If you want to refer to anyone else's opinion, use **по мнению.** The phrase *from (someone's) point of view* is translated **с то́чки зре́ния.**

По-моему, ничего из этого не выйдет.
In my opinion, nothing will come of it.

По мнению моей подруги, мне нужно меньше развлекаться и больше замиматься.
In my friend's opinion, I need to play less and study more.

С моей **точки зрения**, это очень верное замечание.
From my point of view, it's an extremely valid observation.

[11] The verb **считать** is used either with an accusative direct object and an instrumental complement or with a subordinate clause that takes the place of the direct object.

Мы **считаем** своего сына очень талантливым!
We consider our son very gifted!

Я **считаю**, что он себе противоречит.
I think that he is contradicting himself.

[12] The verb **разбираться/разобраться** means *to sort out* or *to analyze* an idea or a situation so as to understand.

Я плохо **разбираюсь** в философских идеях.
I don't understand philosophical ideas very well.

— У меня в кабинете такой беспорядок, что я даже не знаю, что́ где лежит.
— Ничего, **разберёмся**.
My office is such a mess that I don't even know what is where.
That's OK, we'll figure it out.

[13] English speakers often confuse the various words that mean *truth, true,* and *right*. **Истина** and **правда** are synonymous in meaning, although **истина** is the stylistically higher of the two. **Правильный** and **верный** are also synonyms. You may *not*, however, use **правда** as a synonym for **правильный**. If you want to say that a person (as opposed to an answer) is *right*, you should use the short form **прав/права/правы** in predicate position.

Это **истинная правда**.
That's the honest truth.

Это **правильный** ответ.
That's the correct answer.

Это **верное** замечание.
That's a correct observation.

Вы меня **неверно** поняли.
You didn't understand me correctly.

Вы **правильно** догадались, вы **правы**.
You guessed correctly; you're right.

[14] Although **благодаря** and **из-за** may both be translated as *because of*, they are actually antonymous, with **благодаря** carrying positive connotations and **из-за** negative ones.

Благодаря своим способностям, она попала в театральный институт.
Because of her talent, she got into the theatrical institute.

Из-за тебя я потерял интерес к занятиям.
I lost interest in my studies because of you.

[15] Of the four expressions that are translated *really*, **действительно** and the more colloquial **на самом деле** are synonyms that refer to truth value. **Разве** and **неужели**, which are interjections expressing surprise, are also close in meaning. **Разве**, the more common of the two, expresses mild disbelief and is often not translated in English, while **неужели** is used for stronger emphasis.

Она **действительно** хочет попросить у вас прощения.
She really does want to ask your forgiveness.

Он не обманывает вас, он **на самом деле** заболел.
He's not deceiving you; he really did get sick.

Разве она не ушла?
Hasn't she left?

Неужели ты не можешь понять такую простую мысль?!
Are you really unable to comprehend such a simple thought?!

[16] The word **попадать/попасть**, which means *to hit* a target, is also used when speaking of hitting a figurative goal.

Полицейский выстрелил из пистолета и **попал** в цель.
The policeman fired his pistol and hit the target.

Спектакль пользовался таким успехом, что на него абсолютно невозможно было **попасть**.
The show was such a success that it was absolutely impossible to get in.

Подготовительные упражнения

Complex Sentences

In Lessons 5 and 6, we discussed using adverbial and adjectival clauses to expand sentences. In this lesson, we look at some more ways to create complex sentences by using subordinate clauses.

Clauses with **Кто**

You already know how to provide additional information about nouns by using adjectival clauses beginning with the word **который**.

> Я сразу узнала **девушку**, **которая** вошла в комнату.
> *I immediately recognized the girl who walked into the room.*

It is also possible to provide additional information about pronouns by using adjectival clauses beginning with the words **кто** (or **чьи**) or **что**. Adjectival clauses beginning with **кто** always refer to people. They may be used to refer to such pronouns as **все**, **всякий**, **каждый**, or **любой**, or to refer to the demonstrative pronoun **тот**. When **кто** is the subject of the clause, the verb is generally masculine singular, although it is also possible to use a plural verb in a subordinate clause in which **кто** refers to a plural antecedent.

> Я узнала **всех**, **кто** там был.
> *I recognized everyone who was there.*

> **Все**, **кто** сначала сомневались, в конце концов пришли к одному выводу.
> *All of those who had at first had doubts eventually came to the same conclusion.*

> **Каждый**, **кто** помнит моего отца, говорит, что я на него похож.
> *Everyone who remembers my father says that I look like him.*

> **Кто** не работает, **тот** не ест.
> *Who works not, eats not.*

Clauses with **Что**

Adjectival clauses beginning with the relative pronoun **что** (*what*) always refer to things. They may be used to refer to the pronoun **всё** or to the demonstrative pronoun **то**. The purpose of **то** in these sentences is to coordinate the main clause of the sentence with the subordinate clause. **То** must be used when the predicate of the main clause governs a case other than an accusative direct object. When the grammar of the main clause does require an accusative direct object, **то** may be used for emphasis, although it is more commonly omitted. In both instances, **то** may either be translated as *things* or, more typically, not translated at all. The pronoun **что** is always stressed although the stress, as rule, is not indicated in writing.

> Я сделала **всё**, **что** смогла.
> *I did everything I could.*

> Я не верю **тому**, **что** о нём рассказывают.
> *I don't believe the things they're saying about him.*

> Они спорили **о том**, **что** делать.
> *They were arguing about what to do.*

> Мы сидели и вспоминали (**то**), **что** с нами происходило прошлым летом.
> *We sat and reminisced about what had happened to us last summer.*

It is also possible to use the demonstrative pronoun **то** to coordinate the main clause of a sentence with a subordinate clause beginning with the conjunction **что** (*that*). In sentences of this type, the **то**, **что** phrase is generally either translated into English as *the fact that* or not translated at all. Context is usually sufficient to distinguish this construction from the construction discussed above in which **то** is coordinated with the relative pronoun **что** (*what*), but in the case of ambiguity, the stress on the pronoun may be marked in order to distinguish it from the conjunction.

> Вчера я совершенно забыла **о том**, **что** я обещала договориться с ней о встрече.
> *Yesterday I completely forgot about the fact that I had promised to schedule an appointment with her.*

> Всякая мать мечтает **о том**, **что** её дети вырастут порядочными людьми.
> *Every mother dreams about her children's growing up to be decent people.*

> Серёжа часто сомневался **в том**, **что́** он слышал от бабушки Насти.
> *Seryozha frequently had doubts about the things that he heard from Grandmother Nastya.*

1.   *Fill in each blank with the appropriate forms of the given word.*

    1.   Статья в последем журнале «Театр» интересна
        _____ (каждый), кто любит балет.

2. Его мнение было поддержано _____ (все), кто учился в нашей группе.

3. Она была удивлена _____ (то), что произошло.

4. Я напомнил ей о _____ (то), что мне сообщили.

5. Мы не могли простить его за _____ (всё), что он сделал.

6. Он верил _____ (все), кого он знал.

2. *Fill in each blank with the appropriate form of* **что**. *Add prepositions as needed.*

1. Мне пришлось согласиться с тем, _____ так настаивал мой начальник.

2. Он пытался доказать то, _____ противоречат новейшие взгляды учёных.

3. Лару всегда почему-то интересует то, _____ больше никто не обращает внимания.

4. Папа сказал то, _____ я не могла не согласиться.

5. Марине всегда хотелось возражать на то, _____ были убеждены другие.

6. Неужели произойдёт то, _____ так надеется Оля!

3. *Notice the case of the pronoun in these sentence fragments. Complete the sentences so that the case of the pronoun is not changed. Translate your sentences into English.*

Образец: Тем, кто хорошо сдал выпускные экзамены, _____ .

Тем, кто хорошо сдал выпускные экзамены, легче поступить в университет.

People who do well on their exit exams have an easier time getting into college.

1. То, в чём он сомневался, _____ .

2. Того, о чём мы мечтали, _____ .

3. То, чему вы удивляетесь, _____ .

4. Те, кто увлекается информатикой, _____ .

5. Я понимаю тех, кто _____ .

6. Он знаком с теми, кто _____ .

7. Всем, кого мы убедили, _____ .

8. Я знала всех, кто _____ .

9. Не каждый, кто обращается к врачу, _____ .

10. Не все, кто поступает в институт, _____ .

Clauses with **Как**

Subordinate clauses beginning with the conjunction **как** are also used in complex sentences. **Как** is generally used instead of **что** following verbs of perception such as **видеть/увидеть**, **слышать/услышать**, **замечать/заметить**, **смотреть/посмотреть**, **слушать/послушать**, and **наблюдать**. This construction sometimes presents difficulties for native speakers of English. Notice in the following examples that the English translation leads you to expect an accusative direct object when Russian syntax in fact requires you to use a nominative subject.

> Я смотрела, **как** во дворе играли соседские дети.
> *I watched the neighborhood kids playing in the courtyard.*

> Мы не заметили, **как** к перрону подошёл поезд.
> *We didn't notice the train pull into the station.*

It is also possible to use **что** as a conjunction after these verbs, but doing so changes the meaning of the sentence. Compare:

> Я видел, **что** соседская кошка взлезла в дерево.
> *I saw that the neighbor's cat had climbed a tree.*

> Я видел, **как** соседская кошка слезла из дерева.
> *I saw the neighbor's cat climb down out of the tree.*

Clauses of Time

The conjunctions that introduce adverbial clauses of time often consist of more than one word. The conjunctions **до того как**, **перед тем как**, and **прежде чем** are used to show that the action of the main clause took place *before* that of the subordinate clause.[1]

Clauses beginning with **до того как** refer to the entire period of time preceding the action of the main clause. If you want to express *how long before*, use **за** and the accusative of an expression of time.

> Я поговорила с ним **за два часа**, **до того как** он уехал.
> *I talked with him two hours before he left.*

Clauses beginning with **перед тем как** refer to the period immediately preceding the action of the main clause. They are often qualified with words like **в**

---

[1]When the subordinate clause comes at the beginning of a sentence, a comma is placed after the entire clause. The comma is generally placed before the entire conjunction when the subordinate clause follows the main clause, but sometimes part of the conjunction is felt to belong to the main clause, and then the conjunction itself may be broken by a comma.

Прежде чем сделать выводы, узнай всё.
Before reaching any conclusions, find out everything.

Я долго колебалась, **прежде чем** принять это решение.
I hesitated for a long time before making that decision.

Он заметно поседел **с тех пор, как** мы расстались с ним.
He had become noticeably grayer since we parted.

посленний момент or **как раз**. Clauses beginning with **прежде чем** are never qualified. When the action of both clauses is performed by the same person, the verb of the clauses beginning with **до того как**, **перед тем как**, and **прежде чем** may be an infinitive.

> Я встретила его на улице как раз **перед тем, как** он уехал в Москву.
> *I ran into him just before he left for Moscow.*

> Я долго колебалась, **прежде чем** принять (приняла) это решение.
> *I hesitated for a long time before making that decision.*

The conjunctions **после того как** (*after*) and **с тех пор как** (*since*) show that the action of the main clause took place *after* that of the subordinate clause. The conjunction **после того как** often combines with words like **сразу** or **как раз**.

> Костя зашёл к своим друзьям сразу **после того, как** он приехал в город.
> *Kostya went to see his friends right after he got into town.*

> Саша позвонила мне как раз **после того, как** я о ней подумала.
> *Sasha called me just after I had thought about her.*

> Он заметно поседел **с тех пор, как** мы виделись в последний раз.
> *He had become noticeably grayer since we last saw each other.*

Finally, the conjunction **пока не** shows that the action of the main clause continued *until* the limit established by the subordinate clause. The conjunction **пока не** may be qualified by the optional phrase **до тех пор**. The verb of the subordinate clause is generally perfective.

> Я бродил (**до тех пор**), **пока не** стемнело.
> *I wandered around until it got dark.*

4. *Transform the adverbial phrases in these sentences into adverbial clauses.*

> **Образец:**   Я не видела Лену почти год до нашей случайной встречи в театре.
>
> **Я не видела Лену почти год до того, как мы случайно встретились в театре.**

1. Только через неделю после нашего разговора, он признался, что он был неправ.

2. Через год после нашей встречи, мы поняли, что любим друг друга.

3. Эти стихи поэта были опубликованы только через 50 лет после его смерти.

4. Через неделю после своего приезда, я получила открытку от своих друзей, путешествовавших по Европе.

5. После окончания института, им пришлось уехать из Москвы в маленькую деревню.

6. До поступления в университет, Марина два года работала на кафедре истории.

7. Мне придётся к тебе заехать перед началом семинара.

8. Не забудь принять таблетки перед сном.

9. Я всегда напоминаю своим детям мыть руки перед едой.

5. *Combine the following pairs of sentences in a complex sentence containing an adverbial clause of time. Think carefully about which idea you want to subordinate. Translate your new sentences into English.*

Образец: Женя догадался, что я не хочу с ним общаться. Женя обиделся.

После того как Женя догадался, что я не хочу с ним общаться, он обиделся.

After Zhenya guessed that I didn't want to have anything to do with him, he got mad.

1. Мы ближе познакомились. Я считал тебя очень легкомысленным.

2. Аня пошла гулять. Мама велела Ане застегнуть шубу на все пуговицы и не забыть надеть перчатки.

3. Я не мог себе представить, что такое «белые ночи». Мы прилетели в Петербург летом.

4. Я узнала о его бестактном поступке. Мне не хочется с ним общаться.

5. Мама сходила к врачу. Мама стала регулярно принимать лекарство от высокого давления.

6. *Complete the sentences. Translate your sentences into English.*

1. Прежде чем выразить своё мнение, _____ .

2. Прежде чем возразить ему, _____ .

3. Перед тем как начать свой доклад, _____ .

4. Перед тем как она догадалась, о чём идёт речь, _____ .

5. До того как они пришли к этому выводу, _____ .

6. До того как у неё обнаружились способности к языкам, _____ .

7. С тех пор как у него появилась надежда на выздоровление, _____ .

8. С тех пор как мы догадались о его планах, _____ .

9. После того как она окончила институт, _____ .

10. После того как они поженились, _____ .

Clauses of Place

Adverbial clauses specifying place begin with the words **где**, **куда**, or **откуда**. Although it is not obligatory to do so, these words are often coordinated with one of the demonstrative words **там**, **туда**, or **оттуда** in the main clause. Again, the demonstrative words frequently cannot be translated into English.

Я люблю заниматься **там**, **где** тихо.
I like to study where it's quiet.

Мы пошли **туда**, **куда** вела широкая дорога.
We went wherever the wide road led.

Звуки громкой музыки доносились **оттуда**, **где** веселилась молодёжь.
The sounds of loud music came from where the young people were partying.

7. *Complete the sentences. Translate your sentences into English.*

    1. Дети бежали туда, где _____ .

    2. Дети бежали туда, куда _____ .

    3. Дети бежали туда, откуда _____ .

    4. Мы любили плавать там, где _____ .

    5. Мы любили плавать там, куда _____ .

    6. Мы любили плавать там, откуда _____ .

    7. Он пришёл оттуда, где _____ .

    8. Он пришёл оттуда, куда _____ .

    9. Он пришёл оттуда, откуда _____ .

8. *Fill in each blank with* **где**, **куда**, **откуда**, **там**, **туда**, *or* **оттуда**.

Я хотел летом поехать отдыхать _____ , _____ тепло, _____ есть море и _____ можно хорошо провести время. И тогда мы решили поехать в Крым. _____ , _____ мы приехали сначала, шёл дождь и мы решили переехать _____ , _____ погода была лучше. К счастью, в разных местах в Крыму разный климат, и мы остановились _____ , _____ уже не нужно было никуда уезжать. Это место называется Пла́нерское (или Коктебе́ль), это то место, _____ жили летом знаменитые русские поэты, _____ отдыхали Воло́шин, Гумилёв, Цвета́ева, _____ они уезжали от петербургского климата.

Qualifying Clauses

Some subordinate clauses refer neither to time nor to place but rather provide information about the speaker's attitude toward the information contained within them. Clauses of this type might begin with **как будто** (*as though*), **хотя** (*although*), or, more formally, **не смотря на то, что** (*despite the fact that*).

> Они встретились, **как будто** они были близкими друзьями.
> *They met as though they had been close fiends.*

> **Хотя** она была очень рассеянной, она всегда помнила дни рождения своих друзей.
> *Even though she was very absentminded, she always remembered her friends' birthdays.*

> Он пытается доказать, что он прав, **несмотря на то, что** все ему объясняют, что его идея абсурдна.
> *He is trying to prove that he is right despite the fact that everyone is explaining to him that his idea is absurd.*

Other subordinate clauses of this type begin with any interrogative pronoun followed by the emphatic particle **ни** and the optional particle **бы**. Conjunctions formed in this way may be translated as *interrogative word + ever* or as *no matter + interrogative word*: **кто (бы) ни** (*whoever*), **что (бы) ни** (*whatever*), **чей (бы) ни** (*no matter whose*), **какой (бы) ни** (*no matter which, what kind*), **как (бы) ни** (*no matter how*), **когда (бы) ни** (*whenever*), **где (бы) ни** (*wherever*), **куда (бы) ни** (*wherever*), **откуда (бы) ни** (*from wherever*), **сколько (бы) ни** (*no matter how many, how much*). If a subordinate clause beginning with one of these expressions includes **бы**, the verb of that clause will necessarily appear in the past form. If the subordinate clause does not include **бы**, the tense of the verb will depend on context.

> **Что бы** вы **ни** говорили, он очень способный человек.
> *No matter what you say, he's a very talented person.*

> **Когда бы** я к нему **ни** зашла, он всегда занимается.
> *Whenever I drop in on him, he's always studying.*

> **Что** я **ни** скажу, тебе всегда кажется, что я неправа.
> *No matter what I say, you always think I'm wrong.*

9.   *Complete the sentences. Translate your sentences into English.*

    1. Чем бы она ни увлекалась, _____ .

    2. О чём бы они ни спорили, _____ .

    3. С кем бы он ни разговаривал, _____ .

4. В чём бы она ни ошиблась, _____ .

5. Кому бы он ни возражал, _____ .

6. Как бы долго они ни колебались, _____ .

10. *Fill in each blank with the best translation of the given phrase. When you are satisfied with your answers, help Igor analyze his options and decide what he should do next.*

Когда Аня предложила Игорю поехать с ней в Академгородок, он долго колебался. _____ (*from the point of view*) его друзей это, _____ (*probably*), выглядело полным безумием. _____ (*In any case*), он пока ничего не говорил своим родителям, чтобы их зря не расстраивать.

_____ (*On the one hand*), в Москве жили все его друзья и родители, там были театры и выставки. _____ (*On the other hand*), пора было подумать и о личной жизни — не может же, _____ (*really*), Аня всю жизнь летать из Новосибирска в Москву, чтобы с ним встречаться. Она, _____ (*undoubtedly*), его очень любит и готова на всё, но _____ (*nevertheless*), _____ (*apparently*), пора принять какое-нибудь решение.

11. *Translate into idiomatic Russian.*

Yesterday evening when I was waiting for a bus, I heard two students talking about what they were planning to do after classes were over in two weeks. The one who was standing closer to me said that as soon as he passed the last exam, he would go someplace where it was warm. His friend answered that, although he would very much like to go to the beach for several days, he unfortunately was going to have to work all summer. Then the first one tried to persuade him, but no matter what he said, the second one kept insisting that he couldn't go away this summer even for a few days. Then the bus came, and I didn't hear the end of their conversation, but ever since I've been thinking about what conclusion they reached and what I would do if I were in the second student's place.

Прослушивание текста

You will now hear a report on Dmitry Sergeevich Likhachyov, a highly respected student of Russian letters, who in recent years has increasingly turned his attention to the moral and ethical questions that face his country. Listen to the report, and answer the questions that follow.

Словарь

прики́нуться   *to pretend to be*

Обмен мнениями

Вопросы

1. По какому случаю подготовлена эта радиопередача?

2. Почему общество всё больше вспоминает о Лихачёве в годы перестройки?

3. Какие вопросы волнуют Дмитрия Сергеевича?

Чтение

In 1985, D. S. Likhachyov published his views on some of the questions that face his nation in «Письма о добром и прекрасном», a volume addressed primarily to young people. In the seventeenth letter, he discusses the ability to argue with grace. Read the letter quickly, and answer the questions that follow.

Письмо семнадцатое

УМЕТЬ СПОРИТЬ С ДОСТОИНСТВОМ

В жизни приходится очень много спорить, возражать, опровергать мнение других, не соглашаться.

Лучше всего проявляет свою воспитанность человек, когда он ведёт дискуссию, спорит, отстаивая свои убеждения.

В споре сразу же обнаруживается интеллигентность, логичность мышления, вежливость, умение уважать людей и… самоуважение.

Если в споре человак заботится не столько об истине, сколько о победе над своим противником, не умеет выслушать своего противника, стремится противника «перекричать», испугать обвинениями, — это пустой человек, и спор его пустой.

Как же ведёт спор умный и вежливый спорщик?

Прежде всего он внимательно выслушивает своего противника — человека, который не согласен с его мнением. Больше того, если ему что-либо неясно в позициях его противника, он задаёт ему дополнительные вопросы. И ещё: если даже все позиции противника ясны, он выберет самые слабые пункты в утверждениях противника и переспросит, это ли утверждает его противник.

Внимательно выслушивая своего противника и переспрашивая, спорящий достигает трёх целей: 1) противник не сможет возразить тем, что его «неправильно поняли», что он «этого не утверждал»; 2) спорящий своим внимательным отношением к мнению противника сразу завоёвывает себе симпатии среди тех, кто наблюдает за спором; 3) спорящий, слушая и переспрашивая, выигрывает время для того, чтобы обдумать свои собственные возвражения (а это тоже немаловажно), уточнить свои позиции в споре.

В дальнейшем, возражая, никогда не следует прибегать к недозволенным приёмам спора и придерживаться следующих правил: 1) возражать, но не обвинять; 2) не «читать в сердце», не пытаться проникнуть в мотивы убеждений противника («вы стоите на этой точке зрения, потому что она вам выгодна», «вы так говорите, потому что вы сам такой» и т. п.); 3) не отклоняться в сторону от темы спора; спор нужно уметь доводить до конца, то есть либо до опровержения тезиса противника, либо до признания правоты противника.

На последнем своём утверждении я хочу остановиться особо.

Если вы с самого начала ведёте спор вежливо и спокойно, без заносчивости, то тем самым вы обеспечиваете себе спокойное отступление с достоинством.

Помните: нет ничего красивее в споре, как спокойно, в случае необходимости, признать полную или частичную правоту противника. Этим вы завоёвываете уважение окружающих. Этим вы как бы призываете к уступчивости и своего противника, заставляете его смягчить крайности своей позиции.

Конечно, признавать правоту противника можно только тогда, когда дело касается не ваших общих убеждений, не ваших нравственных принципов (они всегда должны быть самыми высокими).

Человек не должен быть флюгером, не должен уступать оппоненту только для того, чтобы ему понравиться, или, Боже сохрани, из трусости, из карьерных соображений и т. д.

Но уступить с достоинством в вопросе, который не заставляет вас отказаться от своих общих убеждений (надеюсь, высоких), или с достоинством принять свою победу, не злорадствуя над побеждённым в споре, не торжествуя, не оскорбляя самолюбия оппонента, — как это красиво!

Одно из самых больших интеллектуальных удовольствий — следить за спором, который ведётся умелыми и умными спорщиками.

Нет ничего более глупого в споре, чем спорить без аргументации. Помните у Гоголя разговор двух дам в «Мёртвых душах»:

«— Милая, это пестро!

— Ах, нет, не пестро!

— Ах, пестро!»

Когда у спорящего нет аргументов, появляются просто «мнения».

1. Почему Лихачёв советует внимательно выслушивать и переспрашивать человека, с которым вы не согласны?

2. Чего он советует не делать во время дискуссии?

3. Объсните выражение «читать в сердце». Вы знаете английский эквивалент этого выражения?

4. В каких случаях нельзя уступать противнику?

5. Какие ещё советы вы бы хотели дать спорящим?

6. Приведите примеры споров и дискуссий, которые вам были интересны. Думаете ли вы, что они поддерживают точку зрения Лихачёва?

Словарь

завоёвывать   *to win*

заносчивость   *arrogance*

злорадствовать   *to gloat*

недозволенный   *impermissible*

нравственный   *moral*

обеспечивать   *to secure*

обнаруживаться   *to be revealed*

опровержение   *refutation*

отклоняться   *to digress*

отступление   *retreat*

смягчить   *to soften*

торжествовать   *to triumph*

умелый   *skillful*

уступчивость   *accomodation*

уточнить   *to clarify*

флюгер   *weathervane*

Сочинение

Вильгельм Телль

1. *Collectively retell the story of William Tell.*

2.   *Below is a passage from the novel* «Трудно быть богом» *by the popular science-fiction authors Arkady and Boris Strugatsky. In this episode three children are playing "William Tell." First, complete the passage by filling in each blank with any suitable verb. Then, after comparing your version with the original in Appendix B, write a conclusion for the episode.*

Антон небрежно _____ :

— Например, мы часто _____ в Вильгельма Телля.

— По очереди, — _____ Пашка. — Сегодня я _____ с яблоком, а завтра он.

Анка _____ их.

— Вот как? — медленно _____ она. — Интересно было бы посмотреть.

— Мы бы с удовольствием, — ехидно _____ Антон. — Яблока вот нет.

Пашка широко _____ . Тогда Анка _____ у него с головы пиратскую повязку и быстро _____ из неё длинный кулёк.

— Яблоко — это условность,— _____ она. — Вот отличная мишень. _____ в Вильгельма Телля.

Антон _____ красный кулёк и внимательно _____ его. Он _____ на Анку — глаза у неё были как щёлочки. А Пашка _____ — ему было весело. Антон _____ ему кулёк.

— «В тридцати шагах промаха в карту не дам, — ровным голосом _____ он. — Разумеется, из знакомых пистолетов».[2]

— «Право? — _____ Анка и _____ к Пашке: — А ты, мой друг, попадёшь ли в карту на тридцати шагах?»

Пашка _____ колпак на голове.

— «Когда-нибудь мы попробуем, — _____ он, скаля зубы. — В своё время я стрелял не худо».

Антон _____ и _____ по тропинке, вслух считая шаги:

— Пятнадцать, шестнадцать, семнадцать. Пашка что-то _____ — Антон не _____ , и Анка громко _____ . Как-то слишком громко.

небре́жно	*carelessly*
ехи́дно	*maliciously*
повя́зка	*bandanna*
кулёк	*cone*
усло́вность	*convention*
мише́нь	*target*
щёлочка	*slit*
про́мах	*miss*
ска́лить зу́бы	*to grin*
ху́до	*плохо*
тропи́нка	*path*

---

[2]Here and in the next three lines of dialogue, Anton, Anka, and Pashka are acting out a scene from Alexander Pushkin's «Выстрел».

— Тридцать,— _____ Антон и
_____ .

На тридцати шагах Пашка
_____ совсем маленьким. Красный
треугольник кулька _____ у него на
голове, как шуточный колпак. Пашка
_____ . Он всё ещё _____ . Антон
_____ и _____ неторопливо
натягивать тетиву.
— Благословляю тебя, отец мой Вильгельм!
— _____ Пашка. — И _____ тебя за
всё, что бы ни случилось.

треуго́льник   *triangle*
шу́точный колпа́к
   jester's cap

натя́гивать   *to draw*
тетива́   *bow*
благословля́ть   *to bless*

Взгляд в будушее

Задания

1. *Persuade one of the advertisers in Lesson 2, Activity 1, to exchange apartments with you.*

2. *You are Konstantin Ptichkin (Lesson 5), and you have no alibi for the murder of Margarita Kurochkina. Persuade the police that you are not guilty.*

3. *Summarize the conversation that took place among Anka, Anton, and Pashka in* «Трудно быть богом». *Do not use direct quotation.*

4. *Rewrite the conversation that took place among Anka, Anton, and Pashka in* «Трудно быть богом» *so that Anka is discouraging the boys rather than encouraging them.*

5. **Чепуха**: *Working alone or with a partner, for each reading passage below, draw up a numbered list of words. The parts of speech you need are specified in a list at the beginning of each passage. Next, transfer the words from your list to the reading passage. Remember to make all necessary grammatical changes. The result may not be great literature, but it will certainly be inspired nonsense. When finished, you may compare your versions to the originals in Appendix B.*

Описание человека

1. сравни́тельная сте́пень прилага́тельного (*comparative adjective*)
2. цвет
3. числи́тельное (*number*)
4. прилага́тельное (*adjective*)
5. существи́тельное (*noun*)

— Что представляет собой Алексей Сабу́ров?
— Он немного _____ (1) меня, брюнет, со светлыми глазами, _____ (2) или голубыми — точно не помню. Лет ему _____ (3). Видимо, очень _____ (4). И это несмотря на то, что у него нет двух _____ (5) на правой руке.

Борщ

1. существительное
2. существительное
3. существительное
4. числительное
5. существительное
6. существительное
7. числительное
8. числительное
9. числительное
10. числительное

Сварить мясной бульон. Свёклу, морковь и лук мелко нарезать, положить в суповую кастрюлю, добавить помидоры или томат-пюре, уксус, сахар и немного _____ (1), закрыть крышкой и поставить овощи тушить. Овощи перемешивать, чтобы не пригорели, прибавляя, если нужно, немного _____ (2) или _____ (3).
Через 15-20 минут добавить капусту, всё перемешать и тушить ещё _____ (4)

ме́лко *fine*
доба́вить *to add*

кры́шка *lid*
переме́шивать *to stir*
прибавля́ть *to add*

минут. Затем овощи залить подготовленным мясным бульоном, положить перец, соль, добавить по вкусу немного _____ (5) и варить до полной готовости овощей. При подаче на стол в борщ положить _____ (6).

На 500 г мяса — _____ (7) г свёклы, _____ (8) г свежей капусты, 200 г лука, 2 ст. ложки томата-пюре или _____ (9) г помидоров, по _____ (10) ст. ложке уксуса и сахара.

ст. *стака́нная*

Прихожая

1. существительное
2. существительное
3. существительное
4. прилагательное
5. существительное

Хотя прихожая и не является основной частью квартиры, её интерьер так же должен быть продуман очень тщательно. Ведь это первое помещение, куда попадают хозяева и _____ (1), входя в дом, и вид того помещения во многом влияет на настроение пришедших.

тща́тельно *carefully*

Конечно, прихожая — это прежде всего место раздевания и хранения верхней одежды и _____ (2). Необходимый предмет в прихожей — _____ (3), лучше всего большое и хорошо освещённое. Оно может быть встроено в мебель, прикреплено к стене, к внутренней стороне дверок шкафа и даже к входной двери. _____ (4) прихожую желательно освободить от лишних предметов. Если прихожая позволяет, в ней можно поставить диванчик, журнальный столик, платяные шкафы, _____ (5).

ли́шний *unnecessary*

позволя́ть *to permit*

Утренний разговор матери с сыном

1. наре́чие (*adverb*)
2. существительное
3. глаго́л (*verb*)

4. время

5. жи́дкость (*liquid*)

6. существительное

7. существительное

Утро. «Ты очень _____ (1) одеваешься,
сынок. Не сиди, надевай _____ (2). Ты
уже в майке? Делай зарядку. Так. Быстрей
рубаху. Оделся? Почему низ не надеваешь? Как
это не знаешь что? Всё перед тобой. Опять не
вывернул с вечера колготки? Постель убрал?
Садись _____ (3). Уже _____ (4).
Сейчас Валя постучит. Почему ты не хочешь с
ней ходить? Пока темно, будешь ходить с
Валей. Сердце у муравья? А дейсвительно, есть
ли сердце у муравья? Пей _____ (5) и
полощи рот. Быстрей, быстрей, пожалуйста.
Курицу нельзя убить из рогатки. По-моему, ей
можно только больно сделать. А собственно,
зачем убивать курицу из рогатки? А ты
_____ (6) положил в ранец? Ещё вчера?
Вот молодец! Слышишь, Валя стучит, а ты ещё
без _____ (7). Дай поцелую. После школы
— пулей домой.»

руба́ха *рубашка*

вы́вернуть *to turn right side out*

мураве́й *ant*

полоска́ть *to rinse*
рога́тка *slingshot*
со́бственно *anyway*

ра́нец *satchel*

пу́ля *bullet*

6. *Write your own* «**чепуха**» *passage. You may either compose a new original text or adapt one of your old compositions.*

Appendices

Appendix A
Grammatical Tables

Spelling Rules

1. After the letters **Г, К, Х,** and **Ж, Ш, Щ, Ч,**   write **И** instead of **Ы**

2. After the letters   **Ж, Ш, Щ, Ч,** and **Ц,** write **Е** instead of unstressed **О**

3. After the letters **Г, К, Х,** and **Ж, Ш, Щ, Ч,** and **Ц,** write **У** instead of **Ю**

              and   **А** instead of **Я**

Basic Endings of Adjectives and Nouns

Adjectives		Masculine	Neuter	Feminine	Plural
N	*кто/что?*	-ой/-ый/-ий	-ое/-ее	-ая/-яя	-ые/-ие
A	*кого/что?*	——— N or G ———		-ую/-юю	N or G
G	*кого/чего?*	——— -ого/-его ———		-ой/-ей	-ых/-их
P	*о ком/о чём?*	——— -ом/-ем ———		-ой/-ей	-ых/-их
D	*кому/чему?*	——— -ому/-ему ———		-ой/-ей	-ым/-им
I	*кем/чем?*	——— -ым/-им ———		-ой/-ей	-ыми/-ими

Singular Nouns	**Masculine**	**Neuter**	**Feminine**	**Feminine II**
N *кто/что?*	zero	-о/-ё/-е	-а/-я	-ь
A *кого/что?*	_____ N or G _____		-у/-ю	-ь
G *кого/чего?*	_____ -а/-я _____		-ы/-и	-и
P *о ком/о чём?*	_____ -е[1] _____		-е[1]	-и
D *кому/чему?*	_____ у/-ю _____		-е[1]	-и
I *кем/чем?*	_____ -ом/-ём/-ем _____		-ой/-ёй/-ей	-ью

Plural Nouns	**Masculine**	**Neuter**	**Feminine**	**Feminine II**
N *кто/что?*	-ы/-и; -а/-я	-а/-я	-ы/-и	-и
A *кого/что?*	_____ N or G _____			
G *кого/чего?*	-ов/-ёв/-ев;-ей _____ zero _____			-ей
P *о ком/о чём?*	_____ -ах/-ях _____			
D *кому/чему?*	_____ -ам/-ям _____			
I *кем/чем?*	_____ -ами/-ями _____			

Personal Pronouns

N *кто/что?*	я	ты	он	она́	мы	вы	они́
A *кого/что?*	меня́	тебя́	его́	её	нас	вас	их
G *кого/чего?*	меня́	тебя́	его́	её	нас	вас	их
P *о ком/о чём?*	мне	тебе́	нём	ней	нас	вас	них
D *кому/чему?*	мне	тебе́	ему́	ей	нам	вам	им
I *кем/чем?*	мной	тобо́й	им	ей	на́ми	ва́ми	и́ми

Cardinal and Ordinal Numerals

(1) оди́н/одно́/одна́/одни́, пе́рвый; (2) два/две, второ́й; (3) три, тре́тий; (4) четы́ре, четвёртый; (5) пять, пя́тый; (6) шесть, шесто́й; (7) семь, седьмо́й; (8) во́семь, восьмо́й; (9) де́вять, девя́тый; (10) де́сять, деся́тый; (11) оди́ннадцать, оди́ннадцатый; (12) двена́дцать, двена́дцатый; (13) трина́дцать, трина́дцатый; (14) четы́рнадцать, четы́рнадцатый; (15) пятна́дцать, пятна́дцатый; (16) шестна́дцать, шестна́дцатый; (17) семна́дцать, семна́дцатый; (18) восемна́дцать, восемна́дцатый; (19) девятна́дцать, девятна́дцатый; (20) два́дцать, двадца́тый; (30) три́дцать, тридца́тый; (40) со́рок, сороково́й; (50) пятьдеся́т, пятидеся́тый; (60) шестьдеся́т, шестидеся́тый; (70) се́мьдесят, семидеся́тый; (80) во́семьдесят, восьмидеся́тый; (90) девяно́сто, девяно́стый; (100) сто, со́тый

---

[1]Do not write **-ие** in the oblique cases; write instead **-ии**: **Васи́лии, зда́нии, Мари́и.**

Declension of Cardinal Numbers

N	*кто/что?*	два/две	три	четы́ре	пять	оди́ннадцать
A	*кого/что?*	_____ N or G _____			пять	оди́ннадцать
G	*кого/чего?*	двух	трёх	четырёх	пяти́	оди́ннадцати
P	*о ком/о чём?*	двух	трёх	четырёх	пяти́	оди́ннадцати
D	*кому/чему?*	двум	трём	четырём	пяти́	оди́ннадцати
I	*кем/чем?*	двумя́	тремя́	четырьмя́	пятью́	оди́ннадцатью

N	*кто/что?*	сорок	пятьдеся́т	девяно́сто	сто
A	*кого/что?*	сорок	пятьдеся́т	девяно́сто	сто
G	*кого/чего?*	сорока́	пяти́десяти	девяно́ста	ста
P	*о ком/о чём?*	сорока́	пяти́десяти	девяно́ста	ста
D	*кому/чему?*	сорока́	пяти́десяти	девяно́ста	ста
I	*кем/чем?*	сорока́	пятью́десятью	девяно́ста	ста

Appendix B
Original Texts

Lesson 1, Activity 2

Вы помните, ребята, как Миша и Маша учились вести себя за столом, правильно держать ложку и *вилку*. А когда мама попросила их *накрыть на стол*, сделали всё как надо: поставили мелкие *тарелки* для второго, на них — *глубокие* тарелки для *первого*, ложки *положили* перед тарелками, *ножи* — справа, вилки — *слева* и возле каждой тарелки — *салфетку*.

Lesson 2, Activity 3

Если ты хозяин

Любой человек, переступивший порог твоего дома, является гостем, которого следует *принять* любезно и серьёзно.

Если гость зашёл больше чем на несколько минут, ты должен предложить ему снять пальто. Причём ты должен помочь ему *повесить* пальто на вешалку.

Постарайся, чтобы гость поскорей почувствовал себя как дома. Предложи ему *сесть* на самое удобное место.

Займи гостя беседой, но пусть он сам выбирает тему для разговора, говорит о том, что ему *интересно*, а ты поддерживай разговор.

Не оставляй *гостя* одного на долгое время. А если тебе ненадолго надо отвлечься, непременно извинись перед ним.

Если гость не собирается *уходить*, а у тебя неотложные дела, ты должен найти удобную, очень тактичную форму, как дать ему это понять.

Lesson 11, Composition

… Пришли к маленькому домику с двумя маленькими окошками на улицу. И двор был маленький, и комнатки. Ход в комнатки был через кухню с огромной русской печкой. Бабушка Настя вышла навстречу и сказала:

— Поздравляю вас.

Должно быть, был какой-то праздник. Серёжа ответил, как отвечала в таких случаях тетя Паша:

— И вас также.

Он осмотрелся: игрушек не видно, даже никаких фигурок, что ставят для украшения, — только скучные вещи для спанья и еды. Серёжа спросил:

— У вас игрушки есть?

(Может быть, есть, но спрятаны.)

— Вот чего нет, того нет, — отвечала бабушка Настя. — Детей маленьких нет, ну и игрушек нет. Съешь конфетку.

Синяя стеклянная вазочка с конфетами стояла на столе среди пирогов. Все сели за стол. Коростелёв открыл штопором бутылку и налил в рюмки тёмно-красное вино.

— Серёже не надо, — сказала мама.

Вечно так: сами пьют, а ему не надо. Как самое лучшее, так ему не дают.

Но Коростелёв сказал:

— Я немножко. Пусть тоже за нас выпьет.

И налил Серёже рюмочку, из чего Серёжа заключил, что с ним, пожалуй, не пропадёшь.

Все стали стукаться рюмками, и Серёжа стукался.

Тут была еще одна бабушка. Серёже сказали, что это не просто бабушка, а прабабушка, так он её чтоб и называл. Коростелёв, впрочем, звал её бабушкой без «пра». Серёже она ужасно не понравилась. Она сказала:

— Он зальёт скатерть.

Он действительно пролил на скатерть немного вина, когда стукался. Она сказала:

— Ну, конечно.

Lesson 11, Activity 2

Утром Серёжа *проснулся* и не сразу понял, где он. Почему вместо двух окон *три*, и не с той стороны, и не те занавески. Потом он *разобрался*, что это тёти Пашина комната. Она очень *красивая*: подоконники заставлены цветами, а за зеркало заткнуто павлинье перо. Тётя Паша и Лукьяныч уже встали и ушли, постель их была застлана, подушки уложены горкой. *Раннее* солнце играло в кустах за открытыми окнами. Серёжа вылез из кроватки, снял *длинную* рубашку, надел *трусики* и вышел в *столовую*. Дверь в его комнату была закрыта. Он подёргал ручку, — дверь не отворялась. А ему туда нужно было непременно: там ведь находились все его *игрушки*. В том числе *новая* лопата, которой ему вдруг очень за хотелось покопать.

Lesson 12, Composition

Антон небрежно *сказал*:

— Например, мы часто *играем* в Вильгельма Телля.

— По очереди, — *подхватил* Пашка. — Сегодня я *стою* с яблоком, а завтра он.

Анка *оглядела* их.

— Вот как? — медленно *сказала* она. — Интересно было бы посмотреть.

— Мы бы с удовольствием, — ехидно *сказал* Антон. — Яблока вот нет.

Пашка широко *ухмылялся*. Тогда Анка *сорвала* у него с головы пиратскую повязку и быстро *свернула* из неё длинный кулёк.

— Яблоко — это условность, — *сказала* она. — Вот отличная мишень. *Сыграем* в Вильгельма Телля.

Антон *взял* красный кулёк и внимательно *осмотрел* его. Он *взглянул* на Анку — глаза у неё были как щелочки. А Пашка *развлекался* — ему было весело. Антон *протянул* ему кулёк.

— «В тридцати шагах промаха в карту не дам, —ровным голосом *сказал* он. — Разумеется, из знакомых пистолетов».

— «Право? — *сказала* Анка и *обратилась* к Пашке: — А ты, мой друг, попадёшь ли в карту на тридцати шагах?»

Пашка *пристраивал* колпак на голове.

— «Когда-нибудь мы попробуем, — *сказал* он, скаля зубы. — В своё время я стрелял не худо».

Антон *повернулся* и *пошёл* по тропинке, вслух считая шаги:

— Пятнадцать, шестнадцать, семнадцать.

Пашка что-то *сказал* — Антон не *расслышал*, и Анка громко *рассмеялась*. Как-то слишком громко.

— Тридцать, — *сказал* Антон и *повернулся*.

На тридцати шагах Пашка *выглядел* совсем маленьким. Красный треугольник кулька *торчал* у него на голове, как шуточный колпак. Пашка *ухмылялся*. Он всё ещё *играл*. Антон *нагнулся* и стал неторопливо *натягивать* тетиву.

— Благослоляю тебя, отец мой Вильгельм! — *крикнул* Пашка. — И *благодарю* тебя за всё, что бы ни случилось.

Lesson 12, Activity 5

Описание человека

— Что представляет собой Алексей Сабуров?

— Он немного *выше* меня, брюнет, со светлыми глазами, *светло-серыми* или голубыми — точно не помню. Лет ему *тридцать-тридцать два*. Видимо, очень *сильный*. И это несмотря на то, что у него нет двух *пальцев* на правой руке.

«Я следователь»

Борщ

Сварить мясной бульон. Свёклу, морковь и лук мелко нарезать, положить в суповую кастрюлю, добавить помидоры или томат-пюре, уксус, сахар и немного *бульона с жиром*, закрыть крышкой и поставить овощи тушить. Овощи перемешивать, чтобы не пригорели, прибавляя, если нужно, немного *бульона* или *воды*.

Через 15-20 минут добавить капусту, всё перемешать и тушить ещё *20* минут. Затем овощи залить подготовленным мясным бульоном, положить перец, соль, добавить по вкусу немного *уксуса* и варить до полной готовности овощей. При подаче на стол в борщ положить *сметану*.

На 500 г мяса — *300* г свёклы, *200* г свежей капусты, 200 г лука, 2 ст. ложки томата-пюре или *100* г помидоров, по *1* ст. ложке уксуса и сахара.

«Книга о вкусной и здоровой пище»

Прихожая

Хотя прихожая и не является основной частью квартиры, её интерьер так же должен быть продуман очень тщательно. Ведь это первое помещение, куда попадают хозяева и *гости*, входя в дом, и вид того помещения во многом влияет на настроение пришедших.

Конечно, прихожая — это прежде всего место раздевания и хранения верхней одежды и *обуви*. Необходимый предмет в прихожей — *зеркало*, лучше всего большое и хорошо освещённое. Оно может быть встроено в мебель, прикреплено к стене, к внутренней стороне дверок шкафа и даже к входной двери. *Маленькую* прихожую желательно освободить от лишних предметов. Если прихожая позволяет, в ней можно поставить диванчик, журнальный столик, платяные шкафы, *телевизор.*

«Советы по домоводству»

Утренний разговор матери с сыном

Утро. «Ты очень *медленно* одеваешься, сынок. Не сиди, надевай *майку.* Ты уже в майке? Делай зарядку. Так. Быстрей рубаху. Оделся? Почему низ не надеваешь? Как это не знаешь что? Всё перед тобой. Опять не вывернул с вечера колготки? Постель убрал? Садись *завтракать.* Уже *восемь.* Сейчас Валя постучит. Почему ты не хочешь с ней ходить? Пока темно, будешь ходить с Валей. Сердце у муравья? А действительно, есть ли сердце у муравья? Пей *кофе* и полощи рот. Быстрей, быстрей, пожалуйста. Курицу нельзя убить из рогатки. По-моему, ей можно только больно сделать. А собственно, зачем убивать курицу из рогатки?.. А ты *кеды* положил в ранец? Ещё вчера? Вот молодец! Слышишь, Валя стучит, а ты ещё без *пальто.* Дай поцелую. После школы — пулей домой.

«Кров»

Appendix C
Common Errors

1   Число: Я собираю книгу. Я собираю книги.

2   Род: Моя дедушка живёт там. Мой дедушка живёт там.

3   Падеж: Я вам слушаю. Я вас слушаю.

4   Лицо: Они навещаем родителей. Они навещают родителей.

5   Время: Вчера я читаю газету. Вчера я читал газету.

6   Вид: Мы начали позавтракать. Мы начали завтракать.

7   Спряжение: Они ходут на занятия. Они ходят на занятия.

8   Возвратный глагол: Урок начинает в восемь часов. Урок начинается в восемь часов.

9   Часть речи: Москва хорошо город. Москва хороший город.

10   Орфография: Севодня он отдыхает. Сегодня он отдыхает.

11   Пунктуация: Я не знаю где портфель. Я не знаю, где портфель.

12   Порядок слов: Это Ивана родители. Это родители Ивана.

13   Выбор слов: Он работает в заводе. Он работает на заводе.

14   Синтаксис: Я хочу вас ответить. Я хочу, чтобы вы ответили.

15   Англицизм: У меня ничего сидеть на. Мне некуда сесть.

16   Смысл: Я поступил все в Киеве, котором тоже не работят.

17   Ещё одно слово: Мой брат играет шахматы. Мой брат играет в шахматы.

Self-Evaluation*

		1D	1F	2D	2F	3D	3F	4D	4F	Total
1	Number	—	—	—	—	—	—	—	—	—
2	Gender	—	—	—	—	—	—	—	—	—
3	Case	—	—	—	—	—	—	—	—	—
4	Person	—	—	—	—	—	—	—	—	—
5	Tense	—	—	—	—	—	—	—	—	—
6	Aspect	—	—	—	—	—	—	—	—	—
7	Conjugation	—	—	—	—	—	—	—	—	—
8	Reflexive verb	—	—	—	—	—	—	—	—	—
9	Part of speech	—	—	—	—	—	—	—	—	—
10	Spelling	—	—	—	—	—	—	—	—	—
11	Punctuation	—	—	—	—	—	—	—	—	—
12	Word order	—	—	—	—	—	—	—	—	—
13	Word choice	—	—	—	—	—	—	—	—	—
14	Syntax	—	—	—	—	—	—	—	—	—
15	Anglicism	—	—	—	—	—	—	—	—	—
16	Meaning	—	—	—	—	—	—	—	—	—
17	Add a word	—	—	—	—	—	—	—	—	—
	TOTAL	—	—	—	—	—	—	—	—	—

---

*1D = First Draft, 1F = First Final, etc.

Glossaries

- Unpredictable noun patterns, including those with fill vowels and shifting stress, are provided in parentheses. Singular forms are labeled for case. Plural forms are cited in the order of cases used in Appendix A, that is, nominative, accusative, genitive, prepositional, dative, instrumental: **дочь** (*р* **до́чери**, *мн* **до́чери, дочере́й, дочеря́х, дочеря́м, дочерьми́**)

- Gender is indicated for all nouns ending in **-ь: бровь** *ж*, **день** *м*.

- The genitive is provided for all nouns that are cited in the plural only: **джи́нсы** (*р* **джи́нсов**)

- The genitive is provided for adjectives that function as nouns: **сла́дкое** (*р* **сла́дкого**)

- Unpredictable forms derived from adjectives, including comparatives and adverbs, are provided in parentheses: **лёгкий** (**легко́**, *ср* **ле́гче**).

- Adjectives whose short forms are commonly used in predicate position are cited together with the short form: **дово́льный** (**дово́лен, дово́льна**).

- Conjugation information is not provided for first-conjugation verbs like **чита́ть** or for second-conjugation verbs like **говори́ть**. The conjugation of second-conjugation verbs whose infinitives end in **-ать/-ять** and of all verbs whose infinitives end with **-еть** is indicated by Roman numerals in parentheses: **лежа́ть (II)**, **стоя́ть (II)**, **поте́ть (I)**, **веле́ть (II)**.

● Unpredictable conjugation patterns, including those with consonant alternations and shifting stress, are provided in parentheses: **лечь (ля́гу, ля́жешь, ля́гут; лёг, легла́; ляг)**.

● All verbs are labeled for aspect. Complete conjugation information for both partners of an imperfective/perfective pair is listed under the imperfective entry only.

● The government of verbs is indicated by interrogatives: **беспоко́иться** *о ком, о чём?*

● The symbol ~ is used in subentries to indicate that the main entry is to be repeated with no alteration.

● Bracketed numbers following an entry refer to the lesson in which the word is introduced. If there is more than one number, the second number refers to the vocabulary notes. The notation [10.5], for example, means Lesson 10, Vocabulary Note 5.

Сокращения

безл	безличная форма	impersonal	*imps*
вн	винительный падеж	accusative	*a*
возвр	возвратный глагол	reflexive	*refl*
дт	дательный падеж	dative	*d*
ж	женский род	feminine	*f*
им	именительный падеж	nominative	*nm*
м	мужской род	masculine	*m*
мн	множественное число	plural	*pl*
нареч	наречие	adverb	*adv*
нескл	несклоняемое	indeclinable	*indcl*
нес	несовершенный вид	imperfective	*impf*
опред	определённый глагол	determinate	*det*
пр	предложный падеж	prepositional	*pr*
р	родительный падеж	genitive	*g*
с	средний род	neuter	*n*
сов	совершенный вид	perfective	*perf*
сокр	сокращение	abbreviation	*abr*
ср	сравнительная степень	comparative	*cp*
тв	творительный падеж	instrumental	*i*
тк ед	только единственное число	singular only	*sing*
уменьш	уменьшительное	diminutive	*dim*

Русско-английский словарь

абрико́с apricot [1]

ава́рия accident, wreck; попада́ть в ава́рию *нес*; попа́сть в ава́рию (попаду́, попадёшь; попа́л) *сов* to have an accident [8]

авто́бус bus [8]

аккура́тность *ж* punctuality, neatness [4]

аккура́тный punctual, neat [4]

анги́на angina (severe sore throat) [7]

апельси́н orange [1.7]

аппендици́т appendicitis [7.4]

апте́ка pharmacy [7]

арбу́з watermelon [1]

аре́ст arrest [5]

арестова́ть *see* аресто́вывать [5]

аресто́вывать *нес*; арестова́ть (аресту́ю, аресту́ешь) *сов, за что?* to arrest [5]

аспира́нт graduate student [10]

аспира́нтка (*р* аспира́нток) graduate student [10]

аспиранту́ра graduate school [10]

аспири́н aspirin [7.10]

аттеста́т зре́лости diploma (high school) [10]

аудито́рия classroom (college) [10]

аэропо́рт (в аэропорту́) airport [9]

ба́бушка (*р мн* ба́бушек) grandmother [11]

бага́ж (*р* багажа́) baggage [9]

балко́н (на) balcony [2]

ба́нка (*р мн* ба́нок) jar, can; стекля́нная ~ jar; консе́рвная ~ can [1]; ба́нки cupping glasses [7.11]

бара́нина lamb [1]

бато́н French loaf [1.4]

бе́гать *нес*; бежа́ть (бегу́, бежи́шь, бегу́т) *опред*; побежа́ть *сов* to run [8]

бежа́ть *see* бе́гать [8]

бе́жевый beige [2]

безда́рный ungifted, untalented [12]

безотве́тственный irresponsible [4]

безусло́вно absolutely [12]

бе́лый white [2]

бельё *тк ед* underwear [3]

беспоко́ить *нес* to worry; *возвр* беспоко́иться *о ком, о чём?* [4]

беста́ктный tactless [11]

бинт bandage [7]

бинтова́ть (бинту́ю, бинту́ешь) *нес*; забинтова́ть *сов* to bandage [7]

биогра́фия biography [4]

биоло́гия biology [10]

бить (бью, бьёшь) *нес*; поби́ть *сов* to hit, beat [5]

благодаря́ *кому, чему?* thanks to [12.14]

бле́дный pale [3]

бли́жний near, nearer [2.9]

бли́зкий (*ср* бли́же) close, near [2.9]

блонди́н fair-haired man [3]

блонди́нка (*р мн* блонди́нок) fair-haired woman [3]

блу́зка (*р мн* блу́зок) blouse [3]

блю́до bowl, dish [1]

блю́дце (*р мн* блю́дец) saucer [1]

бок (*мн* бока́) side [7]

бока́л wineglass [1]

боле́знь *ж* illness [7]

боле́ть (I) *нес, чем?* to be sick [7.4]

боле́ть (II) *нес* to hurt [7.4]

боль *ж* pain [7]

больна́я (*р* больно́й) patient [7]

больни́ца hospital; класть в больни́цу (кладу́, кладёшь; клал) *нес*; положи́ть в больни́цу (положу́, поло́жишь) *сов* to put in a hospital; ложи́ться в больни́цу *нес*; лечь в больни́цу (ля́гу, ля́жешь, ля́гут; лёг, легла́) *сов* to go to a hospital; лежа́ть в больни́це (II) *нес* to be in a hospital; выпи́сываться из больни́цы *нес*; вы́писаться из больни́цы (вы́пишусь, вы́пишешься) *сов* to be discharged from a hospital [7]

бо́льно *безл, кому?* painful [7]

больно́й (бо́лен, больна́, больны́) sick [7.3]

больно́й (*р* больно́го) patient [7]

большо́й (*ср* бо́льше) big [2]

борода́ (*вн* бо́роду, *мн* бо́роды, боро́д) beard [3]

боро́ться (борю́сь, бо́решься) *нес, с кем, против чего, за что?* to struggle, fight [5]

бортпроводни́к flight attendant [9]

бортпроводни́ца flight attendant [9]

борьба́ struggle, fight [5]

боти́нок (*р* боти́нка, *р мн* боти́нок) shoe [3.4]

боя́ться (II) *нес, кого, чего?* to fear, be afraid of [5]

брак marriage [11]

брасле́т bracelet [3]

брат (*мн* бра́тья) brother; медици́нский ~ nurse [7]; двою́родный ~ cousin [11]

брать (беру́, берёшь; брал, брала́) *нес;* взять (возьму́, возьмёшь; взял, взяла́) *сов* to take [6]

брести́ *see* броди́ть [8]

бри́тва razor [6]

брить (бре́ю, бре́ешь) *нес;* побри́ть *сов* to shave; *возвр* бри́ться/побри́ться [6.1]

бровь *ж* eyebrow [3]

броди́ть (брожу́, бро́дишь) *нес;* брести́ (бреду́, бредёшь; брёл, брела́) *опред;* побрести́ *сов* to stroll [8.4]

бронхи́т bronchitis [7]

броса́ть *нес;* бро́сить (бро́шу, бро́сишь) *сов* to abandon, leave [5]; to throw [6]; to stop, quit [11.8]

бро́сить *see* броса́ть [5] [6] [11]

брю́ки (*р* брюк) trousers [3]

брюне́т dark-haired man [3]

брюне́тка (*р мн* брюне́ток) dark-haired woman [3]

буди́льник alarm clock [6]

буди́ть (бужу́, бу́дишь) *нес;* разбуди́ть *сов* to awaken [6.5]

бу́дни (*р* бу́дней) weekdays [9]

бу́дто as though [12]

бу́дущее (*р* бу́дущего) the future [9]

бу́дущий future, next [9.6]

бу́лка white bread [1.4]

бульва́р (на) boulevard [8]

буты́лка (*р мн* буты́лок) bottle [1]

буфе́т buffet [2]

буха́нка (*р мн* буха́нок) loaf [1.4]

быва́ть *нес* to be [2.12]

бы́вший former [9]

ваго́н coach, railway car; купе́йный ~ sleeping car; мя́гкий ~ first-class car [9]

ва́нна bathtub [2.4]; bath [6]; принима́ть ва́нну *нес;* приня́ть ва́нну (приму́, при́мешь; при́нял, приняла́) *сов* to take a bath [6]

ва́нная (*р* ва́нной) bathroom [2.4]

варе́нье preserves [1]

вари́ть (варю́, ва́ришь) *нес;* свари́ть *сов* to boil (food) [1.9]

вдова́ (*мн* вдо́вы) widow [11]

вдове́ц (*р* вдовца́) widower [11]

ве́жливость *ж* courtesy, politeness [11]

ве́жливый courteous, polite [11]

везти́ *see* вози́ть [8]

век (*мн* века́) century [9]

веле́ть (II) *нес и сов* to order, command [7.12]

велосипе́д bicycle [8]

велосипеди́ст bicyclist [8]

ве́ра belief [12]

ве́рить *нес;* пове́рить *сов, кому? и в кого, во что?* to believe [12.7]

ве́рный faithful [5]; right, correct [12.13]

вероя́тно probably [12]

ве́рхний upper [2]

вес weight [2]

весели́ться *нес* to have fun [4.4]

весёлый (ве́село) cheerful, fun [4.4]

весе́нний spring [9]

ве́сить (ве́шу, ве́сишь) *нес* to weigh [6.2]

весна́ (*мн* вёсны, вёсен, вёснах) spring [9]

весну́шка (*р мн* весну́шек) freckle [3]

весну́шчатый freckled [3]

вести́ *see* води́ть [8]

вести́ себя́ (веду́, ведёшь; вёл, вела́) *нес* to behave, conduct oneself [11.4]

весы́ (*р* весо́в) scale [6]

ветря́нка chicken pox [7]

ветчина́ ham [1]

ве́чер (*мн* вечера́) evening [9]

вече́рний evening [9]

ве́шалка (*р мн* ве́шалок) coatrack [2]

ве́шать *нес;* пове́сить (пове́шу, пове́сишь) *сов* to hang [1]

взве́сить   *see* взве́шивать [6]

взве́шивать *нес*; взве́сить (взве́шу, взве́сишь) *сов* to weigh; *возвр* взве́шиваться/взве́ситься [6.2]

взгляд   view, opinion [12]

взлета́ть *нес*; взлете́ть (взлечу́, взлети́шь) *сов* to take off [9]

взлете́ть   *see* взлета́ть [9]

взро́слый (*р* взро́слого)   adult, grown-up [4]

взять   *see* брать [6]

ви́димо   apparently [12]

ви́лка (*р мн* ви́лок)   fork [1]

вина́   fault [11]

вино́   wine [1]

виногра́д *тк ед*   grapes [1]

висе́ть (вишу́, виси́шь) *нес*   to hang [1]

витами́ны (*р* витами́нов)   vitamins [7.10]

вкус   taste [1]

вку́сный   tasty [1]

влюби́ться   *see* влюбля́ться [5]

влюблённый (влюблён, влюблена́) *в кого?*   infatuated, in love [5]

влюбля́ться *нес*; влюби́ться (влюблю́сь, влю́бишься) *сов, в кого?* to fall in love [5]

вне́шность *ж*   appearance [3]

внима́ние   attention; обраща́ть ~ *нес*; обрати́ть ~ (обращу́, обрати́шь) *сов, на кого, на что?* to direct attention; привлека́ть ~ *нес*; привле́чь ~ (привлеку́, привлечёшь, привлеку́т; привлёк, привлекла́) *сов, к кому, к чему?* to attract attention [12]

внима́тельный   considerate, courteous [4]

внук   grandson [11]

вну́чка (*р мн* вну́чек)   granddaughter [11]

во́время *нареч*   in/on time [9]

во-вторы́х   in the second place [12]

води́тель *м*   driver [8.2]

води́тельские права́ (*р* прав)   driver's license [8]

води́ть (вожу́, во́дишь) *нес*   to drive (a vehicle) [8.3]

води́ть (вожу́, во́дишь) *нес*; вести́ (веду́, ведёшь; вёл, вела́) *опред*; повести́ *сов*   to lead [8]

вози́ть (вожу́, во́зишь) *нес*; везти́ (везу́, везёшь; вёз, везла́) *опред*; повезти́ *сов*   to transport [8.3]

возмо́жность *ж*   possibility [10]

возмо́жный   possible [10]

возража́ть *нес*; возрази́ть (возражу́, возрази́шь) *сов, кому, на что?*   to object [12]

возрази́ть   *see* возража́ть [12]

возраже́ние   objection [12]

во́зраст   age [4]

вокза́л (на)   terminal [9]

волнова́ть (волну́ю, волну́ешь) *нес*   to agitate, upset; *возвр* волнова́ться [4]

во́лосы (*р* воло́с, волоса́х)   hair [3]

вольнослу́шатель *м*   auditor [10]

воображе́ние   imagination [12]

вообще́ говоря́   generally speaking [12]

во-пе́рвых   in the first place [12]

вор (*мн* во́ры, воро́в)   thief [5]

воротни́к (*р* воротника́)   collar [3]

воскли́кнуть   *see* восклица́ть [7]

восклица́ние   exclamation [7]

восклица́ть *нес*; воскли́кнуть (воскли́кну, воскли́кнешь) *сов*   to exclaim [7]

воспале́ние лёгких   pneumonia [7]

воспита́ние   upbringing [11]

воспи́танный (воспи́тан)   well-bred [11]

воспита́ть   *see* воспи́тывать [11]

воспи́тывать *нес*; воспита́ть *сов*   to bring up, raise; *возвр* воспи́тываться/воспита́ться [11]

воспомина́ние   recollection [12]

враг (*р* врага́)   enemy [5]

врать (вру, врёшь; врал, врала́, вра́ли) *нес*; совра́ть *сов*   to lie [4]

врач (*р* врача́)   doctor; зубно́й ~ dentist [7]; обраща́ться к врачу́ *нес*, обрати́ться к врачу́ (обращу́сь, обрати́шься) *сов* to consult a doctor [7]

вре́дный   harmful [7]

вре́менный   temporary [9]

вре́мя (*р* вре́мени, *тв* вре́менем, *мн* времена́, времён, времена́х)   time; ~ го́да season [9]; ~ от вре́мени from time to time [9]; в/за после́днее ~ recently [9.4]; во ~ *чего?* during [9.9]

вспомина́ть *нес*; **вспо́мнить** *сов* to recollect [12]

вспо́мнить *see* вспомина́ть [12]

встава́ть (встаю́, встаёшь) *нес*; **встать** (вста́ну, вста́нешь) *сов* to get up [1]

встать *see* встава́ть [1]

встре́тить *see* встреча́ть [5]

встре́ча (на) meeting [5]

встреча́ть *нес*; **встре́тить** (встре́чу, встре́тишь) *сов* to meet; *возвр* встреча́ться/встре́титься с кем? [5.1, 5.2]

вуз (вы́сшее уче́бное заведе́ние) institution of higher education [10.4]

вчера́ *нареч* yesterday [9]

вчера́шний yesterday's [9]

вы́вод conclusion; де́лать ~ *нес*; сде́лать ~ *сов* to reach a conclusion [12]

вы́глядеть (вы́гляжу, вы́глядишь) *нес* to look, appear [3.1]

выздора́вливать *нес*; **вы́здороветь** (I) *сов* to recover [7]

вы́здороветь *see* выздора́вливать [7]

вы́звать *see* вызыва́ть [5]

вызыва́ть *нес*; **вы́звать** (вы́зову, вы́зовешь) to call, summon [5]

вы́йти за́муж *see* выходи́ть за́муж [11]

вы́мыть *see* мыть [6]

вынима́ть *нес*; **вы́нуть** (вы́ну, вы́нешь) *сов* to take out [6]

вы́нуть *see* вынима́ть [6]

вы́пить *see* пить [1]

вы́расти *see* расти́ [4]

вы́рвать *see* рвать [7]

высо́кий (*ср* вы́ше) tall [2]

высота́ height [2]

вы́спаться *see* высыпа́ться [6]

вы́стрелить *see* стреля́ть [5]

высыпа́ться *нес*; **вы́спаться** (вы́сплюсь, вы́спишься) *сов* to get enough sleep [6]

вы́тереть *see* вытира́ть [6]

вытира́ть *нес*; **вы́тереть** (вы́тру, вы́трешь; вы́тер, вы́терла) *сов* to wipe, dry [6]

вы́учить *see* учи́ть [10]

выходи́ть за́муж (выхожу́, выхо́дишь) *нес*; **вы́йти за́муж** (вы́йду, вы́йдешь; вы́шла) *сов* to marry (said of a woman) [11]

выходно́й день *м* (*р* дня) day off [9]

вы́честь *see* вычита́ть [9]

вычита́ть *нес*; **вы́честь** (вы́чту, вы́чтешь; вы́чел, вы́чла) *сов, из чего?* to subtract [9.11]

вычита́ние subtraction [9]

вью́щийся wavy [3]

газ natural gas [2]

га́зовый gas [2]

га́лстук tie [3]

гениа́льный brilliant [12]

геогра́фия geography [10]

ги́бнуть (ги́бну, ги́бнешь; гиб, ги́бла) *нес*; **поги́бнуть** *сов* to die [4.3]

гимна́зия secondary school [10.3]

гипс cast; класть в ~ (кладу́, кладёшь; клал) *нес*; положи́ть в ~ (положу́, поло́жишь) *сов* to put in a cast [7]

гла́дкий smooth, straight [3]

глаз (*мн* глаза́, глаз) eye [3]

глубина́ depth [2]

глубо́кий (*ср* глу́бже) deep [2]; глубо́кая таре́лка (*р мн* таре́лок) soup bowl [1]

гнать *see* гоня́ть [8]

говя́дина beef [1]

год (в году́, *мн* го́ды, годо́в) year [9]

голова́ (*вн* го́лову, *мн* го́ловы, голо́в, голова́х) head [7]

голубо́й light blue [2]

гоня́ть *нес*; **гнать** (гоню́, го́нишь; гнал, гнала́) *опред*; **погна́ть** *сов* to chase [8]

горди́ться (горжу́сь, горди́шься) *нес*, *кем, чем?* to be proud [4]

го́рдый proud [4]

го́рло throat [7]

го́род (*мн* города́) city [8]

городско́й city, urban [8]

горо́шек *тк ед* (*р* горо́шка) peas [1]; в горо́шек dotted [3]

горчи́ца mustard [1]

горчи́чник mustard plaster [7.11]

го́рький bitter [1]

гостеприи́мный hospitable [2]

гостеприи́мство hospitality [2]

гости́ная (*р* гости́ной) living room [2]

гости́ница hotel [9]

гость *м* guest; приходи́ть в го́сти (прихожу́, прихо́дишь) *нес*; прийти́ в го́сти (приду́, придёшь; пришёл, пришла́) *сов* to visit; быть в гостя́х *нес* to visit, be a guest [2]

госуда́рственный public, state [10]

гото́вить (гото́влю, гото́вишь) *нес*; пригото́вить *сов* to cook [1]; to prepare; *возвр* гото́виться/ пригото́виться к чему? [10]

граби́тель *м* robber [5]

гра́бить (гра́блю, гра́бишь) *нес*; огра́бить *сов* to rob [5.6]

гра́дусник thermometer [7]

грамм (*р мн* гра́ммов и грамм) gram [1.7]

грани́ца border; е́здить за грани́цу (е́зжу, е́здишь) *нес*; е́хать за грани́цу (е́ду, е́дешь) *опред*; пое́хать за грани́цу *сов* to go abroad; быть за грани́цей *нес* to be abroad [9]

гриб (*р* гриба́) mushroom [1]

грипп influenza [7]

грома́дный enormous [2]

гру́бый crude, rude [11]

грудь *ж* chest, breast [7]

грузови́к truck [8]

гру́ша pear [1]

губа́ (*мн* гу́бы) lip [3]; кра́сить гу́бы (кра́шу, кра́сишь) *нес*; накра́сить гу́бы *сов* to put on lipstick [6]

губна́я пома́да lipstick [6]

гуля́ть (I) *нес*; погуля́ть *сов* to go for a walk [8.4]

густо́й (*ср* гу́ще) thick [3]

давле́ние blood pressure; высо́кое ~ high blood pressure; измеря́ть ~ *нес*; изме́рить ~ *сов, кому?* to take someone's blood pressure [7.4]

да́лее, и так ~, *сокр* и т. д. and so forth, et cetera [12]

далёкий (далеко́; *ср* да́льше) far [2.9]

да́льний far, farther [2.9]

да́та date [9]

дверь *ж* door [2]

дви́гать *нес*; дви́нуть (дви́ну, дви́нешь) *сов* to move; *возвр* дви́гаться/ дви́нуться [6]

движе́ние movement, motion [6]; traffic [8]

дви́нуть *see* дви́гать [6]

дво́йка (*р мн* дво́ек) D (grade) [10]

двор (*р* двора́) courtyard [2.1]

дворе́ц (дворца́) palace [8]

де́вочка (*р мн* де́вочек) girl [4]

де́вушка (*р мн* де́вушек) young woman [4]

де́душка (*р мн* де́душек) grandfather [11]

действи́тельно really [12.15]

дека́н dean [10.5]

деле́ние division [9]

дели́ть (делю́, де́лишь) *нес*; раздели́ть *сов, на что?* to divide [9.11]

де́ло business, matter, affair; на са́мом де́ле really [12.15]

делово́й practical, businesslike [4]

день *м* (*р* дня) day [9]; выходно́й ~ day off [9]; ~ рожде́ния birthday [4]

дереве́нский rural, village [8]

дере́вня (*р мн* дереве́нь) village, country [8]

де́рево wood [2]

деревя́нный wooden [2]

держа́ть (держу́, де́ржишь) *нес* to hold [6]

деся́ток (*р* деся́тка) ten [1.13]

де́ти *see* ребёнок [4]

де́тская (*р* де́тской) nursery [2]

де́тский children's, child's [4]; ~ сад (в саду́) kindergarten [10.1]

джи́нсы (*р* джи́нсов) jeans [3]

диа́гноз diagnosis; ста́вить ~ (ста́влю, ста́вишь) *нес*; поста́вить ~ *сов, кому?* to diagnose [7]

дива́н couch [2]

дипло́м college diploma [10]

дипло́мная рабо́та graduation thesis [10]

диссерта́ция dissertation [10]

длина́ length [2]

дли́нный long [2]

дневно́й day, daytime [9]

добира́ться *нес*; добра́ться (доберу́сь, добрёшься; добра́лся, добрала́сь) *сов, до чего?* to reach, get as far as [8]

добра́ться *see* добира́ться [8]

добросо́вестный conscientious [4]

до́брый (добр, добра́, добры́) kind [4]

дове́рие trust [4]

дове́рить *see* доверя́ть [4]

дове́рчивый trusting [4]

доверя́ть *нес*; дове́рить *сов, кому?* to trust [4]

дово́льный (дово́лен, дово́льна) *кем, чем?* pleased, satisfied [11]

догада́ться *see* дога́дываться [12]

дога́дываться *нес*; догада́ться *сов, о чём?* to guess [12]

договáриваться *нес*; договори́ться *сов, с кем, о чём?* to reach an agreement [12]

договори́ться *see* договáриваться [12]

доказáтельство evidence, proof [5]

доказáть *see* докáзывать [5]

докáзывать *нес*; доказáть (докажу́, докáжешь) *сов* to prove [5]

доклáд oral report, paper; дéлать ~ *нес*; сдéлать ~ *сов* to give a report [10]

дóктор наýк (*мн* докторá) doctor of sciences [10.10]

дом (*мн* домá) house, building; жилóй ~ apartment building [2.1]

допрáшивать *нес*; допроси́ть (допрошу́, допрóсишь) *сов* to interrogate [5]

допроси́ть *see* допрáшивать [5]

дорóга (на) road [8]

достав́ать (достаю́, достаёшь) *нес*; достáть (достáну, достáнешь) *сов* to reach, obtain [6]

достáть *see* доставáть [6]

достигáть *нес*; дости́гнуть (дости́гну, дости́гнешь; дости́г, дости́гла) *сов, чего?* to reach [8]

дости́гнуть *see* достигáть [8]

достопримечáтельность *ж* sight (point of interest) [8]

доцéнт assistant/associate professor [10.10]

дочь *ж* (*р* дóчери, *мн* дóчери, дочерéй, дочеря́х, дочеря́м, дочерьми́) daughter [11]

драгоцéнности (*р* драгоцéнностей) fine jewelry; valuables [3]

дрáка fight, scuffle [5]

дрáться (деру́сь, дерёшься; дрáлся, дралáсь) *нес*; подрáться *сов, с кем?* to fight [5]

друг (*мн* друзья́, друзéй) friend [5.2]

дрýжба friendship [5]

духи́ (*р* духóв) perfume [6]

духóвка (*р мн* духóвок) oven [1]

душ shower [6]; принимáть ~ *нес*; приня́ть ~ (приму́, при́мешь; при́нял, приняла́) *сов* to take a shower [6]

души́ть (душу́, ду́шишь) *нес*; задуши́ть *сов* to strangle [5]

души́ться (душу́сь, ду́шишься) *нес*; надуши́ться *сов, чем?* to put on perfume [6]

ды́ня melon [1]

дя́дя *м* (*р мн* дя́дей) uncle [11]

едá *тк ед* food [1.1]

едини́ца F (grade) [10]

éздить (éзжу, éздишь) *нес*; éхать (éду, éдешь) *опред*; поéхать *сов* to go (by vehicle) [8.3]

есть (ем, ешь, ест, еди́м, еди́те, едя́т; ел, éла; ешь) *нес*; съесть и поéсть *сов* to eat [1.2]

éхать *see* éздить [8]

жáдный greedy [4]

жáловаться (жáлуюсь, жáлуешься) *нес*; пожáловаться *сов, кому, на кого, на что?* to complain [7]

жáрить *нес*; пожáрить *сов* to fry, broil [1]

ждать (жду, ждёшь; ждал, ждалá) *нес*; подождáть *сов, кого, что и чего?* to wait, expect [12.6]

желáть *нес, кому, чего?* to wish [12.5]

желéзная дорóга railroad [9]

железнодорóжный railroad, railway [9]

жёлтый yellow [2]

желýдок (*р* желýдка) stomach [7.1]

женá (*мн* жёны) wife [11]

женáт *на ком?* married (said of a man) [11]

жени́ться (женю́сь, же́нишься) *нес и сов, на ком?* to marry (said of a man) [11]

жени́х (*р* жениха́) bridegroom, fiancé [11]

же́нский female, feminine [4]

же́нщина woman [4]

жесто́кий cruel [4]

живо́й (жив, жива́, жи́вы) alive, living [4]; lively [4]

живо́т (*р* живота́) stomach [7.1]

жизнь *ж* life [4]

жило́й дом (*мн* дома́) apartment building [2]

жить (живу́, живёшь; жил, жила́, жи́ли) *нес* to live [4]

забинтова́ть see бинтова́ть [7]

заболева́ть *нес*; заболе́ть (I) *сов, чем?* to get sick [7]

заболе́ть see заболева́ть [7]

забыва́ть *нес*; забы́ть (забу́ду, забу́дешь) *сов* to forget [12.3]

забы́ть see забыва́ть [12]

заве́дующий ка́федрой (*р* заве́дующего) department head [10.5]

за́втра *нареч* tomorrow [9]

за́втрак breakfast [1]

за́втракать *нес*; поза́втракать *сов* to eat breakfast [1]

за́втрашний tomorrow's [9]

загоре́лый tanned [3]

зада́ние assignment; дома́шнее ~ homework [10]

зада́ча problem, task [10]

задержа́ть see заде́рживать [5]

заде́рживать *нес*; задержа́ть (задержу́, заде́ржишь) *сов* to detain [5]

за́дний back [2]

задуши́ть see души́ть [5]

заинтересова́ть see интересова́ть [12]

зако́н law; наруша́ть ~ *нес*; нару́шить ~ *сов* to break a law [5]

заку́ска (*р мн* заку́сок) appetizer [1]

заме́тить see замеча́ть [12]

замеча́ние observation, remark [12]

замеча́ть *нес*; заме́тить (заме́чу, заме́тишь) *сов* to notice, observe [12]

за́мужем *за кем?* married (said of a woman) [11]

занаве́ски (*р* занаве́сок) curtains, drapes [2]

занима́ться *нес, чем?* to study [10]

зано́за splinter [7]

занози́ть (заножу́, занози́шь) *сов* to get a splinter [7.8]

заня́тие (на) *по чему?* class; практи́ческое ~ lab [10.7]

запакова́ть see пакова́ть [9]

за́пах smell; чу́вствовать ~ (чу́вствую, чу́вствуешь) *нес* to smell [1.3]

записа́ть see запи́сывать [10]

запи́сывать *нес*; записа́ть (запишу́, запи́шешь) *сов* to take notes on [10]

запла́кать see пла́кать [11.5]

запомина́ть *нес*; запо́мнить *сов* to memorize [12]

запо́мнить see запомина́ть [12]

запрети́ть see запреща́ть [7]

запреща́ть *нес*; запрети́ть (запрещу́, запрети́шь) *сов, кому?* to forbid [7]

заража́ть *нес*; зарази́ть (заражу́, зарази́шь) *сов, чем?* to infect; *возвр* заража́ться/зарази́ться [7]

зарази́ть see заража́ть [7]

зара́зный contagious [7]

зара́нее *нареч* beforehand, in advance [9]

заря́дка exercises; делать заря́дку *нес*; сде́лать заря́дку *сов* to do exercises [6]

засну́ть see засыпа́ть [6]

застёгивать *нес*; застегну́ть (застегну́, застегнёшь) *сов* to button, zip; *возвр* застёгиваться/застегну́ться [3.5]

застегну́ть see застёгивать [3]

засыпа́ть *нес*; засну́ть (засну́, заснёшь) *сов* to fall asleep [6]

зате́м *нареч* subsequently [9]

затормози́ть see тормози́ть [8]

зачёт pass (grade) [10]

защити́ть see защища́ть [5]

защища́ть *нес*; защити́ть (защищу́, защити́шь) *сов* to defend; *возвр* защища́ться/защити́ться [5]

зда́ние building [2.1]

здоро́ваться *нес*; поздоро́ваться *сов, с кем?* to say hello [11]

здоро́вый (здоро́в) healthy [7.3]

здоро́вье health [7]

зева́ть *нес*; зевну́ть (зевну́, зевнёшь) *сов* to yawn [6]

зевну́ть *see* зева́ть [6]

зелёный green [2]

зе́ркало (*мн* зеркала́) mirror [2]

зима́ (*мн* зи́мы) winter [9]

зи́мний winter [9]

злой mean [4]

знако́мить (знако́млю, знако́мишь) *нес*; познако́мить *сов, с кем?* to introduce; *возвр* знако́миться/познако́миться *с кем?* to meet [5.1]

знако́мый (знако́м) familiar [5]

знако́мый (*р* знако́мого) acquaintance [5.2]

зноби́ть *нес, безл, кого?* to have a chill [7.6]

зо́лото gold [3]

золото́й gold [3]

зонт (*р* зонта́) umbrella [3]

зо́нтик umbrella [3]

зре́лище sight, spectacle [8]

зуб (*мн* зу́бы, зубо́в) tooth [3]; чи́стить зу́бы (чи́щу, чи́стишь) *нес*; почи́стить зу́бы *сов* to brush one's teeth [6]

зубно́й tooth; зубна́я па́ста toothpaste [6]; зубна́я щётка (*р мн* щёток) toothbrush [6]; ~ врач (*р* врача́) dentist [7]

иде́я idea [12]

идти́ *see* ходи́ть [8]

избало́ванный (избало́ван) spoiled [11]

извине́ние apology [11]

извини́ться *see* извиня́ться [11]

извиня́ться *нес*; извини́ться *сов, перед кем?* to apologize [11]

из-за *кого, чего?* due to [12.14]

изме́на betrayal [5]

измени́ть *see* изменя́ть [5]

изменя́ть *нес*; измени́ть (изменю́, изме́нишь) *сов, кому, с кем?* to betray, be unfaithful to [5]

измере́ние measurement [2]

изме́рить *see* измеря́ть [2]

измеря́ть *нес*; изме́рить *сов* to measure [2]; ~ температу́ру, давле́ние *кому?* to take temperature, blood pressure [7]

изуча́ть *нес* to study; изучи́ть (изучу́, изу́чишь) *сов* to learn [10]

изучи́ть *see* изуча́ть [10]

инде́йка (*р мн* инде́ек) turkey [1.6]

институ́т institute [10.4]

инсу́льт stroke [7.4]

интеллиге́нтный cultured [4.7]

интере́с *к чему?* interest [12]

интере́сный interesting [12]

интересова́ть (интересу́ю, интересу́ешь) *нес*; заинтересова́ть *сов,* to interest; *возвр* интересова́ться/заинтересова́ться *кем, чем?* [12.2]

инфа́ркт heart attack [7.4]

информа́тика computer science [10]

и́скренний sincere [4]

испе́чь *see* печь [1]

испо́лниться *see* исполня́ться [4]

исполня́ться *нес*; испо́лниться *сов, кому?* to turn (an age) [4.2]

испо́ртить *see* по́ртить [6]

испуга́ть *see* пуга́ть [5]

и́стина truth [12.13]

и́стинный true [12]

исто́рия history [10]

кабине́т study [2]; office [10]; лингафо́нный ~ language laboratory [10]

каза́ться (кажу́сь, ка́жешься) *нес*; показа́ться *сов, кем, чем?* to seem [2]

календа́рь *м* (*р* календаря́) calendar [9]

ка́менный stone [2]

ка́мень *м* (*р* ка́мня) stone [2]

ками́н fireplace [2]

кандида́т нау́к candidate of sciences [10.10]

кани́кулы (*р* кани́кул) (на) school vacation [9.2]

капри́зничать *нес* to behave willfully, misbehave [11]

капри́зный willful [11]

капу́ста cabbage [1]

ка́рий brown, hazel (eyes) [3]

карма́н pocket [3]

карто́фель *м, тк ед* potatoes [1.8]

карто́шка potatoes [1.8]

кастрю́ля saucepan [1]

ката́ть *нес*; катить (качу́, ка́тишь) *опред*; покатить *сов* to roll [8]

ката́ться *нес*; покатать *сьь* to go for a ride [8.5]

кати́ть *see* ката́ть [8]

ка́федра (на) section [10.5]; заве́дующий ка́федрой (*р* заве́дующего) department head [10.5]

ка́чество quality [1.12]

ка́ша cooked cereal [1.5]

ка́шель *м* (*р* ка́шля) cough [7]

ка́шлять *нес* to cough [7]

кашта́новый chestnut [3]

квадра́тный square [2]

кварта́л block [8.1]

кварти́ра apartment; отде́льная ~ separate apartment ; коммуна́льная ~ communal apartment [2]

ке́пка (*р мн* ке́пок) cap [3]

кефи́р kefir (yogurt-like drink) [1]

кило́ *с, нескл* kilogram [1]

килогра́мм (*р мн* килогра́ммов и килогра́мм) kilogram [1.7]

киломе́тр kilometer [2]

кирпи́ч (*р* кирпича́) brick [2]

кирпи́чный brick [2]

ки́слый sour [1]

класс classroom (K-12) [10.2]; grade [10.2]

класть (кладу́, кладёшь; клал) *нес*; положи́ть (положу́, поло́жишь) *сов* to lay [1]; ~ в больни́цу to put in a hospital [7]

кле́тка (*р мн* кле́ток) check; в кле́тку checkered, plaid [3]

кле́тчатый checkered, plaid [3]

ключ (*р* ключа́) *от чего?* key [9]

кно́пка (*р мн* кно́пок) snap [3.5]

ковёр (*р* ковра́) carpet [2.6]

ко́врик rug [2]

ко́жа leather [3]

ко́жаный leather [3]

колбаса́ (*мн* колба́сы) sausage [1.6]

колго́тки (*р* колго́ток) pantyhose, tights [3]

колеба́ние hesitation [12]

колеба́ться (коле́блюсь, коле́блешься) *нес*; поколеба́ться *сов, в чём?* to waver, hesitate [12]

коле́но (*мн* коле́ни, коле́ней) knee [7]

коли́чество quantity [1]

кольцо́ (*мн* ко́льца, коле́ц, ко́льцах) ring [3]

коля́ска (*р мн* коля́сок) stroller [8]

командиро́вка (*р мн* командиро́вок) business trip [9.2]

ко́мната room [2]

комо́д dresser [2]

компре́сс compress [7.11]

коне́ц (*р* конца́) end [9]; в конце́ концо́в finally [12]

контро́льная (*р* контро́льной) *по чему?* test, quiz [10.9]

конфе́ты (*р* конфе́т) candy [1]

конфо́рка (*р мн* конфо́рок) burner [1]

конча́ть *нес*; ко́нчить *сов* to finish; *возвр* конча́ться/ко́нчиться [9]

ко́нчить *see* конча́ть [9]

коридо́р hall [2]

кори́чневый brown [2]

корми́ть (кормлю́, ко́рмишь) *нес*; покорми́ть и накорми́ть *сов, чем?* to feed [11]

коро́бка (*р мн* коро́бок) box [1]

коро́ткий (*ср* коро́че) short [2.10]

корь *ж* measles [7]

костю́м suit [3]

косы́нка (*р мн* косы́нок) triangular scarf [3]

ко́фе *м, нескл* coffee [1]

кофе́йник coffee pot [1]

ко́фта sweater, blouse [3.4]

ко́фточка (*р мн* ко́фточек) sweater [3]

кошма́р nightmare [6]

кра́жа theft [5]

краса́вец handsome man [3]

краса́вица beautiful woman [3]

краси́вый beautiful, handsome [3]

кра́сить (кра́шу, кра́сишь) *нес*; покра́сить *сов* to paint [2.8]

кра́сить (кра́шу, кра́сишь) *нес;* накра́сить *сов;* ~ гу́бы   to put on lipstick; ~ но́гти to paint one's nails; *возвр* кра́ситься/накра́ситься to put on makeup [6]

кра́ска (*р мн* кра́сок)   paint [2]

кра́сный   red [2]

красть (краду́, крадёшь; крал) *нес;* укра́сть *сов*   to steal [5.6]

кре́сло (*р мн* кре́сел)   armchair [2]

крова́ть *ж*   bed; односпа́льная ~ single bed; двухспа́льная ~ double bed [2]

кроссо́вка (*р мн* кроссо́вок)   running shoe [3]

кру́глый   round [2]

кружи́ться голова́ (кру́жится) *нес, у кого?* to be dizzy [7]

кры́ша   roof [2]

кста́ти   by the way, incidentally [12]

кудря́вый   curly [3]

купе́ *с, нескл*   sleeping compartment [9]

купи́ть   *see* покупа́ть [2]

ку́рица (*мн* ку́ры, кур)   chicken [1.6]

курно́сый   snubnosed [3]

курс (на)   year (in college); *по чему?* course [10.6,7]

курсова́я рабо́та   term paper [10]

ку́ртка (*р мн* ку́рток)   jacket [3.4]

кусо́к (*р* куска́)   piece, slice [1]

ку́хня (*р мн* ку́хонь)   kitchen [1]

лаборато́рия   laboratory [10]

ла́зить (ла́жу, ла́зишь) *нес;* лезть (ле́зу, ле́зешь; лез, ле́зла) *опред;* поле́зть *сов*   to climb [8]

ла́мпа   lamp; насто́льная ~ table lamp [2]

ла́сковый   affectionate [4]

ле́вый   left [2]

лёгкие (*р* лёгких)   lungs [7]; воспале́ние лёгких pneumonia [7]

лёгкий (легко́; *ср* ле́гче)   light [2]; easygoing [4]

легкомы́сленный   frivolous [4]

лежа́ть (II) *нес;* полежа́ть *сов*   to lie [1.14]; ~ в больни́це to be in a hospital [7]

лезть   *see* ла́зить [8]

лека́рство *от чего?*   medicine [7.10]

ле́кция (на)   lecture [10.7]

лени́вый   lazy [4]

лень *ж*   laziness [4.6]

ле́стница   stairs [2]

лета́ть *нес;* лете́ть (лечу́, лети́шь) *опред;* полете́ть *сов*   to fly [8]

лете́ть   *see* лета́ть [8]

ле́тний   summer [9]

ле́то   summer [9]

лечи́ть (лечу́, ле́чишь) *нес, от чего?* to treat; *возвр* лечи́ться [7]

лечь   *see* ложи́ться [1] [6] [7]

лжи́вый   deceitful [4]

лимо́н   lemon [1]

литр   liter [1]

лифт   elevator [2]

лице́й   secondary school [10.3]

лицо́ (*мн* ли́ца)   face; к лицу́ *кому?* becoming [3.3]

лоб (*р* лба)   forehead [3]

лови́ть (ловлю́, ло́вишь) *нес;* пойма́ть *сов*   to catch [5]

ложи́ться (ложу́сь, ложи́шься) *нес;* лечь (ля́гу, ля́жешь, ля́гут; лёг, легла́; ляг) *сов*   to lie down [1]; ~ спать to go to bed [6]; ~ в больни́цу to go to a hospital [7]

ло́жка (*р мн* ло́жек)   spoon; столо́вая ~ tablespoon; ча́йная ~ teaspoon [1]

ложь *ж*   lie [4]

ло́коть *м* (*р* ло́ктя, *р мн* локте́й)   elbow [7]

лома́ть *нес;* слома́ть *сов*   to break [6.10]; to fracture [7.8]; *возвр* лома́ться/слома́ться [6]

лук *тк ед*   onions [1]

лысе́ть (I) *нес;* облысе́ть *сов*   to go bald [3]

лы́сый   bald [3]

люби́ть (люблю́, лю́бишь) *нес;* полюби́ть *сов*   to like, love [5.3]

любо́вь (*р* любви́, *тв* любо́вью)   love [5]

любопы́тный   curious [12]

любопы́тство   curiosity [12]

лю́ди   *see* челове́к [4]

ма́зать (ма́жу, ма́жешь) *нес;* пома́зать и сма́зать *сов, чем?*   to apply (ointment) [7]

мазь *ж* ointment [7]

ма́йка (*р мн* ма́ек) T-shirt [3]

майоне́з mayonnaise [1]

макаро́ны (*р* макаро́н) macaroni, pasta [1]

ма́ленький (*ср* ме́ньше) little [2]

ма́льчик boy [4]

ма́сло butter, oil; сли́вочное ~ sweet-cream butter ; расти́тельное ~ vegetable oil [1]

матема́тика mathematics [10]

мать (*мн* ма́тери, матере́й) mother [11]

маха́ть (машу́, ма́шешь) *нес*; махну́ть (махну́, махнёшь) *сов, кому, чем?* to wave [6]

махну́ть *see* маха́ть [6]

ма́чеха stepmother [11.2]

маши́на car; легкова́я ~ passenger car; грузова́я ~ truck; пожа́рная ~ fire engine; милице́йская ~ police car [8]

ме́бель *ж, тк ед* furniture [2]

мёд (*р2* мёду) honey [1]

медбра́т (*мн* медбра́тья) nurse [7]

медици́нский medical; ~ брат (*мн* бра́тья) nurse [7]; медици́нская сестра́ (*мн* сёстры, сестёр, сёстрах) nurse [7]

медсестра́ (*мн* медсёстры, медсестёр, медсёстрах) nurse [7]

междунаро́дные отноше́ния international relations [10]

ме́жду про́чим by the way [12]

ме́лкий (*ср* ме́льче) shallow [2]; ме́лкая таре́лка (*р мн* таре́лок) dinner plate [1]

мёртвый dead [4.3]

метр meter [2]

метро́ *с, нескл* subway [8]

мех fur [3]

мехово́й fur [3]

мечта́ daydream [12]

мечта́ть *нес, о чём?* to daydream, wish [12.5]

миксту́ра от ка́шля cough syrup [7.10]

милиционе́р Russian policeman [5]

мили́ция *тк ед* Russian police [5]

миллиме́тр millimeter [2]

ми́лый nice, sweet [3]

минера́льная вода́ mineral water [1]

мину́та minute [9]

мири́ть *нес*; помири́ть *сов, с кем?* to reconcile; *возвр* мири́ться/помири́ться [5]

мне́ние opinion; выража́ть ~ *нес*; вы́разить ~ (вы́ражу, вы́разишь) *сов* to express an opinion [12.10]

мо́да fashion, style [3]

мо́дный fashionable [3]

мо́лния zipper [3.5]

молодёжь *ж, тк ед* young people [4]

молодо́й (*ср* моло́же) young [4]

молоко́ milk [1]

морко́вка carrot [1.7]

морко́вь *ж, тк ед* carrots [1.7]

моро́женое (*р* моро́женого) ice cream [1]

морщи́на wrinkle [3]

морщи́нистый wrinkled [3]

мост (на мосту́, *мн* мосты́) bridge [8]

мотоци́кл motorcycle [8]

мотоцикли́ст motorcyclist [8]

мочь (могу́, мо́жешь, мо́гут; мог, могла́) *нес*; смочь *сов* to be able [10]

мра́чный gloomy [4]

муж (*мн* мужья́) husband [11]

мужско́й male, masculine [4]

мужчи́на man, male [4]

мускули́стый brawny, muscular [3]

мча́ться (мчусь, мчи́шься) *нес*; помча́ться *сов* to rush [8]

мы́ло soap [6]

мысль *ж* thought [12.0]

мыть (мо́ю, мо́ешь) *нес*; вы́мыть и помы́ть *сов* to wash; ~ го́лову, во́лосы to wash one's hair, shampoo; *возвр* мы́ться/вы́мыться и помы́ться [6.1]

мя́гкий (*ср* мя́гче) gentle [4]

мя́со meat [1]

на́бережная (*р* на́бережной) (на) embankment [8]

наве́рно probably [12]

на́волочка (*р мн* на́волочек) pillowcase [6]

надева́ть *нес*; наде́ть (наде́ну, наде́нешь) *сов*, *на кого*, *на что*? to put on [3.6]

наде́жда hope [12]

наде́ть *see* надева́ть [3]

наде́яться *нес*, *на кого*, *на что*? to hope; to rely [12]

надуши́ться *see* души́ться [6]

наизу́сть *нареч* by memory [10]

наказа́ть *see* нака́зывать [5]

нака́зывать *нес*; наказа́ть (накажу́, нака́жешь) to punish [5]

накану́не *чего*? the day before [9]

наклони́ться *see* наклоня́ться [6]

наклоня́ться *нес*; наклони́ться (наклоню́сь, накло́нишься) *сов* to bend over [6]

наконе́ц finally [12]

накорми́ть *see* корми́ть [11]

накра́сить *see* кра́сить [6]

накрыва́ть на стол *нес*; накры́ть на стол (накро́ю, накро́ешь) *сов*, *к чему*? to set the table [1]

накры́ть *see* накрыва́ть [1]

налива́ть *нес*; нали́ть (налью́, нальёшь; нали́л, налила́) *сов* to pour [11]

нали́ть *see* налива́ть [11]

намека́ть *нес*; намекну́ть (намекну́, намекнёшь) *сов*, *на что*? to hint [5]

намекну́ть *see* намека́ть [5]

напада́ть *нес*; напа́сть (нападу́, нападёшь; напа́л) *сов*, *на кого*, *на что*? to attack [5]

напа́сть *see* напада́ть [5]

напи́ток (*р* напи́тка) drink [1]

напомина́ть *нес*; напо́мнить *сов*, *кому*, *о чём*? to remind [12]

напо́мнить *see* напомина́ть [12]

напра́виться *see* направаля́ться [8]

направля́ться *нес*; напра́виться (напра́влюсь, напра́вишься) *сов* to be bound for [8]

наприме́р for example [12]

наре́зать *see* ре́зать [1]

наруша́ть *нес*; нару́шить *сов* to break (a law) [5]

нару́шить *see* наруша́ть [5]

на́сморк head cold [7]

наста́ивать *нес*; настоя́ть (II) *сов*, *на чём*? to insist [4]

насто́йчивый insistent [4]

настоя́ть *see* наста́ивать [4]

настоя́щее (*р* настоя́щего) the present [9]

настоя́щий present [9]

настрое́ние mood [11]

научи́ть *see* учи́ть [10]

наха́льный smart-aleck [4]

находи́ться (нахожу́сь, нахо́дишься) *нес* to be located [1]

нача́ло beginning [9]

нача́ть *see* начина́ть [9]

начина́ть *нес*; нача́ть (начну́, начнёшь; на́чал, начала́) *сов* to begin; *возвр* начина́ться/нача́ться [9]

неаккура́тность *ж* unpunctuality, carelessness [4]

неаккура́тный unpunctual, careless [4]

неве́ста bride, fiancée [11]

невнима́тельный discourteous [4]

невозмо́жный impossible [10]

невоспи́танный (невоспи́тан) ill-bred [11]

неде́ля week [9]

недобросо́вестный unconscientious [4]

недове́рчивый distrustful [4]

недово́льный (недово́лен, недово́льна) *кем*, *чем*? displeased, dissatisfied [11]

недоразуме́ние misunderstanding [12]

незачёт fail (grade) [10]

незнако́мый (незнако́м) unfamiliar [5]

неинтере́сный uninteresting [12]

неи́скренний insincere [4]

некраси́вый ugly [3]

немолодо́й old [4]

ненави́деть (ненави́жу, ненави́дишь) *нес* to hate [5]

необходи́мость *ж* necessity [10]

необходи́мый necessary, essential [10]

необщи́тельный unsociable [4]

неосторо́жный imprudent [4]

не́рвничать *нес* to be nervous [4]

не́рвный nervous [4]

нескро́мный immodest [4]

несме́лый timid [4]

несмотря́ *на кого*, *на что*? despite [12]

несомне́нно undoubtedly [12]

несправедли́вый unjust, unfair [4]

нести́ *see* носи́ть [8]

неуве́ренность *ж* uncertainty [12]

неуве́ренный (неуве́рен) *в ком, в чём?* uncertain, unsure [12]

неудовлетвори́тельно unsatisfactory (grade) [10]

неуже́ли really [12.15]

нече́стный dishonest [4]

ни́жний lower [2]

ни́зкий (*ср* ни́же) short, low [2.10]

новосе́лье (на) housewarming [2]

нога́ (*вн* но́гу, *мн* но́ги, ног, нога́х) foot, leg [7]

нож (*р* ножа́) knife [1]

но́мер (*мн* номера́) room [9]

нос (*мн* носы́) nose [3]

носи́льщик porter [9]

носи́ть (ношу́, но́сишь) *нес* to wear [3.6]

носи́ть (ношу́, но́сишь) *нес;* нести́ (несу́, несёшь; нёс, несла́) *опред;* понести́ *сов* to carry [8]

носо́к (*р* носка́) sock [3]

ночева́ть (ночу́ю, ночу́ешь) *нес и сов* to spend the night [9]

ночно́й night [9]; ночна́я руба́шка (*р мн* руба́шек) nightgown [3]

ночь *ж* night [9]

обая́тельный charming [3]

обвине́ние accusation [5]

обвини́ть *see* обвиня́ть [5]

обвиня́ть *нес;* обвини́ть *сов, в чём?* to accuse [5]

обе́д dinner [1]

обе́дать *нес;* пообе́дать *сов* to eat dinner [1]

обже́чь *see* обжига́ть [7]

обжига́ть *нес;* обже́чь (обожгу́, обожжёшь, обожгу́т; обжёг, обожгла́) *сов* to burn; *возвр* обжига́ться/обже́чься [7.8]

оби́деть *see* обижа́ть [5]

оби́дный offensive [5]

оби́дчивый touchy [5]

обижа́ть *нес;* оби́деть (оби́жу, оби́дишь) *сов* to offend; *возвр* обижа́ться/оби́деться *на кого, на что?* [5]

облысе́ть *see* лысе́ть [3]

обме́н exchange [2]

обме́нивать *нес;* обменя́ть *сов, на что?* to exchange; *возвр* обме́ниваться/обменя́ться *чем?* [2.2]

обменя́ть *see* обме́нивать [2]

о́бморок fainting spell; па́дать в ~ *нес;* упа́сть в ~ (упаду́, упадёшь; упа́л) *сов* to faint [7]

обнима́ть *нес;* обня́ть (обниму́, обни́мешь; о́бнял, обняла́) *сов* to embrace; *возвр* обнима́ться/обня́ться [11]

обня́ть *see* обнима́ть [11]

образова́ние education; нача́льное ~ primary, elementary education; сре́днее ~ secondary education; вы́сшее ~ higher education; специа́льное ~ special education [10]

обста́вить *see* обставля́ть [2]

обставля́ть *нес;* обста́вить (обста́влю, обста́вишь) *сов, чем?* to furnish [2]

обсуди́ть *see* обсужда́ть [12]

обсужда́ть *нес;* обсуди́ть (обсужу́, обсу́дишь) *сов* to discuss [12]

обсужде́ние discussion [12]

о́бувь *ж* footwear [3]

обща́ться *нес, с кем?* to socialize, associate (with) [4]

общи́тельный sociable [4]

о́вощи (*р* овоще́й) vegetables [1]

огра́бить *see* гра́бить [5]

ограбле́ние robbery, burglary [5]

огро́мный huge [2]

огуре́ц (*р* огурца́) cucumber [1]

одева́ть *нес;* оде́ть (оде́ну, оде́нешь) *сов, во что?* to dress; *возвр* одева́ться/оде́ться [3.6]

оде́жда *тк ед* clothes, clothing [3]

оде́тый (оде́т) *во что?* dressed [3.6]

оде́ть *see* одева́ть [3.5]

одея́ло blanket [6]

одновреме́нный simultaneous [9]

ожере́лье necklace [3]

ожида́ние expectation [12]

ожо́г burn [7]

оказа́ться *see* ока́зываться [2]

ока́зываться *нес;* оказа́ться (окажу́сь, ока́жешься) *сов, кем, чем?* to prove (to be) [2]

ока́нчивать *нес*; **око́нчить** *сов* to graduate from [10]

окно́ (*мн* о́кна, о́кон) (на) window [2]

око́нчить *see* ока́нчивать [10]

окра́ина (**на**) outskirts [8]

опа́здывать *нес*; **опозда́ть** *сов, куда?* to be late [9]

опа́сность *ж* danger [5]

опа́сный dangerous [5]

опера́ция operation [7.9]

описа́ние description [3]

описа́ть *see* опи́сывать [3]

опи́сывать *нес*; **описа́ть** (опишу́, опи́шешь) *сов* to describe [3]

опозда́ть *see* опа́здывать [9]

оправда́ние justification, excuse [5]

оправда́ть *see* опра́вдывать [5]

опра́вдывать *нес*; **оправда́ть** *сов, перед кем, в чём?* to justify, excuse; *возвр* опра́вдываться/оправда́ться [5]

опуска́ть *нес*; **опусти́ть** (опущу́, опу́стишь) *сов* to lower [6]

опусти́ть *see* опуска́ть [6]

опуха́ть *нес*; **опу́хнуть** (опу́хну, опу́хнешь; опу́х, опу́хла) *сов* to swell [7]

опу́хнуть *see* опуха́ть [7]

ора́нжевый orange [2]

ору́жие *тк ед* weapon [5]

осе́нний autumn [9]

о́сень *ж* autumn [9]

осма́тривать *нес*; **осмотре́ть** (II) *сов* to examine [7]

осмотре́ть *see* осма́тривать [7]

остава́ться (остаю́сь, остаёшься) *нес*; **оста́ться** (оста́нусь, оста́нешься) *сов, кем, чем?* to be; to remain [2.13]

остана́вливать *нес*; **останови́ть** (остановлю́, остано́вишь) *сов* to stop; *возвр* остана́вливаться/ останови́ться [8]

останови́ть *see* остана́вливать [8]

остано́вка (*р мн* остано́вок) (на) stop [8.1]

оста́ться *see* остава́ться [2]

осторо́жный cautious [4]

о́стрый spicy, hot [1]

отве́т answer [10]

отве́тственный responsible [4]

отвеча́ть *нес*; **отве́тить** (отве́чу, отве́тишь) *сов, кому, на что?* to answer [10]

отве́тить *see* отвеча́ть [10]

отвыка́ть *нес*; **отвы́кнуть** (отвы́кну, отвы́кнешь; отвы́к, отвы́кла) *сов, от кого, от чего?* to become unaccustomed [11]

отвы́кнуть *see* отвыка́ть [11]

отделе́ние (**на**) department [10.3]

оте́ц (*р* отца́) father [11]

отказа́ться *see* отка́зываться [5]

отка́зываться *нес*; **отказа́ться** (откажу́сь, отка́жешься) *сов, от чего?* to refuse [5]

открове́нный frank [4]

отли́чно excellent (grade) [10]

отме́тка (*р мн* отме́ток) grade; ста́вить отме́тку (ста́влю, ста́вишь) *нес*; поста́вить отме́тку *сов* to give a grade; получа́ть отме́тку *нес*; получи́ть отме́тку (получу́, полу́чишь) to get a grade [10]

отнести́сь *see* относи́ться [5]

отнима́ть *нес*; **отня́ть** (отниму́, отни́мешь; о́тнял, отняла́) *сов, от чего?* to subtract [9.11]

относи́ться (отношу́сь, отно́сишься) *нес*; **отнести́сь** (отнесу́сь, отнесёшься. отнёсся, отнесла́сь) *сов, к кому, к чему?* to relate (to) [5]

отноше́ния (*р* отноше́ний) relationship [5]

отня́ть *see* отнима́ть [9]

отпра́виться *see* отправля́ться [8]

отправля́ться *нес*; **отпра́виться** (отпра́влюсь, отпра́вишься) *сов* to depart [8]

о́тпуск (*мн* отпуска́) vacation [9]

отрави́ть *see* отравля́ть [5]

отравля́ть *нес*; **отрави́ть** (отравлю́, отра́вишь) *сов, чем?* to poison [5]

отрица́ние denial [12]

отрица́ть *нес* to deny [12]

отстава́ть (отстаю́т) *нес* to run slow (clock) [9]

о́тчим stepfather [11]

оцара́пать *see* цара́пать [7]

ошиба́ться *нес*; **ошиби́ться** (ошибу́сь, ошибёшься; оши́бся, оши́блась) сов, *в ком, в чём?* to make a mistake [12.3]

ошиби́ться *see* ошиба́ться [12]

оши́бка (*р мн* оши́бок) *в чём?* mistake [12]

па́дать *нес;* упа́сть (упаду́, упадёшь; упа́л) *сов* to fall [6]

пакова́ть (паку́ю, паку́ешь) *нес;* запакова́ть *сов* to pack [9]

па́лец (*р* па́льца) finger, toe [7.2]

пальто́ *с, нескл* overcoat [3]

па́мятник *кому?* statue, monument [8]

па́мять *ж* memory [12]

парикма́хер barber, hairdresser [6]

парикма́херская (*р* парикма́херской) barber shop, beauty parlor [6]

парк park [8]

па́хнуть (па́хну, па́хнешь; пах, па́хла) *нес, чем?* to smell [1.3]

па́чка (*р мн* па́чек) pack, package [1]

пельме́ни (*р* пельме́ней) meat ravioli [1]

пере́дний front [2]

пере́дняя (*р* пере́дней) entrance hall [2]

перекрёсток (*р* перекрёстка) (на) intersection [8]

перело́м fracture [7]

переодева́ться *нес;* переоде́ться (переоде́нусь, переоде́нешься) *сов, во что?* to change clothes [3.6]

переоде́ться *see* переодева́ться [3]

переса́дка (*р мн* переса́док) transfer [8]

переса́живаться *нес;* пересе́сть (переся́ду, переся́дешь; пересе́л) *сов* to transfer [8]

пересе́сть *see* переса́живаться [8]

перества́ть (перестаю́, перестаёшь) *нес;* переста́ть (переста́ну, переста́нешь) *сов* to stop [11.8]

переста́ть *see* переставать [11]

переу́лок (*р* переу́лка) side street, lane [8]

перехо́д crossing, crosswalk [8]

пе́рец (*р* пе́рца) pepper [1]

пе́речница pepper shaker [1]

перро́н (на) platform [9]

пе́рсик peach [1]

перча́тка (*р мн* перча́ток) glove [3]

пёстрый multicolored [2]

пече́нье cookie [1]

печь (пеку́, печёшь, пеку́т; пёк, пекла́) *нес;* испе́чь *сов* to bake [1.10]

пешехо́д pedestrian [8]

пи́во beer [1]

пиджа́к (*р* пиджака́) sport jacket, blazer [3.4]

пижа́ма pajamas [3]

пиро́г (*р* пирога́) pie [1]

пиро́жное (*р* пиро́жного) pastry [1]

пирожо́к (*р* пирожка́) small pie [1]

пистоле́т gun [5]

пи́сьменный written [10]

пить (пью, пьёшь; пил, пила́) *нес;* вы́пить и попи́ть *сов* to drink [1.2]

пи́ща *тк ед* food [1.1]

пла́вать *нес;* плыть (плыву́, плывёшь; плыл, плыла́) *опред;* поплы́ть *сов* to swim, sail [8]

пла́кать (пла́чу, пла́чешь) *нес;* запла́кать *сов* to cry [11.5]

пла́стырь *м* bandage [7]

плато́к (*р* платка́) head scarf [3]

пла́тье (*р мн* пла́тьев) dress [3]

плащ (*р* плаща́) raincoat [3]

племя́нник nephew [11]

племя́нница niece [11]

плечо́ (*мн* пле́чи, плеч, плеча́х) shoulder [7]

плита́ (*мн* пли́ты) stove [1]

пло́хо bad (grade) [10]

пло́щадь *ж* area [2]; public square [8]

плыть *see* пла́вать [8]

побежа́ть *see* бе́гать [8]

поби́ть *see* би́ть [5]

побрести́ *see* броди́ть [8]

побри́ть *see* бри́ть [6]

поведе́ние behavior [11]

повезти́ *see* вози́ть [8]

пове́рить *see* ве́рить [12]

поверну́ть *see* повора́чивать [6]

пове́сить *see* ве́шать [1]

повести́ *see* води́ть [8]

повора́чивать *нес;* поверну́ть (поверну́, повернёшь) *сов* to turn; *возвр* повора́чиваться/поверну́ться [6.7]

поги́бнуть *see* ги́бнуть [4]

погна́ть *see* гоня́ть [8]

погуля́ть   *see* гуля́ть [8]

подава́ть (подаю́, подаёшь) *нес;*
подáть (подáм, подáшь, подáст,
подади́м, подади́те, подаду́т; пóдал,
подалá) *сов, куда?* (докумéнты) to
apply [10]; (на стол) to serve [11]

подáть   *see* подавáть [10]

подборóдок (*р* подборóдка)   chin [3]

подвáл   basement [2.3]

поднимáть *нес;* подня́ть (подниму́,
подни́мешь; пóднял, подняла́) *сов*
to pick up [6.9]; *возвр* поднимáться/
подня́ться to ascend [8]

подня́ть   *see* поднимáть [6]

подóбный   similar; и тому́ подóбное,
сокр и т. п. and so on [12]

подогревáть *нес;* подогрéть (I) *сов*   to
heat (food) [1]

подогрéть   *see* подогревáть [1]

пододея́льник   comforter cover [6]

подождáть   *see* ждать [12]

подозревáть *нес, в чём?* to suspect [5]

подозрéние   suspicion [5]

подозри́тельный   suspicious [4]

подокóнник (на)   windowsill [2]

подражáние   imitation [11]

подражáть *нес, кому?*   to imitate [11]

подрáться   *see* дрáться [5]

подрóсток (*р* подрóстка)   teenager [4]

подру́га   friend (female) [5.2]

поду́шка (*р мн* поду́шек)   pillow [6]

пóезд (*мн* поездá) train; скóрый ~
express train; пассажи́рский ~
passenger train; товáрный ~ freight
train [9]

поéздка (*р мн* поéздок)   trip [9.2]

поéсть   *see* есть [1]

поéхать   *see* éздить [8]

пожáловаться   *see* жáловаться [7]

пожáрить   *see* жáрить [1]

пожáть ру́ку   *see* пожимáть ру́ку [11]

пожени́ться (пожéнятся) *сов*   to marry
(said of a couple) [11]

пожилóй   elderly [4]

пожимáть ру́ку *нес;* пожáть ру́ку
(пожму́, пожмёшь) *сов, кому?*   to
shake someone's hand [11]

позáвтракать   *see* зáвтракать [1]

позавчерá *нареч*   day before yesterday
[9]

пóздний (*ср* пóзже)   late [9]

поздорóваться   *see* здорóваться [11]

поздрáвить   *see* поздравля́ть [11]

поздравля́ть *нес;* поздрáвить
(поздрáвлю, поздрáвишь) *сов, с чем?*
to congratulate [11]

познакóмить   *see* знакóмить [5]

поймáть   *see* лови́ть [5]

пойти́   *see* ходи́ть [8]

покá   while, until [9.8]

показáться   *see* казáться [2]

покатáться   *see* катáться [8]

покати́ть   *see* катáть [8]

поколебáться   *see* колебáться [12]

покорми́ть   *see* корми́ть [11]

покрáсить   *see* крáсить [2]

покупáть *нес;* купи́ть (куплю́,
ку́пишь) *сов*   to buy [2.2]

пол (**на полу́,** *мн* **полы́**)   floor [2]

пóлдень *м* (*р* пóлдня)   noon [9]

полежáть   *see* лежáть [1]

полéзный (полéзен)   useful, healthful
[7]

полéзть   *see* лáзить [8]

полетéть   *see* летáть [8]

пóлзать *нес;* ползти́ (ползу́, ползёшь;
полз, ползлá) *опред;* поползти́ *сов*
to crawl [8]

ползти́   *see* пóлзать [8]

поликли́ника   clinic [7]

политолóгия   political science [10]

полицéйский (*р* полицéйского)
policeman [5]

поли́ция *тк ед*   police [5]

пóлка (*р мн* пóлок)   shelf [2]; berth;
ни́жняя ~ lower berth; вéрхняя ~
upper berth [9]

полнéть (I) *нес;* пополнéть *сов*   to gain
weight [3.2]

пóлночь *ж*   midnight [9]

пóлный   plump [3.2]

положи́ть   *see* класть [1] [7]

полосáтый   striped [3]

полóска (*р мн* полóсок)   stripe; в
полóску striped [3]

полотéнце (*р мн* полотéнец)   towel [6]

полюби́ть   *see* люби́ть [5]

помáзать   *see* мáзать [7]

помидóр   tomato [1.7]

помири́ть   *see* мири́ть [5]

по́мнить *нес* to remember [12]

помча́ться *see* мча́ться [8]

помы́ть *see* мыть [6]

понести́ *see* носи́ть [8]

понима́ть *нес*; **поня́ть** (пойму́, поймёшь, по́нял, поняла́) *сов* to understand [12.3]

поно́с diarrhea [7]

поня́тие concept, notion [12]

поня́ть *see* понима́ть [12]

пообе́дать *see* обе́дать [1]

попада́ть *нес*; **попа́сть** (попаду́, попадёшь; попа́л) *сов* to hit (a target) [12.16]; ~ в ава́рию to be in a wreck [8]

попа́сть *see* попада́ть [12]

попи́ть *see* пить [1]

поплы́ть *see* пла́вать [8]

поползти́ *see* по́лзать [8]

пополне́ть *see* полне́ть [3]

попра́вить *see* поправля́ть [12] [7]

поправля́ть *нес*; **попра́вить** (попра́влю, попра́вишь) *сов* to correct [12]; *возвр* поправля́ться/попра́виться to get well [7]

поприве́тствовать *see* приве́тствовать [11]

попро́бовать *see* про́бовать [10]

попыта́ться *see* пыта́ться [10]

порва́ть *see* рвать [6]

поре́з cut [7]

поре́зать *see* ре́зать [7]

по́ртить (по́рчу, по́ртишь) *нес*; испо́ртить *сов* to ruin [6.10]; *возвр* по́ртиться/испо́ртиться [6.10]

поря́дочный decent [4]

посади́ть *see* сажа́ть [1]

поса́дка (*р мн* поса́док) boarding [9]

посиде́ть *see* сиде́ть [1]

поскользну́ться (поскользну́сь, поскользнёшься) *сов* to slip (and fall) [6]

после́дний last, latest [9.5]

после́довать *see* сле́довать [11]

послеза́втра *нареч* day after tomorrow [9]

послу́шаться *see* слу́шаться [11]

посове́товать *see* сове́товать [10]

поспо́рить *see* спо́рить [5]

поссо́риться *see* ссо́риться [5]

поста́вить *see* ста́вить [1]

постара́ться *see* стара́ться [10]

посте́ль *ж* bed; стели́ть ~ (стелю́, сте́лишь) *нес*; постели́ть ~ *сов* to make a bed [6.6]

посте́льное бельё bed linen [6]

постоя́ть *see* стоя́ть [1]

постри́чь *see* стричь [6]

поступа́ть *нес*; **поступи́ть** (поступлю́, посту́пишь) *сов, куда?* to enroll [10]

поступи́ть *see* поступа́ть [10]

посу́да *тк ед* dishes [1]

потащи́ть *see* таска́ть [8]

потоло́к (*р* потолка́) ceiling [2]

потолсте́ть *see* толстеть [3]

пото́м *нареч* then, next [9.7]

потороп́иться *see* торопи́ться [8]

потре́бовать *see* тре́бовать [10]

потуши́ть *see* туши́ть [1]

поу́жинать *see* у́жинать [1]

похвали́ть *see* хвали́ть [11]

похо́ж, похо́жа, похо́жи *на кого, на что?* resembling, like [4]

похуде́ть *see* худе́ть [3]

поцелова́ть *see* целова́ть [11]

почини́ть *see* чини́ть [6]

почу́вствовать *see* чу́вствовать [7]

по́яс (*мн* пояса́) belt, sash [3]

прабабушка (*р мн* праба́бушек) great-grandmother [11]

прав, права́, пра́вы *в чём?* right, correct [12.13]

пра́вда truth [12.13]

пра́вильный right, correct [12.13]

пра́внук great-grandson [11]

пра́внучка (*р мн* пра́внучек) great-granddaughter [11]

пра́вый right [2]

праде́душка *м* (*р мн* праде́душек) great-grandfather [11]

предлага́ть *нес*; **предложи́ть** (предложу́, предло́жишь) *сов* to suggest, propose [12]

предложе́ние suggestion [12]; proposal; де́лать ~ *нес*; сде́лать ~ *сов, кому?* to propose [11]

предложи́ть *see* предлага́ть [12]

предме́т subject; факультати́вный ~ elective [10]

предста́вить *see* представля́ть [5] [12]

представле́ние   idea, notion [12]

представля́ть *нес*; предста́вить (предста́влю, предста́вишь) *сов, кому?*   to introduce; *возвр* представля́ться/предста́виться [5.1]; представля́ть себе́ *нес* to imagine [12.4]

предыду́щий   preceding [9]

пре́жде всего́   first of all [12]

пре́жний   previous [9]

презира́ть *нес, за что?*   to despise [5]

прекрати́ть   *see* прекраща́ть [11.4]

прекраща́ть *нес*; прекрати́ть (прекращу́, прекрати́шь) *сов*   to stop [11.8]

преподава́тель *м*   instructor [10.10]

преподава́тельница   instructor [10.10]

преподава́ть (преподаю́, преподаёшь) *нес, кому?*   to teach

преступле́ние crime [5]; соверша́ть ~ *нес*; соверши́ть ~ *сов*   to commit a crime [5]

престу́пник   criminal [5]

престу́пный   criminal [5]

приба́вить   *see* прибавля́ть [9]

прибавля́ть *нес*; приба́вить (приба́влю, приба́вишь) *сов, к чему?*   to add [9.11]

приближа́ться *нес*; прибли́зиться (прибли́жусь, прибли́зишься) *сов, к кому, к чему?*   to approach [8]

прибли́зиться   *see* приближа́ться [8]

прибыва́ть *нес*; прибы́ть (прибу́ду, прибу́дешь; при́был, прибыла́, при́были) *сов*   to arrive [8]

прибы́ть   *see* прибыва́ть [8]

приве́тствовать (приве́тствую, приве́тствуешь) *нес*; поприве́тствовать *сов*   to greet, welcome [11]

приви́вка (*р мн* приви́вок) *от чего?*   vaccination [7.9]

привлека́тельный   attractive [3]

привыка́ть *нес*; привы́кнуть (привы́кну, привы́кнешь; привы́к, привы́кла) *сов, к кому, к чему?*   to become accustomed [11]

привы́кнуть   *see* привыка́ть [11]

привы́чка (*р мн* привы́чек)   habit, custom [11]

пригласи́ть   *see* приглаша́ть [2]

приглаша́ть *нес*; пригласи́ть (приглашу́, пригласи́шь) *сов*   to invite [2]

приглаше́ние   invitation [2]

при́город   suburb [8]

при́городный   suburban [8]

приготовить   *see* гото́вить [1] [10]

приду́мать   *see* приду́мывать [12]

приду́мывать *нес*; приду́мать *сов*   to think up, devise [12]

приёмный   foster, adopted [11]

признава́ться (признаю́сь, признаёшься) *нес*; призна́ться *сов, кому, в чём?*   to admit, confess [5]

призна́ться   *see* признава́ться [5]

приле́жный   diligent [4]

приме́р   example [10]

принима́ть *нес*; приня́ть (приму́, при́мешь; при́нял, приняла́) *сов*   to receive [2]; to take (bath, shower, medicine) [6] [7.10]; to accept [10]

приня́ть   *see* принима́ть [2] [10]

присни́ться   *see* сни́ться [6]

прихо́жая (*р* прихо́жей)   entrance hall [2]

причеса́ть   *see* причёсывать [6]

причёска (*р мн* причёсок)   hairdo [6]

причёсывать *нес*; причеса́ть (причешу́, причешешь) *сов*   to comb; *возвр* причёсываться/причеса́ться [6.1]

прия́тель *м*   friend [5.2]

прия́тельница   friend [5.2]

прия́тный   pleasant [3]

про́бовать (про́бую, про́буешь) *нес*; попро́бовать *сов*   to try [10.12]

прова́ливаться *нес*; провали́ться (провалю́сь провали́шься) *сов* to fail; ~ на экза́мене   to fail an exam [10]

провали́ться   *see* прова́ливаться [10]

прове́рить   *see* проверя́ть [12]

проверя́ть *нес*; прове́рить *сов*   to verify, check [12]

проводи́ть   *see* провожа́ть [9]

проводни́к   conductor [9]

проводни́ца   conductor [9]

провожа́ть *нес*; проводи́ть (провожу́, прово́дишь) *сов*   to see off [9]

продава́ть (продаю́, продаёшь) *нес*; прода́ть (прода́м, прода́шь, прода́ст, продади́м, продади́те, продаду́т; про́дал, продала́) *сов*   to sell [2.2]

прода́ть   *see* продава́ть

продолжа́ть *нес*; продо́лжить *сов*   to continue; *возвр* продолжа́ться/ продо́лжиться [9]

продолже́ние   continuation [9]

продо́лжить   *see* продолжа́ть [9]

проду́кты (*р* проду́ктов)   groceries [1]

произойти́   *see* происходи́ть [5]

происходи́ть (происхо́дит, происхо́дят) *нес*; произойти́ (произойдёт, произойду́т; произошёл, произошло́) *сов*   to happen, occur [5]

пройти́   *see* проходи́ть [10]

просну́ться   *see* просыпа́ться [6]

проспе́кт (на)   avenue [8]

прости́ть   *see* проща́ть [11]

прости́ться   *see* проща́ться [11]

просто́й (*ср* про́ще)   simple [4]

просто́рный   spacious [2]

просту́да   cold [7]

простуди́ться   *see* простужа́ться [7]

простужа́ться *нес*; простуди́ться (простужу́сь, просту́дишься) *сов*   to catch a cold [7]

просту́женный (просту́жен)   having a cold [7]

простыня́ (*мн* про́стыни, про́стынь, простыня́х)   sheet [6]

просыпа́ться *нес*; просну́ться (просну́сь, проснёшься) *сов*   to awaken [6.5]

противоре́чие   contradiction [12]

противоре́чить *нес, кому, чему?*   to contradict [12]

протя́гивать *нес*; протяну́ть (протяну́, протя́нешь) *сов*   to extend, offer [6.8]

протяну́ть   *see* протя́гивать [6]

профе́ссор (*мн* профессора́)   professor [10.10]

проходи́ть (прохожу́, прохо́дишь) *нес*; пройти́ (пройду́, пройдёшь; прошёл, прошла́) *сов*   to cover (a subject) [10]

про́шлое (*р* про́шлого)   the past [9]

про́шлый   past, last [9.5]

проща́ть *нес*; прости́ть (прощу́, прости́шь) *сов*   to forgive, pardon [11.7]

проща́ться *нес*; прости́ться (прощу́сь, прости́шься) *сов, с кем?*   to say goodbye [11]

проще́ние   forgiveness, pardon [11]

пры́гать *нес*; пры́гнуть (пры́гну, пры́гнешь) *сов*   to jump [6]

пры́гнуть   *see* пры́гать [6]

пуга́ть *нес*; испуга́ть *сов*   to frighten; *возвр* пуга́ться/испуга́ться *кого, чего?* [5]

пу́говица   button [3.5]

путеше́ствие   journey, travel [9.2]

путеше́ствовать (путеше́ствую, путеше́ствуешь) *нес*   to travel [9.2]

пыта́ться *нес*; попыта́ться *сов*   to try [10.12]

пятёрка (*р мн* пятёрок)   A (grade) [10]

равноду́шный   indifferent [4]

раз (*мн* разы́, раз)   instance, occasion [9]

разбива́ть *нес*; разби́ть (разобью́, разобьёшь) *сов*   to break, shatter; *возвр* разбива́ться/разби́ться [6.10]

разбира́ться *нес*; разобра́ться (разберу́сь, разберёшься) *сов, в чём?*   to examine, understand [12.12]

разби́ть   *see* разбива́ть [6]

разбуди́ть   *see* буди́ть [6]

ра́зве   really [12.15]

разведённый (разведён, раведена́)   separated, divorced [11]

развести́сь   *see* разводи́ться [11]

развлека́ть *нес*; развле́чь (развлеку́, развлечёшь, развлеку́т; развлёк, развлекла́) *сов*   to entertain, amuse; *возвр* развлека́ться/развле́чься *чем?* [4.4]

развлече́ние   entertainment, amusement [4.4]

развле́чь   *see* развлека́ть [4]

разво́д   divorce [11]

разводи́ться (развожу́сь, разво́дишься) *нес*; развести́сь (разведу́сь, разведёшься; развёлся, развела́сь) *сов*   to separate, divorce [11]

разгова́ривать *нес*   to converse [4]

разгово́рчивый talkative [4]

раздева́ть *нес*; **разде́ть** (разде́ну, разде́нешь) *сов* to undress; *возвр* раздева́ться/разде́ться [3.6]

раздели́ть *see* дели́ть [9]

разде́тый (разде́т) undressed [3]

разде́ть *see* раздева́ть [3]

раздража́ть *нес*; **раздражи́ть** *сов* to irritate; *возвр* раздража́ться/раздражи́ться [4]

раздражи́тельный irritable [4]

раздражи́ть *see* раздража́ть [4]

разлюби́ть (разлюблю́, разлю́бишь) *сов* to stop loving [5]

разме́р size, dimensions [2]

ра́зница *в чём?* difference [4.1]

ра́зность *ж* difference [9]

ра́зный different [4]

разобра́ться *see* разбира́ться [12]

разреша́ть *нес*; **разреши́ть** *сов, кому?* to permit [7]

разреше́ние permission [7]

разреши́ть *see* разреша́ть [7]

райо́н district, area [8]

райо́нный district, area [8]

ра́ковина sink [2]

ра́нний (*ср* ра́ньше) early [9]

расписа́ние schedule [10]

рассе́янность *ж* absentmindedness [12]

рассе́янный absentminded [12]

расстава́ться (расстаю́сь, расстаёшься) *нес*; **расста́ться** (расста́нусь, расста́нешься) *сов, с кем?* to part [5]

расста́ться *see* расстава́ться [5]

расстёгивать *нес*; **расстегну́ть** (расстегну́, расстегнёшь) *сов* to unbutton, unzip; *возвр* расстёгиваться/расстегну́ться [3]

расстегну́ть *see* расстёгивать [3]

расстра́иваться *нес*; **расстро́иться** *сов* to become upset [11]

расстро́енный (расстро́ен) upset [11]

расстро́иться *see* расстра́иваться [11]

расстро́йство желу́дка diarrhea [7.7]

расти́ (расту́, растёшь; рос, росла́) *нес*; вы́расти *сов* to grow [4]

растя́гивать *нес*; **растяну́ть** (растяну́, растя́нешь) *сов* to strain, sprain [7.8]

растяже́ние strain, sprain [7]

растяну́ть *see* растя́гивать [7]

расчёска (*р мн* расчёсок) comb [6]

рвать (рву, рвёшь; рвал, рвала́) *нес*; **порва́ть** *сов* to tear [6]

рвать (рвёт) *нес*; **вы́рвать** (вы́рвет) *сов, безл, кого?* to vomit [7.6]

ребёнок (*р* ребёнка; *мн* де́ти, дете́й, де́тях, де́тям, детьми́) child, infant [4]

ревнова́ть (ревну́ю, ревну́ешь) *нес, к кому?* to be jealous [5.4]

ре́вность *ж* jealousy [5]

ре́дкий (*ср* ре́же) sparse [3]

ре́зать (ре́жу, ре́жешь) *нес*; **наре́зать** и **поре́зать** *сов* to cut [1] [7.8]

результа́т result [9]

рейс flight [9.1]

реме́нь *м* (*р* ремня́) belt [3.4]

ресни́ца eyelash [3]

реце́пт prescription; выпи́сывать ~ *нес*; вы́писать ~ (вы́пишу, вы́пишешь) to prescribe [7]

реша́ть *нес*; **реши́ть** *сов* to solve [10]

реше́ние solution [10]

реши́ть *see* реша́ть [10]

рис (*р2* ри́су) rice [1]

рове́сник a man of the same age [4]

рове́сница a woman of the same age [4]

роди́тели (*р* роди́телей) parents [11]

роди́ться *see* рожда́ться [4]

ро́дственник relative [11]

ро́дственница relative [11]

рожда́ться *нес*; **роди́ться** (рожу́сь, роди́шься, роди́лся, родила́сь) *сов* to be born [4]

ро́зовый pink [2]

роня́ть *нес*; **урони́ть** (уроню́, уро́нишь) *сов* to drop [6]

рост height [3]

рот (*р* рта, во рту) mouth [3]

руба́шка (*р мн* руба́шек) shirt; ночна́я ~ nightgown [3]

рука́ (*вн* ру́ку, *мн* ру́ки, рук, рука́х) hand, arm [7]

рука́в (*мн* рукава́) sleeve [3]

руководи́тель *м* advisor [10]

руководи́тельница advisor [10]

румя́ный rosy [3]

ру́сый brown (hair) [3]

ры́ба fish [1]

ры́жий red (hair) [3]

рюкза́к (*р* рюкзака́) backpack [9]

сади́ться (сажу́сь, сади́шься) *нес*; сесть (ся́ду, ся́дешь; сел) *сов* to sit down [1]; to board [8]; ~ в тюрьму́ to go to prison [5]

сажа́ть *нес*; посади́ть (посажу́, поса́дишь) *сов* to seat [1]; ~ в тюрьму́ to put in prison [5]

сала́т salad [1]

салфе́тка (*р мн* салфе́ток) napkin [1]

самолёт airplane [9]

самолюби́вый proud, vain [4]

самоуве́ренный (самоуве́рен) self-confident, conceited [4.5]

санда́лия sandal [3]

сантиме́тр centimeter [2]

сапо́г (*р* сапога́, *р мн* сапо́г) boot [3]

са́хар (*р2* са́хару) sugar [1]

сва́дьба (*р мн* сва́деб) (на) wedding [11]

свари́ть *see* вари́ть [1]

свёкла *тк ед* beets [1]

свёкор (*р* свёкра) father-in-law (husband's father) [11.3]

свекро́вь *ж* mother-in-law (husband's mother) [11.3]

свет light [2]

све́тлый (светло́) light [2.7]

светофо́р traffic signal [8]

свида́ние (на) appointment, date; назнача́ть ~ *нес*; назна́чить ~ *сов*, с кем? to make an appointment [5]

свиде́тель *м* witness [5]

свини́на pork [1]

сви́нка mumps [7]

сви́тер (*мн* свитера́) sweater [3.4]

сдава́ть (сдаю́, сдаёшь) *нес*; сдать (сдам, сдашь, сдаст, сдади́м, сдади́те, сдаду́т; сдал, сдала́) *сов* to turn in (an assignment); to take, pass (a test) [10.8]; to rent; *возвр* сдава́ться/сда́ться [2.2]

сдать *see* сдава́ть [2] [10]

сего́дня *нареч* today [9]

сего́дняшний today's [9]

седо́й gray (hair) [3]

секу́нда second [9]

семе́йный family [11]

семе́стр semester [10.]

семина́р (на) *по чему?* seminar [10]

семья́ (*мн* се́мьи, семе́й, се́мьях) family [11.1]

се́рдце (*мн* сердца́, серде́ц) heart [7]

серебро́ silver [3]

сере́бряный silver [3]

середи́на middle [9]

серёжка (*р мн* серёжек) earring

се́рый gray [2]

серьга́ (*мн* се́рьги, серёг, серьга́х) earring [3]

серьёзный serious [4]

сестра́ (*мн* сёстры, сестёр, сёстрах) sister; медици́нская ~ nurse [7]; двою́родная ~ cousin [11]

сесть *see* сади́ться [1]

сиде́ть (сижу́, сиди́шь) *нес*; посиде́ть *сов* to sit [1.14]; ~ в тюрьме́ to be in prison [5]

си́льный strong [3]

симпати́чный nice, likeable [3]

симпто́м symptom [7]

си́ний dark blue [2]

синте́тика synthetic material [3]

синтети́ческий synthetic [3]

синя́к (*р* синяка́) bruise [7]

сирота́ (*мн* сиро́ты) *м и ж* orphan [11]

ска́терть *ж* (*р мн* скатерте́й) tablecloth [1]

скла́дывать *нес*; сложи́ть (сложу́, сло́жишь) *сов* to add [9.11]

сковорода́ (*мн* ско́вороды, сковоро́д, сковорода́х) (на) frying pan [1]

сковоро́дка (*р мн* сковоро́док) (на) frying pan [1]

ско́рая по́мощь ambulance [7]

скро́мный modest [4]

скрыва́ть *нес*; скрыть (скро́ю, скро́ешь) *сов* to hide; *возвр* скрыва́ться/скры́ться [6]

скрыть *see* скрыва́ть [6]

ску́чный boring [4]

сла́бый weak [3]

сла́дкий (*ср* сла́ще) sweet [1]

сла́дкое (*р* сла́дкого) dessert [1]

сле́дователь *м* inspector, investigator [5]

сле́довать (сле́дую, сле́дуешь) *нес*; после́довать *сов, кому?* to follow; ~ приме́ру to follow an example [11]

сле́дующий next [9.6]

сли́ва plum [1]

сложе́ние build [3]; addition [9]

сложи́ть *see* скла́дывать [9]

слома́ть *see* лома́ть [6] [7]

слу́чай incident [5]; instance; на вся́кий ~ just in case [12]

случа́ться *нес*; случи́ться *сов* to happen, occur [5]

случи́ться *see* случа́ться [5]

слу́шаться *нес*; послу́шаться *сов, кого?* to mind [11]

сма́зать *see* ма́зать [7]

сме́лый bold [4]

смерть *ж* death [4]

смета́на sour cream [1]

смешно́й funny [4.4]

смея́ться (смею́сь, смеёшься) *нес, над кем, над чем?* to laugh [4]

смочь *see* мочь [10]

смути́ться *see* смуща́ться [11]

смуща́ться *нес*; смути́ться (смущу́сь, смути́шься) *сов* to become embarrassed [11]

смысл sense; здра́вый ~ common sense [12.9]

снача́ла *нареч* at first [9]

снима́ть *нес*; снять (сниму́, сни́мешь; снял, сняла́) *сов* to rent [2.2]; *с кого, с чего?* to take off [3.6]

сни́ться *нес*; присни́ться *сов, кому?* to dream [6.4]

снять *see* снима́ть [2] [3]

собира́ться *нес*; собра́ться (соберу́сь, соберёшься; собра́лся, собрала́сь) *сов* to get ready; to plan [9.3]

собо́р cathedral [8]

собра́ться *see* собира́ться [9]

соверша́ть *нес*; соверши́ть *сов* to commit (a crime) [5]

соверши́ть *see* соверша́ть [5]

сове́т advice; дава́ть ~ (даю́, даёшь) *нес*; дать ~ (дам, дашь, даст, дади́м, дади́те, даду́т) *сов, кому?* to give advice [10]

сове́товать *нес*; посове́товать *сов, кому, о чём?* to advise; *возвр*

сове́товаться/посове́товаться *с кем, о чём?* to consult [10]

соврать *see* врать [4]

согласи́ться *see* соглаша́ться [5]

соглаша́ться *нес*; согласи́ться (соглашу́сь, согласи́шься) *сов, с кем, с чем, на что?* to agree [5]

содержа́ние content [12]

сожале́ние pity; к сожале́нию unfortunately [12]

сок (*р2* со́ку) juice [1]

со́лнечный sunny [2]

со́лнце sun, sunlight [2]

соло́нка (*р мн* соло́нок) salt cellar, shaker [1]

соль *ж* salt [1]

сомнева́ться *нес, в ком, в чём?* to doubt [12]

сомне́ние doubt [12]

сон (*р* сна) sleep, dream; ви́деть ~ (ви́жу, ви́дишь) *нес* to have a dream [6.4]

сопе́рник rival [5]

сорт kind, sort [1.12]

сосе́д (*мн* сосе́ди, сосе́дей, сосе́дях) neighbor [2]

сосе́дка (*р мн* сосе́док) neighbor [2]

соси́ска (*р мн* соси́сок) hot dog [1]

сочине́ние composition [10]

спа́льня (*р мн* спа́лен) bedroom [2]

спаса́ть *нес*; спасти́ (спасу́, спасёшь; спас, спасла́) to save [5]

спасти́ *see* спаса́ть [5]

спать (сплю, спишь; спал, спала́) *нес* to sleep; ложи́ться ~ *нес*; лечь ~ (ля́гу, ля́жешь, ля́гут; лёг, легла́; ляг) *сов* to go to bed [6]

специа́льность *ж* major [10]

спеши́ть *нес* to run fast (clock) [9]

спина́ (*мн* спи́ны) back [7]

спле́тня (*р мн* спле́тен) gossip [5]

спле́тничать *нес* to gossip [5]

споко́йный calm, relaxed [4]

спор disagreement, argument [5]

спо́рить *нес*; поспо́рить *сов* to disagree, argue [5.4]

спосо́бность *ж, к чему?* ability [12.1]

спосо́бный (спосо́бен) *к чему?* able, capable [12]

справедли́вость *ж* justice, fairness [4]

справедли́вый   just, fair [4]

спуска́ться *нес*; спусти́ться (спущу́сь, спу́стишься) *сов*   to descend [8]

спусти́ться   *see* спуска́ться [8]

спу́тник   fellow traveler [9]

спу́тница   fellow traveler [9]

сравне́ние   comparison [4]

сра́внивать *нес*; сравни́ть *сов, с кем, с чем?*   to compare [4]

сравни́ть   *see* сра́внивать [4]

сре́дний   average [2]

ссо́ра   quarrel [5]

ссо́риться *нес*; поссо́риться *сов, с кем, из-за чего?*   to quarrel [5.4]

ста́вить (ста́влю, ста́вишь) *нес*; поста́вить *сов*   to stand [1]; ~ часы́ to set a watch, clock [9]; ~ отме́тку to give a grade [10]

стака́н   glass [1]

станови́ться (становлю́сь, стано́вишься) *нес*; стать (ста́ну, ста́нешь) *сов*   to stand [1]; *кем, чем?* to become [2]

ста́нция (на)   station [8]

стара́ться *нес*; постара́ться *сов*   to try [10.12]

стари́к (*р* старика́)   old man [4]

стару́ха   old woman [4]

ста́рый   (*ср* ста́рше) old [4]

стать   *see* станови́ться [1] [2]

стекло́   glass [2]

стекля́нный   glass [2]

стена́ (*вн* сте́ну, *мн* сте́ны, стен, сте́нах)   wall [2]

сте́пень *ж*   degree; ~ бакала́вра bachelor's degree; маги́стерская ~ master's degree; кандида́тская ~ candidate's degree; до́кторская ~ doctoral degree [10.10]

стира́льная маши́на   washing machine [2]

стол (*р* стола́)   table; обе́денный ~ dinner table; пи́сьменный ~ desk [2]

сто́лик   table; журна́льный ~ coffee table; туале́тный ~ vanity [2]

столи́ца   capital [8]

столи́чный   capital [8]

столо́вая (*р* столо́вой)   dining room [2]

сторона́ (*вн* сто́рону, *мн* сто́роны, сторо́н, сторона́х)   side [2]; с одно́й стороны́ on the one hand; с друго́й стороны́ on the other hand [12]

стоя́нка (*р мн* стоя́нок) (на)   stand [8]

стоя́ть (II) *нес*; постоя́ть *сов*   to stand [1.14]

стреля́ть *нес*; вы́стрелить *сов, в кого, из чего?*   to shoot [5.7]

стри́жка (*р мн* стри́жек)   haircut [6]

стричь (стригу́, стрижёшь, стригу́т; стриг, стри́гла) *нес*; постри́чь *сов* to cut, trim (hair, nails); *возвр* стри́чься/постри́чься [6.3]

стро́гий (*ср* стро́же)   strict [4]

стро́йный   slender [3.2]

студе́нт   college student [10.11]

студе́нтка (*р мн* студе́нток)   college student [10.11]

стул (*мн* сту́лья)   chair [2]

сты́дно *безл, кому, за что?*   ashamed [11.5]

суди́ть (сужу́, су́дишь) *нес*   to try [5]

судьба́ (*мн* су́дьбы, суде́б)   fate, destiny [4]

су́мка (*р мн* су́мок)   purse [3]; bag [9]

су́мма   sum [9]

су́тки (*р* су́ток)   24-hour period [9]

схвати́ть   *see* хвата́ть [6]

сча́стье   fortune; к сча́стью fortunately [12]

счита́ть *нес*   to consider [12.11]

съесть   *see* есть [1]

сын (*мн* сыновья́)   son [11]

сыр   cheese [1.6]

табле́тка (*р мн* табле́ток)   pill [7.10]

такси́ *с, нескл*   taxi; брать ~ (беру́, берёшь; брал, брала́) *нес*; взять ~ (возьму́, возьмёшь; взял, взяла́) *сов* to take a taxi; лови́ть ~ (ловлю́, ло́вишь) *нес*; пойма́ть ~ *сов* to catch a taxi [8]

так сказа́ть   so to speak [12]

такт   tact [11]

такти́чный   tactful [11]

тала́нт   talent [12]

тала́нтливый   talented [12]

тамо́жня (на) customs; проходи́ть тамо́жню (прохожу́, прохо́дишь) *нес*; пройти́ тамо́жню (пройду́, пройдёшь; прошёл, прошла́) to go through customs [9]

та́почка (*р мн* та́почек) slipper [3]

таре́лка (*р мн* таре́лок) plate; ме́лкая ~ dinner plate; глубо́кая ~ soup bowl [1]

таска́ть *нес*; тащи́ть (тащу́, та́щишь) *опред*; потащи́ть *сов* to pull, drag [8]

тащи́ть *see* таска́ть [8]

теле́жка (*р мн* теле́жек) cart [9]

телефо́н telephone [2]

тем бо́лее all the more [12]

тем не ме́нее nevertheless [12]

темнота́ darkness [2]

тёмный (темно́) dark [2]

температу́ра temperature, fever; измеря́ть температу́ру *нес*; изме́рить температу́ру *сов, кому?* to take someone's temperature [7]

термо́метр thermometer [7]

терпели́вый tolerant, patient [4]

терпе́ние tolerance, patience [4]

терпе́ть (терплю́, те́рпишь) *нес* to tolerate [4]

тесть *м* father-in-law (wife's father) [11.3]

тётя (*р мн* тётей) aunt [11]

тече́ние course; в ~ *чего?* during [9.9]

тёща mother-in-law (wife's mother) [11.3]

ткань *ж* fabric [3]

тогда́ *нареч* then [9.7]

то́ есть, *сокр* т. е. that is [12]

толсте́ть (I) *нес*; потолсте́ть *сов* to gain weight [3.2]

то́лстый (*ср* то́лще) thick [2] [3.2]

толщина́ thickness [2]

то́нкий (*ср* то́ньше) thin [2] [3.2]

тормози́ть (торможу́, тормози́шь) *нес*; затормози́ть *сов* to brake [8]

торопи́ться (тороплю́сь, торо́пишься) *нес*; поторопи́ться *сов* to be in a hurry [8]

торт cake [1]

торше́р floor lamp [2]

то́чка зре́ния (*р мн* то́чек) point of view [12.10]

тошни́ть *нес, безл, кого?* to be nauseated [7.6]

трамва́й streetcar, tram [8]

тре́бование demand, requirement [10]

тре́бовать (тре́бую, тре́буешь) *нес*; потре́бовать *сов; что и чего?* to demand, require; *возвр* тре́боваться/ потре́боваться [10.13]

тро́гать *нес*; тро́нуть (тро́ну, тро́нешь) *сов* to touch [6]

тро́йка (*р мн* тро́ек) C (grade) [10]

тролле́йбус trolleybus [8]

тро́нуть *see* тро́гать [6]

тротуа́р (на) sidewalk [8]

тру́дный difficult [4]

трудолюби́вый industrious [4]

трус coward [4]

трусли́вый cowardly [4]

туале́т bathroom, toilet [2.4]

ту́мбочка (*р мн* ту́мбочек) nightstand [2]

ту́фля (*р мн* ту́фель) shoe; ~ на каблуке́ highheeled shoe; ~ без каблуко́в flat [3.4]

туши́ть (тушу́, ту́шишь) *нес*; потуши́ть *сов* to stew, roast [1.10]

тюрьма́ (*мн* тю́рьмы, тю́рем) prison; сажа́ть в тюрьму́ *нес*; посади́ть в тюрьму́ (посажу́, поса́дишь) *сов* to put in prison; сади́ться в тюрьму́ (сажу́сь, сади́шься) *нес*; сесть в тюрьму́ (ся́ду, ся́дешь; сел) *сов* to go to prison; сиде́ть в тюрьме́ (сижу́, сиди́шь) *нес* to be in prison [5]

тяжёлый (тяжело́) heavy [2]; difficult [4]

убеди́тельный convincing [12]

убеди́ть *see* убежда́ть [12]

убежда́ть *нес*; убеди́ть *сов, в чём?* to convince; *возвр* убежда́ться/ убеди́ться [12.8]

убежде́ние conviction [12]

убеждённый (убеждён, убеждена́) *в чём?* convinced [12]

убива́ть *нес*; уби́ть (убью́, убьёшь) *сов, чем?* to kill, murder [5]

уби́йство murder [5]

уби́йца *м и ж* murderer [5]

убира́ть *нес;* **убра́ть** (уберу́, уберёшь;
убра́л, убрала́) *сов* to pick up, clean
[6.9]

уби́ть *see* убива́ть [5]

убо́рная (*p* убо́рной) bathroom, toilet
[2.4]

убра́ть *see* убира́ть [6]

уважа́ть *нес, за что?* to respect [5]

уве́ренность *ж* certainty, confidence
[12]

уве́ренный (уве́рен) *в ком, в чём?*
certain, sure [12]

угова́ривать *нес;* **уговори́ть** *сов* to
persuade [12]

уговори́ть *see* угова́ривать [12]

у́гол (*p* угла́, в/на углу́) corner [2]

угости́ть *see* угоща́ть [11]

угоща́ть *нес;* **угости́ть** (угощу́,
угости́шь) *сов, чем?* to treat [11.9]

угрожа́ть *нес, кому, чем?* to threaten
[5]

угрю́мый gloomy [4]

удава́ться (удаётся) *нес;* **уда́ться**
(уда́стся; удало́сь) *сов, безл, кому?*
to succeed [10.13]

удали́ться *see* удаля́ться [8]

удаля́ться *нес;* **удали́ться** (удалю́сь,
уда́лишься) *сов, от кого, от чего?*
to move away (from) [8]

уда́р blow [5]

уда́рить *see* ударя́ть [5]

ударя́ть *нес;* **уда́рить** *сов* to strike [5]

уда́ться *see* удава́ться [10]

удиви́тельный surprising, amazing [12]

удиви́ть *see* удивля́ть [12]

удивле́ние surprise [12]

удивля́ть *нес;* **удиви́ть** (удивлю́,
удиви́шь) *сов* to surprise; *возвр*
удивля́ться/удиви́ться *кому, чему?*
[12]

удо́бство convenience [2.5]

удовлетвори́тельно satisfactory (grade)
[10]

удово́льствие satisfaction, pleasure [4.4]

у́жин supper [1]

у́жинать *нес;* **поу́жинать** *сов* to eat
supper [1]

у́зкий (*ср* у́же) narrow [2]

уко́л injection, shot [7.9]

укра́сть *see* красть [5]

украше́ния (*p* украше́ний) costume
jewelry; decorations [3]

у́ксус vinegar [1]

у́лица (на) street [8]

умере́ть *see* умира́ть [4.3]

умира́ть *нес;* **умере́ть** (умру́, умрёшь;
у́мер, умерла́, у́мерли) *сов* to die
[4.3]

умножа́ть *нес;* **умно́жить** *сов, на что?*
to multiply [9.11]

умноже́ние multiplication [9]

умно́жить *see* умножа́ть [9]

умыва́ться *нес;* **умы́ться** (умо́юсь,
умо́ешься) *сов* to wash (hands and
face) [6]

умы́ться *see* умыва́ться [6]

университе́т university [10.4]

унита́з toilet [2.4]

упа́сть *see* па́дать [6]

упражне́ние exercise [10]

упрека́ть *нес;* **упрекну́ть** (упрекну́,
упрекнёшь) *сов, в чём?* to reproach
[5]

упрекну́ть *see* упрека́ть [5]

упря́мство obstinacy [4]

упря́мый stubborn, obstinate [4]

уро́дливый ugly, grotesque [3]

уро́к (на) *чего?* lesson, class [10.2]

урони́ть *see* роня́ть [6]

успева́ть *нес;* **успе́ть** (I) *сов* to have
time, be on time [9.10]

успе́ть *see* успева́ть [9]

успока́ивать *нес;* **успоко́ить** *сов* to
calm, reassure; *возвр* успока́иваться/
успоко́иться [4]

успоко́ить *see* успока́ивать [4]

устава́ть (устаю́, устаёшь) *нес;* **уста́ть**
(уста́ну, уста́нешь) *сов* to get tired
[6]

уста́ть *see* устава́ть [6]

у́стный oral [10]

усы́ (*p* усо́в) moustache [3]

утеша́ть *нес;* **уте́шить** *сов* to comfort
[11]

уте́шить *see* утеша́ть [11]

у́тренний morning [9]

у́тро morning [9]

уха́живать *нес, за кем?* to court [5]

у́хо (*мн* у́ши, уше́й) ear [3]

учéбный educational, academic; ~ год academic year [10]

учени́к (*р* ученика́) student, pupil [10.10]

учени́ца student, pupil [10.10]

учи́тель *м* teacher [10]

учи́тельница teacher [10]

учи́ть (учу́, у́чишь) *нес* to study; вы́учить *сов* to learn [10]

учи́ть (учу́, у́чишь) *нес*; научи́ть *сов*, чему? to teach; *возвр* учи́ться/ научи́ться to study; to learn [10]

уша́нка (*р мн* уша́нок) hat with earflaps [3]

факультéт (на) school (within a university) [10.5]

фигу́ра figure [3]

фи́зика physics [10]

физкульту́ра physical education [10]

филоло́гия philology (language and literature) [10]

филосо́фия philosophy [10]

фиолéтовый violet [2]

фо́рма shape [2.11]

фо́рточка (*р мн* фо́рточек) ventilation window [2]

фру́кты (*р* фру́ктов) fruit [1]

хала́т bathrobe [3]

хара́ктер personality, disposition [4]

хвали́ть (хвалю́, хва́лишь) *нес*; похвали́ть *сов*, за что? to praise [11]

хва́статься *нес*, кем, чем? to brag [4]

хвастли́вый boastful [4]

хвасту́н braggart [4]

хвата́ть *нес*; схвати́ть (схвачу́, схва́тишь) *сов* to grab [6]

хи́мия chemistry [10]

хи́трый clever, cunning [4]

хлеб bread [1.4]

хло́пок (*р* хло́пка) cotton [3]

ходи́ть (хожу́, хо́дишь) *нес*; идти́ (иду́, идёшь; шёл, шла) *опред*; пойти́ *сов* to go (on foot) [8]

хозя́ин (*мн* хозя́ева, хозя́ев) host [2]

хозя́йка (*р мн* хозя́ек) hostess [2]

холоди́льник refrigerator [1]

холосто́й single (said of a man) [11]

хорошо́ good (grade)

хотя́ although [12]

хра́брый brave [4]

ху́денький skinny [3.2]

худéть (I) *нес*; похудéть *сов* to lose weight [3]

худо́й skinny [3.2]

цара́пать *нес*; оцара́пать *сов* to scratch [7]

цара́пина scratch [7]

цвет (*мн* цвета́) color [2]

цветно́й colored [2]

целова́ть (целу́ю, целу́ешь) *нес*; поцелова́ть *сов* to kiss; *возвр* целова́ться/поцелова́ться [11]

цель *ж* goal, target [12]

центр downtown [8]

центра́льный central [8]

цепо́чка (*р мн* цепо́чек) chain [3]

це́рковь *ж* (*р* це́ркви, *мн* це́ркви, церкве́й) church [8]

чай (*р2* ча́ю) tea [1]

ча́йник teapot, kettle [1]

час (*р* часа́, в часу́, *мн* часы́) hour [9]; часы́ (*р* часо́в) clock, watch; ста́вить ~ (ста́влю, ста́вишь) *нес*; поста́вить ~ *сов* to set a watch [9]

ча́стный private [10]

ча́шка (*р мн* ча́шек) cup [1]

человéк (*мн* лю́ди, людéй, лю́дях, лю́дям, людьми́) person [4]

чемода́н suitcase [9]

черда́к (*р* чердака́) (на) attic [2.3]

чёрный black [2]

чесно́к (*р* чеснока́) garlic [1]

чéстный honest [4]

четвёрка (*р мн* четвёрок) B (grade) [10]

чини́ть (чиню́, чи́нишь) *нес*; почини́ть *сов* to repair, mend [6]

число́ date [9]

чиха́ть *нес*; чихну́ть (чихну́, чихнёшь) *сов* to sneeze [7]

чихну́ть *see* чиха́ть [7]

чу́вствовать (чу́вствую, чу́вствуешь) *нес*; почу́вствовать (почу́вствую, почу́вствуешь) *сов* to feel [7.5]; ~ за́пах чего? to smell [1.3]

шали́ть *нес* to play pranks [11]

ша́лость *ж* prank [11]

шалу́н (*р* шалуна́) mischievous boy [11]

шалу́нья (*р мн* шалу́ний) mischievous girl [11]

шампу́нь *м* shampoo [6]

ша́пка (*р мн* ша́пок) hat [3.4]

шарф muffler [3]

шате́н brown-haired man [3]

шате́нка (*р* шате́нок) brown-haired woman [3]

шёлк silk [3]

шёлковый silk [3]

шерсть *ж* wool [3]

шерстяно́й wool [3]

ше́я neck [7]

ширина́ width [2]

широ́кий (*ср* ши́ре) wide [2]

шкаф (в шкафу́, *мн* шкафы́) wardrobe; платяно́й ~ closet, wardrobe; кни́жный ~ bookcase; посу́дный ~ cupboard [2]

шко́ла school [10]

шко́льный school [10]

шля́па hat [3.4]

шо́рты (*р* шорт) shorts [3]

шоссе́ *с, нескл* (на) highway [8]

шофёр driver [8.2]

шу́ба fur coat [3]

шути́ть (шучу́, шу́тишь) *нес* to joke [4]

щёдрый generous [4]

щека́ (*вн* щёку, *мн* щёки, щёк, щека́х) cheek [3]

щётка (*р мн* щёток) brush [6]

эго́йзм selfishness [4]

эго́ист selfish person [4]

эгоисти́чный selfish [4]

экза́мен examination; вступи́тельный ~ entrance examination; выпускно́й ~ exit examination; прова́ливаться на экза́мене *нес*; провали́ться на экза́мене (провалю́сь, прова́лишься) *сов* to fail an examination [10.9]

экзаменацио́нная се́ссия examination week [10]

эконо́мика economics [10]

электри́ческий electric [2]

электри́чество electricity [2]

электри́чка (*р мн* электри́чек) commuter train [9]

энерги́чный energetic [4]

эта́ж (*р* этажа́) floor, story [2]

ю́бка (*р мн* ю́бок) skirt [3]

ю́ноша *м* (*р мн* ю́ношей) young man [4]

я́блоко (*мн* я́блоки, я́блок) apple [1]

яви́ться *see* явля́ться [2]

явля́ться *нес*; яви́ться (явлю́сь, я́вишься) *сов, кем, чем?* to be; to appear [2.12, 2.13]

яд poison [5]

я́зва ulcer [7]

яйцо́ (*мн* я́йца, яи́ц, я́йцах) egg [1]

я́ркий (*ср* я́рче) bright [2.7]

я́сли (*р* я́слей) nursery school [10.1]

я́щик drawer [2]

Англо-русский словарь

A пятёрка (g pl пятёрок) (grade) [10]

abandon броса́ть *impf;* бро́сить (бро́шу, бро́сишь) *perf* [5]

ability спосо́бность f, к чему? [12.1]

able спосо́бный (спосо́бен) к чему? [12]; to be ~ мочь (могу́, мо́жешь, мо́гут; мог, могла́) *impf;* смочь *perf* [10]

abroad за грани́цей (location); за грани́цу (destination) [9]

absentminded рассе́янный [12]

absentmindedness рассе́янность f [12]

absolutely безусло́вно [12]

academic уче́бный; ~ year уче́бный год [10]

accept принима́ть *impf;* приня́ть (приму́, при́мешь; при́нял, приняла́) *perf* [10]

accident ава́рия [8]; to be in an ~ попада́ть в ава́рию *impf;* попа́сть в ава́рию (попаду́, попадёшь; попа́л) *perf* [8]

accusation обвине́ние [5]

accuse обвиня́ть *impf;* обвини́ть *perf,* в чём? [5]

accustomed, to become ~ привыка́ть *impf;* привы́кнуть (привы́кну, привы́кнешь; привы́к, привы́кла) *perf,* к кому, к чему? [11]

acquaintance знако́мый (g знако́мого) [5.2]

add прибавля́ть *impf;* приба́вить (приба́влю, приба́вишь) *perf,* к чему? [9.11]; скла́дывать *impf;* сложи́ть (сложу́, сло́жишь) *perf* [9.11]

addition сложе́ние [9]

admit признава́ться (признаю́сь, признаёшься) *impf;* призна́ться *perf,* кому, в чём? [5]

adopted приёмный [11]

adult взро́слый (g взро́слого) [4]

advance, in ~ зара́нее [9]

advice сове́т; to give ~ дава́ть сове́т (даю́, даёшь) *impf;* дать сове́т (дам, дашь, даст, дади́м, дади́те, даду́т) *perf, кому?* [10]

advise сове́товать (сове́тую, сове́туешь) *impf;* посове́товать *perf, кому, о чём?* [10]

advisor руководи́тель м; руководи́тельница [10]

affectionate ла́сковый [4]

afraid, to be ~ боя́ться (II) *impf, кого, чего?* [5]

age во́зраст [4]; to reach an ~ исполня́ться *impf;* испо́лниться *perf, кому?* [4.2]; person of the same ~ рове́сник; рове́сница [3]

agitate волнова́ть (волну́ю, волну́ешь) *impf; refl* волнова́ться *о ком, о чём?* [4]

agree соглаша́ться *impf;* согласи́ться (соглашу́сь, согласи́шься) *perf, с кем, с чем and на что?* [5]; догова́риваться *impf;* договори́ться *perf, с кем, о чём?* [12]

airplane самолёт [9]

airport аэропо́рт (в аэропорту́) [9]

alarm clock буди́льник [6]

alive живо́й (жив, жива́, жи́вы) [4]

although хотя́ [12]

ambulance ско́рая по́мощь [7]

amazing удиви́тельный [12]

amuse развлека́ть *impf;* развле́чь (развлеку́, развлечёшь, развлеку́т; развлёк, развлекла́) *perf; refl* развлека́ться/развле́чься чем? [4.4]

amusement развлече́ние [4.4]

answer отве́т [10]; отвеча́ть *impf;* отве́тить (отве́чу, отве́тишь) *perf, кому, на что?* [10]

apartment кварти́ра; separate ~ отде́льная кварти́ра communal ~ коммуна́льная кварти́ра [2]; ~ house жило́й дом (pl дома́) [2]

apologize извиня́ться *impf;* извини́ться *perf, перед кем?* [11]

apology извине́ние [11]

apparently ви́димо [12]

appear явля́ться *impf;* яви́ться (явлю́сь, я́вишься) *perf, кем, чем?* [2.12, 13]; вы́глядеть (вы́гляжу, вы́глядишь) *impf* [3.1]

appearance вне́шность *f* [3]

appendicitis аппендици́т [7.4]

appetizer заку́ска (*g pl* заку́сок) [1]

apple я́блоко (*pl* я́блоки, я́блок) [1]

apply ма́зать (ма́жу, ма́жешь) *impf;* пома́зать *and* сма́зать *perf* (ointment) [7]; подава́ть докуме́нты (подаю́, подаёшь) *impf;* пода́ть докуме́нты (пода́м, пода́шь, пода́ст, подади́м, подади́те, подаду́т; по́дал, подала́) *perf, куда?* [10]

appointment свида́ние (на); to make an ~ назнача́ть свида́ние *impf;* назна́чить свида́ние *perf, с кем?* [5]

approach приближа́ться *impf;* прибли́зиться (прибли́жусь, прибли́зишься) *perf, к кому, к чему?* [8]

apricot абрико́с [1]

area пло́щадь *f* [2]; райо́н; райо́нный [8]

argue спо́рить *impf;* поспо́рить *perf* [5.4]

argument спор [5]

arm рука́ (*a* ру́ку, *pl* ру́ки, рук, рука́х) [7]

armchair кре́сло (*g pl* кре́сел) [2]

arrest аре́ст [5]; to arrest аресто́вывать *impf;* арестова́ть (аресту́ю, аресту́ешь) *perf, за что?* [5]

arrive прибыва́ть *impf;* прибы́ть (прибу́ду, прибу́дешь; при́был, прибыла́, при́были) *perf* [8]

ascend поднима́ться *impf;* подня́ться (поднplaму́сь, подни́мешься) *perf* [8]

ashamed сты́дно *imps, кому, за что?*

aspirin аспири́н [7.10]

assignment зада́ние [10]

associate обща́ться *impf, с кем?* [4]

as though как бу́дто [12]

attack напада́ть *impf;* напа́сть (нападу́, нападёшь; напа́л) *perf, на кого, на что?* [5]

attention внима́ние; to direct ~ обраща́ть внима́ние *impf;* обрати́ть внима́ние (обращу́, обрати́шь) *perf, на кого, на что?*; to attract ~ привлека́ть внима́ние *impf;* привле́чь внима́ние (привлеку́, привлечёшь,

привлеку́т; привлёк, привлекла́) *perf, к кому, к чему?* [12]

attic черда́к (*g* чердака́) (на) [2.3]

attractive привлека́тельный [3]

auditor вольнослу́шатель *m* [10]

aunt тётя (*g pl* тётей) [11]

autumn о́сень *f;* осе́нний [9]

avenue проспе́кт (на) [8]

average сре́дний [2]

awaken буди́ть (бужу́, бу́дишь) *impf;* разбуди́ть *perf* [6.5]; просыпа́ться *impf;* просну́ться (просну́сь, проснёшься) *perf* [6.5]

B четвёрка (*g pl* четвёрок) (grade) [10]

back за́дний [2]; спина́ (*pl* спи́ны) [7]

backpack рюкза́к (*g* рюкзака́) [9]

bad пло́хо (grade) [10]

bag су́мка (*g pl* су́мок) [9]

baggage бага́ж (*g* багажа́) [9]

bake печь (пеку́, печёшь, пеку́т; пёк, пекла́) *impf;* испе́чь *perf* [1.10]

balcony балко́н (на) [2]

bald лы́сый [3]; to go bald лысе́ть (I) *impf;* облысе́ть *perf* [3]

bandage бинт [7]; пла́стырь *m* [7]; to bandage бинтова́ть (бинту́ю, бинту́ешь) *impf;* забинтова́ть *perf, кому?* [7]

barber парикма́хер [6]

barber shop парикма́херская (*g* парикма́херской) [6]

basement подва́л [2.3]

bath ва́нна [6]; to take a bath принима́ть ва́нну *impf;* приня́ть ва́нну (приму́, при́мешь; при́нял, приняла́) *perf* [6]

bathrobe хала́т [3]

bathroom ва́нная (*g* ва́нной) [2.4]; туале́т [2.4]; убо́рная (*g* убо́рной) [2.4]

bathtub ва́нна [2.4]

be быва́ть *impf* [2.11]; явля́ться *impf;* яви́ться (явлю́сь, я́вишься) *perf кем, чем?* [2.12, 13]; остава́ться (остаю́сь, остаёшься) *impf;* оста́ться (оста́нусь, оста́нешься) *perf, кем, чем?* [2.13]; to prove to ~ ока́зываться *impf;* оказа́ться (окажу́сь, ока́жешься) *perf, кем, чем?* [2]

beard борода́ (*a* бо́роду, *pl* бороды́, боро́д) [3]

beat бить (бью, бьёшь) *impf*; поби́ть *perf [5]*

beautiful краси́вый [3]; ~ woman краса́вица [3]

beauty parlor парикма́херская (*g* парикма́херской) [6]

become станови́ться (становлю́сь, стано́вишься) *impf*; стать (ста́ну, ста́нешь) *perf, кем, чем?* [2]

becoming к лицу́ *кому?* [3.3]

bed крова́ть *f*; single ~ односпа́льная крова́ть; double ~ двухспа́льная крова́ть [2]; посте́ль *f;* to make a ~ стели́ть посте́ль (стелю́, сте́лишь) *impf*; постели́ть *perf* [6.6]; ~ linen посте́льное бельё [6]

bedroom спа́льня (*g pl* спа́лен) [2]

beef говя́дина [1]

beer пи́во [1]

beet свёкла *sing* [1]

beforehand зара́нее [9]

begin начина́ть *impf*; нача́ть (начну́, начнёшь; на́чал, начала́) *perf; refl* начина́ться/нача́ться [9]

beginning нача́ло [9]

behave вести́ себя́ (веду́, ведёшь; вёл; вела́) *impf* [11.4]

behavior поведе́ние [11]

beige бе́жевый [2]

belief ве́ра [12]

believe ве́рить *impf*; пове́рить *perf, кому and в кого, во что?* [12.7]

belt реме́нь (*g* ремня́) [3.4]; по́яс (*pl* пояса́) [3.4]

bend over наклоня́ться *impf;* наклони́ться (наклоню́сь, накло́нишься) *perf* [6]

berth по́лка (*g pl* по́лок); lower ~ ни́жняя по́лка; upper ~ ве́рхняя по́лка [9]

betray изменя́ть *impf*; измени́ть (изменю́, изме́нишь) *perf, кому, с кем?* [5]

bicycle велосипе́д [8]

bicyclist велосипеди́ст [8]

big большо́й (*ср* бо́льше) [2]

biography биогра́фия [4]

biology биоло́гия [10]

birth рожде́ние [4]

birthday день рожде́ния (*g* дня) [4]

bitter го́рький [1]

black чёрный [2]

blanket одея́ло [6]

blazer пиджа́к (*g* пиджака́) [3.4]

block кварта́л [8.1]

blonde блонди́н; блонди́нка (*g pl* блонди́нок) [3]

blood pressure давле́ние; high ~ высо́кое давле́ние [7.4]; to measure someone's ~ измеря́ть давле́ние *impf*; изме́рить давле́ние *perf, кому?* [7]

blouse блу́зка (*g pl* блу́зок) [3]; ко́фта; *dim* ко́фточка (*g pl* ко́фточек) [3.4]

blow уда́р [5]

blue голубо́й (light) [2]; си́ний (dark) [2]

board сади́ться (сажу́сь, сади́шься) *impf*; сесть (ся́ду, ся́дешь, сел) *perf, куда?* [8]

boarding поса́дка (*g pl* поса́док) [9]

boastful хвастли́вый [4]

boil вари́ть (варю́, ва́ришь) *impf*; свари́ть *perf* (food) [1.9]

bold сме́лый [4]

bookcase кни́жный шкаф (в шкафу́, *pl* шкафы́) [2]

boot сапо́г (*g* сапога́, *g pl* сапо́г) [3]

border грани́ца [9]

boring ску́чный [4]

born, to be ~ рожда́ться *impf*; роди́ться (рожу́сь, роди́шься, роди́лся, родила́сь) *perf* [4]

bottle буты́лка (*g pl* буты́лок) [1]

boulevard бульва́р (на) [8]

bound, to be ~ for направля́ться *impf*; напра́виться (напра́влюсь, напра́вишься) *perf* [8]

bowl блю́до [1.11]; soup ~ глубо́кая таре́лка (*g* таре́лок) [1]

boy ма́льчик [4]; mischievous ~ шалу́н (*g* шалуна́) [11]

box коро́бка (*g pl* коро́бок) [1]

bracelet брасле́т [3]

brag хва́статься *impf, кем, чем?* [4]

braggart хвасту́н [4]

brake тормози́ть (торможу́, тормози́шь) *impf*; затормози́ть *perf* [8]

brave хра́брый [4]

bravery хра́брость *f* [4]

bread хлеб [1.4]; white ~ бу́лка [1.4]

break лома́ть *impf*; слома́ть *perf*; *refl* лома́ться/слома́ться [6.10]; разбива́ть *impf*; разби́ть (разобью́, разобьёшь) *perf*; *refl* разбива́ться/ разби́ться [6.10]

breakfast за́втрак; to eat ~ за́втракать *impf*; поза́втракать *perf* [1]

breast грудь *f* [7]

brick кирпи́ч (*g* кирпича́); кирпи́чный [2]

bride неве́ста [11]

bridegroom жени́х (*g* жениха́) [11]

bridge мост (на мосту́, *pl* мосты́) [8]

bright све́тлый (светло́) [2.7]; я́ркий (*ср* я́рче) [2.7]

brilliant генна́льный [12]

bring up воспи́тывать *impf*; воспита́ть *perf*; *refl* воспи́тываться/воспита́ться [11]

broil жа́рить *impf*; пожа́рить *perf* [1]

bronchitis бронхи́т [7]

brother брат (*pl* бра́тья) [11]

brown кори́чневый [2]; ру́сый (hair) [3]; ка́рий (*eyes*) [3]

bruise синя́к (*g* синяка́) [7]

brunette шате́н; шате́нка (*g pl* шате́нок) (*light*); брюне́т; брюне́тка (*g pl* брюне́ток) (dark) [3]

brush щётка (*g pl* щёток) [6]; to brush one's teeth чи́стить зу́бы (чи́щу, чи́стишь) *impf*; почи́стить зу́бы *perf* [6]

buffet буфе́т [2]

build сложе́ние [3]

building зда́ние [2.1]; дом (*pl* дома́); apartment ~ жило́й дом (*pl* дома́) [2.1]

burglary ограбле́ние [5]

burn ожо́г [7]; to burn обжига́ть *impf*; обже́чь (обожгу́, обожжёшь, обожгу́т; обжёг, обожгла́) *perf*; *refl* обжига́ться/обже́чься [7.8]

burner конфо́рка (*g pl* конфо́рок) [1]

bus авто́бус [8]

businesslike делово́й [4]

butter ма́сло, sweet-cream ~ сли́вочное ма́сло [1]

button пу́говица [3.5]; to button застёгивать *impf*; застегну́ть (застегну́, застегнёшь) *perf*; *refl* застёгиваться/застегну́ться [3.5]

buy покупа́ть *impf*; купи́ть (куплю́, ку́пишь) *perf* [2.2]

C тро́йка (*g pl* тро́ек) (grade) [10]

cabbage капу́ста *sing* [1]

cake торт [1]

calendar календа́рь *m* (*g* календаря́) [9]

call вызыва́ть *impf*; вы́звать (вы́зову, вы́зовешь) *perf* [5]

calm споко́йный [4]; to calm успока́ивать *impf*; успоко́ить *perf*; *refl* успока́иваться/успоко́иться [4]

can ба́нка (*g pl* ба́нок); консе́рвная ба́нка [1]

candidate of sciences кандида́т нау́к [10.10]

candy конфе́ты (*g* конфе́т) [1]

cap ке́пка (*g pl* ке́пок) [3]

capable спосо́бный (спосо́бен) *к чему?* [12]

capital столи́ца; столи́чный [8]

car маши́на; passenger ~ легкова́я маши́на; police ~ милице́йская маши́на [8]; railway ~ ваго́н [9]

careless неаккура́тный [4]

carelessness неаккура́тность *f* [4]

carpet ковёр (*g* ковра́) [2.6]

carrots морко́вь *f, sing; dim* морко́вка [1.8]

carry носи́ть (ношу́, но́сишь) *impf*; нести́ (несу́, несёшь; нёс, несла́) *det*; понести́ *perf* [8]

cart теле́жка (*g pl* теле́жек) [9]

cast гипс; to put in a ~ класть в гипс (кладу́, кладёшь; клал) *impf*; положи́ть в гипс (положу́, поло́жишь) *perf* [7]

catch лови́ть (ловлю́, ло́вишь) *impf*; пойма́ть *perf* [5]

cathedral собо́р [8]

cautious осторо́жный [4]

ceiling потоло́к (*g* потолка́) [2]

centimeter сантиме́тр [2]

central центра́льный [8]

century век (*pl* века́) [9]

cereal ка́ша [1.5]

certain уве́ренный (уве́рен) *в ком, в чём?* [12]

certainty уве́ренность *f* [12]

chain цепо́чка (*g pl* цепо́чек) [3]

chair стул (*pl* сту́лья) [2]

charming обая́тельный [3]

chase гоня́ть *impf;* гнать (гоню́, го́нишь; гнал, гнала́) *det;* погна́ть *perf* [8]

check кле́тка (*g pl* кле́ток) [3]; to check проверя́ть *impf;* прове́рить *perf* [12]

checkered кле́тчатый; в кле́тку [3]

cheek щека́ (*a* щёку, *pl* щёки, щёк, щека́х) [3]

cheerful весёлый (ве́село) [4.4]

cheese сыр [1.6]

chemistry хи́мия [10]

chest грудь *f* [7]

chestnut кашта́новый [3]

chicken ку́рица (*pl* ку́ры, кур) [1.6]

chicken pox ветря́нка [7]

child ребёнок (*g* ребёнка, *pl* де́ти, дете́й, де́тях, де́тям, детьми́); child's де́тский [4]

chill, to have a~ знобить *impf, imps, кого?* [7.6]

chin подборо́док (*g* подборо́дка) [3]

church це́рковь *f* (*g* це́ркви, *pl* це́ркви, церкве́й) [8]

city го́род (*pl* города́); городско́й [8]

class уро́к (на) *чего?* (K-12) [10.2]; заня́тие (на) *по чему?* (college) [10.7]

classroom класс (K-12) [10.2]; аудито́рия (college) [10]

clean убира́ть *impf;* убра́ть (уберу́, уберёшь; убра́л, убрала́) *perf* [6.9]

clever хи́трый [4]

climb ла́зить (ла́жу, ла́зишь) *impf;* лезть (ле́зу, ле́зешь; лез, ле́зла) *det;* поле́зть *perf* [8]

clinic поликли́ника [7]

clock часы́ (*g* часо́в); to set a ~ ста́вить часы́ (ста́влю, ста́вишь) *impf;* поста́вить часы́ *perf* [9]

close бли́зкий (*ср* бли́же) [2]

closet платяно́й шкаф (в шкафу́, *pl* шкафы́) [2]

clothes оде́жда *sing* [3]; to change ~ переодева́ться *impf;* переоде́ться (переоде́нусь, переоде́нешься) *perf* [3.6]

clothing оде́жда *sing* [3]

coach ваго́н; sleeping ~ купе́йный ваго́н; first-class ~ мя́гкий ваго́н; [9]

coatrack ве́шалка (*g pl* ве́шалок) [2]

coffee ко́фе *m, indcl* [1]

coffee pot кофе́йник [1]

cold просту́да [7]; to catch a ~ простужа́ться *impf;* простуди́ться (простужу́сь, просту́дишься) *perf* [7]; having a ~ просту́женный (просту́жен) [7]; head ~ на́сморк [7]

collar воротни́к (*g* воротника́) [3]

color цвет (*pl* цвета́) [2]

colored цветно́й [2]

comb расчёска (*g pl* расчёсок) [6]; to comb hair причёсывать *impf;* причеса́ть (причешу́, причёшешь) *perf; refl* причёсываться/причеса́ться [6.1]

comfort утеша́ть *impf;* уте́шить *perf* [11]

comforter cover пододея́льник [6]

command веле́ть (II) *impf and perf, кому?* [7.12]

commit соверша́ть *impf;* соверши́ть *perf* [5]

commuter train электри́чка (*g pl* электри́чек) [9]

compare сра́внивать *impf;* сравни́ть *perf, с кем, с чем?* [4]

comparison сравне́ние [4]

complain жа́ловаться (жа́луюсь, жа́луешься) *impf;* пожа́ловаться *perf, кому, на кого, на что?* [7]

composition сочине́ние [10]

compress компре́сс [7.11]

computer science информа́тика [10]

conceited самоуве́ренный (самоуве́рен) [4.6]

concept поня́тие [12]

conclusion вы́вод; to reach a ~ де́лать вы́вод *impf;* сде́лать вы́вод *perf* [12]

conduct oneself вести́ себя́ (веду́, ведёшь; вёл, вела́) *impf* [11.4]

conductor проводни́к; проводни́ца [9]

confess признава́ться (признаю́сь, признаёшься) *impf*; призна́ться *perf, кому, в чём?* [5]

confidence уве́ренность *f* [12]

congratulate поздравля́ть *impf*; поздра́вить (поздра́влю, поздра́вишь) *perf, с чем?* [11]

conscientious добросо́вестный [4]

consider счита́ть *impf* [12.11]

considerate внима́тельный [4]

consult сове́товаться (сове́туюсь, сове́туешься) *impf;* посове́товаться *perf, с кем, о чём?* [10]

contagious зара́зный [7]

content содержа́ние [12]

continuation продолже́ние [9]

continue продолжа́ть *impf;* продо́лжить *perf; refl* продолжа́ться/ продо́лжиться [9]

contradict противоре́чить *impf, кому, чему?* [12]

contradiction противоре́чие [12]

convenience удо́бство [2.5]

converse разгова́ривать *impf* [4]

conviction убежде́ние [12]

convince убежда́ть *impf;* убеди́ть *perf, в чём?; refl* убежда́ться/убеди́ться [12.8]

convinced убеждённый (убеждён, убеждена́) *в чём?* [12]

convincing убеди́тельный [12]

cook гото́вить (гото́влю, гото́вишь) *impf;* пригото́вить *perf* [1]

cookie пече́нье [1]

corner у́гол (*g* угла́, в/на углу́) [2]

correct пра́вильный [12.13]; ве́рный [12.13]; прав, права́, пра́вы *в чём?* [12.13]; to correct поправля́ть *impf;* попра́вить (попра́влю, попра́вишь) *perf* [12]

cotton хло́пок (*g* хло́пка) [3]

couch дива́н [2]

cough ка́шель (*g* ка́шля) [7]; ~ syrup миксту́ра от ка́шля [7.10]; to cough ка́шлять *impf* [7]

country дере́вня [8]

course курс *по чему?* [10.6, 10.7]

court уха́живать *impf, за кем?* [5]

courtyard двор (*g* двора́) [2.1]

courteous внима́тельный [4]; ве́жливый [11]

courtesy ве́жливость *f* [11]; культу́рность *f* [11]

cousin двою́родный брат (*pl* бра́тья); двою́родная сестра́ (*pl* сёстры, сестёр, сёстрах) [11]

cover проходи́ть (прохожу́, прохо́дишь) *impf;* пройти́ (пройду́, пройдёшь; прошёл, прошла́) *perf* (a subject) [10]

coward трус [4]

cowardly трусли́вый [4]

crawl по́лзать *impf;* ползти́ (ползу́, ползёшь; полз, ползла́) *det;* поползти́ *perf* [8]

crime преступле́ние [5]

criminal престу́пник; престу́пный [5]

crossing перехо́д [8]

crosswalk перехо́д [8]

crude гру́бый [11]

cruel жесто́кий [4]

cry пла́кать (пла́чу, пла́чешь) *impf;* запла́кать *perf* [11.5]

cucumber огуре́ц (*g* огурца́) [1]

cultured интеллиге́нтный [4.7]

cunning хи́трый [4]

cup ча́шка (*g pl* ча́шек) [1]

cupboard посу́дный шкаф (в шкафу́, *pl* шкафы́) [2]

cupping glasses ба́нки (*g* ба́нок) [7.11]

curiosity любопы́тство [12]

curious любопы́тный [12]

curly кудря́вый [3]

curtains занаве́ски (*g* занаве́сок) [2]

custom привы́чка (*g pl* привы́чек) [11]

customs тамо́жня (на); to go through ~ проходи́ть тамо́жню (прохожу́, прохо́дишь) *impf;* пройти́ тамо́жню (пройду́, пройдёшь; прошёл, прошла́) *perf* [9]

cut поре́з [7]; to cut ре́зать (ре́жу, ре́жешь) *impf;* наре́зать *perf* [1]; поре́зать *perf* [7.8]; стричь (стригу́, стрижёшь, стригу́т; стриг, стри́гла) *impf;* постри́чь *perf* (hair, nails); *refl* стри́чься/постри́чься [6.3]

D дво́йка (*g pl* дво́ек) (grade) [10]

danger опа́сность *f* [5]

dangerous опа́сный [5]

dark тёмный (темно́) [2]

darkness темнота́ [2]

date число́ [9]; да́та [9]; свида́ние (на); to make a ~ назнача́ть свида́ние *impf*; назна́чить свида́ние *perf, с кем?* [5]; to date встреча́ться *impf*; встре́титься (встре́чусь, встре́тишься) *perf, с кем?* [5.1, 2]

daughter дочь *f* (*g* до́чери, *pl* до́чери, дочере́й, дочеря́х, дочеря́м, дочерьми́) [11]

day день *m* (*g* дня); дневно́й; ~ off выходно́й день [9]; ~ before yesterday позавчера́ *adv* [9]; ~ after tomorrow послеза́втра *adv* [9]; ~ before накану́не *чего?* [9]

daydream мечта́ [12]; to daydream мечта́ть *impf* [12.5]

daytime дневно́й [9]

dead мёртвый [4.3]

dean дека́н [10.5]

death смерть *f* [4]

deceitful лжи́вый

decent поря́дочный [4]

decorations украше́ния (*g* украше́ний) [3]

deep глубо́кий (глубоко́; *ср* глу́бже) [2]

defend защища́ть *impf*; защити́ть (защищу́, защити́шь) *perf; refl* защища́ться/защити́ться [5]

degree сте́пень *f, по чему?*; bachelor's ~ сте́пень бакала́вра; master's ~ маги́стерская сте́пень; candidate's ~ кандида́тская сте́пень; doctoral ~ до́кторская сте́пень [10.10]

demand тре́бование [10]; to demand тре́бовать (тре́бую, тре́буешь) *impf*; потре́бовать *pref, чего?; refl* тре́боваться/потре́боваться [10.13]

denial отрица́ние [12]

dentist зубно́й врач (*g* врача́) [7]

deny отрица́ть *impf* [12]

depart отправля́ться *impf*; отпра́виться (отпра́влюсь, отпра́вишься) *perf* [8]

department отделе́ние (на) [10.5]; ~ head заве́дующий (*g* заве́дующего) [10.5]

depth глубина́ [2]

descend спуска́ться *impf*; спусти́ться (спущу́сь, спу́стишься) *perf* [8]

describe опи́сывать *impf*; описа́ть (опишу́, опи́шешь) *perf* [3]

description описа́ние [3]

desk пи́сьменный стол (*g* стола́) [2]

despise презира́ть *impf, за что?* [5]

despite несмотря́ *на кого, на что?* [12]

dessert сла́дкое (*g* сла́дкого) [1]

destiny судьба́ (*pl* су́дьбы, суде́б) [4]

detain заде́рживать *impf*; задержа́ть (задержу́, заде́ржишь) *perf* [5]

diagnose ста́вить диагно́з (ста́влю, ста́вишь) *impf*; поста́вить диагно́з *perf, кому?* [7]

diagnosis диагно́з [7]

devise приду́мывать *impf*; приду́мать *perf* [11]

diarrhea поно́с [7.7]; расстро́йство желу́дка [7.7]

die умира́ть *impf*; умере́ть (умру́, умрёшь; у́мер, умерла́) *perf* [4.3]; ги́бнуть (ги́бну, ги́бнешь; гиб, ги́бла) *impf*; поги́бнуть *perf* [4.3]

difference ра́зница *в чём?* [4.1]; ра́зность *f* [9]

different ра́зный [4]

difficult тру́дный [4]; тяжёлый [4]

diligent приле́жный [4]

dimensions разме́р [2]

dining room столо́вая (*g* столо́вой) [2]

dinner обе́д; to eat dinner обе́дать *impf*; пообе́дать *perf* [1]

diploma аттеста́т зре́лости (high school) [10]; дипло́м (college) [10]

direction сторона́ (*а* сто́рону, *pl* сто́роны, сторо́н, сторона́х) [2]

disagree спо́рить *impf*; поспо́рить *perf* [5.4]

disagreement спор [5]

discourteous невнима́тельный [4]

discuss обсужда́ть *impf*; обсуди́ть (обсужу́, обсу́дишь) *perf* [12]

discussion обсужде́ние [12]

dish блю́до [1.11]; dishes посу́да *sing* [1]

dishonest нече́стный [4]

displeased недово́льный (недово́лен, недово́льна) *кем, чем?* [11]

disposition хара́ктер [4]

dissatisfied недово́льный (недово́лен, недово́льна) *кем,чем?* [11]

dissertation диссерта́ция [10]

district райо́н; райо́нный [8]

distrustful недове́рчивый [4]

divide дели́ть (делю́, де́лишь) *impf;* раздели́ть *perf, на что?* [9.11]

division деле́ние [9]

divorce разво́д [11]; to divorce разводи́ться (развожу́сь, разво́дишься) *impf;* развести́сь (разведу́сь, разведёшься; развёлся, развела́сь) *perf* [11]

divorced разведённый (разведён, раведена́) [11]

dizzy, to be ~ кружи́ться голова́ (кру́жится) *impf, у кого?* [7]

doctor врач (*g* врача́); to consult a ~ обраща́ться к врачу́ *impf;* обрати́ться к врачу́ (обращу́сь, обрати́шься) *perf;* ~ of sciences до́ктор нау́к (*pl* доктора́) [10.10]

door дверь *f* [2]

dotted в горо́шек [3]

doubt сомне́ние; to doubt сомнева́ться *impf, в ком, в чём?* [12]

downtown центр [8]

drag таска́ть *impf;* тащи́ть (тащу́, та́щишь) *det;* потащи́ть *perf* [8]

drapes занаве́ски (*g* занаве́сок) [2]

drawer я́щик [2]

dream сон (*g* сна) [6]; to dream сни́ться *impf;* присни́ться *perf, кому?* [6.4]; to have a ~ ви́деть сон (ви́жу, ви́дишь) *impf* [6.4]

dress пла́тье (*g pl* пла́тьев) [3]; to dress одева́ть *impf;* оде́ть (оде́ну, оде́нешь) *perf во что?; refl* одева́ться/оде́ться [3.6]

dressed оде́тый (оде́т) *во что?* [3.6]

dresser комо́д [2]

drink напи́ток (*g* напи́тка) [1]; to drink пить (пью, пьёшь; пил, пила́) *impf;* вы́пить *and* попи́ть *perf* [1.2]

drive води́ть (вожу́, во́дишь) *impf* [8.3]

driver води́тель *m* [8.2]; шофёр [8.2]; driver's license води́тельские права́ (*g pl* прав) [8]

drop роня́ть *impf;* урони́ть (уроню́, уро́нишь) *perf* [6]

dry вытира́ть *impf;* вы́тереть (вы́тру, вы́трешь; вы́тер, вы́терла) *perf* [6]

due to из-за *кого, чего?* [12.14]

during во вре́мя *чего?* [9.9]; в тече́ние *чего?* [9.9]

ear у́хо (*pl* у́ши, уше́й) [3]

early ра́нний (*ср* ра́ньше) [9]

earring серьга́ (*pl* се́рьги, серёг, серьга́х); *dim* серёжка (*g pl* серёжек) [3]

easy-going лёгкий (легко́; *ср* ле́гче) [4]

eat есть (ем, ешь, ест, еди́м, еди́те, едя́т; ел, е́ла; ешь) *impf;* съесть *and* пое́сть *perf* [1.2]

economics эконо́мика [10]

education образова́ние; primary, elementary ~ нача́льное образова́ние; secondary ~ сре́днее образова́ние; higher ~ вы́сшее образова́ние; special ~ специа́льное образова́ние [10]

educational уче́бный [10]

egg яйцо́ (*pl* я́йца, яи́ц, я́йцах) [1]

elbow ло́коть *m* (*g* ло́ктя, *g pl* локте́й) [7]

elderly пожило́й [4]

elective факультати́вный предме́т [10]

electric электри́ческий [2]

electricity электри́чество [2]

elevator лифт [2]

embankment на́бережная (*g* на́бережной) (на) [8]

embarrassed, to become ~ смуща́ться *impf;* смути́ться (смущу́сь, смути́шься) *perf* [11]

embrace обнима́ть; обня́ть (обниму́, обни́мешь; о́бнял, обняла́) *perf; refl* обнима́ться/обня́ться [11]

end коне́ц (*g* конца́) [9]

enemy враг (*g* врага́) [5]

energetic энерги́чный [4]

enormous грома́дный [2]

enroll поступа́ть *impf;* поступи́ть (поступлю́, посту́пишь) *perf, куда?* [10]

entertain развлека́ть *impf;* развле́чь (развлеку́, развлечёшь, развлеку́т;

развлёк, развлекла) *perf; refl*
развлека́ться/развле́чься *чем?* [4.4]

entertainment   развлече́ние [4.4]

entrance hall   пере́дняя (*g* пере́дней)
[2]; прихо́жая (*g* прихо́жей) [2]

essential   необходи́мый [10]

et cetera   и так да́лее; *abr* и т. д. [12]

evening   ве́чер (*pl* вечера́); вече́рний
[9]

evidence   доказа́тельство [5]

examination   экза́мен *по чему?*;
entrance ~ вступи́тельный экза́мен;
exit ~ выпускно́й экза́мен [10.9]; to
fail an ~ прова́ливаться на экза́мене
impf; провали́ться на экза́мене
(провалю́сь, прова́лишься) *perf* [10];
~ week экзаменацио́нная се́ссия [10]

examine   осма́тривать *impf;* осмотре́ть
(II) *perf* [7]; разбира́ться *impf;*
разобра́ться (разберу́сь,
разберёшься) *perf, в чём?* [12.12]

example   приме́р [10]; for ~ наприме́р
[12]

excellent   отли́чно (grade) [10]

exchange   обме́н; to exchange
обме́нивать *impf, на что?*; обменя́ть
perf; refl обме́ниваться/обменя́ться
чем? [2.2]

exclaim   восклица́ть *impf;* воскли́кнуть
(воскли́кну, воскли́кнешь) *perf* [7]

exclamation   восклица́ние [7]

excuse   оправда́ние [5]; to excuse
опра́вдывать *impf;* оправда́ть *perf,*
перед кем, в чём?; *refl*
опра́вдываться/оправда́ться [5]

exercise   упражне́ние [10]; exercises
заря́дка; to do ~ де́лать заря́дку *impf;*
сде́лать заря́дку *perf* [6]

expect   ждать (жду, ждёшь; ждал,
ждала́) *impf;* подожда́ть *perf, кого,*
что and чего? [12.6]

expectation   ожида́ние [12]

extend   протя́гивать *impf;* протяну́ть
(протяну́, протя́нешь) *perf* [6.8]

eye   глаз (*pl* глаза́, глаз) [3]

eyebrow   бровь *f* [3]

eyelash   ресни́ца [3]

F   едини́ца (grade) [10]

fabric   ткань *f* [3]

face   лицо́ (*pl* ли́ца) [3]

fail   незачёт (grade) [10]; to fail an
examination прова́ливаться на
экза́мене *impf;* провали́ться на
экза́мене (провалю́сь, прова́лишься)
perf [10]

fainting spell   о́бморок [7]; to faint
па́дать в о́бморок *impf;* упа́сть в
о́бморок (упаду́, упадёшь; упа́л) *perf*
[7]

fair   справедли́вый [4]

fairness   справедли́вость *f* [4]

faithful   ве́рный [5]

fall   па́дать *impf;* упа́сть (упаду́,
упадёшь; упа́л) *perf* [6]

familiar   знако́мый (знако́м) [5]

family   семья́ (*pl* се́мьи, семе́й,
се́мьях); семе́йный [11.1]

far   далёкий (далеко́; *ср* да́льше) [2.9];
да́льний [2.9]

farther   да́льний [2.9]

fashion   мо́да [3]

fashionable   мо́дный [3]

fat   то́лстый (*ср* то́лще) [3.2]

fate   судьба́ (*pl* су́дьбы, су́деб) [4]

father   оте́ц (*g* отца́) [11]

father-in-law   свёкор (*g* свёкра)
(husband's father) [11.3]; тесть *m*
(wife's father) [11.3]

fault   вина́ [11]

fear   боя́ться (II) *impf кого, чего?* [5]

feed   корми́ть (кормлю́, ко́рмишь)
impf; покорми́ть *and* накорми́ть *perf,*
чем? [11]

feel   чу́вствовать (чу́вствую,
чу́вствуешь) *impf;* почу́вствовать
(почу́вствую, почу́вствуешь) *perf*
[7.5]

female   же́нский [4]

feminine   же́нский [4]

fever   температу́ра [7]

fiancé   жени́х (*g* жениха́) [11]

fiancée   неве́ста [11]

fight   борьба́ [5]; дра́ка [5]; to fight
боро́ться (борю́сь, бо́решься) *impf, с*
кем, против чего, за что? [5];
дра́ться (деру́сь, дерёшься; дра́лся,
драла́сь) *impf;* подра́ться *perf, с*
кем? [5]

figure   фигу́ра [3]

finally   наконе́ц [12]; в конце́ концо́в [12]

finger   па́лец (*g* па́льца) [7.2]

finish   конча́ть *impf;* ко́нчить *perf; refl* конча́ться/ко́нчиться [9]

fire engine   пожа́рная маши́на [8]

fireplace   ками́н [2]

first   снача́ла *adv* [9]; ~ of all пре́жде всего́ [12]; in the ~ place во-пе́рвых [12]

fish   ры́ба [1]

flight   рейс [9.1]; ~ attendant бортпроводни́к; бортпроводни́ца [9]

floor   пол (на полу́, *pl* полы́) [2]; эта́ж (*g* этажа́) [2]; ~ lamp торше́р [2]

fly   лета́ть *impf;* лете́ть (лечу́, лети́шь) *det;* полете́ть *perf* [8]

follow   сле́довать (сле́дую, сле́дуешь) *impf;* после́довать *perf, кому?;* to ~ an example сле́довать приме́ру [11]

food   еда́ *sing* [1.1]; пи́ща *sing* [1.1]

foot   нога́ (*a* но́гу, *pl* но́ги, ног, нога́х) [7]

footwear   о́бувь *f* [3]

forbid   запреща́ть *impf;* запрети́ть (запрещу́, запрети́шь) *perf, кому?* [7]

forehead   лоб (*g* лба) [3]

forget   забыва́ть *impf;* забы́ть (забу́ду, забу́дешь) *perf* [12.3]

forgive   проща́ть *impf;* прости́ть (прощу́, прости́шь) *perf* [11.7]

forgiveness   проще́ние [11]

fork   ви́лка (*g pl* ви́лок) [1]

former   бы́вший [9]

fortunately   к сча́стью [12]

foster   приёмный [11]

fracture   перело́м [7]; to fracture лома́ть *impf;* слома́ть *perf* [7.8]

frank   открове́нный [4]

freckle   весну́шка (*g pl* весну́шек) [3]

freckled   весну́шчатый [3]

friend   друг (*pl* друзья́) [5.2]; прия́тель *m;* прия́тельница [5.2]; female ~ подру́га [5.2]

friendship   дру́жба [5]

frighten   пуга́ть *impf;* испуга́ть *perf; refl* пуга́ться/испуга́ться *кого, чего?* [5]

frivolous   легкомы́сленный [4]

front   пере́дний [2]

fruit   фру́кты (*g* фру́ктов) [1]

fry   жа́рить *impf;* пожа́рить *perf* [1]

frying pan   сковорода́ (*pl* сковоро́ды, сковоро́д, сковорода́х); *dim* сковоро́дка (*g pl* сковоро́док) [1]

fun   весёлый (ве́село) [4.4]; to have ~ весели́ться *impf* [4.4]

funny   смешно́й [4.4]

fur   мех; мехово́й; ~ coat шу́ба [3]

furnish   обставля́ть *impf;* обста́вить (обста́влю, обста́вишь) *perf, чем?* [2]

furniture   ме́бель *f, sing* [2]

future   бу́дущее (*g* бу́дущего); бу́дущий [9.6]

garlic   чесно́к (*g* чеснока́) [1]

gas   газ; га́зовый (natural) [2]

general practicioner   терапе́вт [7]

generous   ще́дрый [4]

gentle   мя́гкий (*ср* мя́гче) [4]

geography   геогра́фия [10]

get ready   собира́ться *impf;* собра́ться (соберу́сь, соберёшься; собра́лся, собрала́сь) *perf* [9.3]

get tired   устава́ть (устаю́, устаёшь) *impf;* уста́ть (уста́ну, уста́нешь) *perf* [6]

get up   встава́ть (встаю́, встаёшь) *impf;* встать (вста́ну, вста́нешь) *perf* [1]

get well   поправля́ться *impf;* попра́виться (попра́влюсь, попра́вишься) *perf* [7]

girl   де́вочка (*g pl* де́вочек) [4]; mischievous ~ шалу́нья (*g pl* шалу́ний) [11]

glass   стака́н [1]; стекло́; стекля́нный [2]; wine ~ бока́л [1]

gloomy   угрю́мый [4]; мра́чный [4]

glove   перча́тка (*g pl* перча́ток) [3]

go   ходи́ть (хожу́, хо́дишь) *impf;* идти́ (иду́, идёшь; шёл, шла) *det;* пойти́ *perf* (on foot) [8]; е́здить (е́зжу, е́здишь) *impf;* е́хать (е́ду, е́дешь) *det;* пое́хать *perf* (by vehicle) [8.3]

goal   цель *f* [12]

gold   зо́лото; золото́й [3]

good   хорошо́ (grade) [10]

good bye, to say ~ проща́ться *impf;* прости́ться (прощу́сь, прости́шься) *perf, с кем?* [11]

gossip спле́тня (*g pl* спле́тен) [5]; to gossip спле́тничать *impf* [5]

grab хвата́ть *impf;* схвати́ть (схвачу́, схва́тишь) *perf* [6]

grade класс [10.2]; отме́тка (*g pl* отме́ток); to give a ~ ста́вить отме́тку (ста́влю, ста́вишь) *impf;* поста́вить отме́тку *perf, кому?*; to get a ~ получа́ть отме́тку *impf;* получи́ть отме́тку (получу́, полу́чишь) *perf* [10]

graduate from ока́нчивать *impf;* око́нчить *perf* [10]

graduate school аспиранту́ра [10]

graduate student аспира́нт; аспира́нтка (*g pl* аспира́нток) [10]

graduation thesis дипло́мная рабо́та [10]

gram грамм (*g pl* гра́ммов *and* грамм) [1.7]

granddaughter вну́чка (*g pl* вну́чек) [11]

grandfather де́душка (*g pl* де́душек) *m* [11]

grandmother ба́бушка (*g pl* ба́бушек) [11]

grandson внук [11]

grapes виногра́д *sing* [1]

gray се́рый [2]; седо́й (hair) [3]

great-granddaughter пра́внучка (*g pl* пра́внучек) [11]

great-grandfather прадеду́шка (*g pl* прадеду́шек) *m* [11]

great-grandmother прабабушка (*g pl* прабабушек) [11]

great-grandson пра́внук [11]

greedy жа́дный [4]

green зелёный [2]

greet приве́тствовать (приве́тствую, приве́тствуешь) *impf;* поприве́тствовать *perf* [11]

groceries проду́кты (*g* проду́ктов) [1]

grotesque уро́дливый [3]

grow расти́ (расту́, растёшь; рос, росла́) *impf;* вы́расти *perf* [4]

grown-up взро́слый (*g* взро́слого) [4]

guess дога́дываться *impf;* догада́ться *perf, о чём?* [12]

guest гость *m* [2]

gun пистоле́т [5]

habit привы́чка (*g pl* привы́чек) [11]

hair во́лосы (*g* воло́с, волоса́х) [3]

haircut стри́жка (*g pl* стри́жек) [6]

hairdo причёска (*g pl* причёсок) [6]

hairdresser парикма́хер [6]

hall коридо́р [2]

ham ветчина́ [1]

hand рука́ (*a* ру́ку, *pl* ру́ки, рук, рука́х) [7]; to shake someone's ~ пожима́ть ру́ку *impf;* пожа́ть ру́ку (пожму́, пожмёшь) *perf, кому?* [11]; on the one ~ с одно́й стороны́; on the other ~ с друго́й стороны́ [12]

handsome краси́вый [3]; ~ man краса́вец (*g* краса́вца) [3]

hang ве́шать *impf;* пове́сить (пове́шу, пове́сишь) *perf* [1]; висе́ть (вишу́, виси́шь) *impf* [1]

happen случа́ться *impf;* случи́ться *perf* [5]; происходи́ть (происхо́дит, происхо́дят) *impf;* произойти́ (произойдёт, произойду́т; произошёл, произошла́) *perf* [5]

harmful вре́дный [7]

hat ша́пка (*g pl* ша́пок) [3.4]; шля́па [3.4]; ~ with earflaps уша́нка (*g pl* уша́нок) [3]

hate ненави́деть (ненави́жу, ненави́дишь) *impf* [5]

hazel ка́рий (eyes) [3]

head голова́ (*a* го́лову, *pl* го́ловы, голо́в, голова́х) [7]; ~ scarf плато́к (*g* платка́) [3]; ~ cold на́сморк [7]; department ~ заве́дующий ка́федрой (*g* заве́дующего) [10.5]

health здоро́вье [7]

healthful поле́зный (поле́зен) [7]

healthy здоро́вый (здоро́в) [7.3]

heart се́рдце (*pl* сердца́, серде́ц) [7]; ~ attack инфа́ркт [7.4]

heat подогрева́ть *impf;* подогре́ть *perf* [1]

heating отопле́ние [2]

heavy тяжёлый (тяжело́) [2]

height высота́ [2]; рост [3]

hello, to say ~ здоро́ваться *impf;* поздоро́ваться *perf, с кем?*[11]

hesitate колеба́ться (коле́блюсь, коле́блешься) *impf;* поколеба́ться *perf, в чём?* [12]

hesitation колеба́ние [12]

hide скрыва́ть *impf;* скрыть (скро́ю, скро́ешь) *perf; refl* скрыва́ться/ скры́ться [6]

highway шоссе́ (на) *n, indcl* [8]

hint намека́ть *impf;* намекну́ть (намекну́, намекнёшь) *perf, на что?* [5]

history исто́рия [10]

hit бить (бью, бьёшь) *impf;* поби́ть *perf* [5]; попада́ть *impf;* попа́сть (попаду́, попадёшь; попа́л) *perf* (a target) [12.16]

hold держа́ть (держу́, де́ржишь) *impf* [6]

homework дома́шнее зада́ние [10]

honest че́стный [4]

honey мёд (*g 2* мёду) [1]

hope наде́жда [12]; to hope наде́яться *impf, на кого, на что?* [12]

hospitable гостеприи́мный [2]

hospital больни́ца; to put in a ~ класть в больни́цу (кладу́, кладёшь; клал) *impf;* положи́ть в больни́цу (положу́, поло́жишь) *perf;* to go to a ~ ложи́ться в больни́цу *impf;* лечь в больни́цу (ля́гу, ля́жешь, ля́гут; лёг, легла́) *perf;* to be in a ~ лежа́ть в больни́це (II) *impf;* to be discharged from a ~ выпи́сываться из больни́цы *impf;* вы́писаться из больни́цы (вы́пишусь, вы́пишешься) *perf* [7]

hospitality гостеприи́мство [2]

host хозя́ин (*pl* хозя́ева, хозя́ев) [2]

hostess хозя́йка (*g pl* хозя́ек) [2]

hot о́стрый (taste) [1]

hot dog соси́ска (*g pl* соси́сок) [1]

hotel гости́ница [9]

hour час (*g* часа́, в часу́, *pl* часы́) [9]

house дом (*pl* дома́); apartment ~ жило́й дом [2.1]

housewarming новосе́лье (на) [2]

huge огро́мный [2]

hurry торопи́ться (тороплю́сь, торо́пишься) *impf;* поторопи́ться *perf* [8]

hurt боле́ть (II) *impf* [7.4]

husband муж (*pl* мужья́) [11]

ice cream моро́женое (*g* моро́женого) [1]

idea иде́я [12]; представле́ние [12]

ill-bred невоспи́танный (невоспи́тан) [11]

illness боле́знь *f* [7]

imagination воображе́ние [12]

imagine представля́ть себе́ *impf;* предста́вить себе́ (предста́влю, предста́вишь) *perf* [12.4]

imitate подража́ть *impf, кому?* [11]

imitation подража́ние [11]

immodest нескро́мный [4]

impossible невозмо́жный [10]

imprudent неосторо́жный [4]

incident слу́чай [5]

incidentally кста́ти [12]

indifferent равноду́шный [4]

industrious трудолюби́вый [4]

infant ребёнок (*g* ребёнка, *pl* де́ти, дете́й, де́тях, де́тям, детьми́) [4]

infatuated влюблённый (влюблён, влюблена́) *в кого?* [5]

infect заража́ть *impf;* зарази́ть (заражу́, зарази́шь) *perf, чем?; refl* заража́ться/зарази́ться [7]

influenza грипп [7]

injection уко́л [7.9]

insincere нейскренний [4]

insist наста́ивать *impf;* настоя́ть (II) *perf, на чём?* [4]

insistent насто́йчивый [4]

inspector сле́дователь *m* [5]

instance раз (*pl* разы́, раз) [9]; слу́чай [12]

institute институ́т [10.4]

instructor преподава́тель *m;* преподава́тельница [10.10]

interest интере́с *к чему?* [12]; to interest интересова́ть (интересу́ю, интересу́ешь) *impf;* заинтересова́ть *perf; refl* интересова́ться/ заинтересова́ться *кем, чем?* [12.2]

interesting   интере́сный [12]

international relations   междунаро́дные отноше́ния [10]

interrogate   допра́шивать *impf;* допроси́ть (допрошу́, допро́сишь) *perf* [5]

intersection   перекрёсток (*g* перекрёстка) (на) [8]

introduce   знако́мить (знако́млю, знако́мишь) *impf;* познако́мить *perf, с кем, с чем?* [5.1]; представля́ть *impf;* предста́вить (предста́влю, предста́вишь) *perf, кому?; refl* представля́ться/предста́виться [5.1]

investigator   сле́дователь *m* [5]

invitation   приглаше́ние [2]

invite   приглаша́ть *impf;* пригласи́ть (приглашу́, пригласи́шь) *perf* [2]

irresponsible   безотве́тственный [4]

irritable   раздражи́тельный [4]

irritate   раздража́ть *impf;* раздражи́ть *perf; refl* раздража́ться/раздражи́ться [4]

jacket   ку́ртка (*g pl* ку́рток) [3.4]; пиджа́к (*g* пиджака́) [3.4]

jar   ба́нка (*g pl* ба́нок); стекля́нная ба́нка [1]

jealous   ревнова́ть (ревну́ю, ревну́ешь) *impf, к кому?* [5.5]

jealousy   ре́вность *f* [5]

jeans   джи́нсы (*g* джи́нсов) [3]

jewelry   драгоце́нности (*g* драгоце́нностей) [3]; украше́ния (*g* украше́ний) [3]

joke   шути́ть (шучу́, шу́тишь) *impf* [4]

journey   путеше́ствие [9 2]

juice   сок (*g 2* со́ку) [1]

jump   пры́гать *impf;* пры́гнуть (пры́гну, пры́гнешь) *perf* [6]

just   справедли́вый [4]

justice   справедли́вость *f* [4]

justification   оправда́ние [5]

justify   опра́вдывать *impf;* оправда́ть *perf, перед кем, в чём?; refl* опра́вдываться/оправда́ться [5]

kefir   кефи́р (yogurt-like drink) [1]

key   ключ (*g* ключа́) *от чего?* [9]

kill   убива́ть *impf;* уби́ть (убью́, убьёшь) *perf* [5]

kilogram   килогра́мм (*g pl* килогра́ммов *and* килогра́мм); *coll* кило́ *indcl* [1.7]

kilometer   киломе́тр [2]

kind   сорт (*pl* сорта́) [1.12]; до́брый (добр, добра́, добры́) [4]

kindergarten   де́тский сад (в саду́) [10.1]

kiss   целова́ть (целу́ю, целу́ешь) *impf;* поцелова́ть *perf; refl* целова́ться/ поцелова́тся [11]

kitchen   ку́хня (*g pl* ку́хонь) [1]

knee   коле́но (*pl* коле́ни, коле́ней) [7]

knife   нож (*g* ножа́) [1]

lab   практи́ческое заня́тие [10]

laboratory   лаборато́рия [10]; language ~ лингафо́нный кабине́т [10]

lamb   бара́нина [1]

lamp   ла́мпа; table ~ насто́льная ла́мпа; floor ~ торше́р [2]

lane   переу́лок (*g* переу́лка) [8]

last   после́дний [9.5]; про́шлый [9.5]

late   по́здний (*ср* по́зже) [9]; to be ~ опа́здывать *impf;* опозда́ть *perf, куда?* [9]

latest   после́дний [9.5]

laugh   смея́ться (смею́сь, смеёшься) *impf, над кем, над чем?* [4]

law   зако́н; to break a ~ наруша́ть зако́н *impf;* нару́шить зако́н *perf* [5]

lay   класть (кладу́, кладёшь; клал) *impf;* положи́ть (положу́, поло́жишь) *perf* [1]

laziness   лень *f* [4.6]

lazy   лени́вый [4]

lead   води́ть (вожу́, во́дишь) *impf;* вести́ (веду́, ведёшь; вёл, вела́) *det;* повести́ *perf* [8]

learn   вы́учить *perf* [10]; научи́ться (научу́сь, нау́чишься) *perf* [10]; изучи́ть (изучу́, изу́чишь) *perf* [10]

leather   ко́жа; ко́жаный [3]

leave   броса́ть *impf;* бро́сить (бро́шу, бро́сишь) *perf* [5]

lecture   ле́кция (на) *по чему?* [10 7]

left   ле́вый [2]

leg нога́ (*a* но́гу, *pl* но́ги, ног, нога́х) [7]

lemon лимо́н [1]

length длина́ [2]

lesson уро́к (на) *чего?* [10.2]

lettuce сала́т [1]

lie врать (вру, врёшь; врал, врала́, вра́ли) *impf;* совра́ть *perf* [4]; ложь *f* [4]; лежа́ть (лежу́, лежи́шь) *impf;* полежа́ть *perf* [1.14]; to ~ down ложи́ться *impf;* лечь (ля́гу, ля́жешь, ля́гут; лёг, легла́, ляг) *perf* [1]

life жизнь *f* [4]

light свет; све́тлый (светло́) [2.7]; лёгкий (легко́; *ср* ле́гче) [2]

like похо́ж, похо́жа, похо́жи *на кого́, на что?* [4]; to like люби́ть (люблю́, лю́бишь) *impf;* полюби́ть *perf* [5.3]

likeable симпати́чный [3]

lip губа́ (*pl* гу́бы) [3]

lipstick губна́я пома́да; to put on ~ кра́сить гу́бы (кра́шу, кра́сишь) *impf;* накра́сить гу́бы *perf* [6]

liter литр [1]

little ма́ленький (*ср* ме́ньше) [2]

live жить (живу́, живёшь; жил, жила́, жи́ли) *impf* [4]

lively живо́й (жив, жива́, жи́вы) [4]

living живо́й (жив, жива́, жи́вы) [4]

living room гости́ная (*g* гости́ной) [2]

loaf буха́нка (*g pl* буха́нок) [1.4]; French ~ бато́н [1.4]

located, to be ~ находи́ться (нахожу́сь, нахо́дишься) *impf* [1]

look вы́глядеть (вы́гляжу, вы́глядишь) *impf* [3.1]

long дли́нный [2]

love любо́вь *f* (*g* любви́, *i* любо́вью); to love люби́ть (люблю́, лю́бишь) *impf;* полюби́ть *perf* [5.3]; to fall in ~ влюбля́ться *impf;* влюби́ться *perf, в кого́?* [5]; in ~ влюблённый (влюблён, влюблена́) *в кого́?* [5]; to stop loving разлюби́ть [5]

low ни́зкий [2.9]

lower ни́жний (*ср* ни́же) [2]; to lower опуска́ть *impf;* опусти́ть (опущу́, опу́стишь) *perf* [6]

lungs лёгкие (*g* лёгких) [7]

macaroni макаро́ны (*g* макаро́н) [1]

major специа́льность *f* [10]

makeup, to put on ~ кра́ситься (кра́шусь, кра́сишься) *impf;* накра́ситься *perf* [6]

male мужчи́на; мужско́й [4]

man мужчи́на *m* [4]; young ~ ю́ноша *m* (*g pl* ю́ношей) [4]; old ~ стари́к (*g* старика́) [4]

marriage брак [11]

married за́мужем *за кем?* (said of a woman) [11]; жена́т *на ком?* (said of a man) [11]

marry пожени́ться (поже́нятся) *perf* (said of a couple) [11]; жени́ться (женю́сь, же́нишься) *impf and perf, на ком?* (said of a man) [11]; выходи́ть за́муж (выхожу́, выхо́дишь) *impf;* вы́йти за́муж (вы́йду, вы́йдешь; вы́шла) *perf* (said of a woman) [11]

masculine мужско́й [4]

mathematics матема́тика [10]

mayonnaise майоне́з [1]

mean злой [4]

measles корь *f* [7]

measure измеря́ть *impf;* изме́рить *perf* [2]

measurement измере́ние [2]

meat мя́со [1] ~ ravioli пельме́ни (*g* пельме́ней)

medicine лека́рство *от чего?* [7.10]

meet встреча́ть *impf;* встре́тить (встре́чу, встре́тишь) *perf; refl* встреча́ться/встре́титься *с кем?* [5.1, 5.2]; знако́миться (знако́млюсь, знако́мишься) *impf;* познако́миться *perf, с кем?* [5.1]

meeting встре́ча (на) [5]

melon ды́ня [1]

memorize запомина́ть *impf;* запо́мнить *perf* [12]

memory па́мять *f* [12]; by ~ наизу́сть [10]

mend чини́ть (чиню́, чи́нишь) *impf;* почини́ть *perf* [6]

meter метр [2]

middle середи́на [9]

midnight по́лночь *f* [9]

milk молоко́ [1]

millimeter миллиме́тр [2]

mind слу́шаться *impf*; послу́шаться *perf, кого?* [11]

mineral water минера́льная вода́ [1]

minute мину́та [9]

mirror зе́ркало (*pl* зеркала́) [2]

misbehave капри́зничать *impf* [11]

mistake оши́бка (*g pl* оши́бок) *в чём?* [12]; to make a ~ ошиба́ться *impf*; ошиби́ться (ошибу́сь, ошибёшься; оши́бся, оши́блась) *perf, в ком, в чём?* [12.3]

misunderstanding недоразуме́ние [12]

modest скро́мный [4]

monument па́мятник *кому?* [8]

mood настрое́ние [11]

morning у́тро; у́тренний [9]

mother мать (*pl* ма́тери, матере́й) [11]

mother-in-law свекро́вь *f* (husband's mother) [11.3]; тёща (wife's mother) [11.3]

motion движе́ние [6]

motorcycle мотоци́кл [8]

motorcyclist мотоцикли́ст [8]

moustache усы́ (*g* усо́в) [3]

mouth рот (*g* рта, во рту) [3]

move дви́гать *impf*; дви́нуть (дви́ну, дви́нешь) *perf*; *refl* дви́гаться/дви́нуться [6]; to ~ away from удаля́ться *impf*; удали́ться *perf, от кого, от чего?* [8]

movement движе́ние [6]

muffler шарф [3]

multicolored пёстрый [2]

multiplication умноже́ние [9]

multiply умножа́ть *impf*; умно́жить *perf, на что?* [9.11]

mumps сви́нка [7]

murder уби́йство [5]; to murder убива́ть *impf*; уби́ть (убью́, убьёшь) *perf* [5]

murderer уби́йца *m and f* [5]

muscular мускули́стый [3]

mushroom гриб (*g* гриба́) [1]

mustard горчи́ца [1]; ~ plaster горчи́чник [7.11]

napkin салфе́тка (*g pl* салфе́ток) [1]

narrow у́зкий (*ср* у́же) [2]

nauseated, to be ~ тошни́ть *impf, imps, кого?* [7.6]

near бли́зкий (*ср* бли́же) [2.9]; бли́жний [2.9]

nearer бли́жний [2.9]

neat аккура́тный [4]

neatness аккура́тность *f* [4]

necessary необходи́мый [10]

necessity необходи́мость *f* [10]

neck ше́я [7]

necklace ожере́лье [3]

neighbor сосе́д (*pl* сосе́ди, сосе́дей, сосе́дях); сосе́дка (*g pl* сосе́док) [2]

nephew племя́нник [11]

nervous не́рвный [4]; to be ~ не́рвничать *impf* [4]

nevertheless тем не ме́нее [12]

next бу́дущий [9.6]; сле́дующий [9.6]; пото́м [9.7]

nice симпати́чный [3]; ми́лый [3]

niece племя́нница [11]

night ночь *f*; ночно́й [9]; to spend the ~ ночева́ть (ночу́ю, ночу́ешь) *impf and perf* [9]

nightgown ночна́я руба́шка (*g pl* руба́шек) [3]

nightmare кошма́р [6]

nightstand ту́мбочка (*g pl* ту́мбочек) [2]

noon по́лдень *m* (*g* по́лдня) [9]

nose нос (*pl* носы́) [3]

notes, to take ~ on запи́сывать *impf*; записа́ть (запишу́, запи́шешь) *perf* [10]

notice замеча́ть *impf*; заме́тить (заме́чу, заме́тишь) *perf* [12]

notion поня́тие [12]; представле́ние [12]

nurse медици́нская сестра́ (*pl* сёстры, сестёр, сёстрах); *abr* медсестра́ [7]; медици́нский брат (*pl* бра́тья); *abr* медбра́т [7]

nursery де́тская (*g* де́тской) [2]; ~ school я́сли (*g* я́слей) [10.1]

object возража́ть *impf*; возрази́ть (возражу́, возрази́шь) *perf, кому, на что?* [12]

objection возраже́ние [12]

observation замеча́ние [12]

observe замеча́ть *impf*; заме́тить (заме́чу, заме́тишь) *perf* [12]

obstinate упря́мый [4]

obtain достава́ть (достаю́, достаёшь) *impf;* доста́ть (доста́ну, доста́нешь) *perf* [6]

occasion раз (*pl* разы́, раз) [9]

occur случа́ться *impf;* случи́ться *perf* [5]; происходи́ть (происхо́дит, происхо́дят) *impf;* произойти́ (произойдёт, произойду́т; произошёл, произошла́) *perf* [5]

offence оби́да [5]

offend обижа́ть *impf;* оби́деть (оби́жу, оби́дишь) *perf; refl* обижа́ться/ оби́деться *на кого, на что?* [5]

offensive оби́дный [5]

offer протя́гивать *impf;* протяну́ть (протяну́, протя́нешь) *perf* [6.8]

office кабине́т [10]

oil ма́сло; vegetable ~ расти́тельное ма́сло [1]

ointment мазь *f* [7]; to apply ointment ма́зать (ма́жу, ма́жешь) *impf;* пома́зать *and* сма́зать *perf, чем?* [7]

old ста́рый (*ср* ста́рше) [4]; немолодо́й [4]

onions лук *sing;* green ~ зелёный лук [1]

operation опера́ция [7.9]

opinion взгляд [12]; мне́ние [12]; to express an ~ выража́ть мне́ние *impf;* вы́разить (вы́ражу, вы́разишь) мне́ние *perf* [12.10]

oral у́стный [10]

orange апельси́н [1.7]; ора́нжевый [2]

order веле́ть (II) *impf and perf* [7.12]

orphan сирота́ (*pl* сиро́ты) *m and f* [11]

outskirts окра́ина (на) [8]

oval ова́льный [2]

oven духо́вка (*g pl* духо́вок) [1]

overcoat пальто́ *n, indcl* [3]

pack па́чка (*g pl* па́чек) [1]; to pack пакова́ть (паку́ю, паку́ешь) *impf;* запакова́ть [9]

package па́чка (*g pl* па́чек) [1]

pain боль *f* [7]

painful бо́льно *imps, кому?* [7]

paint кра́ска (*g pl* кра́сок) [2]; to paint кра́сить (кра́шу, кра́сишь) *impf;* покра́сить *perf* [2.8]; to ~ nails

кра́сить но́гти *impf;* накра́сить но́гти *perf* [6]

pajamas пижа́ма [3]

palace дворе́ц (*g* дворца́) [8]

pale бле́дный [3]

pantyhose колго́тки (*g* колго́ток) [3]

paper докла́д; to give a ~ де́лать докла́д *impf;* сде́лать докла́д *perf* [10]; term ~ курсова́я рабо́та [10]

pardon проще́ние [11]; to pardon проща́ть *impf;* прости́ть (прощу́, прости́шь) *perf* [11.7]

parents роди́тели (*g* роди́телей) [11]

park парк [8]

part расстава́ться (расстаю́сь, расстаёшься) *impf;* расста́ться (расста́нусь, расста́нешься) *perf, с кем?* [11]

pass зачёт (grade) [10]; to pass (an examination) сдать (сдам, сдашь, сдаст, сдади́м, сдади́те, сдаду́т; сдал, сдала́) *perf* [10.8]

past про́шлое (*g* про́шлого); про́шлый [9.5]

pasta макаро́ны (*g* макаро́н) [1]

pastry пиро́жное (*g* пиро́жного) [1]

patience терпе́ние [4]

patient терпели́вый [4]; больно́й (*g* больно́го); больна́я (*g* больно́й) [7]

peach пе́рсик [1]

pear гру́ша [1]

peas горо́шек *sing* (*g* горо́шка) [1]

pedestrian пешехо́д [8]

pepper пе́рец (*g* пе́рца) [1]; ~ shaker пе́речница [1]

perfume духи́ (*g* духо́в) [6]; to put on ~ души́ться (душу́сь, ду́шишься) *impf;* надуши́ться *perf, чем?* [6]

permission разреше́ние [7]

permit разреша́ть *impf;* разреши́ть *perf, кому?* [7]

person челове́к (*pl* лю́ди, люде́й, лю́дях, лю́дям, людьми́) [4]

personality хара́ктер [4]

persuade угова́ривать *impf;* уговори́ть *perf* [12]

pharmacy апте́ка [7]

philology филоло́гия (language and literature) [10]

philosophy филосо́фия [10]

physical education   физкульту́ра [10]

physics   фи́зика [10]

pick up   поднима́ть *impf*; подня́ть (подниму́, подни́мешь; по́днял, подняла́) *perf* [6.9]; убира́ть *impf*; убра́ть (уберу́, уберёшь; убра́л, убрала́) *perf* [6.9]

pie   пиро́г [1]; small ~ пирожо́к (*g* пирожка́) [1]

piece   кусо́к (*g* куска́) [1]

pill   табле́тка (*g pl* табле́ток) [7.10]

pillow   поду́шка (*g pl* поду́шек) [6]

pillowcase   на́волочка (*g pl* на́волочек) [6]

pink   ро́зовый [2]

pity   сожале́ние [12]

plaid   кле́тчатый; в кле́тку [3]

plan   собира́ться *impf*; собра́ться (соберу́сь, соберёшься; собра́лся, собрала́сь) *perf* [9.3]

plate   таре́лка (*g pl* таре́лок); dinner ~ ме́лкая таре́лка [1]

platform   перро́н (на) [9]

pleasant   прия́тный [3]

pleased   дово́льный (дово́лен, дово́льна) *кем, чем?* [11]

pleasure   удово́льствие [4.4]

plum   сли́ва [1]

plump   по́лный [3.2]

pneumonia   воспале́ние лёгких [7]

pocket   карма́н [3]

point of view   то́чка зре́ния (*g* то́чек) [12.10]

poison   яд [5]; to poison отравля́ть *impf*; отрави́ть (отравлю́, отра́вишь) *perf, чем?* [5]

police   поли́ция *sing* [5]; мили́ция (Russian) *sing* [5]

policeman   полице́йский (*g* полице́йского) [5]; милиционе́р (Russian) [5]

polite   ве́жливый [11]

politeness   ве́жливость *f* [11]

political science   политоло́гия [10]

pork   свини́на [1]

porter   носи́льщик [9]

possibility   возмо́жность *f* [10]

possible   возмо́жный [10]

potatoes   карто́фель *m, sing*; *dim* карто́шка [1.8]

pour   налива́ть *impf*; нали́ть (налью́, нальёшь; нали́л, налила́) *perf* [11]

practical   делово́й [4]

praise   хвали́ть (хвалю́, хва́лишь) *impf*; похвали́ть *perf, за что?* [11]

prank   ша́лость *f* [11]; to play pranks шали́ть *impf* [11]

preceding   предыду́щий [9]

prepare   гото́вить (гото́влю, гото́вишь) *impf*; пригото́вить *perf, к чему?*; *refl* гото́виться/пригото́виться [10]

prescription   реце́пт; to write a ~ выпи́сывать реце́пт *impf*; вы́писать реце́пт (вы́пишу, вы́пишешь) *perf, на что?*[7]

present   настоя́щее (*g* настоя́щего); настоя́щий [9]

preserves   варе́нье [1]

previous   пре́жний [9]

prison   тюрьма́ (*pl* тю́рьмы, тю́рем); to put in ~ сажа́ть в тюрьму́ *impf*; посади́ть в тюрьму́ (посажу́, поса́дишь) *perf*; to go to ~ сади́ться в тюрьму́ (сажу́сь, сади́шься) *impf*; сесть в тюрьму́ (ся́ду, ся́дешь; сел, се́ла) *perf*; to be in ~ сиде́ть в тюрьме́ (сижу́, сиди́шь) *impf* [5]

private   ча́стный [10]

probably   вероя́тно [12]; наве́рно [12]

problem   зада́ча [10]

professor   профе́ссор (*pl* профессора́) [10.10]; assistant/associate ~ доце́нт [10.10]

proof   доказа́тельство [5]

proposal   предложе́ние [11][12]

propose   де́лать предложе́ние *impf*; сде́лать предложе́ние *perf, кому?* [11]; предлага́ть *impf*; предложи́ть (предложу́, предло́жишь) *perf* [12]

proud   го́рдый [4]; самолюби́вый [4]; to be ~ горди́ться (горжу́сь, горди́шься) *impf, кем, чем?* [4]

prove   дока́зывать *impf*; доказа́ть (докажу́, дока́жешь) *perf* [5]; to ~ to be ока́зываться *impf*; оказа́ться (окажу́сь, ока́жешься) *perf, кем, чем?* [2]

public   госуда́рственный [10]

pull таска́ть *impf;* тащи́ть (тащу́, та́щишь) *det;* потащи́ть *perf* [8]

punish нака́зывать *impf;* наказа́ть (накажу́, нака́жешь) *perf* [5]

punctual аккура́тный [4]

punctuality аккура́тность *f* [4]

pupil учени́к (*g* ученика́); учени́ца [10.10]

purse су́мка (*g pl* су́мок) [3]

put on надева́ть *impf;* наде́ть (наде́ну, наде́нешь) *perf, на кого, на что?* [3.6]

quality ка́чество [1.12]

quantity коли́чество [1]

quarrel ссо́ра [5]; to quarrel ссо́риться *impf;* поссо́риться *perf, с кем, из-за чего?* [5.4]

quit броса́ть *impf;* бро́сить (бро́шу, бро́сишь) *perf* [11.8]

quiz контро́льная (*g* контро́льной) *по чему?* [10.9]

railroad желе́зная доро́га; железнодоро́жный [9]

railway железнодоро́жный [9]; ~ car ваго́н [9]

raincoat плащ (*g* плаща́) [3]

raise воспи́тывать *impf;* воспита́ть *perf; refl* воспи́тываться/воспита́ться [11]

ravioli (meat) пельме́ни (*g* пельме́ней) [1]

razor бри́тва [6]

reach достава́ть (достаю́, достаёшь) *impf;* доста́ть (доста́ну, доста́нешь) *perf* [6]; достига́ть *impf;* дости́гнуть (дости́гну, дости́гнешь; дости́г, дости́гла) *perf, чего?* [8]; добира́ться *impf;* добра́ться (доберу́сь, доберёшься; добра́лся, добрала́сь) *perf, до чего?* [8]

really действи́тельно [12.15]; на са́мом де́ле [12.15]; неуже́ли [12.15]; ра́зве [12.15]

reassure успока́ивать *impf;* успоко́ить *perf; refl* успока́иваться/успоко́иться [4]

receive принима́ть *impf;* приня́ть (приму́, при́мешь; при́нял, приняла́) *perf* [2]

recently в/за после́днее вре́мя [9.4]

recollect вспомина́ть *impf;* вспо́мнить *perf* [12]

recollection воспомина́ние [12]

reconcile мири́ть *impf;* помири́ть *perf, с кем, с чем?; refl* мири́ться/помири́ться [5]

recover выздора́вливать *impf;* вы́здороветь (I) *perf* [7]

rectangular прямоуго́льный [2]

red кра́сный [2]; ры́жий (hair) [3]

refrigerator холоди́льник [1]

refuse отка́зываться *impf;* отказа́ться (откажу́сь, отка́жешься) *perf, от чего?* [5]

relate относи́ться (отношу́сь, отно́сишься) *impf;* отнести́сь (отнесу́сь, отнесёшься; отнёся, отнесла́сь) *perf, к кому, к чему?* [5]

relationship отноше́ния (*g* отноше́ний) [5]

relative ро́дственник; ро́дственница [11]

relaxed споко́йный [4]

rely наде́яться *impf, на кого, на что?* [12]

remain остава́ться (остаю́сь, остаёшься) *impf кем, чем?;* оста́ться (оста́нусь, оста́нешься) *perf* [2.12]

remark замеча́ние [12]

remember по́мнить *impf* [12]

remind напомина́ть *impf;* напо́мнить *perf, кому, о чём?* [12]

rent сдава́ть (сдаю́, сдаёшь) *impf;* сдать (сдам, сдашь, сдаст, сдади́м, сдади́те, сдаду́т; сдал, сдала́) *perf* [2.2]; снима́ть *impf;* снять (сниму́, сни́мешь; снял, сняла́) *perf* [2.2]

repair чини́ть (чиню́, чи́нишь) *impf;* почини́ть *perf* [6]

report докла́д (oral); to give a ~ де́лать докла́д *impf;* сде́лать докла́д *perf* [10]

reproach упрека́ть *impf;* упрекну́ть (упрекну́, упрекнёшь) *perf, в чём?* [5]

require тре́бовать (тре́бую, тре́буешь) *impf;* потре́бовать *perf, чего, от кого?; refl* тре́боваться/потре́боваться [10]

requirement тре́бование [10]

resembling похо́ж, похо́жа, похо́жи *на кого, на что?* [4]

respect уважа́ть *impf, за что?* [5]

responsible отве́тственный [4]

result результа́т [9]

rice рис (*g 2* ри́су) [1]

ride ката́ться *impf;* поката́ться *perf* [8.5]

right пра́вый [2]; прав, права́, пра́вы *в чём?* [12.13]; пра́вильный [12.13]; ве́рный [12.13]

ring кольцо́ (*pl* ко́льца, коле́ц, ко́льцах) [3]

rival сопе́рник [5]

road доро́га (на) [8]

roast туши́ть (тушу́, ту́шишь) *impf;* потуши́ть *perf* [1.10]

rob гра́бить (гра́блю, гра́бишь) *impf;* огра́бить *perf* [5.6]

robber граби́тель *m* [5]

robbery ограбле́ние [5]

roll ката́ть *impf;* кати́ть (качу́, ка́тишь) *det;* покати́ть *perf* [8]

roof кры́ша [2]

room ко́мната [2]; но́мер (*pl* номера́) [9]

rosy румя́ный [3]

round кру́глый [2]

rude гру́бый [11]

rug ко́врик [2]

ruin по́ртить (по́рчу, по́ртишь) *impf;* испо́ртить *per; refl* по́ртиться; испо́ртиться [6.10]

run бе́гать *impf;* бежа́ть (бегу́, бежи́шь, бегу́т) *det;* побежа́ть *perf* [8]; to ~ fast спеши́ть (часы́) [9]; to ~ slow отстава́ть (отстаю́т) (часы́) [9]

running shoes кросо́вки (*g* кроссо́вок) [3]

rural дереве́нский [8]

rush мча́ться (мчусь, мчи́шься) *impf;* помча́ться *perf* [8]

sail пла́вать *impf;* плыть (плыву́, плывёшь; плыл, плыла́) *det;* поплы́ть *perf* [8]

salad сала́т (*g 2* сала́ту) [1]

salt соль *f* [1]; ~ shaker соло́нка (*g pl* соло́нок) [1]

sandal санда́лия [3]

sash по́яс (*pl* пояса́) [3.4]

satisfaction удово́льствие [4.5]

satisfactory удовлетвори́тельно (grade) [10]

satisfied дово́льный (дово́лен, дово́льна) *кем, чем?* [11]

saucepan кастрю́ля [1]

saucer блю́дце (*g pl* блю́дец) [1]

sausage колбаса́ [1.6];

save спаса́ть *impf;* спасти́ (спасу́, спасёшь; спас, спасла́) *perf* [5]

scale весы́ (*g* весо́в) [6]

scarf плато́к (*g* платка́) [3]; косы́нка (*g pl* косы́нок) [3]

schedule расписа́ние [10]

school шко́ла; шко́льный [10]; факульте́т (на) (within a university) [10.5]; secondary ~ гимна́зия, лице́й [10.3]

scratch цара́пина [7]; to scratch цара́пать *impf;* оцара́пать *perf* [7]

scuffle дра́ка [5]

season вре́мя го́да *n* (*g* вре́мени, *i* вре́менем, *pl* времена́, времён, времена́х) [9]

seat сажа́ть *impf;* посади́ть (посажу́, поса́дишь) *perf* [1]

second секу́нда [9]; in the ~ place во-вторы́х [12]

section ка́федра (на) [10.5]

seem каза́ться (кажу́сь, ка́жешься) *impf;* показа́ться *perf, кем, чем?* [2]

self-confident самоуве́ренный (самоуве́рен) [4.5]

selfish эгоисти́ческий [4]; ~ person эгои́ст [4]

selfishness эгои́зм [4]

sell продава́ть (продаю́, продаёшь) *impf;* прода́ть (прода́м, прода́шь, прода́ст, продади́м, продади́те, продаду́т; про́дал, продала́) *perf* [2.2]

semester семе́стр [10]

seminar семина́р *по чему?* [10.7]

sense смысл; common ~ здра́вый смысл [12.9]

separate разводи́ться (развожу́сь, разво́дишься) *impf;* развести́сь (разведу́сь, разведёшься; развёлся, развела́сь) *perf* [11]

separated разведённый (разведён, раведена́) [11]

serious серьёзный [4]

serve подава́ть на стол (подаю́, подаёшь) *impf;* пода́ть на стол (пода́м, пода́шь, пода́ст, подади́м, подади́те, подаду́т; по́дал, подала́) *perf* [11]

set сажа́ть *impf;* посади́ть (посажу́, поса́дишь) *perf* [1]; to ~ the table накрыва́ть на стол *impf;* накры́ть на стол (накро́ю, накро́ешь) *perf, к чему?* [1]

shallow ме́лкий (*ср* ме́льче) [2]

shampoo шампу́нь *m* [6]

shape фо́рма [2.11]

shatter разбива́ть *impf;* разби́ть (разобью́, разобьёшь) *perf; refl* разбива́ться/разби́ться [6.10]

shave брить (бре́ю, бре́ешь) *impf;* побри́ть *perf; refl* бри́ться/побри́ться [6.1]

sheet простыня́ (*pl* про́стыни, про́стынь, простыня́х) [6]

shelf по́лка (*g pl* по́лок) [2]

shirt руба́шка (*g pl* руба́шек) [3]

shoe боти́нок (*g* боти́нка, *g pl* боти́нок) [3.4]; ту́фля (*g pl* ту́фель) [3.4]; running ~ кроссо́вка (*g pl* кроссо́вок) [3]

shoot стреля́ть *impf;* вы́стрелить *perf, в кого, из чего?* [5.7]

short ни́зкий (*ср* ни́же) [2.10]; коро́ткий (коро́тко, *ср* коро́че) [2.10]

shorts шо́рты (*g* шорт) [3]

shot уко́л [7.9]

shoulder плечо́ (*pl* пле́чи, плеч, плеча́х) [7]

shower душ [6]; to take a ~ принима́ть душ *impf;* приня́ть душ (приму́, при́мешь; при́нял, приняла́) *perf* [6]

sick больно́й (бо́лен, больна́, больны́) *чем?* [7.3]; to be ~ боле́ть (I) *impf, чем?* [7.4]; to get ~ заболева́ть *impf;* заболе́ть (I) *perf, чем?* [7]

side сорона́ (*a* сто́рону, *pl* сто́роны, сторо́н, сторона́х) [2]; бок (*pl* бока́) [7]

sidewalk тротуа́р (на) [8]

sight достопримеча́тельность *f* (point of interest) [8]; зре́лище [8]

silk шёлк; шёлковый [3]

silver серебро́; сере́бряный [3]

simple просто́й (*ср* про́ще) [4]

simultaneous одновреме́нный [9]

sincere и́скренний [4]

single холосто́й (said of a man) [11]

sink ра́ковина [2]

sister сестра́ (*pl* сёстры, сестёр, сёстрах) [11]

sit сиде́ть (сижу́, сиди́шь) *impf;* посиде́ть *perf* [1.14]; to ~ down сади́ться (сажу́сь, сади́шься) *impf;* сесть (ся́ду, ся́дешь; сел) *perf* [1]

size разме́р [2]

skinny худо́й; *dim* ху́денький [3.2]

skirt ю́бка (*g pl* ю́бок) [3]

sleep сон (*g* сна); to sleep спать (сплю, спишь; спал, спала́) *impf;* to get enough ~ высыпа́ться *impf;* вы́спаться (вы́сплюсь, вы́спишься) *perf;* to fall asleep засыпа́ть *impf;* засну́ть (засну́ засне́шь) *perf* [6]

sleeping compartment купе́ *n, indcl* [9]

sleeve рука́в (*pl* рукава́) [3]

slender стро́йный [3.2]

slice кусо́к (*g* куска́) [1]

slip (and fall) поскользну́ться (поскользну́сь, поскользнёшься) *perf* [6]

slipper та́почка (*g pl* та́почек) [3]

smart-aleck наха́льный [4]

smell за́пах [1]; to smell чу́вствовать за́пах (чу́вствую, чу́вствуешь) *impf* [1.3]; па́хнуть (па́хну, па́хнешь; пах, па́хла) *чем?* [1.3]

smooth гла́дкий [3]

snap кно́пка (*g pl* кно́пок) [3.5]

sneeze чиха́ть *impf;* чихну́ть (чихну́, чихнёшь) *perf* [7]

snubnosed курно́сый [3]

soap мы́ло [6]

sociable общи́тельный [4]

socialize обща́ться *impf, с кем?* [4]

sock носо́к (*g* носка́) [3]

solution реше́ние [10]

solve реша́ть *impf;* реши́ть *perf* [10]

son сын (*pl* сыновья́) [11]

sort сорт (*pl* сорта́) [1.12]

soup bowl глубо́кая таре́лка (*g pl* таре́лок) [1]

sour ки́слый [1]

sour cream смета́на [1]

spacious   просто́рный [2]

sparse   ре́дкий (*ср* ре́же) [3]

spectacle   зре́лище [8]

spicy   о́стрый [1]

splinter   зано́за [7]; to get a ~ занози́ть (заножу́, занози́шь) *perf* [7.8]

spoiled   избало́ванный (избало́ван) [11]

spoon   ло́жка (*g pl* ло́жек) [1]

sprain   растяже́ние [7]; to sprain растя́гивать *impf;* растяну́ть (растяну́, растя́нешь) *perf* [7.8]

spring   весна́ (*pl* вёсны, вёсен, вёснах); весе́нний [9]

square   квадра́тный [2]; пло́щадь (на) *f* [8]

stairs   ле́стница [2]

stand   стоя́нка (*g pl* стоя́нок) (на) [8]; to stand стоя́ть (II) *impf;* постоя́ть *perf* [1.14]; ста́вить (ста́влю, ста́вишь) *impf;* поста́вить *perf* [1]; станови́ться (становлю́сь, стано́вишься) *impf;* стать (ста́ну, ста́нешь) *perf* [1]

state   госуда́рственный [10]

station   ста́нция (на) [8]

statue   па́мятник *кому?* [8]

steal   красть (краду́, крадёшь; крал) *impf;* укра́сть *perf* [5.6]

stepfather   о́тчим [11]

stepmother   ма́чеха [11.2]

stew   туши́ть (тушу́, ту́шишь) *impf;* потуши́ть *perf* [1.10]

stomach   желу́док (*g* желу́дка) [7.1]; живо́т (*g* живота́) [7.1]

stone   ка́мень (*g* ка́мня); ка́менный [2]

stop   остано́вка (*g pl* остано́вок) (на) [8]; to stop остана́вливать *impf;* останови́ть (остановлю́, остано́вишь) *perf; refl* остана́вливаться/ останови́ться [8]; перестава́ть (перестаю́, перестаёшь) *impf;* переста́ть (переста́ну, переста́нешь) *perf* [11.8]; прекраща́ть *impf;* прекрати́ть (прекращу́, прекрати́шь) *perf* [11.8]; броса́ть *impf;* бро́сить (бро́шу, бро́сишь) *perf* [11.8]

story   эта́ж (*g* этажа́) [2]

stove   плита́ (*pl* пли́ты) [1]

straight   гла́дкий [3]

strain   растяже́ние [7]; to strain растя́гивать *impf;* растяну́ть (растяну́, растя́нешь) *perf* [7.8]

strangle   души́ть (душу́, ду́шишь) *impf;* задуши́ть *perf* [5]

street   у́лица (на) [8]; side ~ переу́лок (*g* переу́лка) [8]

streetcar   трамва́й [8]

strict   стро́гий (*ср* стро́же) [4]

strike   ударя́ть *impf;* уда́рить *perf* [5]

stripe   поло́ска (*g pl* поло́сок) [3]

striped   полоса́тый; в поло́ску [3]

stroke   инсу́льт [7.4]

stroll   броди́ть (брожу́, бро́дишь) *impf;* брести́ (бреду́, бредёшь; брёл, брела́) *det;* побрести́ *perf* [8.4]

stroller   коля́ска (*g pl* коля́сок) [8]

strong   си́льный [3]

struggle   борьба́; to struggle боро́ться (борю́сь, бо́решься) *impf, с кем, против чего, за что?* [5]

stubborn   упря́мый [4]

student   учени́к (*g* ученика́); учени́ца (K-12) [10.11]; студе́нт; студе́нтка (*g pl* студе́нток) (college) [10.11]

study   кабине́т [2]; to study учи́ть (учу́, у́чишь) *impf; refl* учи́ться *чему?* [10]; изуча́ть *impf* [10]; занима́ться *impf, чем?* [10]

style   мо́да [3]

subject   предме́т [10]

subsequently   зате́м [9]

subtract   вычита́ть *impf;* вы́честь (вы́чту, вы́чтешь; вы́чел, вы́чла) *perf, из чего?* [9.11]; отнима́ть *impf;* отня́ть (отниму́, отни́мешь; о́тнял, отняла́) *perf, от чего?* [9.11]

subtraction   вычита́ние [9]

suburb   при́город [8]

suburban   при́городный [8]

subway   метро́ *n, indcl* [8]

succeed   удава́ться (удаётся) *impf;* уда́ться (уда́стся; удало́сь) *perf, imp, кому?* [10.13]

sugar   са́хар (*g 2* са́хару) [1]

suggest   предлага́ть *impf;* предложи́ть (предложу́, предло́жишь) *perf, кому?* [12]

suggestion   предложе́ние [12]

suit костю́м [3]

suitcase чемода́н [9]

sum су́мма [9]

summary конспе́кт [10]

summer ле́то; ле́тний [9]

sun со́лнце [2]

sunlight со́лнце [2]

sunny со́лнечный [2]

supper у́жин; to eat supper у́жинать *impf*; поу́жинать *perf* [1]

sure уве́ренный (уве́рен) *в ком, в чём?* [12]

surprise удивле́ние; to surprise удивля́ть *impf*; удиви́ть (удивлю́, удиви́шь) *perf*; *refl* удивля́ться/ удиви́ться *кому, чему?* [12]

surprising удиви́тельный [12]

suspect подозрева́ть *impf, в чём?* [5]

suspicion подозре́ние [5]

suspicious подозри́тельный [4]

sweater ко́фта; *dim* ко́фточка (*g pl* ко́фточек) [3.4]; сви́тер (*pl* свитера́) [3.4]

sweet сла́дкий [1]; ми́лый [3]

swell опуха́ть *impf*; опу́хнуть (опу́хну, опу́хнешь; опу́х, опу́хла) *perf* [7]

swim пла́вать *impf*; плыть (плыву́, плывёшь; плыл, плыла́) *det*; поплы́ть *perf* [8]

symptom симпто́м [7]

synthetic синте́тика; синтети́ческий [3]

table стол (*g* стола́); dinner ~ обе́денный стол [2]; *dim* сто́лик [2]; coffee ~ журна́льный сто́лик; vanity ~ туале́тный сто́лик [2]

tablecloth ска́терть *f* (*g pl* скатерте́й) [1]

tablespoon столо́вая ло́жка (*g pl* ло́жек) [1]

tact такт [11]

tactful такти́чный [11]

tactless беста́ктный [11]

take брать (беру́, берёшь; брал, брала́) *impf*; взять (возьму́, возьмёшь; взял, взяла́) *perf* [6]; (an examination) сдава́ть (сдаю́, сдаёшь) *impf* [10.8]

take off снима́ть *impf*; снять (сниму́, сни́мешь; снял, снала́) *perf, с кого, с чего?* [3.6]; взлета́ть *impf*; взлете́ть (взлечу́, взлети́шь) *perf* [9]

take out вынима́ть *impf*; вы́нуть (вы́ну, вы́нешь) *perf* [6]

talent тала́нт [12]

talented тала́нтливый [12]

talkative разгово́рчивый [4]

tall высо́кий (*ср* вы́ше) [2]

tanned загоре́лый [3]

target цель *f* [12]

task зада́ча [10]

taste вкус [1]

tasty вку́сный [1]

taxi такси́ *n, indcl*; to take a ~ брать такси́ (беру́, берёшь; брал, брала́) *impf*; взять такси́ (возьму́, возьмёшь; взял, взяла́) *perf*; to catch a ~ лови́ть такси́ (ловлю́, ло́вишь) *impf*; пойма́ть такси́ *perf* [8]

tea чай (*g* 2 ча́ю) [1]

teach преподава́ть (преподаю́, преподаёшь) *impf, кому?* [10]; учи́ть (учу́, у́чишь) *impf*; научи́ть *perf, чему?* [10]

teacher учи́тель *m*; учи́тельница [10]

teapot ча́йник [1]

teaspoon ча́йная ло́жка (*g pl* ло́жек) [1]

tear рвать (рву, рвёшь; рвал, рвала́) *impf*; порва́ть *perf* [6]

teenager подро́сток (*g* подро́стка) [4]

telephone телефо́н [2]

temperature температу́ра; to take someone's ~ измеря́ть температу́ру *impf*; изме́рить температу́ру *perf, кому?* [7]

temporary вре́менный [9]

ten деся́ток (*g* деся́тка) [1.13]

term paper курсова́я рабо́та [10]

terminal вокза́л (на) [9]

test контро́льная (*g* контро́льной) *по чему?* [10.9]

thanks to благодаря́ *кому, чему?* [12.14]

theft кра́жа [5]

then пото́м [9.7]; тогда́ [9.7]

thermometer гра́дусник [7]; термо́метр [7]

thesis дипло́мная рабо́та (undergraduate) [10]

thick то́лстый [2; 3.2]; густо́й (*ср* гу́ще) [3]

thickness толщина́ [2]

thief вор (*pl* во́ры, воро́в) [5]

thin то́нкий (*ср* то́ньше) [2]; [3.2]; ре́дкий (*ср* ре́же) [3]

think up приду́мывать *impf;* приду́мать *perf* [12]

thought мысль *f* [12.9]

threaten угрожа́ть *impf, кому, чем?* [5]

throat го́рло [7]; severe sore ~ анги́на [7]

throw броса́ть *perf;* бро́сить (бро́шу, бро́сишь) *impf* [6]

thus таки́м о́бразом [12]

tie га́лстук [3]

tights колго́тки (*g* колго́ток) [3]

time вре́мя (*g* вре́мени, вре́менем, *pl* времена́, времён, времена́х); from ~ to ~ вре́мя от вре́мени; in/on ~ во́время [9]; to have, be on ~ успева́ть *impf;* успе́ть (I) *perf* [9.10]

timid несме́лый [4]

today сего́дня *adv;* сего́дняшний [9]

toe па́лец (*g* па́льца) [7.2]

toilet туале́т [2.4]; убо́рная (*g* убо́рной) [2.4]; унита́з [2.4]

tolerance терпе́ние [4]

tolerant терпели́вый [4]

tolerate терпе́ть (терплю́, те́рпишь) *impf* [4]

tomato помидо́р [1.7]

tomorrow за́втра *adv;* tomorrow's за́втрашний [9]

tooth зуб (*pl* зу́бы, зубо́в) [3]

toothbrush зубна́я щётка (*g pl* щёток) [6]

toothpaste зубна́я па́ста [6]

touch тро́гать *impf;* тро́нуть (тро́ну, тро́нешь) *perf* [6]

touchy оби́дчивый [5]

towel полоте́нце (*g pl* полоте́нец) [6]

traffic движе́ние [8]; ~ signal светофо́р [8]

train по́езд (*pl* поезда́); express ~ ско́рый по́езд; passenger ~ пассажи́рский по́езд; freight ~ това́рный по́езд [9]

tram трамва́й [8]

transfer переса́дка (*g pl* переса́док) [8]; to transfer переса́живаться *impf;* пересе́сть (переся́ду, переся́дешь; пересе́л) *perf, куда?* [8]

transport вози́ть (вожу́, во́зишь) *impf;* везти́ (везу́, везёшь; вёз, везла́) *det;* повезти́ *perf* [8.3]

travel путеше́ствие [9.2]; to travel путеше́ствовать (путеше́ствую, путеше́ствуешь) *impf* [9.2]

traveler, fellow ~ спу́тник; спу́тница [9]

treat лечи́ть (лечу́, ле́чишь) *impf, от чего?; refl* лечи́ться [7]; угоща́ть *impf;* угости́ть (угощу́, угости́шь) *perf, чем?* [11.9]

triangular труго́льный [2]; ~ scarf коси́нка (*g pl* коси́нок)

trim стричь (стригу́, стрижёшь, стригу́т; стриг, стри́гла) *impf;* постри́чь *perf; refl* стри́чься/ постри́чься [6.3]

trip пое́здка (*g pl* пое́здок) [9.2]; business ~ командиро́вка (*g pl* командиро́вок) [9.2]

trolleybus тролле́йбус [8]

trousers брю́ки (*g* брюк) [3]

truck грузова́я маши́на [8]; грузови́к [8]

true и́стинный [12]

trust дове́рие [4]; to trust доверя́ть *impf;* дове́рить *perf, кому?* [4]

trusting дове́рчивый [4]

truth и́стина [12.13]; пра́вда [12.13]

try суди́ть (сужу́, су́дишь) *impf* [5]; про́бовать (про́бую, про́буешь) *impf;* попро́бовать *perf* [10.12]; пыта́ться *impf;* попыта́ться *perf* [10.12]; стара́ться *impf;* постара́ться *perf* [10.12]

T-shirt ма́йка (*g pl мн* ма́ек) [3]

turkey инде́йка (*g pl* инде́ек) [1.6]

turn повора́чивать *impf;* поверну́ть (поверну́, повернёшь) *perf; refl* повора́чиваться/поверну́ться [6.7]; (an age) исполня́ться *impf;* испо́лниться *perf, кому?* [4.2]

turn in сдава́ть (сдаю́, сдаёшь) *impf* (an assignment) [10.8]

ugly   некраси́вый [3]; уро́дливый [3]

ulcer   я́зва [7.4]

umbrella   зонт (*g* зонта́); *dim* зо́нтик [3]

unaccustomed, to become ~   отвыка́ть *impf*; отвы́кнуть (отвы́кну, отвы́кнешь; отвы́к, отвы́кла) *perf, от кого, от чего?* [11]

unbutton   расстёгивать *impf*; расстегну́ть (расстегну́, расстегнёшь) *perf; refl* расстёгиваться/расстегну́ться [3]

uncertain   неуве́ренный (неуве́рен) *в ком, в чём?* [12]

uncertainty   неуве́ренность *f* [12]

uncle   дя́дя *m* (*g pl* дя́дей) [11]

unconscientious   недобросо́вестный [4]

understand   понима́ть *impf*; поня́ть (пойму́, поймёшь; по́нял, поняла́) *perf* [12.3]; разбира́ться *impf*; разобра́ться (разберу́сь, разберёшься) *perf, в чём?* [12.12]

underwear   бельё [3]

undoubtedly   несомне́нно [12]

undress   раздева́ть *impf*; разде́ть (разде́ну, разде́нешь) *perf; refl* раздева́ться/разде́ться [3.6]

undressed   разде́тый (разде́т) [3]

unfair   несправедли́вый [4]

unfaithful, to be ~   изменя́ть *impf*; измени́ть (изменю́, изме́нишь) *perf, кому, с кем?* [5]

unfaithfulness   изме́на [5]

unfamiliar   незнако́мый (незнако́м) [5]

unfortunately   к сожале́нию [12]

ungifted   безда́рный [12]

uninteresting   неинтере́сный [12]

university   университе́т [10.4]

unjust   несправедли́вый [4]

unpunctual   неаккура́тный [4]

unpunctuality   неаккура́тность *f* [4]

unsatisfactory   неудовлетвори́тельно (grade) [10]

unsociable   необщи́тельный [4]

unsure   неуве́ренный (неуве́рен) *в ком, в чём?* [12]

untalented   безда́рный [12]

until   пока́ [9.8]

unzip   расстёгивать *impf*; расстегну́ть (расстегну́, расстегнёшь) *perf; refl* расстёгиваться/расстегну́ться [3]

upbringing   воспита́ние [11]

upper   ве́рхний [2]

upset   расстро́енный (расстро́ен) [11]; to be ~ волнова́ться (волну́юсь, волну́ешься) *impf, о ком, о чём?* [4]; расстра́иваться *impf*; расстро́иться *perf* [11]

urban   городско́й [8]

useful   поле́зный (поле́зен) [7]

vacation   о́тпуск (*pl* отпуска́) [9.2]; school ~ кани́кулы (*g* кани́кул) (на) [9.2]

vaccination   приви́вка (*g pl* приви́вок) *от чего?* [7.9]

vain   самолюби́вый [4]

valuables   драгоце́нности (*g* драгоце́нностей) [3]

vegetables   о́вощи (*g* овоще́й); овощно́й [1]; vegetable oil расти́тельное ма́сло [1]

verify   проверя́ть *impf*; прове́рить *perf* [12]

view   взгляд [12]; point of ~ то́чка зре́ния (*g pl* то́чек) [12.8]

village   дере́вня (*g pl* дереве́нь); дереве́нский [8]

vinegar   у́ксус [1]

violet   фиоле́товый [2]

visit   приходи́ть в го́сти (прихожу́, прихо́дишь) *impf*; прийти́ в го́сти (приду́, придёшь; пришёл, пришла́) *perf* [2]; быть в гостя́х *impf* [2]

vitamins   витами́ны (*g* витами́нов) [7.10]

vomit   рвать (рвёт) *impf*; вы́рвать (вы́рвет) *perf, imps, кого?* [7.6]

wait   ждать (жду, ждёшь; ждал, ждала́) *impf*; подожда́ть *perf, кого, что and чего?* [12.6]

wall   стена́ (*а* сте́ну, *pl* сте́ны, стен, стена́х) [2]

walk   гуля́ть (I) *impf*; погуля́ть *perf* [8.4]

wardrobe шкаф (в шкафу́, *pl* шкафы́); платяно́й шкаф [2]

wash мыть (мо́ю, мо́ешь) *impf;* вы́мыть *and* помы́ть *perf; refl* мы́ться/ вы́мыться *and* помы́ться [6]; to ~ one's hair мыть го́лову; to ~ hands and face умыва́ться *impf;* умы́ться *perf* [6]

washing machine стира́льная маши́на [2]

watch часы́ (*g* часо́в); to set a ~ ста́вить часы́ (ста́влю, ста́вишь) *impf;* поста́вить часы́ *perf* [9]

watermelon арбу́з [1]

wave маха́ть (машу́, ма́шешь) *impf;* махну́ть (махну́, махнёшь) *perf, кому, чем?* [6]

waver колеба́ться (коле́блюсь, коле́блешься) *impf;* поколеба́ться *perf, в чём?* [12]

wavy вью́щийся [3]

weak сла́бый [3]

weapon ору́жие *sing* [5]

wear носи́ть (ношу́, но́сишь) *impf* [3.6]

wedding сва́дьба (*g pl* сва́деб) (на) [11]

week неде́ля [9]

weekday бу́дня (*g pl* бу́дней) [9]

weigh ве́сить (ве́шу, ве́сишь) *impf* [6.2]; взве́шивать *impf;* взве́сить (взве́шу, взве́сишь) *perf; refl* взве́шиваться/взве́ситься [6.2]

weight вес [2]; to gain ~ полне́ть (I) *impf;* пополне́ть *perf* [3.2]; толсте́ть (I) *impf;* потолсте́ть *perf* [3.2]; to lose ~ худе́ть (I) *impf;* похуде́ть *perf* [3]

welcome приве́тствовать (приве́тствую, приве́тствуешь) *impf;* поприве́тствовать *perf* [11]

well-bred воспи́танный (воспи́тан) [11]

while пока́ [9.8]

white бе́лый [2]

wide широ́кий (*ср* ши́ре) [2]

widow вдова́ (*pl* вдо́вы) [11]

widower вдове́ц (*g* вдовца́) [11]

width ширина́ [2]

wife жена́ (*pl* жёны) [11]

willful капри́зный [11]; to behave willfully капри́зничать *impf* [11]

window окно́ (*pl* о́кна, о́кон) (на) [2]; ventilation window фо́рточка (*g pl* фо́рточек) [2]

windowsill подоко́нник (на) [2]

wine вино́ [1]; ~ glass бока́л [1]

winter зима́ (*pl* зи́мы); зи́мний [9]

wipe вытира́ть *impf;* вы́тереть (вы́тру, вы́трешь; вы́тер, вы́терла) *perf* [6]

wish мечта́ть *impf, о ком, о чём?* [12.5]; жела́ть *impf, кому, чего?* [12.5]

witness свиде́тель *m* [5]

woman же́нщина [4]; young ~ де́вушка (*g pl* де́вушек) [4]; old ~ стару́ха [4]

wood де́рево; деревя́нный [2]

wool шерсть *f;* шерстяно́й [3]

worry беспоко́ить *impf; refl* беспоко́иться *о ком, о чём?* [4]

wreck ава́рия; to be in a ~ попада́ть в ава́рию *impf;* попа́сть в ава́рию (попаду́, попадёшь; попа́л, попа́ла) *perf* [8]

wrinkle морщи́на [3]

wrinkled морщи́нистый [3]

written пи́сьменный [10]

yawn зева́ть *impf;* зевну́ть (зевну́, зевнёшь) *perf* [6]

year год (в году́, *pl* го́ды, годо́в) [9]

yellow жёлтый [2]

yesterday вчера́ *adv;* yesterday's вчера́шний [9]

young молодо́й [4]; ~ people молодёжь *f, sing* [4]

zip застёгивать *impf;* застегну́ть (застегну́, застегнёшь) *perf; refl* застёгиваться/застегну́ться [3.5]

zipper мо́лния [3.5]

Index

Photo Credits

Chapter 8
Page 182: I. Kurtov/Sovfoto/Eastfoto. Page 189: Martine Franck/Magnum Photos, Inc. Page 197: C. Steele-Perkins/Magnum Photos, Inc.

Chapter 9
Page 210: R. Gafurov/Tass/Sovfoto/Eastfoto. Page 219: Erica Lansner/Black Star. Page 233: Courtesy Elena Lifschitz.

Chapter 10
Page 238: Ursula Markus/Photo Researchers. Page 240: A. Ovchinnikov/Tass/Sovfoto/Eastfoto. Page 254: J. Greenberg/The Image Works.

Chapter 11
Page 265: Sovfoto/Eastfoto. Page 275: Henri-Cartier Bresson/Magnum Photos, Inc. Page 277: B.Kavashkin/Sovfoto/Eastfoto.

Chapter 12
Page 294: J. Greenberg/The Image Works. Page 298: Costa Manos/Magnum Photos, Inc.